U0113761

新视角读
『二十六史』

新视角读

明史

宋玉山 著

中国文史出版社

图书在版编目（CIP）数据

新视角读明史 / 宋玉山著. —北京：中国文史
出版社，2023.3
（新视角读"二十六史"）
ISBN 978-7-5205-4111-4

Ⅰ.①新… Ⅱ.①宋… Ⅲ.①中国历史—明代—通俗
读物 Ⅳ.①K248.09

中国国家版本馆 CIP 数据核字（2023）第 093260 号

责任编辑：金　硕
策　　划：金　硕　曲童利

出版发行：中国文史出版社

社　　址：北京市海淀区西八里庄路 69 号　　邮编：100142
电　　话：010 - 81136606/6602/6603/6642（发行部）
传　　真：010 - 81136655
印　　装：北京温林源印刷有限公司
经　　销：全国新华书店
开　　本：787mm×1092mm　1/16
印　　张：22.5
字　　数：323 千字
版　　次：2024 年 1 月北京第 1 版
印　　次：2024 年 1 月第 1 次印刷
定　　价：69.00 元

总序　历史是最好的老师

魏礼群

　　习近平总书记多次强调指出，"历史是最好的老师，它忠实记录下每一个国家走过的足迹，也给每一个国家未来的发展提供启示。""领导干部要多读一点历史，从历史中汲取更多精神营养。"

　　历史是人民创造的。历史经验是社会发展规律的体现和反映，是人类长期生活的总结和升华，是现代人民用来对照的一面明镜。欲知大道，必先知史。学习历史，可以观成败、鉴是非、知兴替、明规律，可以以史资政、修身励志、汲取力量、创造人生。

　　我党历来重视历史。我党历代领导人都善于把历史经验运用到中国革命、建设和改革的实践当中，都强调领导干部要多学习一些历史知识。在新的历史时期，要实现中华民族伟大复兴的中国梦，更需要我们用好历史这个最好的老师，遵循规律、明确方向、坚定道路、凝聚共识，去书写新的历史，创造新的辉煌。

　　尊重历史也是中华民族的优良传统。中国历史源远流长，旷古悠久。从黄帝时代开始，中华民族有着五千年的文明史，经历了若干个朝代。一般来说，每个朝代都有为前一个朝代撰修史书的传统，经过官方撰修或认可的史书，称为正史。

　　清朝乾隆皇帝将《史记》《汉书》《后汉书》《三国志》《晋书》《宋书》《南齐书》《梁书》《陈书》《魏书》《北齐书》《周书》《隋

书》《南史》《北史》《旧唐书》《新唐书》《旧五代史》《新五代史》《宋史》《辽史》《金史》《元史》《明史》等二十四部史书，钦定为"二十四史"。民国时期，大总统徐世昌又把《新元史》列入正史，形成了"二十五史"。但"二十四史"和"二十五史"都只写到明代，如果再加上记载清朝历史的史书，就应该是"二十六史"。

正史是由官方修撰或认可，尤其是由后面的朝代完成的，史料比较全，真实性比较高，史实价值比较大，因而是历史研究中的主要参考依据。由于这些正史数量繁多，语言晦涩，除了专业人员外，很少有人能够通读下来。

"新视角读'二十六史'丛书"，对这些数量繁多的史书，做了精心挑选和简化概括，并有作者读史后的认识和体会，创作形成了一篇篇简明扼要的故事，以新的形式呈现给读者。这些故事，既独立成章，又相互联系、脉络清晰，能使人们大致了解历史进程、重大事件和主要人物。该书语言简练，通俗易懂，适合大部分人群，中学生阅读也没有问题。特别是该书站在现代社会的角度，以新的视角分析看待历史，有许多新观点、新见解，能够给人以启发和借鉴。因此，我认为，撰写"新视角读'二十六史'丛书"，是一项很有意义的工作。

我感觉，"新视角读'二十六史'丛书"的基本特点，是"忠于原著，丰富史料；以史为鉴，启迪人生"。

所谓"忠于原著，丰富史料"，是指作者撰写的每一篇历史故事，都是根据原著的记载写成的，都有史料依据，没有进行虚构。为了增强可读性，在语言细节方面做了适当的文字加工，但主要内容都是原著所提供的。同时，在忠于原著的基础上，为了使一些历史事件和历史人物更加丰满，也适当增加了一些其他史料，增添的史料也是有依据的。该书一个显著特点，就是史料丰富、知识点多、信息量大，能够让人开阔视野，增长知识。

所谓"以史为鉴，启迪人生"，是指作者创作历史故事的目的，是为了借鉴历史经验，服务于现代社会。所以，作者站在历史唯物主义和辩证唯物主义的立场上，辩证地、一分为二地看待历史现象，并且在故事的过程中，或者在故事的结尾，往往有着哲理性的评论和观点，给人以有益的启迪。我们学历史的目的，不仅是要了解历史知识，更重要的是要通过汲取历史经验和教训，对我们的工作和生活有所启发和借鉴。该书较好地做到了这一点，这是该书另一个显著的特点。

作者曾经是我得力的部下，我对他十分熟悉和了解。作者勤奋好学，长期从事政策研究和文字工作，理论素养和文字功底较好；先后在乡、县、市、省、国家五个层级工作过，有着丰富的阅历和实践经验；做事严谨，为人厚道，工作勤勉。尤为难能可贵的是，他把退休作为第二生命的开始，退而不休，锲而不舍，继续为社会做贡献，其志可贵，精神可嘉！

希望该书能够使人借鉴历史经验，起到以史为鉴、激励人生的作用。

是为序。

（魏礼群，曾任国务院研究室主任、国家行政学院党委书记、中国行政体制改革研究会会长，现任中国国际经济交流中心常务副理事长兼学术委员会主任。）

前　言

明朝，是推翻元朝统治后建立的又一个汉人政权，存在二百七十六年。记述明朝历史的正史，是《明史》。

笔者主要根据《明史》的记载，撰写了九十篇明朝故事。这些故事，既独立成章，又相互连贯，使读者大体能够了解明朝的历史脉络、重大事件和重要人物，从而对这一时期有一个大概的印象。

笔者在撰写过程中，坚持"忠于原著，丰富史料；以史为鉴，启迪人生"的原则，对《明史》记载的事件和人物不做虚构，只是在细节和语言方面适当做些加工，以增强可读性。同时，适当阐述笔者个人的体会和观点。

笔者在撰写过程中，根据原著记载和个人的体会，提出了一些新的观点和看法。比如，《并无"火烧庆功楼"》《咎由自取胡惟庸》《朱元璋为何杀功臣》《名过其实刘伯温》《方孝孺未被灭十族》《永乐盛世有点勉强》《皇帝的奇葩爱情》《一夫一妻的皇帝》《无力回天崇祯帝》等。这些观点仅作为一家之言，敬请读者指正。

由于笔者水平有限，书中难免存在错误、缺陷和不足之处，希望广大读者给予批评纠正，笔者将不胜感激。

目
录

《明史》乃上乘之作

　　明朝于1368年建立，1644年灭亡，传十六帝，存在二百七十六年。记述明朝历史的正史，是清朝编纂的《明史》。

　　《明史》是"二十五史"中的最后一部，也是修撰时间最长的一部史书，前后长达九十四年。《明史》以编纂得体、史料翔实、叙事稳妥、行文简洁为史学界所称道，被认为是五代以来水平最高的一部史籍。

　　1645年，清朝顺治皇帝刚刚进入北京，屁股还没坐稳，就在汉族大臣范文程、洪承畴等人的建议下，急着下发诏令，设立了明史馆，选定学士詹霸等十一人为纂修官，开始修撰《明史》。

　　当时，清军入关占领北京不久，明朝在南方的势力还很大，李自成、张献忠的起义军也在与清军对抗，全国大部分地区仍处于战火之中。在这种环境下，修撰《明史》显然不合时宜，也不具备条件。

　　清朝之所以在入关之后就匆忙宣布修撰《明史》，是有其政治目的的。一是以此宣告明朝已经灭亡，清朝属于正统；二是借机笼络一些汉族官员和知识分子，使他们有一种情感上的寄托。由于不具备条件，明史馆成立三十多年间，《明史》的修撰并未取得实质性进展，但也收集了许多史料和档案，为修撰工作做了一些必要的准备。

　　到了康熙时期，康熙皇帝铲除权臣鳌拜，平定三藩之乱，巩固了统治，全国局势稳定，修撰《明史》才真正摆上议事日程。

　　康熙皇帝雄才伟略，有深厚的汉学修养，也重视修史。1678年，康熙诏征博学鸿儒，选取五十二人参与《明史》修撰。修撰阵容庞大，人才济济，著名的有万斯同、朱彝尊、尤侗、毛奇龄等人，都是享有盛名的史学家和文学家。

这些博学鸿儒知识渊博，治学严谨，对大量史料进行核实甄别，去伪存真，精心撰写，经过许多人五十多年的辛勤努力，终于完成了《明史》初稿。但康熙帝已经去世，没有形成定稿。

到了乾隆时期，乾隆皇帝组织一批史学家和文学家，对《明史》初稿进行修改，由内阁首辅大臣张廷玉任总裁官。又经过几年考订和修改，直到1739年，乾隆皇帝亲自审阅了书稿，《明史》才定稿刊行。

这样，修撰《明史》历经顺治、康熙、雍正、乾隆四朝，前后用了九十四年时间，即便从1678年正式撰写算起，也长达六十一年。所以，《明史》是耗时最长、耗力最多的一部史书。现在《明史》题为张廷玉等撰写，实际上是一大批学者长期共同努力的成果。

《明史》体量庞大，内容丰富，共有三百三十二卷，包括本纪二十四卷、志七十五卷、列传二百二十卷、表十三卷，其卷数仅次于《宋史》。《明史》修撰时间之久、用力之勤、记述之完善，均超过从前的史书，得到后世广泛好评。

《明史》的一大特点，是尊重史实，不完全以明朝的原始资料为依据。明朝与其他朝代一样，也留下了大量原始资料和档案，如《明太祖实录》等。这些原始资料，一般可信程度较高，但涉及皇帝、皇族和一些重大事件时，往往也有一些隐瞒、歪曲和美化。《明史》的修撰者，以严谨的治学态度，对原始资料进行考证、甄别，再参考其他史料，力求更加符合历史真实。《明史》修撰用时较长，有时间、有条件把这方面的工作做得更细致一些。当时，参考的地方志就达三千多册。所以，《明史》对一些重大事件和重要人物的记载，可信度是比较高的。

《明史》在编纂体例上也有特点，本纪所占比例不大，记载也不繁杂，但以简明扼要的方式，列于全书之前，作为全书之纲，使人在阅读这部史书时，首先了解到明朝时期的总体概况，有一个大概的印象。因此，本纪起到了提纲挈领的作用。

另外，《明史》体例严谨，编排紧凑，叙事清晰，语言简洁流畅。

《明史》用时较长，考证仔细，错误之处不多，是一部人们公认的较高水平的史书。

《明史》也有缺陷，主要是对明末农民起义持否定态度，对南明政权记载简略，对《五行志》的编纂有些缺漏，有的传记过于烦冗等。

《明史》一经面世，就得到人们认可，广泛流传。人们都认为，该书价值较高，因而很少出现其他有影响的明朝史籍。

可是，由于造纸和印刷业已经十分发达，明清时期的野史笔记泛滥，有些野史为了猎奇和吸引人们眼球，编造了大量离奇故事，对后世影响很大。

比如，人们都知道，朱元璋得到天下以后，大肆屠杀开国功臣，送鹅肉毒死徐达，火烧庆功楼，把功臣们全部烧死。这个说法，就来源于《翦胜野闻》《龙兴慈记》等野史，而《明史》并无记载。这个说法更与事实不符，朱元璋的开国功臣们，多数病死，也有不少被朱元璋处死，但没有一个是被烧死的。

这些野史故事流行甚广，甚至编成戏剧，有部戏就叫《火烧庆功楼》，在很大程度上影响了一些人对明朝的看法。所以，人们要想了解明朝的历史，就应该首先阅读《明史》。

明朝兴衰历程

元末农民大起义，摧毁了元朝蒙古贵族的统治，诞生了一个新的政权——明朝。

明朝是由汉族建立的又一个大一统王朝，自 1368 年建立，到 1644 年灭亡，共存在二百七十六年。

明朝的开国皇帝，名叫朱元璋。朱元璋的一生，颇具传奇色彩。他家族世代贫穷，没有土地和产业，从祖父开始就四处流浪，最后流落到濠州钟离（今安徽凤阳）。

朱元璋出生时，家里仍然属于赤贫，田无一垄，地无一分，全靠给地主打工维持生计，过着饥一顿饱一顿的贫苦生活。

朱元璋在孩童时期，就给地主家放羊、放牛，常遭毒打。他十几岁那年，瘟疫流行，父母及大哥都死了，只剩下他和二哥，二人分头寻找活路。

朱元璋走投无路，只好遁入空门，当了一名小和尚。但当和尚也没有饭吃，于是再去乞讨，晚上投宿寺庙或在山洞过夜，受尽苦难。

朱元璋是历代皇帝中最苦的一个，他受尽官府和地主恶霸的欺凌，尝尽人间辛酸苦辣，没有得到过关爱和温暖，因而养成了坚强刚毅、不屈不挠但又冷酷无情、缺乏仁爱的性格。

1352 年，二十五岁的朱元璋毅然脱掉僧衣，去濠州参加了郭子兴的起义军。朱元璋对元朝统治者怀有刻骨仇恨，作战勇敢，不惧生死，得到郭子兴赏识，提拔他做了将领，还把养女马氏嫁他为妻。

1353 年，朱元璋与儿时伙伴徐达、汤和等人，带一支七百人的队伍，离开濠州，南下滁州，去发展自己的势力。

朱元璋出身贫民，深知百姓疾苦，严格约束部队不得扰民，得到百姓拥护。朱元璋在滁州住了三年，建立了稳固的根据地，队伍发展到数万人，同时招揽到李善长、常遇春、邓愈、冯胜等一批谋士武将。

1356年，朱元璋率部渡过长江，攻占集庆路（治今南京，明太祖克城后改名为应天府），得到谋士刘基、朱升等人辅助，开辟了以应天为中心的根据地，势力迅速增强。

这个时候，天下大乱，北方有刘福通、韩林儿的红巾军，南方有徐寿辉、陈友谅、张士诚、方国珍等起义队伍，称王称帝者比比皆是。元朝派兵镇压，但顾此失彼，无法扑灭起义烈火。

朱元璋见识高远，他接受朱升建议，采取"高筑墙，广积粮，缓称王"的正确策略，低调行事，暗中扩大势力，注重发展经济，着力收服民心，积蓄了很大的力量。

1360年以后，元朝失去了对南方的统治，把兵力收缩到北方，南方只剩下大大小小的起义军了。朱元璋见时机已到，开始对外用兵。朱元璋用几年时间，先后灭掉陈友谅、张士诚、方国珍等割据势力，统一了江南。

1367年，朱元璋统一南方以后，命徐达、常遇春率二十五万精兵强将征伐北方，不到一年时间，消灭了元朝在北方的军队，占领了大都，将大都改名为北平。元朝皇帝逃到上都，后又被驱逐到漠北，结束了对全国的统治。

1368年，朱元璋在南京建立明朝，登基称帝。之后又用十多年时间，收复陕甘、四川、贵州、云南等地，统一了全国。

朱元璋称帝以后，迅速医治战争创伤，精心治理国家，休养生息，发展经济，关心民生，抑制豪强，惩治腐败，成效显著，被誉为洪武之治，也叫洪武盛世。《明史》甚至说，朱元璋治理天下，超过了唐宋。

朱元璋执政有两个明显特点，一是比较关心民间疾苦，采取一系列措施救助穷人；二是实行酷政，以霹雳手段大杀贪官，先后六次大搞肃贪运动，杀掉贪官和株连者达十五万人，而且施以剥皮抽筋、斩手断足等酷刑。

朱元璋对建立功勋的功臣们也毫不容情，通过胡惟庸案、蓝玉案，近一半的开国功臣被他杀掉，牵连被杀的达数万人。朱元璋由于杀戮过重，刑罚严峻，在历史上留下了酷政、暴君的恶名。

1398年，当了三十年皇帝的朱元璋病逝，享年七十一岁，庙号太祖。朱元璋的太子早逝，便由孙子朱允炆继位，被称为建文帝。

建文帝即位时二十二岁，年轻气盛，很想有一番作为。他为人宽厚，崇尚儒学，以著名大儒黄子澄、齐泰、方孝孺辅佐朝廷，努力改变朱元璋时期的酷政，宽刑省狱，推行仁义，史称建文新政。

可是，建文帝和几个辅臣都是理想主义者，缺乏治国经验和能力，书生气十足。他们为了加强中央集权，急于削藩，结果引发燕王朱棣叛乱。

朱棣是朱元璋第四子，是建文帝的亲叔叔。朱棣雄才伟略，野心勃勃，他长期镇守北平，形成了很大势力。朱棣借口建文帝削藩，公然起兵造反，与朝廷军队打了三年，史称"靖难之役"。最终，朱棣获胜，建文帝下落不明，黄子澄、齐泰、方孝孺等人死于国难。

1402年，朱棣从侄子手中夺得帝位，成为明朝第三位皇帝，年号永乐。朱棣当皇帝二十二年，总体干得不错，史称永乐盛世。

朱棣很有作为，他在任期间，改北平为北京，大肆扩建，将都城由南京迁到北京；开挖大运河，疏通南北水运大动脉；不断发动对外战争，开疆拓土；派遣郑和七下西洋，广泛开展海外交流；鼓励农耕，兴修水利，发展经济。明朝国力强盛，四海宾服，被誉为盛世。

可是，朱棣抛弃了建文帝的宽仁政策，重新实行朱元璋的酷政，恢复锦衣卫，建立东厂，利用特务组织监视百官、控制社会，法律严苛。朱棣好大喜功，大兴土木，穷兵黩武，民众负担很重。在永乐盛世期间，老百姓并没有安居乐业，幸福感不强，有的地方甚至民不聊生，以至于在山东地区爆发了唐赛儿起义。所以，笔者认为，永乐盛世有点勉强。

1424年，朱棣病逝，享年六十四岁。其长子朱高炽继位，成为明朝第四位皇帝，是为明仁宗。

明仁宗在位不到一年就病逝了，享年四十八岁。他虽然执政短暂，却在历史上留下贤名。明仁宗宽厚仁义，赦免建文帝旧臣，平反冤狱，废除酷刑，停止对外用兵和大兴土木，努力改变朱元璋、朱棣时期的酷政，开始转向仁政，为仁宣之治奠定了基础。

明仁宗死后，长子朱瞻基继位，是为明宣宗。明宣宗是一位大有作为的皇帝，他继承父亲的事业，继续推行仁政，整顿吏治，发展经济，关心民生，还平息了汉王朱高煦叛乱。明宣宗在位十年，把明朝推向繁荣强盛，史称仁宣之治，又称仁宣盛世。这个期间，是明朝最好的时期。

1435 年，明宣宗病逝，享年三十八岁。其九岁的长子朱祁镇继位，成为明朝第六位皇帝，是为明英宗。明英宗年幼，其祖母张太后执掌朝廷。张太后贤德睿智，被誉为女中人杰。她重用贤臣，继续执行仁宣时期的政策，保持了大明王朝繁荣稳定。

张太后病逝以后，十六岁的明英宗亲政。明英宗自幼长于深宫，阅历浅薄；他从小在宦官王振陪伴下长大，对王振特别宠信和依赖。王振恃宠骄纵，逐渐把持了朝政，成为明朝历史上第一个专权的宦官。

1449 年，北方瓦剌入侵，王振怂恿明英宗御驾亲征。由于王振专权，胡乱指挥，结果发生了土木之变，明军全军覆没，明英宗当了俘虏，王振也死了。瓦剌大获全胜，气焰嚣张，继续向南进兵，攻打北京城。

噩耗传来，京城一片惊慌，明朝陷入危急之中。面对危局，明英宗母亲孙太后挺身而出，力挽狂澜，稳定局势，安抚人心。

为了挫败瓦剌拿明英宗要挟的阴谋，孙太后果断下诏，册立明英宗弟弟朱祁钰为皇帝，是为明景帝。明景帝临危即位，成为明朝第七位皇帝。

明景帝即位以后，当务之急是击退瓦剌进攻，保卫北京城。明景帝重用贤臣，委托于谦全权指挥北京保卫战。于谦不负重托，取得北京保卫战胜利，使大明王朝转危为安。

明景帝当了八年皇帝，他在任期间，选贤任能，励精图治，清除王振势力，推出一系列新政，恢复了明朝国力，经济社会继续向前发展。

在此期间，瓦剌见明英宗没有了利用价值，又想让他引发明朝内斗，把他放了回来。明景帝把哥哥明英宗软禁在南宫。

1457年，明景帝病重，没有儿子。明英宗的旧臣石亨、曹吉祥等人借机发动南宫复辟，拥立明英宗第二次当了皇帝。明景帝很快死去，年仅三十岁。

明英宗复位以后，迫害打击拥护明景帝的大臣，于谦等人被冤杀。明英宗又当了七年皇帝，他仍然没有长进，忠奸不分，用人不明，宠信重用石亨、曹吉祥等人，结果酿成石曹之乱，使明景帝恢复的国力又遭重创。

明英宗前后在位二十二年，他没有治国才能，不会用人，几乎没有什么作为，反而屡出事端，大明王朝开始由强转衰。

1464年，明英宗病逝，享年三十七岁。他的长子朱见深继位，是明朝第八位皇帝，被称为明宪宗。

明宪宗小时候受过苦难，曾经两次被废立太子之位，他执政前期比较贤明，平反于谦冤案，纠正前朝一些弊端，任用贤臣，减省刑罚，经济社会有所复苏，为弘治中兴奠定了基础。明宪宗后期怠于政事，长期不见大臣，任用奸佞，宠爱比自己大十七岁的老宫女。

1487年，当了二十三年皇帝的明宪宗病逝，享年四十一岁。其子朱祐樘继位，是明朝第九位皇帝，被称为明孝宗，年号弘治。

明孝宗幼年坎坷不幸，即位后励精图治，选贤任能，驱逐奸佞，废除苛法，兴修水利，发展经济，明朝重新繁荣强盛，史称弘治中兴。

明孝宗个人品质良好，他宽厚仁慈，躬行节俭，勤政爱民，善待大臣，朝廷出现了难得的君臣和谐景象。尤其令人称道的是，明孝宗不好声色，实行一夫一妻制，终生只有张皇后一个女人，宫中没有设置其他嫔妃。

1505年，当了十八年皇帝的明孝宗病逝，享年三十六岁。他唯一的儿子朱厚照继位，成为明朝第十位皇帝，被称为明武宗。

明武宗即位时只有十五岁，他由于是独子，从小被父母娇惯坏了，又受太监刘瑾等人诱惑，养成了荒唐嬉闹的性格，特别贪玩，长期住在豹房，与猛兽为伍。其间发生了明武宗南巡之争和宁王叛乱等重大事件，致使朝纲混乱，葬送了弘治中兴的成果。

1521 年，明武宗因在捕鱼玩乐中落水受伤而死，年仅三十一岁，在位十六年。明武宗没有儿子，使得孝宗一脉绝嗣。明孝宗的侄子朱厚熜入嗣大统，成为明朝第十一位皇帝，被称为明世宗，年号嘉靖。

嘉靖皇帝在位四十五年，他前期尚有作为，革除前朝弊端，整顿吏治，限制外戚，改革科举，丈量土地，抵御倭寇，史称嘉靖新政。可惜昙花一现，嘉靖皇帝很快就骄纵怠政，长期不上朝，迷信方士，追求长生不死，昏庸无道，逼得宫女造反，差点把他勒死。

1567 年，嘉靖皇帝病逝，享年六十岁。其三子朱载垕继位，成为明朝第十二位皇帝，被称为明穆宗，年号隆庆。

隆庆皇帝干得不错，他重用张居正等贤臣，改革创新，开放海禁，促进经济发展，又与蒙古议和，争取和平环境，史称隆庆新政。可惜，他只当了六年皇帝就死了。

1572 年，隆庆皇帝把朝廷托付给张居正等人，与世长辞，年仅三十六岁。其三子朱翊钧继位，成为明朝第十三位皇帝，被称为明神宗，年号万历。

万历皇帝登基时只有十岁，朝廷大权掌握在张居正手里。张居正主政十年，大刀阔斧推行改革，明朝又兴旺起来。张居正死后，万历皇帝亲政，起初还有所作为，进行三大征和抗日援朝，但不久就闹起了长达十五年的国本之争，党派纷争激烈，导致朝廷混乱。

万历皇帝长期怠政，创造了二十多年不上朝的荒唐纪录。在此期间，东北女真族势力崛起。努尔哈赤统一女真各部，建立后金，开始攻击明朝。

万历皇帝在位四十八年，是明朝在位时间最长的皇帝。由于他昏聩无能，荒废政务，连续出现国本之争、梃击案、红丸案、移宫案，党争激烈，朝廷一片混乱，明朝很快衰落下去。史学界一般认为，明朝之亡，始于万历。

1620 年，万历皇帝驾崩，享年五十八岁。其长子朱常洛继位，成为明朝第十四位皇帝，被称为明光宗。

明光宗在位不到一个月就死了，时年三十九岁。其长子朱由校继位，成为明朝第十五位皇帝，被称为明熹宗，年号天启。

明熹宗是历史上有名的木匠皇帝，整天以做木匠活儿取乐，不爱理政，性格又软弱，大权落在宦官魏忠贤手里。魏忠贤一手遮天，大搞结党营私，残酷迫害东林党人，明朝越发不可收拾。努尔哈赤频繁攻打明朝，辽东战场形势严峻。各地出现自然灾害，陕西爆发农民大起义。大明王朝内忧外患，摇摇欲坠。

1627 年，当了七年皇帝的明熹宗死了，年仅二十三岁。明熹宗没有儿子，其弟朱由检继承了皇位，成为明朝最后一位皇帝，被称为明思宗，年号崇祯。

崇祯皇帝即位时十七岁，他年轻有为，上台三个月就一举铲除魏忠贤势力，把大权掌握在自己手里。崇祯皇帝勤政、节俭、勤奋好学、不爱女色，是一位不错的皇帝，但明朝大厦已经倾斜，他无力回天。在此期间，李自成的起义军形成百万人的规模，后金改为大清，明朝无力应对，即将灭亡。

史学界一般不把明朝灭亡完全归咎于崇祯皇帝，但他刚愎自用，多疑猜忌，不会用人，不信任大臣，冤杀抗清名将袁崇焕，对明朝灭亡也负有重要责任。

1644 年，李自成起义军攻占北京，崇祯皇帝自缢而死，明朝灭亡。

镇守山海关的明军将领吴三桂，勾结清军入关，打败李自成，占领了北京和中原地区，然后清军南下，灭掉南明各个政权，统一了全国。

综观明朝兴衰历程，与元朝有很大不同。元朝开始时强大无比，后来却一路下滑，呈现出虎头蛇尾态势；明朝则是多次起伏，兴衰交替，有贤君时就兴盛，有昏君时就衰落，具有螺旋式下降的特点。

穷困潦倒朱重八

在中国两千多年的封建社会里，总共产生了四百多名皇帝。其中，平民出身的不是很多，最著名的布衣皇帝，是刘邦和朱元璋。

可是，朱元璋要比刘邦贫穷多了。刘邦毕竟当过亭长，是个小吏，还能到县令府上做客吃酒，朱元璋则是连想都不敢想。朱元璋幼年做过放牛娃，长大后当了和尚，沿街乞讨，一直生活在社会最底层，简直贫困到家了。

朱元璋的祖上就是贫困户，而且为生活所迫，不断搬迁流浪。其先祖是江苏沛县人，与刘邦是老乡，后迁徙金陵句容（今江苏句容市）。朱元璋的爷爷叫朱初一，在句容被定为"淘金户"。

元朝为了盘剥民众，实行固定户籍制度，设置了农户、军户、匠户、商户等等，按户籍交税。朱初一名为"淘金户"，却并不淘金，句容一带也无金可淘，但每年却要缴纳一定数量的金子。朱初一缴纳不起，只好躲避，举家搬迁到洪泽湖边的泗州（今江苏盱眙）。

朱初一在泗州以租地务农为生，没有自己的土地和产业。元朝贫富差距特别悬殊，土地大部分集中在蒙古贵族和地主豪强手里，无地农民很多。朱初一一生贫困，最后死在了泗州。

朱初一生了两个儿子，长子叫朱五一，次子叫朱五四。那时候很多穷人没有名字，就按出生日期取名。朱五四是朱元璋的父亲，后来改名叫朱世珍。

在元朝后期，有一年洪泽湖发大水，淹没了土地，朱五一、朱五四兄弟活不下去了，只好举家迁至濠州的钟离。朱五四娶了一个姓陈的女子，生下四男二女六个孩子。四个男孩按照与大伯家孩子的大排行，分别叫朱重四、朱重六、朱重七、朱重八，朱重八就是朱元璋。

1328 年九月十八日，朱重八呱呱坠地。父亲朱五四望着家徒四壁，紧锁眉头，愁眉苦脸，没有一丝喜庆。

朱重八刚出生三天，忽然发起高烧，昏迷不醒。朱家没有钱给儿子看病，眼见孩子活不成了。

朱五四心想，与其死在家里，不如舍施给寺院，于是抱着孩子，来到附近的皇觉寺。不料，寺院里没有人，和尚们都出门化缘去了。朱五四只好又把孩子抱了回来，没想到这孩子命大，竟然奇迹般地活了下来。

朱家几乎一贫如洗，田无一垄，地无一分，全靠给地主家扛活打工，勉强维持生计，过着饥一顿饱一顿的生活。

朱重八从幼年开始，就给地主家放羊，后来稍大一点，改为放牛。明朝开国功臣汤和、周德兴等人，也给地主家放牛，是朱重八的儿时伙伴。

有一个故事流传甚广，说朱元璋从小胆大有谋，喜欢当孩子王。有一次，朱元璋和几个小伙伴把地主家的一头小牛杀掉吃了，把牛尾巴塞到山上石头缝里，然后对地主说，是牛自己钻到石缝里去了，结果遭到地主一顿毒打。这个故事源自野史《龙兴慈记》，《明史》并无记载，可信度不高。

元朝末期，朝廷腐败，贪官污吏敲诈勒索，地主恶霸横行，致使民怨四起，社会动荡。偏巧又遇天灾不断，粮食歉收，饿殍遍地，民众活不下去，只得铤而走险，各地起义此起彼伏。

1344 年，朱重八十七岁时，家里出了大难。那一年，濠州发生大旱，接着出现蝗灾，饿死了不少人。由于死的人多，致使瘟疫大流行，死者不计其数。朱重八的父亲、母亲、大哥都死了，三哥早夭，两个姐姐已出嫁，大伯家也死光了。本来一大家人，如今只剩下朱重八和二哥朱重六了。

面对家庭大祸临头，朱重八兄弟哭干了眼泪，可光哭没用，当务之急是安葬亲人。可是，朱家没有一寸土地，亲人无法下葬。兄弟俩无奈，只好哭着去求为其扛活的地主。地主十分狠心，不仅不给，还将他们打骂出来。

眼看亲人不能入土为安，兄弟俩难过得仰天号哭。哭声惊动了邻居刘继祖，刘继祖动了恻隐之心，送给他们一块坟地，兄弟俩叩头拜谢。朱重八家里穷得没有一文钱，自然买不起棺材，只得用破布包裹尸体，将亲人埋葬。

朱元璋对这段经历刻骨铭心，一生不忘。据《凤阳县志》记载，朱元璋称帝以后，亲口对众臣说："朕昔寒微，生者为衣食之苦，死者无阴宅之难。吁！艰哉！幸刘继祖发仁惠之心，以己之沃壤慨然惠朕，朕得斯地，乐葬皇考妣于此，至今难忘。"朱元璋封刘继祖为义惠侯，并荫及子孙，刘家子孙世代富贵，与明朝相始终。真是善有善报。

朱重八家破人亡，无法生存了，他与二哥朱重六抱头大哭一场，然后各自逃生。不久，朱重六也死了。朱重八家族本来人丁兴旺，光男孩就有八个，可是，最后只剩下了他和一个侄子朱文正。朱文正后来跟随朱元璋打天下，成为著名将领和开国功臣。

朱重八与二哥分离后，沿街乞讨，但根本填不饱肚子，还时常遭到地主家的恶狗追咬。朱重八对官府和地主恶霸恨之入骨，所以，他当了皇帝以后，杀起贪官污吏和恶霸来，是毫不手软的。

朱重八走投无路，只好投入皇觉寺中，做了一名行童。行童是寺院里最低等的僧人，实际上是寺里的杂役，仍然时常遭受打骂。朱重八每日扫地挑水、劈柴做饭，什么苦活累活都干，只为混口饭吃。

灾荒仍在持续，时间不长，寺院里也断粮了。和尚们只好投亲靠友，或者外出化缘，各自四散逃生。朱重八孤苦伶仃，无亲可投，只好再次踏上乞讨之路。

朱重八身穿破旧僧衣，手托钵盂，到处流浪乞讨，历时三年多时间，足迹遍及安徽、河南、江苏等地。朱重八整日半饥半饱，遭受了许多白眼和辱骂，晚上有时在寺院里栖身，多数时候在山洞或者露天过夜，吃尽了万般苦头。

朱元璋对这段经历也是刻骨铭心，据《天潢玉牒》记载，朱元璋专门写了一篇文章，记述当时的痛苦经历和愤懑心情。文曰："众各为计，云水飘扬，我何作为，百无所长。依亲自辱，仰天茫茫，既非可倚，侣影相将。朝突炊烟而急进，暮投古寺以趋跄。仰穷崖崔嵬而倚碧，听猿啼夜月而凄凉。魂悠悠而觅父母无有，志落魄而佚伴。西风鹤唳，俄淅沥以飞霜。身如飘蓬逐风而不止，心滚滚乎沸汤。"

大意是说，寺里和尚为寻活路，各奔东西，我无亲无靠，又没有特长，只得四处乞讨。看见哪里冒炊烟，就急忙赶去，讨口剩饭吃。一天下来，仍然填不饱肚子，晚上饿得踉踉跄跄地投宿寺院。如果找不到寺院或者寺院不收留，就只好在山洞里过夜。山洞阴森，我一边思念父母，一边与猿啼声为伴。最难熬的是冬天霜雪和下雨天，被冻得瑟瑟发抖。可怜我身如蓬草，随风飘荡；想想我凄惨身世，心潮起伏，何时才有出头之日？朱重八真是穷困潦倒，万分凄惨。

朱重八在乞讨流浪的三年多中，尝尽了人世间的辛酸苦辣，目睹了广大民众的悲惨命运，忍受了官吏和恶霸的凌辱，使他增长了见识，开阔了视野，磨炼了意志，熟悉了中国社会各阶层的情况，对他后来事业发展产生了重大影响。与此同时，朱重八也形成了冷酷无情、缺乏仁爱的性格。

更重要的是，朱重八接触了白莲教、明教等宗教团体，受到农民起义的鼓舞，产生了推翻元朝统治的强烈愿望。朱重八流浪的地区，多数都爆发了规模不一的农民起义，对他产生了重要影响。朱重八很快就加入起义队伍之中，开始他另一种不平凡的人生。

在中国封建社会皇帝当中，朱元璋是身世最坎坷、经历痛苦最多的一个。然而，宝剑锋从磨砺出，梅花香自苦寒来，经历苦难也是一种宝贵的财富。朱元璋之所以能够成为一代帝王，开创非凡的事业，与他年轻时经历磨难是分不开的。

脱掉僧衣上战场

朱重八在外乞讨流浪三年多之后，又回到皇觉寺，继续做他的和尚。此时，朱重八已经二十多岁，又经过几年磨炼，十分成熟，在寺院地位有所提高，他不再是小行童，而是吃斋拜佛，敲钟诵经，过了一段相对平静的生活。然而，树欲静而风不止，寺院外面的社会开始大乱了。

忽必烈倚仗所向无敌的蒙古铁骑，统一全国，建立了强大的元朝。忽必烈和之后的几位皇帝，都崇尚汉文化，推广儒学，元仁宗、元英宗还大搞汉化运动，总算维持了六十多年的大体稳定。不过，这引起了蒙古贵族保守派的极大不满和反对，元朝统治集团内部矛盾激化。

1323 年，蒙古贵族保守派发动政变，刺杀了推行汉化、锐意革新的元英宗，拥立自幼在漠北长大、不懂汉文化的泰定帝上台，改变了元朝发展方向。

此后，元朝统治集团内部争斗不断，十年换了五个皇帝，最短的不到两个月，而且实行民族歧视政策，致使朝廷混乱，社会动荡，贪官污吏横行，百姓深受压迫和剥削。民众不堪忍受，纷纷起来造反，各地起义此起彼伏，规模越来越大。

1351 年，北方白莲教教主韩山童和刘福通等人，经过周密计划，发动了大规模农民起义。不久，南方的白莲教首领徐寿辉、彭莹玉等人，也聚众起义。南北起义军皆头裹红巾，打着红旗，称为红巾军；起义军又以宗教为号召，聚众焚香，所以也叫"香军"。起义如同干柴烈火，很快燃遍了全国各地。

1352 年，郭子兴响应号召，在濠州起义。郭子兴祖先是曹州（今山东菏泽）人，其父郭公年轻时以算命为生，云游四方。有一次，郭公来到安徽定远，定远有一富户，家中有盲女嫁不出去，郭公就娶了她，在定远居住下来。郭公生了三个儿子，次子叫郭子兴。

郭子兴为人侠义，仗义疏财，喜欢交结朋友，对元朝统治十分不满。韩山童、刘福通起义之后，郭子兴深受鼓舞，便与孙德崖等人商议，聚众数千人，攻占了濠州城，也号称红巾军。郭子兴等五人均称元帅。

朱重八幼年时的伙伴汤和，参加了郭子兴的红巾军，并做了千户。汤和给朱重八写信，劝他还俗投军。

朱重八收到信以后，有些犹豫。一方面，他害怕再过那种居无定所、四处流浪的生活，想在寺院过安稳日子，何况造反还有风险；另一方面，他受够了官府恶霸的欺压，有造反的欲望，并且认为元朝不会长久，自己应该去建功立业。

在犹豫不决之中，朱重八想向佛祖请示，他虔诚地跪在佛像面前，许愿抽签。朱重八心中许了第一个愿，是留在寺中，平静度日，结果抽签一看，是"大凶"；朱重八赶紧又许第二个愿，即离开寺院，不料又是"大凶"。

朱重八心情紧张起来，狠狠心，再许第三个愿，就是起义造反，征战沙场，结果是"大吉"。于是，朱重八决定按照佛祖指示，加入起义军，开始新的人生之路。

濠州起义之后，朝廷组织兵力，准备前去平乱，因而濠州城加强戒备，城门口盘查甚严。

朱重八来到濠州，守城士兵见他相貌不同寻常，怀疑他是奸细，把他捆绑起来，想要杀掉。幸亏有人报告了郭子兴，郭子兴亲自来到城门口。郭子兴见朱重八身材高大，相貌不凡，又得知他是汤和的好朋友，立即将他松绑，纳入军中。

关于朱元璋的相貌，颇有争议，有的说他相貌堂堂，有的说他丑陋不堪。后世流传朱元璋一幅画像，长得很怪，一张鞋拔子脸，竖眉横目，额骨突出，下巴又长又歪，相当难看。有的野史说，朱元璋嫌画师把自己画得丑，一怒之下，把画师杀了。

《明史》对朱元璋的相貌有记载，说他"姿貌雄伟，奇骨灌顶。志意廓然，人莫能测"。前八字是说外貌，后八字指的是气质。可见，朱元璋相貌气质都是不错的，否则，郭子兴不会将养女嫁给他。

朱重八从此投入郭子兴军中，当了一名普通士兵，并改名为朱元璋。这名字起得很有讲究，朱与"诛"同音，璋是一种珍贵的玉器，名字寓意为诛灭元朝的宝器，表达了朱元璋立志推翻元朝的坚定决心。

朱元璋当兵数月之后，有一次，郭子兴到他所在的部队视察，一眼认出了他，自然询问他的情况。队长把朱元璋大大夸奖了一番，说他作战带头冲锋，与大伙和谐相处。郭子兴很高兴，调朱元璋当了亲兵，不久提拔他为亲兵十夫长，管理十名士兵。

朱元璋跟在郭子兴身边，打仗不惧危险，常常身先士卒，他又见多识广，胸有谋略，很快得到郭子兴赏识，成为他的亲信和重要将领。郭子兴遇事常常与朱元璋商议，朱元璋总能提出好的建议。

郭子兴看出朱元璋能力非凡，是个不可多得的人才，为了进一步笼络他，便与夫人商议，打算把养女马氏嫁他为妻。

《明史》没有记载马氏的名字，有的史料说她叫马秀英。马氏的父亲马公，与郭子兴是生死之交，在临终前将女儿托付给郭子兴。郭子兴把马氏养在家里，视如己出。

郭子兴的夫人很有头脑，当即表示赞同，并且说："要想成就大事，必须重用像朱元璋这样的人才。此事宜早不宜迟，免得他被别人拉了去。"于是，朱元璋成了郭子兴的女婿，由亲信变成了一家人，关系更加密切了。

马氏便是日后大名鼎鼎的马皇后，她不仅仁慈贤惠，而且胸有智谋，还通晓文史，对朱元璋成就大业发挥了重要作用。

郭子兴夫人的担心不是多余的，当时起义军内部矛盾重重，与郭子兴共同起义的五个头领，都称元帅，互不服气。孙德崖企图排挤掉郭子兴，自己当头领。

后来，徐州红巾军被元军打败，首领彭大、赵均用率部投奔了濠州。郭子兴器重彭大而轻视赵均用，孙德崖借机挑拨离间，激怒了赵均用。赵均用是强盗出身，行事鲁莽，趁郭子兴不备，把他抓住，囚禁起来。

朱元璋闻讯后，大吃一惊，他一面派人告知彭大，一面带领手下士兵，急速闯入赵均用营中，把郭子兴救了回来，使郭子兴幸免于难。

眼看起义军内部矛盾激化，马上就要火并，偏巧元军前来攻打濠州，各将领不得不暂时摒弃前嫌，共同对敌。濠州保卫战打了五个多月，元军始终没有攻破城池。各将领虽然同力守城，但已经心存芥蒂、貌合神离了。

朱元璋见起义军内部派系林立，矛盾丛生，便想专心发展自己的势力，得到郭子兴的赞同和支持。于是，朱元璋回乡下招兵，然后凭借智谋和能力，使自己的势力迅速崛起。

攻占滁州打根基

濠州起义军内部产生了矛盾，将领们各怀鬼胎，分成了派系。朱元璋觉得，要想站稳脚跟，必须有自己亲自掌握的队伍。于是，他向郭子兴建议，回家乡招募士兵，郭子兴同意了。

1353年，朱元璋回到家乡钟离，树起招兵旗帜，一些少时伙伴和乡亲们，听说当年的朱重八已经当了义军头领，纷纷前来投奔，很快招募了七百多人。人数虽然不是很多，但均是家乡子弟，后来几乎都成了朱元璋的亲信，尤其是徐达、周德兴、郭英等人，成为天下名将和明朝开国功勋。后来，汤和也投到朱元璋麾下。

徐达，出身贫苦，是朱元璋儿时伙伴，自跟随朱元璋以后，一直得到重用，长期执掌兵权，被誉为明朝开国第一功臣，追封为中山王。野史说他后来被朱元璋毒死，《明史》记载他是病死的，活了五十四岁，属于正常死亡。

汤和，与朱元璋同是放牛娃，从小就佩服朱元璋，忠诚不渝，征战一生，屡立大功，七十岁病逝，追封为东瓯王。有的野史说，他也是被朱元璋杀死的，这不符合历史事实。

郭英，朱元璋的少年伙伴，开国功臣，一生历经大小战斗五百余次，身上伤疤七十余处，六十七岁病逝，追赠营国公。

周德兴，朱元璋的少年伙伴，开国功臣，封为江夏侯，后因其子周骥作乱，受株连被杀。

朱元璋带着七百多名家乡子弟兵回到濠州，郭子兴很高兴，任命他为镇抚，让他统领这支部队。从此，朱元璋有了自己亲自掌管的队伍，他以这七百多人为基础，不断扩充实力，最终开创了大明江山。

濠州城内兵多粮少，诸将目光短浅，只顾争权夺利，不图对外发展。朱元璋认为，这不是长久之计，便向郭子兴建议，由他率部南下，对外发展势力，郭子兴很赞同。于是，朱元璋带着自己的部队，向南进军。

朱元璋胸有谋略，治军有方，他严明军纪，不许骚扰百姓，同时选贤任能，奖惩分明，朱元璋本人则与士兵同甘共苦，因而部队战斗力很强。

朱元璋在南下途中，经过定远。定远有元军营地，其实是依附元朝的地方武装，首领缪大亨，就是定远人。朱元璋用计夜袭缪大亨，将其击败。缪大亨率部投降，也成了朱元璋的得力大将，后来战死沙场。

朱元璋继续南下，沿途招兵买马，招抚地方武装，队伍像滚雪球一样迅速扩大，到达滁州的时候，已经有了两万之众。

滁州，地处安徽东部、长江下游北岸，东临南京，西接合肥，跨长江、淮河两大流域，经济繁荣，人口稠密，自古有"金陵锁钥、江淮保障"之称。朱元璋早就看中了这个地方，打算在这里建立根据地。

当时，天下已经大乱，北方刘福通的红巾军有数十万人，南方徐寿辉的红巾军更有百万之众，泰州有张士诚起义，浙东有方国珍造反，势力都不小。元朝集中兵力对付这些大股的起义军，滁州守军不多，朱元璋没费多大力气，就攻占了滁州城。

朱元璋入城以后，张贴布告，稳定民心，维护社会秩序，休整部队，招贤纳士，救助穷人，落下了好名声，得到民众拥护，很快站稳了脚跟。

定远人李善长觉得朱元璋不同寻常，前去拜见。李善长满腹学问，胸有谋略，比朱元璋大十四岁，当时已经很有名气。朱元璋听说李善长来见，十分高兴，亲自出门迎接，以礼相待。

朱元璋恭恭敬敬地请教李善长，说："如今天下大乱，依先生高见，什么时候才能平定啊？"

李善长从容回答："昔日秦乱之时，汉高祖崛起于布衣，豁达大度，知人善任，不嗜杀人，五年而成帝业。现在天下四分五裂，如果效法汉高祖，推行仁义，收服人心，应该很快就能平定。"朱元璋听了很高兴，称赞他言之有理。

李善长从此留在朱元璋身边，为他出谋划策，运筹帷幄，并主管军队物资供应，为建立明朝立下大功，比肩汉代丞相萧何。不过，李善长后来受胡惟庸案牵连，被朱元璋处死。胡惟庸也是这个时期投靠朱元璋的，他与李善长既是同乡，又有姻亲关系。

朱元璋在滁州期间，他十八岁的侄子朱文正、十五岁的外甥李文忠闻讯前来投靠，二人从此跟随朱元璋南征北战，成为明朝名将和开国功臣。另外，地方武装头领邓愈、冯国用、冯胜等人率部归附，猛将常遇春、蓝玉、耿炳文、胡大海等人也先后来投。朱元璋手下有了一批谋士武将，部队也扩大到三万多人。

朱元璋离开濠州之后，濠州诸将争斗愈加激烈。彭大、赵均用都自称为王，郭子兴、孙德崖仍称元帅。郭子兴与彭大是一伙，与赵均用、孙德崖有矛盾。

不久，彭大死了，郭子兴势单力薄。赵均用更加专横，几次想杀害郭子兴。朱元璋听说以后，给赵均用写了一封信，软硬兼施，赵均用忌惮朱元璋的势力，没敢下手。郭子兴觉得自己岌岌可危，便带领手下一万多人，也去了滁州。

朱元璋见郭子兴到来，立即交出兵权，让郭子兴统领整个部队。朱元璋此举，大得人心，人们都夸他宽厚仗义，因而他在军中有很高的威望。

郭子兴见滁州比濠州地方大、兵将多，便想称王。朱元璋劝道："滁州四面皆山，不是一个令人安稳的地方，不宜称王。"郭子兴只好作罢。

郭子兴性情耿直，但易怒多疑，缺乏主见。他有时像对待自己的左右手一样，完全信赖朱元璋；有时又听信谗言，对朱元璋提防。朱元璋小心谨慎，不敢有丝毫差错。他的妻子马氏，对协调关系起到了无可替代的作用。

后来，朱元璋率军攻占了与滁州相邻的和州，并在和州驻守。濠州的孙德崖因军粮缺乏，请求到和州就食。朱元璋从大局出发，接纳了他。

郭子兴听说以后，十分生气，立即带兵赶到和州。孙德崖没有防备，被郭子兴抓去；朱元璋同样没有防备，也被孙德崖的士兵捉住。郭子兴深恨孙德崖，本想将他处死，可为了朱元璋，不得不释放了孙德崖，换回了朱元璋。

1355 年，郭子兴病逝，享年五十四岁。朱元璋建立明朝以后，追封郭子兴为滁阳王，并为他建庙祭祀。朱元璋还亲手写了郭子兴的生平事迹，令人刻在石碑上，以传后世。

郭子兴死后，滁州的部队本应归朱元璋统领，可这个时候，刘福通的红巾军攻占了开封，扶立韩山童的儿子韩林儿当上皇帝，恢复了大宋国号，韩林儿便以皇帝的名义，下诏任命郭子兴的次子郭天叙为元帅，任命张天祐、朱元璋为副元帅。

其实，滁州的军队，基本上是朱元璋一手组建的，与韩林儿并没有实质性的隶属关系，只是打着红巾军的旗号而已。因此，朱元璋很不满意，但考虑到刘福通、韩林儿势力强盛，可以借助其威，于是勉强接受了任命，并以韩林儿的龙凤年号号令全军。

不久，郭天叙、张天祐不幸战死，朱元璋便统领了整个部队。郭子兴有三个儿子，长子、次子皆战死沙场，剩下三子郭天爵，被韩林儿任命为中书右丞。朱元璋掌权以后，郭天爵失去官职，心存怨恨，企图谋反，被朱元璋处死。郭子兴还有一个女儿，被朱元璋纳为惠妃，生了三个皇子。

朱元璋在滁州打下了根基，手中有雄兵数万，还有一批谋士武将，他便开始对外用兵，进一步扩大地盘和势力。

筑墙积粮缓称王

在元末农民大起义中，大大小小的起义军不计其数，称帝称王者比比皆是。朱元璋的势力起初不算大，但却能后发制人，扫灭群雄，推翻元朝，赢得最终的胜利。

其中原因是多方面的，而起到关键性作用的，就在于他采取了一条十分正确的策略，这就是人们熟知的"高筑墙，广积粮，缓称王"。

朱元璋占据滁州三年，打下了坚实基础，赢得了良好声誉。眼见兵马越来越多，军粮成了大问题；滁州地域狭小，不利于大的发展。于是，朱元璋想率军南下，到江南鱼米之乡去扩大势力。可是，南下需要渡江，渡江必须有船，而朱元璋却没有。

正在这时，廖永安等人像及时雨一样，率巢湖水军来投。廖永安是巢湖人，在元末大乱的时候，与弟弟廖永忠、好友俞通海、张德胜等人举行起义，盘踞在巢湖水寨。他们听说了朱元璋的名声，觉得他能够成就大事，便率水军和千艘船只前来归附。

朱元璋闻讯大喜，亲自赶到巢湖，抚慰收编其军队。从此，朱元璋有了水军，在江南作战中发挥了重要作用。廖永安、俞通海、张德胜皆战死沙场，廖永忠成为开国功臣，后来因僭用龙凤等违法之事，被朱元璋赐死。

朱元璋有了水军和船只，便从和州顺利渡过长江，攻占了采石，获得大批粮食。有些将士见有了粮食，便想退回和州，慢慢享用。朱元璋不肯，命人砍断缆绳，放走船只，自断后路。

将士们见回不去了，只得同心协力向前，攻打太平府（今安徽当涂）。朱元璋占据太平以后，重申军纪，严禁掳掠，有人违犯，立即斩首示众，因而得到百姓拥护。

太平名儒陶安求见朱元璋，对他说："如今天下大乱，豪杰四起，但都是杀人抢掠，没有救民安天下的大志。明公渡江以来，不抢掠，不妄杀，民心悦服，应天顺人，必能成就大业。"朱元璋听了，心里很舒服，便向他征询发展大计。

陶安说："金陵古帝王都，虎踞龙盘，明公宜取之。占据金陵为基地，收服四方，何愁大事不成？"朱元璋正有此意，于是决定顺江而下，攻占南京。陶安此后在朱元璋身边效力，屡献奇策，在明朝建国那年病逝。

南京位于长江下游，地势险要，自春秋时期开始建城，因城池坚固，号称固城。从东吴孙权开始作为都城，此后东晋和南朝的宋、齐、梁、陈相继在此建都，所以有"六朝古都"之称。南京历史上有过冶城、越城、石头城、江宁、金陵、建业、建康、上元等许多名称，元朝时期叫集庆。

1356 年，朱元璋亲自领兵，向集庆进军。集庆城中元军不是很多，但城外有归附元朝的地方武装数万人。地方武装的首领叫陈野先，是当地的地主豪强，受朝廷招抚，被封为元帅。陈野先对元朝十分忠心，卖力地镇压起义军，郭天叙、张天祐就是被他杀害的。此时，陈野先已死，他的儿子陈兆先统领部队。

朱元璋军队水陆并进，攻打陈兆先。地方杂牌武装不是朱元璋军队的对手，被打得大败，陈兆先被俘，三万六千多人投降。

地方武装虽然大部分投降了，但由于曾经杀害过起义军的元帅和副元帅，许多人心存疑虑，军心不稳。朱元璋见状，心生一计，他在降军中挑选了五百名士兵，作为自己的亲军，负责保护他的安全，身边只留亲信冯国用一人，而冯国用还是个文人。

朱元璋此举，等于把自己的性命交给了降军。降军将士皆大受感动，军心立刻稳定下来，他们从此死心塌地跟随朱元璋。连陈兆先也对朱元璋心悦诚服，甘愿做其手下将领，后来在鄱阳湖大战中阵亡。

朱元璋的这个计策，实际上是学的东汉皇帝刘秀。刘秀在当萧王的时候，有一次招降了一批降兵。降兵们人心不稳，刘秀只带几个人到降兵营中巡视，丝毫没有戒备之意。降兵们深受感动，纷纷说："萧王把自己的心放到别人肚子里，我们还疑虑什么？"从此，便产生了"推心置腹"这个成语。朱元璋虽然没有文化，但他的妻子马氏却通晓文史，对朱元璋影响很大。

朱元璋收降了集庆城外数万地方武装，势力进一步增强，城内元军成了瓮中之鳖。朱元璋下令攻城，不到十天，就攻破城池，消灭了元军。朱元璋入城以后，照例张榜安民，维护治安，局势很快稳定下来。朱元璋把集庆改为应天府，是应天顺人的意思。

朱元璋攻占南京之后，兵力达到十几万人，兵强马壮，士气高涨，军纪严明，声誉良好，朱元璋便派兵对外扩张，扩大地盘。

徐达向东南方向进军，攻占了常州和常熟；常遇春向西南方向征讨，占领了池州；邓愈、胡大海向南打下徽州；缪大亨向东攻取扬州；赵继祖沿江而下夺取江阴；朱元璋亲自领兵占领宁国。时间不长，朱元璋控制了江左、浙右地区，拥有了一块以南京为中心的根据地。

这个时候，元朝军队正在北方全力对付刘福通的红巾军，对南方有点顾不过来。南方的起义军数量众多，各成体系，有的形成较大的割据势力。张士诚割据江浙，中心在苏杭一带；徐寿辉占据湖北、湖南和江西。当时，朱元璋的实力，比不上张士诚和徐寿辉。朱元璋的地盘与张士诚的地盘接壤，双方为争地盘时常争斗。

在这种情况下，朱元璋下一步如何发展，怎样谋取天下，就成了头等大事。谋士朱升给朱元璋提了一条十分重要的建议，就是"高筑墙，广积粮，缓称王"。

朱升，徽州休宁（今安徽休宁）人，著名大儒。他年轻时做过元朝官员，后弃官隐避故里，开馆讲学，在当地声望很高。

有一次，大将邓愈攻占休宁后，对朱元璋说："当地有个隐士朱升，学问高深，很有智慧，相当于诸葛亮。"朱元璋很感兴趣，马上把朱升请来，做了自己的谋士。朱升为朱元璋扫灭群雄、统一天下提供了大量谋略，明朝建立以后，朱升功成身退，辞官隐居，七十一岁病逝。

朱升提出"高筑墙，广积粮，缓称王"，是要朱元璋首先巩固自己的统治，保存实力，发展经济，低调行事，避开锋芒，暗中扩大势力，是一条在乱世中谋取天下的正确策略。

朱元璋完全按照这个策略行事，他尽管势力已经很大，但并不称王，更不称帝，只是称作吴国公。朱元璋尊奉韩林儿为皇帝，接受了龙凤政权封给他的官职，打着韩林儿的旗号，自己并不独树一帜。朱元璋对外协调关系，尽量避免战争，更不主动树敌，甚至表面上还接受了元朝朝廷招安。

俗话说，出头的椽子先朽烂。元朝在镇压农民起义中，采取枪打出头鸟的办法，谁称帝称王就先打谁。韩林儿被刘福通扶立，最早称帝，势力最强，结果最早被打败。而朱元璋不称王、不出头，他的地盘就风平浪静。

朱元璋抓住这个机会，全力做好巩固根据地、发展经济、壮大实力的工作。朱元璋在自己的统治区域建立政权，委派官员予以管理，安抚民众，救济穷人，兴修水利，鼓励农耕，使得库府充盈，军粮充足，百姓安居乐业，从而赢得了民心。这个时期，李善长发挥了重要作用。

朱元璋从小受尽官府和豪强的欺压，对欺压百姓之事深恶痛绝，他下达严格的军令，无论是谁，只要侵扰百姓，一律斩首。大将胡大海的儿子不慎违犯了军令，朱元璋毫不容情，下令将其处死。

在元末起义队伍中，像朱元璋军队这样军纪严明、爱护百姓的不是很多。得民心者得天下，朱元璋能够最终得到天下，绝不是偶然的。

朱元璋深知人才的重要性，积极招贤纳士，将康茂才、曹良臣等一批武将招至麾下。朱元璋也重视罗网文人，招揽了名士宋濂、叶琛等人。朱元璋最大的收获，是得到了智囊刘基。

刘基，字伯温，处州府青田（今浙江文成）人，胸有奇谋，被誉为张良、诸葛亮一类的人物。刘伯温施展胸中才华，出谋献策，辅助朱元璋平定天下，成为明朝开国功臣。

到了1360年以后，北方刘福通红巾军已被击溃，元军也付出了沉重代价。南方的徐寿辉被部下陈友谅刺杀，部队分裂，实力减弱。而朱元璋经过几年埋头发展，经济雄厚，兵力强大，人才济济，猛将如云，他就要大显身手，对外出击，平定江南了。

西征灭掉陈友谅

　　元朝失去对南方的统治以后，江南只剩下大大小小的起义军。当时，势力最强的，是西部的陈友谅和南边的张士诚。朱元璋只要打败他俩，便可一统江南。可是，对陈友谅和张士诚两人，先打谁好呢？

　　朱元璋召集谋士武将们进行商议，多数人主张先消灭张士诚。一是张士诚比陈友谅势力弱一些，有取胜的把握；二是两家地盘接壤，吞并了张士诚，整个江浙就都归朱元璋所有了，到那时再西征陈友谅，便无后顾之忧；三是近几年朱元璋与张士诚为争地盘，时常争斗，双方矛盾很深，将士们都希望将其灭掉。朱元璋听了众人议论，觉得有道理。

　　刘基的看法却与众不同，他分析说："张士诚是自守虏，只图割据称王，没有大的志向，而陈友谅却有吞并天下之野心。我们如果西征，张士诚必会袖手旁观；如果攻打张士诚，陈友谅定会趁机来袭，我们将面临腹背受敌的危险。陈友谅虽然貌似强大，但他弑主篡位，不得人心，是不难打败他的。"朱元璋仔细琢磨了一下，觉得刘基的分析更有道理，于是决定，首先对付陈友谅。

　　陈友谅，湖北沔阳（今湖北仙桃）人，渔民出身，略通文史，武艺高强。他参加了徐寿辉的红巾军起义，作战勇猛，屡立战功，受到徐寿辉信任，逐渐成为红巾军的二把手。陈友谅野心勃勃，他形成自己的势力以后，便将徐寿辉谋害，夺权篡位，改国号为汉，自己当了皇帝。

　　刘基看得没错，陈友谅确实有吞并天下之雄心，他占据了湖北、湖南、江西等地，拥有兵马数十万，在群雄中势力最强。陈友谅同样把朱元璋作为首要目标，打算攻占南京，统一江南。

1360 年，陈友谅率领水军，乘坐数百艘大船，顺江东进，攻击南京。陈友谅给张士诚写信，要他率兵北上，共同灭朱，许诺事成之后，平分朱元璋的地盘。

张士诚不傻，知道如果灭了朱元璋，下一个就是他了，因而并未响应。在此后朱元璋与陈友谅的战争中，张士诚谁也不帮，只是坐山观虎斗。

面对陈友谅进犯，朱元璋采取了诱敌深入策略，准备打伏击战。朱元璋手下大将康茂才，原是徐寿辉的部将，与陈友谅是好朋友，后率部归降了朱元璋。朱元璋任命康茂才为秦淮翼水军元帅，镇守龙湾（南京城郊）。朱元璋让康茂才给陈友谅写信，假称愿意里应外合。陈友谅见信大喜，按约定赶到了龙湾。

龙湾表面上水域宽阔，实则水浅，又遇上退潮，陈友谅的船大，进入龙湾后，全都搁浅了，动弹不得。

朱元璋早已设下埋伏，一声号令，伏兵四起，对着陈友谅的船只猛打。陈友谅的大船不能动，成了靶子，结果全部被毁，水军几乎全军覆没。陈友谅乘坐小船，侥幸逃脱。

龙湾之战意义重大，朱元璋歼灭了陈友谅大量兵力，此后双方的实力对比，便旗鼓相当了，陈友谅不再占有优势。

1361 年，朱元璋做好一切准备，开始大规模西征。朱元璋亲自率军，兵强马壮，斗志高昂，而陈军则内部不稳，士气低落。朱元璋军队一路攻无不克，连续攻占安庆、蕲州、饶州、建昌、龙兴、南昌等地，守军纷纷投降。最后，朱元璋攻占了陈友谅的老巢江州（今江西九江），陈友谅仓皇逃到了武昌。

朱元璋连战连捷，占领了江西和湖北东南部，势力进一步增强。此时，朱元璋与陈友谅的实力对比发生了逆转，朱元璋占有优势，陈友谅面临败局。

陈友谅不甘心失败，在武昌重整旗鼓，恢复实力，又建造了数百艘体形庞大的战船。战船分三层，高数丈，船上能跑马，每船装载两三千人，属于"巨无霸"。

1363 年，陈友谅调集倾国之兵，号称六十万，乘坐大船，攻打南昌，打算收复失地。

镇守南昌的，是朱元璋的侄子朱文正。朱文正时年二十八岁，虽然年轻，但经过数年战火洗礼，已经成长为一名优秀将领。

朱文正的军队不是很多，与陈军兵力悬殊，但朱文正沉着冷静，指挥有方，抵御住了陈军的大举进攻。南昌保卫战十分激烈，陈军潮水般地一拨接一拨发动猛烈攻击，双方死伤惨重。朱文正采取城内筑墙的办法，陈军攻破一道城墙，里面又遇到一道墙，陈军连续攻城八十五天，始终不能占领城池。

朱文正为保卫南昌立下大功，战后对朱元璋的封赏不满，放纵部下强抢民女，犯了军纪，被免官拘禁。朱文正郁闷，得病死了。朱元璋十分难过，遂封他八岁的儿子为王。

朱元璋听说陈友谅反击，南昌被围，命大将徐达镇守南京，自己亲率二十万大军前去救援。陈友谅得知朱元璋前来，撤除对南昌的包围，东出鄱阳湖迎战。陈友谅倚仗船大，自己又习水战，决心在水中与朱元璋决战，于是爆发了著名的鄱阳湖大战。

陈友谅的船只庞大，又用铁链相连，排成巨阵，像泰山一般向朱元璋船队压来。朱元璋的船小，抵挡不住，对大船仰攻，又处于不利位置，激战数日，损失不小。朱元璋坐的船被搁浅，十分危险，幸亏常遇春等人奋勇相救，朱元璋才逃脱性命。

当时唯一的办法，是使用火攻，可湖面上风平浪静，无法举火。过了几天，忽然刮起了东北风，老天爷来帮忙了。朱元璋大喜，令各船举火，扑向敌军大船。廖永忠、俞通海带领七艘满载芦荻的小船，冲在最前边。陈友谅的大船躲避不及，大部分被烧毁。陈友谅吃了大亏。

朱元璋坐的船有个明显标记，桅杆是白色的。陈友谅晚上与众将商定，第二天集中全力攻打白桅船。不料，有人泄了密，朱元璋下令，连夜将所有船的桅杆都漆成了白色。陈友谅傻了眼，计划落空。

经过一段时间水战，朱元璋军队摸索出经验，利用船小灵活的优势，使用投石机等武器，杀伤了大量敌人，连陈友谅的弟弟陈友仁也被打死了。陈友谅的左金吾将军和右金吾将军，见情况不妙，都率部投降了朱元璋。

陈友谅见难以取胜，心生退意，可李文忠已事先扼住湖口，拦截其退路。有的将领建议，焚船登陆，从陆地突围。陈友谅舍不得大船，没有同意。

坚持一个月之后，陈友谅军中粮食渐尽，面临断粮险境。陈友谅无奈，只得不惜代价，冒死突围。朱元璋军队炮石俱下，万箭齐发，陈军伤亡惨重。

陈友谅拼死冲出湖口，谁知朱元璋早有防备，在上游部署了军队，进行拦截，后边战船又尾追而至，双方在泾江口大战。陈军且战且退，但激战一天，仍然不能摆脱朱元璋军队的围攻。

陈友谅心中焦急，从船中伸出头来，观察敌情，指挥战斗。不料，一箭飞来，正中头部。飞箭力度很大，贯穿头颅，陈友谅顿时毙命，时年四十四岁。

陈友谅一死，军心大乱，斗志全无，太子陈善儿被活捉，大批将士投降。太尉张定边保护陈友谅次子陈理，载上陈友谅尸体，带着残兵败将逃回武昌。

张定边是陈友谅手下第一猛将，回武昌以后，立陈理为皇帝，陈理只有十三岁。

众将请求乘胜攻打武昌，朱元璋说："此时攻打武昌，张定边必定拼死抵抗，徒增加伤亡而已。陈军已是穷途末路，士气低落，明年再来攻打，可不战而胜。"

第二年，朱元璋率军再次西征，包围了武昌。城内人心惶惶，皆愿投降。张定边本想死战，但见人心已散，大势已去，只得与陈理献城投降了。

陈理被封为归德侯，迁居高丽，活了五十八岁。

朱元璋想招降张定边，张定边不从，遁入空门，削发为僧，不问世事，活了一百岁。

朱元璋灭了陈友谅，下一步就要对付张士诚了。

南下吞并张士诚

朱元璋灭掉了陈友谅，占据了江西、两湖等大片土地，势力进一步扩大，他的下一个目标，就是吞并盘踞苏杭一带的张士诚。

张士诚，泰州白驹场亭（今江苏盐城）人，盐贩出身，家境贫寒。1353 年，张士诚与弟弟张士信、好友李伯升等人聚众起义，占领了泰州城。民众群起响应，很快聚拢数万之众。

张士诚率军攻占高邮、淮安等江北之地，又南下占领杭州、苏州等地，在苏州建立了政权，国号大周，自称诚王，后又自称吴王。张士诚不属于红巾军。

张士诚占据了富庶之地，割据称王，便心满意足，不想再有大的作为，只想守住自己的地盘，过舒服日子。因此，1357 年，张士诚投降了元朝，被授予太尉官职。不过，元朝已经千疮百孔，顾不上管他，张士诚仍然拥有地盘和武装，割据于江浙地区，中心在苏杭一带。

张士诚为元朝立了一大功，就是剿灭了刘福通红巾军的残余势力。北方的红巾军，是北方白莲教教主韩山童组织发动的，有数十万之众。可是，起义刚一发动，韩山童就牺牲了，由刘福通接过了指挥权。刘福通率军攻占了开封，恢复了大宋国号，立韩山童的儿子韩林儿为皇帝，被称为小明王。元朝集中全力镇压刘福通的红巾军，经过十余年激战，红巾军溃散了。

1363 年，刘福通、韩林儿率残部南逃安丰（今江苏兴化市境内）。安丰靠近张士诚的地盘，张士诚见有机可乘，派大将吕珍围攻安丰。刘福通急忙派人向朱元璋求救。

当时，朱元璋势力已大，正欲扫平江南，但他名义上仍然是韩林儿的官员。刘基建议不要去救，正好让张士诚除掉韩林儿。可朱元璋从大局考虑，仍然亲自率军把韩林儿救了出来，安置在滁州。关于刘福通的下落，《明史》说他在安丰阵亡了，有的史书说，他与韩林儿一块儿到了滁州，后来又一同遇难。

在朱元璋与陈友谅大战期间，张士诚坐山观虎斗，没有趁机扩大势力。其实，当时的机会是很难得的，朱元璋亲率主力西征，守卫南京的部队只有一万多人，如果张士诚借机抢占地盘，进一步扩充势力，是能够做到的。可是，张士诚胸无大志，只是一个"自守虏"。

张士诚的手下，也没有深谋远虑的谋士。张士诚统治的地盘，是鱼米之乡，历来人才辈出。张士诚也注重招贤纳士，专门建有景贤楼，施耐庵、罗贯中、陈基等一批名士入住其中。可惜，张士诚招揽的大多数是文人，被称为"游谈之士"，而不是能够平定天下的俊才。

张士诚统治区域几年没有战争，好似太平年景，他便逐渐奢侈放纵起来，日夜以歌舞饮宴自娱。张士诚和手下都喜欢聚敛财富，玉器珍宝、名画书法，无不收罗于家中。张士诚出身贫苦，从小受穷，如今过上了纸醉金迷的生活，感觉快活极了。

张士诚贪图享受，自然怠于政事，更不想谋取天下。手下将领也都松懈懒散，不愿出征打仗，遇有战事，便装病不出。张士诚政令不通，军纪不严，赏惩不明，打了败仗也不追究责任。

张士诚封弟弟张士信为丞相，把政事军务全都委托给他，自己很少过问。张士信只顾吃喝玩乐，也不亲自处理政务，而是委托给黄敬夫、蔡彦文、叶德新三人。三人是典型的"游谈之士"，只是嘴上说得漂亮，并无真才实学，致使政务混乱，人心离散。

时间长了，老百姓都知道了这种情况，编成歌谣说："丞相做事业，专用黄蔡叶，一朝西风起，干瘪。"连民众都看出情况不妙，可张士诚等人却依旧醉生梦死，浑然不觉。

朱元璋消灭了陈友谅，接下来就要收拾张士诚了。当时，张士诚的统治中心在苏杭一带，但在长江以北，也占据了不少地方，甚至连朱元璋的老家濠州，也在张士诚手里。不过，张士诚在江北的统治力量不是很强，朱元璋便决定首先攻取张士诚的江北之地。

朱元璋为了出师有名，召集众将说："濠州是我的家乡，父母坟墓都在那里，怎么能让别人占领呢？"朱元璋命徐达率军，攻打江北。

徐达渡江北上，一举攻占泰州、通州（今江苏南通），包围了高邮。张士诚闻讯大惊，急派水军逆江而上，前去增援。朱元璋亲自领兵，大败张士诚军队。

徐达夺取高邮之后，继续北上，只用半年多时间，就连续攻占淮安、徐州、盐城、兴化、宿州、濠州等地，江北地区全都落到朱元璋手里。

1366 年，朱元璋公开发布檄文，大军南下，准备灭掉张士诚。在出征之前，朱元璋召集众将，研究作战方案。许多人都主张直捣苏州，认为只要拿下苏州，张士诚势力就会土崩瓦解。朱元璋当即表态，说："好！我们就长驱直入，首先端了张贼的老巢。"

会议结束以后，朱元璋却把徐达、常遇春、李文忠、华云龙等亲信将领留下，对他们说："苏州城坚，短时间很难攻破，如果周围之敌来援，我军腹背受敌，就被动了。所以，不能先打苏州，而应该首先占领湖州、杭州等地，剪其羽翼，最后再夺取苏州，这是万全之策。"

众将认为此计甚好，但都感到疑惑，在刚才的会议上，朱元璋为何不说此计，而是赞同攻取苏州呢？

朱元璋狡黠一笑，说："我军降将甚多，谁敢保证没有吃里爬外的，这叫兵不厌诈。"众将十分佩服。

果然，张士诚得到了朱元璋兵犯苏州的消息，立即做了相应部署，加固城防，调兵遣将，把周围兵将调来了不少。

徐达率二十万大军南下，并没有直扑苏州，而是分兵攻打苏州周围的城池。李文忠率军攻打杭州，华云龙领兵包围嘉兴，徐达、常遇春率主力直取湖州。

杭州等地防备松懈，没过几天，就全部陷落。《明史》记载说，李文忠率军进入杭州城，令将士们露宿街头，不得进入民宅，下发军令说："擅入民居者死"。有一名士兵到百姓家中借用炊锅，被李文忠下令斩首示众。

张士诚见朱元璋军队攻打苏州周围地方，如梦初醒，亲率军队前去救援。徐达早有准备，筑起十处堡垒，断了敌军粮道。张士诚军队粮绝，军心大乱，徐达趁机猛攻，敌军死伤惨重，有六万多人投降。张士诚带残兵败将逃回苏州，只得做固守打算。

徐达率军经过数月战斗，将苏州周围的城池全部攻克，只剩下苏州一座孤城了。张士诚的著名大将吕珍、朱暹、李伯升等人，见大势已去，纷纷投降了朱元璋。

1366年一月，徐达率军包围了苏州。徐达按照朱元璋的指示，并不急于攻城，以免伤亡过重，而是在苏州城外筑起高墙，准备进行长期围困。

朱元璋写信劝降，被张士诚拒绝。李伯升与张士诚一同起义，关系密切，也派人进城劝说。张士诚铁了心，宁死不降。

张士诚知道，守在苏州城内，早晚是死路一条，于是多次组织突围，却均未成功。徐达防守严密，又筑有高墙，根本冲不出去。张士诚成了瓮中之鳖。

到了1367年九月，城中粮尽，战马也吃光了，将士们只得捉老鼠、剥树皮充饥，张士诚仍然不肯投降。

徐达发动总攻，百炮齐发，张士信在城头督战，被炮火炸死。大炮轰倒城墙，徐达挥军入城。张士诚企图组织巷战，可士兵们都四散逃走了。

张士诚仓皇逃回府第，夫人刘氏等家眷举火自焚。张士诚悬梁自尽，不料没有死成，被人救下，当了俘虏。

徐达命人将张士诚送往南京，张士诚一路上不吃不喝，不说一句话，也不睁眼睛。到了南京之后，张士诚乘人不备，夜里再次自缢而死，时年四十七岁。

朱元璋消灭了陈友谅、张士诚两个大敌，剩下的割据武装就不足为虑了。下一步，朱元璋就要平定江南，建立大明王朝了。

统一江南建大明

朱元璋灭掉强敌陈友谅、张士诚之后，势力如日中天，无人能及。当时，南方还有许多农民起义军和地方武装，朱元璋派兵将他们一一剿灭或招降，很快统一了江南。

1367 年，朱元璋灭掉张士诚之后，乘胜向江南各地进军。汤和率军讨伐割据浙江的方国珍，胡廷端（也叫胡美）领兵攻打福建的陈友定，周德兴进军广西，朱亮祖攻取温州。兵强马壮的朱元璋军队，在江南大地上纵横驰骋。

方国珍，台州黄岩（今浙江路桥）人，出身贫苦，世代以海上行船贩盐为业。1348 年，方国珍被仇家诬告，官府不分青红皂白，准备羁押方国珍。方国珍一怒之下，干脆起义造反了。

方国珍聚集数千人，主要在海上活动。元军多次围剿，均不能获胜，于是采取招安策略。方国珍与朝廷虚以周旋，时而接受招安，时而复叛。

1351 年，北方的韩山童、刘福通组织发动了大规模红巾军起义，南方的徐寿辉立即响应，起义烽火遍及全国各地。朝廷顾不上方国珍，方国珍趁机发展势力，攻占了台州、温州、庆元（今宁波）等地。

方国珍虽然起义时间较早，但却没有雄心大志。有个叫张子善的人建议他，趁天下大乱之时，率军溯江而上，夺取江东之地，开创霸业。方国珍却笑着说："我还没有这么大的志向。"

方国珍长期割据浙东，与张士诚、朱元璋乃至元朝朝廷都有来往，一心只求自保。在此期间，苗将蒋英反叛，杀了朱元璋的大将胡大海，去投奔方国珍。方国珍怕惹怒朱元璋，没敢接纳。

朱元璋过去顾不上方国珍，如今打算平定江南，必然要对他下手了。为了师出有名，朱元璋列举了方国珍勾结张士诚和元朝的十二条罪状，命汤和率军讨伐。

汤和军队攻占了台州、温州等地，很快抵达庆元，庆元是方国珍的老巢。方国珍自知不敌，一面组织防御，一面把珍宝装到船上，做好了入海躲避的准备。

方国珍兵少将寡，根本抵挡不住汤和军队的进攻，庆元陷落，部下纷纷投降。方国珍率残部逃到海上，汤和穷追不舍，将其残部消灭。方国珍万般无奈，只好投降了。

朱元璋对方国珍予以优待，任他为广西行省左丞。方国珍居住京城，只享食禄而不上任，七年后病逝，享年五十六岁。

朱元璋军队平定浙东以后，继续南下，攻打占据福建的陈友定。陈友定是汀州明溪（今福建明溪）人，出身农家，目不识丁。在元末大乱的时候，陈友定加入了元军，与起义军为敌。他作战勇猛，屡立战功，双手沾满了起义军将士的鲜血，后来形成了自己的势力，占据福建。

陈友定对元朝忠心耿耿，他率军多次与陈友谅的红巾军作战，给红巾军造成重大伤亡。陈友定也与朱元璋为敌，将朱元璋的大将胡深擒获后杀害。

张士诚、方国珍等人都曾表面上归顺过元朝，但并不真心，很少为大都供运粮食，唯有陈友定一心效忠，每年都通过海运，向大都输运粮食数十万石。元朝皇帝元惠宗（元顺帝）专门下诏，对陈友定予以褒奖。

朱元璋任命胡廷端为征南将军、何文辉为副将军，率兵攻打福建。朱元璋派出使者，劝陈友定投降。

《明史》记载说，陈友定召集诸将，摆下宴席，喝令将朱元璋的使者押上来，当众斩杀，把使者的血掺到酒里，每人面前放了一大碗。

陈友定手端血碗，恶狠狠地说："我等蒙受元朝厚恩，理当以死相报。今日歃血为誓，有不死战者，我必将他凌迟处死，并且杀其全家，妻儿老小一个不留。"诸将皆战战兢兢，皱着眉头喝下了血酒。

朱元璋闻讯，勃然大怒，令大将汤和、李文忠、廖永忠等人，也率军参加攻打福建之战，决心将陈友定彻底消灭。

朱元璋军队同仇敌忾，士气高昂，兵分多路，向福建发起全面进攻。陈友定的血酒并没有起到作用，各地守军纷纷投降。朱元璋军队一举攻破杉关，占领了福州。

陈友定逃到延平（今福建南平），朱元璋大军穷追猛打，将延平团团包围。陈友定想负隅顽抗，可手下将士都跑光了。恰巧城内军械库发生大爆炸，爆炸声震天动地，朱元璋军队借机发动猛攻，很快攻破城池。

陈友定自知末日已到，整理好衣冠，向北边元朝主子拜了两拜，服毒自杀。

朱元璋军队冲入城中，见陈友定并没有死，将他戴上械锁，押送南京。朱元璋见了陈友定，怒发冲冠，厉声斥责，喝令将其斩首。

陈友定与在福建战死的元将柏帖木儿、迭里弥实并称"闽三忠"。柏帖木儿是蒙古人，迭里弥实是回族人，陈友定则是汉人。

朱元璋消灭了势力较强的方国珍、陈友定，廖永忠又率军平定了广东，其他地方武装纷纷不战而降，朱元璋基本上统一了江南。这时，朱元璋建立政权、登基称帝的条件已经成熟。

当初，朱元璋实行了"高筑墙，广积粮，缓称王"的策略，可缓称王不是不称王。1364年，朱元璋在灭掉陈友谅、势力强盛之后，就自称吴王了。朱元璋以吴王令旨的名义发布命令，但他继续以龙凤纪年，仍然还属于韩林儿的臣子。

朱元璋把韩林儿从安丰救出以后，安置在滁州。朱元璋仍然尊奉韩林儿为皇帝，见面时都要跪拜。手下谋士武将自然也要叩首，唯独刘基不拜。刘基不屑地说："一个放牛娃，拜他干什么？"朱元璋听了，有点不高兴，因为他也是放牛娃出身。

朱元璋表面上对韩林儿恭敬，其实是把他当作工具，有时拿韩林儿的名义号令天下。朱元璋把韩林儿的左右都换成了自己的亲信，牢牢控制了他。如今，朱元璋要做皇帝了，韩林儿这个皇帝，就不能存在了。

朱元璋派自己的亲信廖永忠，去滁州迎接韩林儿到南京。从滁州到南京需要坐船，船在江中行走，忽然沉没了，别人都安然无恙，唯独淹死了韩林儿。朱元璋称帝的最后一个障碍，被轻松清除了。

1368年农历正月初四，在李善长、刘基、朱升等人策划下，朱元璋在南京南郊祭祀天地，登基称帝，国号大明，年号洪武，大明王朝应运而生。那一年，朱元璋四十一岁。

朱元璋为何定国号为明，有多种说法。一般认为与明教有关，朱元璋和手下人很多是明教教徒，红巾军起义也打着"明王出世"的旗号，以明为国号，可以显示应天命。也有人认为，明朝国号出自《易经》"大明终始"，与元朝国号同出一典，象征元、明之间正统嬗替。

朱元璋追尊高祖、曾祖、祖父、父亲为皇帝，追封皇伯考以下皆为王，立妻马氏为皇后，长子朱标为皇太子，任命李善长、徐达为左右丞相，其他文臣武将皆有封赏。朝廷礼仪服饰仿照唐朝。不久，朱元璋用太牢之礼，隆重祭祀孔子。

朱元璋具有胸怀天下之志，他虽然统一了江南，可北方仍在元朝统治之下，于是，朱元璋在建国称帝的前夕，就出兵北伐，准备彻底推翻元朝的统治。

出兵北伐灭元朝

1367 年十月十八日，朱元璋兴致勃勃地把谋士武将们召集起来，共同商议出兵北伐、灭掉元朝的大计。

当时，朱元璋已经基本统一南方，正在谋划建国称帝，元朝的统治仅限于北方，而且经过农民起义的沉重打击，早已破败不堪，人心涣散，处于穷途末路了。

朱元璋手下的将领们，经过十几年出生入死、浴血奋战，眼看就要得到天下，一个个兴高采烈，摩拳擦掌，纷纷献计献策，各抒己见，会议气氛热烈而高涨。

一贯充当先锋的猛将常遇春捋起袖子，豪迈地说："元朝气数已尽，不堪一击。给我十万军队，我带兵长驱直入，直捣大都，灭了元朝皇帝那老儿。"

常遇春，凤阳府怀远（今安徽怀远）人，身经百战，勇猛无敌，为明朝开国建立大功，人送外号常十万，意思是说，他率领十万兵马，就可以横行天下。

朱元璋望着这员虎将，心里十分喜爱，但却并不同意他的意见。朱元璋说："元朝虽然大势已去，但在山东、河南等地，仍有不少兵力，如果我们直取大都，各地兵马必会救援，将会形成腹背受敌的局面，十分被动。不如先占领山东、河南，将大都孤立起来，到那时可一战而下。"

朱元璋的计策十分稳妥，当初，就是采用这种计策，一举灭掉了张士诚，因此，众人都表示赞同。于是，朱元璋制订了详细的北伐方案，计划分三个阶段进行。第一阶段：攻占山东、河南，消灭元军主力，除去大都屏障；第二阶段：攻击河北，占领大都；第三阶段：挥师西进，平定山西和陕甘之地，统一全国。

1367年十月，朱元璋命徐达为征虏大将军，常遇春为副将军，率领二十五万精兵强将，誓师出征，北上灭元。

朱元璋让宋濂起草了《谕中原檄》，揭露元朝黑暗残暴，号召北方民众起来反元，并响亮提出了"驱逐胡虏，恢复中华，立纲陈纪，救济斯民"的口号。檄文理直事明，顺应民心，气势磅礴，有力配合了北伐的军事行动。

在出征之前，朱元璋专门下达军令，强调北伐是为了削平祸乱，以安民生，要求将士们勿妄杀人，勿夺民财，勿毁民居，勿杀耕牛，勿掠人子女，并对贫困孤幼者给予救助。

徐达、常遇春率军首先攻取山东。元朝的山东东西道宣慰使，名叫普颜不花。普颜不花的祖上从漠北迁到内地，他从小在山东长大，学习汉文化，是元朝第九次科举考试的状元。

普颜不花能文能武，是元朝为数不多的杰出将领。他曾经率军在江南与红巾军作战，元军撤至北方后，普颜不花被任命为山东最高军政长官，他坐镇山东东部的益都（今青州市），指挥山东各地元军。

按照作战计划，擒贼先擒王，徐达大军先要攻克益都，去其龙首。徐达命将领张兴祖（汪兴祖）率一路兵马，从徐州向山东西部进军，牵制敌人；徐达和常遇春率主力部队，从江淮北上，直捣益都。

徐达大军旌旗蔽日，声势浩大，江苏境内的海州、沭阳等地的元朝官吏，无不望风而降。徐达顺利进入山东，却在沂州（今临沂）遇到顽强抵抗。

沂州是山东南部重镇，守将名叫王宣。王宣是汉族人、当地豪强，被元朝封了官职，因而对元朝十分忠心，他倚仗沂州城坚，负隅顽抗。可是，王宣不是徐达的对手，没过几日，就被攻破城池，王宣不得已投降。但王宣投降是假的，随即复叛，最终被徐达杀掉。

徐达大军攻占了沂州，附近峄州、莒州等地的元军闻风丧胆，纷纷投降。徐达率军北上，势如破竹，很快抵达益都城下。

普颜不花奋起抵御，亲上城头指挥战斗，但顶不住徐达军队的凌厉攻势，城破在即。普颜不花的副职保保为求活命，出城投降。

普颜不花知道无法挽救败局，决心以死效忠朝廷。他回到家里，双膝跪在年迈的老母亲面前，流着泪说："儿忠孝不能两全，请求母亲原谅。"普颜不花又与妻子阿鲁真诀别，然后回到官府，穿戴好朝服，端坐在大堂上。

徐达素闻普颜不花贤名，破城以后，把他请到军中，劝他投降。普颜不花说："我乃元朝状元，官至极品，岂能事二主?"普颜不花始终不肯投降，从容赴死。

阿鲁真遣散仆人，怀抱幼子，投井自尽。元朝虽然已经腐朽，但还是有忠臣的。

普颜不花一死，山东元军群龙无首，陷入惊恐和混乱。徐达乘胜向西进军，连续攻克寿光、临淄、济南等地。

与此同时，张兴祖也率军占领济宁、东平、聊城等山东西部地区。张兴祖后来阵亡。

徐达大军在山东大地上纵横驰骋，只用四个月时间，就占领了山东全境，歼灭元军三万多人。

这时，朱元璋建国称帝的消息传来，万众欢腾，军心大振，徐达乘势向河南进军。徐达兵分两路，一路自济宁溯黄河而上，攻击开封、洛阳；一路从永城出发，攻打河南中部许昌一带。朱元璋为了尽快占领河南，又命大将邓愈率湖北兵马，北上攻打河南南部地区。

明军三路大军攻击河南，势不可当。此时的元军，已经腐败衰弱，早已不是当年纵横天下、所向无敌的蒙古铁骑了，被明军打得丢盔卸甲，一败涂地。不到两个月，明军就占领了河南地区，而且往西占据了潼关天险，使自己立于不败之地。

朱元璋得到捷报，非常兴奋，亲自赶往开封，部署对元朝的最后决战。此时，大都已无屏障，也无援兵，处于孤立无援之中。徐达建议，明军集结于临清，向北攻取大都。朱元璋同意了。

1368 年七月初，二十多万明军从临清出发，水陆并进，浩浩荡荡，大举北伐。河北境内的元军，抵御不住明军的强大攻势，有的被歼灭，有的逃窜或投降。明军所向披靡，连续攻占清河、武城、德州、沧州、静海、直沽等地，不到一个月，就兵临大都城下。

明军进兵神速，大都城内的元朝皇帝元惠宗慌了手脚，急得像热锅上的蚂蚁，但束手无策，毫无办法。

在元朝后期，朝廷腐败，中央集权削弱，许多军队都掌握在蒙古贵族手中。此时，在山西和陕甘一带，仍有不少元军，但朝廷调动不灵，又路途遥远，救援不及，而大都城内兵力不多，无法守住城池，唯一的办法，是逃跑保命。

元惠宗召集群臣，神情沮丧地宣布，放弃大都，北逃上都（内蒙古境内）。大臣哈剌章等人痛哭流涕，说："如果放弃大都，天下就完了，世祖开创的事业将毁于一旦。"

元惠宗叹口气说："朕也不想走，可是不走，岂不复做徽、钦吗?"徽、钦是指北宋皇帝宋徽宗和宋钦宗，他们在开封被金国掳去，吃尽苦头，死在了异国他乡。

1368 年七月二十八日夜里，趁明军尚未到达，元惠宗带着皇后、嫔妃、皇子、公主、皇亲国戚和文武百官，还从太庙中带上祖宗牌位，在一部分兵力保护下，仓皇出逃，一直逃到了上都。

上都是元世祖忽必烈建元称帝的地方，是向南征服天下的起点，没想到过了不到一百年，他的子孙就丢掉了天下，又回到了原点。从此，元朝对天下的统治宣告结束，其残余势力被称为北元。

此后，朱元璋多次举行北伐，将北元又驱逐到漠北和林（今蒙古国境内），和林是成吉思汗发迹之处。后来，蓝玉率军灭掉了北元。不过，蒙古势力仍然长期活跃在蒙古高原，有时还比较强盛，但已经不再使用元朝国号了。

朱元璋听说元惠宗不战而逃，哈哈大笑，说："他倒能够知顺天命。"于是，下令将元惠宗的尊号改为元顺帝。此后，元惠宗在历史上就有两个尊号了。

徐达兵不血刃进入大都，立即封存国库和皇宫，派兵守卫，任何人不得入内。徐达下达军令，严禁士兵抢掠，并组织人员沿街巡逻。徐达还张贴告示，安抚民众，百姓都各安其业。朱元璋将大都改名为北平。

明军占领了大都，推翻了元朝统治，但此时天下尚未完全统一。元朝还有不少兵力，占据山西和陕甘等地；云南仍在元朝控制之下；四川还有明玉珍的割据势力。因此，朱元璋没有懈怠，继续派兵南征北战，以完成统一全国的宏伟大业。

马不停蹄平四方

朱元璋占领大都，改名北平，推翻了元朝统治，却并没有停止征战的脚步，而是继续南征北战，平定四方，力图统一天下。

1368 年八月，徐达、常遇春占领北平不到一个月，就挥师西进，攻打山西。

山西元军的首领，叫扩廓帖木儿，是有名的猛将。《明史》记载说，他本是沈丘（今河南境内）人，姓王，小名叫王保保，被元将察罕收为养子，元顺帝赐名为扩廓帖木儿，似乎是个汉人。也有史料说，他是纯正的蒙古人。因此，扩廓帖木儿的民族和身世，存在着争议。

元末大乱的时候，扩廓帖木儿随养父察罕，组织了一支地主武装，镇压红巾军，察罕死后，他成了这支部队的首领。

扩廓帖木儿勇猛过人，战功卓著，势力不断扩大，被元朝封为河南王、中书左丞相。扩廓帖木儿后来参与朝廷争斗，受到排挤。所以，当大都危急的时候，扩廓帖木儿在山西拥兵十万，却并不前去营救。

徐达率军攻打山西，兵分两路，夹击太原；常遇春率北路军进展顺利，连克保定、真定、井陉、平定、寿阳，进抵榆次（今晋中）；汤和率南路军却遭到扩廓帖木儿阻击，被打得大败，损失惨重。

捷报传到上都，元惠宗大喜，晋封扩廓帖木儿为齐王，并令其收复大都。扩廓帖木儿打了胜仗，有点得意忘形，随即率军北出雁门，向大都进兵。

扩廓帖木儿认为，攻击大都，徐达必会回兵相救。不料，徐达置大都而不顾，反而猛攻太原，太原频频告急。

扩廓帖木儿见老巢危急，慌忙回救，没想到途中正中徐达设下的埋伏，被打得一败涂地，四万多人做了俘虏。扩廓帖木儿在混战中丢了一只靴子，他只穿着一只靴子，就仓皇奔逃，带残兵败将逃到甘肃。击败了扩廓帖木儿，徐达顺利收复了山西各地。

收复山西之后，常遇春、李文忠率九万兵马，北上攻击北元。徐达则继续西进，攻击陕甘地区。此时，元朝在陕甘地区有三股较大的残余势力。扩廓帖木儿从山西败退到安定（今甘肃定西），李思齐的部队驻在凤翔，张思道的部队屯驻陕西高陵一带。

李思齐、张思道的部队，是汉人地主武装，帮助元朝镇压红巾军，二人对元朝有功，被授为高官。他们虽然忠于元朝，但如今见元朝已经崩溃，都感到惶惶不可终日。

徐达首先攻打李思齐和张思道，两人皆不战而逃，一个向西逃往临洮，一个往北逃到庆阳。

徐达军队紧追西逃的李思齐不放，沿途收复陇州、秦州、兰州、伏羌等地。李思齐逃到临洮，还没喘过气来，就被明军追上，穷途末路，只好投降了。

李思齐是罗山（今属河南）人，在元末农民起义蜂起的时候，他也拉起了一支武装，但不是起义反元，而是帮助元朝镇压红巾军，以求高官厚禄。

李思齐与红巾军作战十分卖力，不断升官，由县尹、知府一直升到行中书省平章政事，得到了荣华富贵。李思齐双手沾满了红巾军的鲜血，红巾军将士都特别恨他。

朱元璋听说李思齐投降了，很想杀了他，但杀降名声不好，于是心生一计，命他去招降扩廓帖木儿。扩廓帖木儿见李思齐投降了明朝，也想杀了他，但此时他是朱元璋的使者，杀使者名声不佳，于是也心生一计。

扩廓帖木儿客客气气地招待李思齐，问他："你这次来，给我带了什么礼物？"

李思齐愣住了，只好说："很抱歉，来得匆忙，没来得及带礼物，过后将以厚礼献上。"

扩廓帖木儿阴笑着说："从远处而来，不带礼物，大为失礼。我看这样吧，你送给我一只手臂做礼物，以示诚意。"

李思齐明白了，这是要加害于他，可他如果不答应，肯定性命不保，于是咬咬牙，亲手把一只手臂砍下来，当礼物送给了扩廓帖木儿。

李思齐回来以后，急召医生治伤，不料，越治越严重，很快就死掉了，大概医生也是想让他死吧。做人做到这个份儿上，荣华富贵又有什么用呢？

朱元璋得知扩廓帖木儿对自己的使者下了毒手，一点也不恼怒，后来，还称赞扩廓帖木儿为"奇男子"。

徐达灭掉李思齐以后，挥师东返，攻打逃到庆阳的张思道。张思道和弟弟张良臣拼死抵抗，扩廓帖木儿派兵增援，元将贺宗哲、脱列伯等人也牵制着明军。

庆阳之战打了三个月，终于城破，张良臣投井自杀未成，被斩首示众。张思道侥幸逃脱，此后隐遁，活了八十岁。

徐达占领了陕甘大部分地区，最后只剩下扩廓帖木儿了，明军将安定团团包围，他的末日也来临了。朱元璋看中扩廓帖木儿的勇武，多次派人劝降，却均无效果，只得用武力解决了。

徐达想了个计策，每天晚上派兵袭扰安定，或在周围制造噪声，搅得元军士兵不能入睡，疲惫不堪。十多天之后，明军忽然停止了骚扰，元军将士逮住这个机会，个个酣然大睡。明军趁机发动总攻，一举将元军歼灭。扩廓帖木儿只带数人奋力杀出，辗转逃到漠北，继续为北元效力。

徐达用了不到一年时间，平定了山西和陕甘地区，统一了北方。在此期间，攻打北元的常遇春不幸病逝，年仅四十岁。朱元璋悲痛不已。

统一北方之后，朱元璋又对四川、云南等地的割据政权进行征讨，立志统一全国。

1371年一月，朱元璋命汤和、廖永忠、傅友德率军征伐四川的大夏国。大夏国是由徐寿辉的部将明玉珍建立的，陈友谅谋害徐寿辉、篡位称帝以后，明玉珍与他决裂，在四川建国称帝。明玉珍死后，儿子明升继位。

明升继位时只有十岁，权力都在大臣手里，大臣们争权夺利，国势衰弱。汤和率水军入川，傅友德从陆地进攻，两路夹击，大夏国根本不是对手，只好投降了。朱元璋封明升为归义侯，迁徙到高丽，其后代在朝鲜半岛繁衍生息。

1381 年，朱元璋命傅友德为征南将军，蓝玉、沐英为副将军，率三十万大军攻打云南。

傅友德是安徽淮北人，起初参加刘福通的红巾军，随李喜喜进入四川。明玉珍打败李喜喜，占据了四川，傅友德便投靠了明玉珍。明玉珍不重用他，傅友德又跑到武昌投奔了陈友谅。朱元璋与陈友谅交战时，傅友德投降了朱元璋。

傅友德勇猛善战，曾经率军七战七捷，屡立大功，成为明朝开国名将，册封为颍国公，后被蓝玉案牵连，受到朱元璋猜忌，被迫自杀，追封为丽江王。傅友德为明朝做出的重大贡献之一，是率军收复了云南。

当时镇守云南的，是元朝梁王把匝剌瓦尔密。元惠宗放弃大都、逃到上都以后，梁王仍然坚守云南，奉北元为正朔，每年都要派使者去漠北，觐见北元皇帝，以表忠心。由于云南险僻，朱元璋不想用兵，多次派人劝降，可梁王顽固不化，朱元璋只好派兵征讨。

傅友德率军出贵州，直逼云南重镇曲靖。曲靖是昆明的屏障，曲靖若失，昆明就难保了。曲靖倚仗的是白石江，梁王把全部兵力集中在白石江岸边，企图阻止明军过江。

傅友德率军到达白石江边，见对岸防备甚严，心生一计，派一部分兵力到下游偷渡过江，绕到敌军背后，鸣金击鼓，摇旗呐喊。元军以为神兵天降，顿时大乱，趁此机会，傅友德挥师过江，以会游泳的士兵为先锋，登岸击溃了元军。

明军过江以后，兵分多路，迅速夺取云南各地。蓝玉、沐英则率精锐部队直扑昆明，迅速攻占了城池。梁王见大势已去，与妻子一起投滇池而死。

傅友德只用百余天时间，就占领了云南。至此，朱元璋基本完成了平定天下、统一全国的宏图大志，在中华大地上，又形成了一个大一统的王朝。

那么，朱元璋得到天下以后，治理得怎么样呢？

殚精竭虑治天下

朱元璋经过二十多年浴血奋战，扫灭群雄，推翻元朝，统一了全国。朱元璋十分珍惜这来之不易的奋斗成果，他称帝以后，迅速医治战争创伤，精心治理天下，形成了明朝第一个治世，史称洪武之治，又叫洪武盛世。

朱元璋当过放牛娃、乞丐、和尚，亲身经历了民间痛苦，如今做了天子，天下百姓都是他的子民，因此，朱元璋执政的一个突出特点，是比较关注百姓疾苦。

朱元璋称帝不久，天下府州县官来朝，朱元璋告诫他们说："天下始定，百姓财力俱困，现在关键在于让百姓休养生息，这只有廉者能够约束自己而利于人，望大家共勉。"

朱元璋颁发一系列诏令，提出许多具体要求。主要有：所有的奴婢，一律释放为良民，官吏和地主豪强今后不得买卖奴婢；严禁寺院收养童僧，二十岁以下青少年不准出家；对鳏寡孤独和残疾之人，政府予以救助；对缺粮饥饿的人，富裕的邻居应该借贷给他们；年满七十岁以上的老人，允许一子免予徭役，在家侍候；婚姻不得多要彩礼，丧事不要迷信阴阳禁忌，不准大操大办；等等。

朱元璋的诏令十分详细具体，甚至有些琐碎。比如，《存恤高年诏》规定：年八十以上者，政府每月供米五斗、肉五斤、酒三斗；九十岁以上者，每年再加帛一匹、絮十斤；老人去世后，政府发三两银子作为安葬费。

这些琐碎事项，都与百姓生活息息相关，也只有像朱元璋这样穷苦出身的皇帝，有着切身体会，才会重视这些问题。

朱元璋让财政出钱，建了一些免费医院、免费养老院和免费公墓，专门用于救助穷人。朱元璋还在南京郊外建了一批公房，安排无家可归的穷人居住，这是世界上最早的"保障房"。朱元璋时代，是中国古代社会福利最好的时期之一。

朱元璋深知土地对于农民的重要性，他父母兄长死后，竟无土地下葬，这事对他刺激很大。因此，朱元璋称帝以后，努力解决耕者有其田问题。他鼓励开垦荒地，所垦土地全归个人所有，免三年租税。在开垦过程中，政府免费提供耕牛、农具和种子。无地农民开垦荒地的热情十分高涨，土地面积迅速扩大。有史料记载，北宋耕地面积为5.8亿亩，明朝达到了8.5亿亩。

由于多年战乱和灾荒，中原人口锐减，大量土地荒芜，而山西未经大战，人口稠密，山东、河北、河南三省人口相加，还不及山西一省。因此，朱元璋做出一个重大决策，即"移民屯田，开垦荒地"，被称为洪武大移民，民间也叫山西洪洞大槐树移民。

从1373年开始，明朝政府先后组织了十多次大规模移民，移民总数达百万以上。政府对移民进行有序安置，鼓励和帮助他们开垦荒田，既解决了大量农民没有土地的问题，又迅速恢复了中原地区的农业生产，有效促进了经济恢复。

朱元璋为了发展经济，富裕百姓，大搞水利建设。陕西的洪渠堰建好以后，使二百余里范围内的农民受益。浙江东钱湖、宁夏卫所等地的水利工程，都能灌田数万顷。著名的都江堰和广西灵渠，也得到修复和扩展。有史料统计，在朱元璋时期，全国共开塘堰四万多处，浚河四千多条，对农业生产发挥了重大作用。

朱元璋的几位亲人都是在灾荒中死去的，他对灾荒给民众造成的痛苦记忆犹新，所以，在他执政时期，高度重视救灾赈民，不管哪个地方出现灾害，朱元璋一概下令免除税赋，并及时组织抗灾救助。在朱元璋执政时期，很少出现百姓流离失所的情况。

朱元璋从小受地主压迫，他对地主占有大量土地却千方百计逃税的行径十分痛恨，为此专门实行了户口制。朱元璋下令，在全国认真清理、登记耕地和户口，编制了赋役黄册和鱼鳞图册，形成了严密的户口和财产登记制度，对地主隐匿田产的行为予以严厉打击。

朱元璋受尽了官府欺压，对贪官污吏特别痛恨，他当皇帝以后，绝不允许官员贪赃枉法、欺压百姓，对官吏队伍实施"猛烈之治"，对贪官污吏予以严厉镇压，甚至施以剥皮抽筋等酷刑，被称为酷政。

朱元璋多次开展肃贪运动，不管是皇亲国戚，还是功臣元勋，只要贪污腐败，就严厉处置，绝不容情。朱元璋的女婿欧阳伦，因走私茶叶出境，牟取暴利，又仗势殴打地方官员，被朱元璋赐死。开国功臣朱亮祖，包庇恶霸，横行不法，也被朱元璋处死。

朱元璋反贪力度之大、杀人之多，在历史上是罕见的，使明朝官场干净了百余年。不过，他犯了反贪扩大化的错误，也冤枉了一些好人，特别是他杀掉了不少开国功臣，这让他背上了滥杀功臣的恶名。

朱元璋为了加强监控官员，专门设立了锦衣卫的特务组织。锦衣卫由皇帝亲自掌管，从事侦查、缉捕、审讯、刺杀等活动，权力很大，许多人谈之色变。这是他严格控制社会、实行酷政的一个重要方面，受到后世诟病。

朱元璋尊崇孔子，推广儒学，并以儒家思想治国。1370 年，朱元璋下令恢复科举考试制度，考试内容限于四书五经，考试文体通用八股文。明朝一直坚持科举取士，选拔了大批人才。不过，由于八股文盛行，重形式而虚内容，致使科举考试出现不少弊病。

朱元璋特别重视教育，把兴办学校作为衡量地方官员的重要指标。有一年，山东日照知县马亮任职期满，州里推荐他晋升。考核评价是，马亮督运政绩突出，兴农和办学成绩不足。朱元璋批示道："农桑乃衣食之本，学校是风化之源，这两件大事做不好，岂能当官？"结果，马亮不仅没有晋升，反而被免官了。

朱元璋在北伐元朝的时候，提出了"驱逐胡虏，恢复中华"的口号，可他统一天下之后，再也不提了，而是强调"华夷一家"，实行民族平等政策。这对于一个出身社会底层的皇帝来说，实属难能可贵。

朱元璋虽然是和尚出身，但并没有扶持发展佛教，反而对佛教、白莲教等宗教有所限制。朱元璋在对外关系上采取和平策略，与日本、朝鲜、安南等国保持友好关系。

朱元璋是中国历史上最勤政的皇帝之一。他当皇帝三十年来，几乎没有休息过一天，从早忙到晚，不知疲倦。朱元璋大小事务都亲自处理，有时每天要批阅奏札二百多件，处理国事四百多件。因此，朱元璋对朝廷的控制十分牢固，没有出现重臣专权，更没有出现篡权夺位之事。

朱元璋的节俭，在历史上也是很出名的。他每天的早餐，只有白菜豆腐一道菜，平时很少有山珍海味，从不大吃大喝，铺张浪费。

民间至今流传许多关于朱元璋饮食的故事，比如珍珠翡翠白玉汤之类。这个所谓的菜，其实是用白菜帮、菠菜叶、豆腐和锅巴混合而成的，是朱元璋当乞丐时常吃的食物，他当皇帝以后，仍然时常食用。

史料记载，有一次，朱元璋宴请群臣，结果只上了一盘炒萝卜、一盘炒韭菜、两碗青菜、一盆葱花豆腐汤，被称为"四菜一汤"。

朱元璋没有上过学，文化基础很差，但后来他经过刻苦自学，已经相当有文化了，绝不是文盲皇帝。他写过一百多首诗词，虽算不上上乘之作，却也有豪迈之气。比如《野卧》："天为帐幕地为毡，日月星辰伴我眠。夜间不敢长伸腿，恐踏山河社稷穿。"

朱元璋的书法也很有成就，行笔自然流畅，仪态生动，独具特色。康有为曾评价说："明太祖书雄强无敌。"

朱元璋当皇帝三十年，他殚精竭虑治理天下，使得中央集权巩固，朝廷清廉，社会稳定，经济发展，百姓安居乐业，并逐渐富裕，开创了明朝第一个盛世。

朱元璋出身于社会最底层，由一个乞丐、和尚成为至高无上的皇帝，是中国历史上独一无二的英雄传奇。朱元璋从打天下到治天下，无不显示出他的雄才伟略和非凡才能。

三百多年之后，清朝康熙皇帝祭奠明孝陵，赞朱元璋"乃英武伟烈之主"，并亲笔题写"治隆唐宋"匾牌，说朱元璋治理天下，比唐宋还要好。这是相当高的评价。

《明史》评价朱元璋说："太祖皇帝有天授智勇，以聪明神武之资，抱济世安民之志，统一华夏，文韬武略，为汉、唐、宋各代君主所不及。"

《明史》是清朝写的，朱元璋能得到如此高的评价，说明他确实是一位非凡的历史人物。如果不是实行酷政和杀戮过多，朱元璋应该是一位不错的皇帝。

并无 "火烧庆功楼"

民间广泛流传朱元璋火烧庆功楼的故事,说朱元璋得到天下以后,建了一座庆功楼,摆下宴席,请跟随他出生入死打天下的文臣武将们赴宴庆功。朱元璋却心存歹毒,在楼下埋了火药和干柴,趁大家喝得酩酊大醉之际,纵火烧楼。结果,开国功臣们全都葬身火海,只有几个人侥幸逃脱。

这个故事流传甚广,多出自小说、评书和戏剧等文学作品,《明史》等史籍和野史均无记载。由于文学作品故事生动、感染力强、流传广泛,朱元璋成了忘恩负义、心如蛇蝎的暴君形象。

朱元璋确实杀了不少功臣,但多数是后来被处死的,前期杀得并不多。恰恰相反,朱元璋在建国以后,大封功臣,给功臣们很高的政治待遇和经济待遇,让他们过着荣华富贵的生活。

《明史》记载,1370年,朱元璋在推翻元朝尚未完全统一天下的时候,就在南京奉天殿举行隆重仪式,表彰文臣武将的开国功勋,大封开国功臣三十六人。这是朱元璋第一次大封功臣,此后又封赏过多次。

这些开国功臣按照功绩大小,分为公、侯、伯三级。被封为公的有六人,分别是李善长、徐达、常遇春、李文忠、邓愈、冯胜。其中常遇春已病逝,朱元璋念其功高,特令其子常茂承袭。

按照制度,异姓大臣生前是不能封王的,最高只能封为公,但死后可以追封为王。徐达病逝后,被追封为中山王;常遇春被追封为开平王;李文忠被追封为岐阳王;邓愈被追封为宁河王。这四人都是正常死亡,只有李善长和冯胜,是被朱元璋赐死的。

被封为侯的有二十八人，全是武将。著名的有汤和、周德兴、廖永忠、朱亮祖、傅友德、康茂才、胡廷端、耿炳文、曹良臣等。后来，在这些封侯的功臣中，周德兴、廖永忠、朱亮祖、傅友德、胡廷端等十二人被杀或自杀，另外十六人正常死亡。

被封为伯的有汪广洋、刘基二人，都是文臣。汪广洋当过丞相，后来被朱元璋赐死。刘基被胡惟庸下毒害死。

朱元璋第一次大封功臣，是开国不久，那些驰骋沙场、冲锋陷阵的武将功劳最大，因而，在三十六名开国功臣中，只有李善长、汪广洋、刘基三个文臣。

朱元璋原本想把朱升也封为伯，但朱升不受，请求给予免死铁券。朱元璋答应了，而且一高兴，对许多功臣都很大方地赐给了免死铁券。

不料，功臣们有了免死铁券，胆子大了起来，不少人迅速腐败变质，有的恃功放纵，霸占土地，欺压百姓；有的包庇恶霸，随意杀人伤人；有的贪污受贿，贪赃枉法；甚至还有制造兵器、擅穿龙袍的。朱元璋一生气，这些免死铁券不管用了，该杀就杀。

在三十六名开国功臣中，被杀或自杀的有十五人，占百分之四十二。朱元璋并没有像传说中的那样，把开国功臣诛杀殆尽，但这个比例，也是相当高了。

朱元璋主要依据战功，论功行赏，总体上是比较公平的，史书没记载有不满情绪。朱元璋的儿时伙伴汤和，对他忠心耿耿，但因战功不够，没有被封为公，只是封了侯，而另一个儿时伙伴郭英，连侯也没封上。后来，朱元璋又几次封赏功臣，汤和才被封为信国公，郭英被封为武定侯。蓝玉等人是后来被封的侯。

开国功臣的待遇是很高的，远远高于一品官员。当时，朝廷一品大员的俸禄，一般是每年八十石粮食，而最低一等的伯，年俸禄就达二百四十石。封侯的功臣，一般在一千石左右。被封为公的人，最少的是三千石，徐达高达五千石，李善长是四千石。

朱元璋除了给功臣们高官厚禄以外，还与他们结亲，让他们成为皇亲国戚。朱元璋把郭英的妹妹纳为宁妃，把公主嫁给李善长、傅友德、胡海、张龙等人的儿子，让皇子娶了徐达、常遇春、冯胜、蓝玉等人的女儿。

朱元璋给了功臣们很高的经济待遇和政治待遇，同时也对他们严格约束。朱元璋制定了铁律九条，要求功臣们必须奉公守法，不得侵犯百姓利益，不准霸占山场、湖泊、茶园、田产，严禁仗势欺压良民，绝不允许贪赃枉法。朱元璋命工匠把禁令铸造在铁板上，象征禁令像铁一样刚硬不变，这就是著名的朱元璋铁榜。

朱元璋的行事风格，历来是说到做到，令行禁止，手段强硬。有些功臣违犯了禁令，朱元璋毫不容情，坚决予以惩处。

永嘉侯朱亮祖，很早跟随朱元璋，南征北战，屡立大功，建国后奉命镇守广东。朱亮祖居功自傲，欺压百姓，并与当地恶霸相勾结，充当恶势力的保护伞。番禺知县道同，是个蒙古人，刚直不阿，执法如山，把为首的恶霸抓了起来。

朱亮祖命道同放人，道同不肯，说："您身为大臣，怎能受小人役使呢?"朱亮祖大怒，干脆派兵到监狱里把恶霸抢了出来。朱亮祖恶人先告状，给朱元璋上奏，诬告道同图谋不轨。朱元璋相信朱亮祖，下旨将道同处死。

后来，朱亮祖的罪行被揭露。朱元璋震怒，他既怨恨朱亮祖横行不法，更痛恨由于他的诬告，让一名良臣冤死。朱元璋下令把朱亮祖抓来，一顿鞭子活活打死。朱亮祖是较早被诛的功臣之一。《明史》写有《道同传》，记载了此事。

在被杀的十五名开国功臣中，大部分是因为违背了铁榜禁令而被处死的，也有受到朱元璋猜忌冤死的。

在中国历史上，对待官员最为严厉的，恐怕要算朱元璋了。朱元璋对开国功臣尚且铁面无情，那么，杀起贪官污吏来，更是毫不手软。朱元璋的治贪力度是很大的，在中华大地上，即将掀起一阵又一阵的反贪风暴。

霹雳手段杀贪官

朱元璋出身贫苦，有着不堪回首的痛苦经历，因此，他得到天下当上皇帝以后，有两个明显特点：一是比较关注民间疾苦；二是大杀贪官污吏。

元朝后期，中央集权削弱，蒙古贵族和各级官吏横行霸道，敲诈勒索，欺压百姓，官僚队伍中几乎人人是贪官污吏，官场风气十分恶劣。明朝建立之初，这种风气仍然流行。朱元璋深受贪官污吏之害，他当上皇帝以后，决心澄清吏治，严惩腐败。

朱元璋每次接见府州县的地方官员，都不厌其烦地告诫他们："天下初定，百姓财力俱困，譬犹初飞之鸟，不可拔其羽。新植之木，不可摇其根，要在安养生息之。"

对朝廷委派到地方任职的官员，朱元璋经常亲自召见，请他们吃饭，嘱咐他们要廉洁奉公，善待百姓。朱元璋还赏赐他们每人十两银子、六匹布，告诉他们，这是给他们用来养廉的，切不可贪污受贿。

为了澄清吏治，朱元璋费了不少心思。开国之初，在大封功臣的时候，朱元璋就颁布了铁律九条，并制成铁榜，要求功臣们必须遵守。后来，又先后编发了《资世通训》《臣戒录》《志戒录》等，反复强调官员要遵纪守法，廉洁勤政。朱元璋自己也以身作则，勤俭节约。

朱元璋在中央机构设置了御史台，后改为都察院，又设置十三道监察御史，充实大量精干人员，专门用以察纠百官，惩治腐败。朱元璋还让李善长、刘基等人制定了《大明律》，加强法治。

然而，由于元朝腐败风气的影响，再加上各级官吏中留用了大批元朝的旧官吏，腐败现象依旧严重。朱元璋十分恼火，认为非用重典治贪不可。于是，在他即位不久，就在全国掀起了大规模的反贪运动。

朱元璋觉得《大明律》处罚不够严厉，不足以震慑犯罪，于是亲自编写了《御制大诰》。《御制大诰》阐述了朱元璋重典治贪思想，表明了他对贪官污吏的切齿痛恨，记录了一些典型案例，明确了办案方法、手段和要求。

《御制大诰》颁发全国，广泛宣传，成为朱元璋反贪的纲领性文件和执法依据。《御制大诰》作为法外之法，对反贪运动发挥了重大作用。不过，《御制大诰》过于严酷，也受到后世不少非议。

朱元璋对贪腐案件量刑标准，是十分严苛的，凡是贪污受贿，一律施以重罚。《明史》记载，当时规定，监守自盗仓库钱粮者，一贯以下杖八十，四十贯以上处斩；官员受贿枉法者，一贯以下杖七十，八十贯以上处绞刑；贪污银子六十两以上者，枭首并剥皮示众。

朱元璋对贪官施以酷刑，处罚之严厉，行刑之残忍，更是令人毛骨悚然。轻者有戴枷示众、脸上刺字、断手、斩趾、挖膝盖，重者绞死、斩首、剥皮抽筋、凌迟，甚至灭族。许多历史上已经禁止的酷刑，朱元璋又用上了。

朱元璋对贪官剥皮揎草的故事，流传甚广。剥皮揎草是佛教传说中地狱里对罪大恶极的人施行的酷刑，就是把人皮完整剥下来，做成袋状，里面填充稻草后悬挂示众。传说朱元璋对贪官施以此刑，悬挂在县衙大堂之上，以警示继任者。不过，此事存在争议，《明史》并没有剥皮揎草的记载。

不管朱元璋有没有剥皮揎草，他对贪官污吏的惩处都是十分残酷的。建昌知县受贿四百贯、莱阳县丞受贿一百贯、德安县丞受贿八十贯，均被凌迟处死。有一个官员犯了罪，朱元璋下令，砍去他的脚趾，在衙门前戴枷示众。另外，剥皮抽筋的刑罚是有的。

朱元璋惩治贪官，不管官职大小，也不看是否有功，上至朝廷大臣和公侯，下到九品小吏，只要贪污受贿，一律严惩不贷。有一次，在山西农民姚小五的婚姻案中，刑部人员受贿，处理不公，朱元璋发了怒，不仅处死了有关办案人员，而且连刑部尚书也被处死了。

朱元璋年轻时，目睹了地方官员下乡耀武扬威、祸害百姓的事情，他当皇帝以后，下了一道奇怪的命令，禁止地方官员下乡，并告知百姓，如有官员下乡，可以扭送朝廷。还真有百姓把擅自下乡的官员捆起来送往京城的事情，朱元璋对此一概予以惩处。

朱元璋不仅杀贪官，对地主恶霸也严厉镇压。溧阳县有个恶霸，名叫潘富，为非作歹，欺压乡邻，无恶不作。朱元璋下令缉拿，潘富闻讯后逃走，逃跑期间得到一些人的帮助。最后，潘富和帮助他的人全部被杀，共杀一百零七人。

朱元璋建国不久，遇上了一个全国性的大案，就是著名的空印案，属于明初四大案之一。所谓空印，是指地方官员去京城办事，事先在空白文书上盖上官印，到时候根据需要，再填上具体内容。

空印现象由来已久，在元朝时就十分普遍，明初沿袭旧例，习以为常。空印虽然办事方便，却有很大弊端，给不法分子提供了可乘之机，有些人可以随心所欲地在空白文书上填写内容，谋取私利。

朱元璋知道后大怒，下令将各地主印官员全部处死，副职杖一百流放。此案涉及全国，被处罚的官员达数千人，举国震惊。

空印固然不对，现在也不能允许，但如此处理失之偏颇，使得有些好官也受到惩罚。方孝孺的父亲方克勤，时任山东济宁知府，是个循规蹈矩的清官，却在空印案中被杀。《明史》把方克勤列入《循吏传》。

过了不久，又发生了一起更严重的腐败大案，就是有名的郭桓案，也属于明初四大案之一。

郭桓是明初大臣，立有功劳，时任户部侍郎。他利用职权，勾结其他官员，私吞地方上交的赋税和粮食，并在征税时巧立名目，榨取百姓钱财，中饱私囊，共计贪污两千四百万石粮食，是典型的腐败大案。

朱元璋震怒，下令彻查，结果，牵扯到礼部尚书、刑部尚书、兵部侍郎、工部侍郎等许多朝廷大臣，涉及全国十二个布政司和大批地方官员，还牵连很多地主豪强。

朱元璋感叹道："古往今来，贪赃枉法大有人在，可搞得如此过分的，实在是不多。"朱元璋下令，对涉案人员几乎全都处死，杀了数万人；对涉案的地主豪强全部抄家，财产充公，致使家破人亡者不计其数。贪官污吏胆战心惊，老百姓拍手称快。

朱元璋对贪赃枉法者痛下杀手，毫不留情，有着他自己的道理。有人曾劝过朱元璋，说他杀人太多，缺乏仁义。朱元璋理直气壮地说："这些贪官和恶霸，对别人不讲仁义，朕为何对他们讲仁义呢？"

朱元璋在位三十年，反贪意志始终不减，似乎下决心要把贪官污吏斩尽杀绝。有史料记载，朱元璋先后发动了六次大规模肃贪运动，总计杀掉十五万人。在中国历史上，像朱元璋这样反贪力度之大、杀人之多、刑罚之残酷，实属罕见。

有人说，朱元璋大杀贪官，效果并不理想，贪污仍然很严重。朱元璋自己也说过："朝治而暮犯，治愈重而犯愈多。"

其实，事实并不是这样，朱元璋的反贪还是大见成效的，腐败现象虽未根除，但已经大大减少，朝廷廉洁风气大兴。《明史》说，朱元璋坚持反贪，使明朝官场干净了百余年。

朱元璋在反贪过程中，犯有量刑过重和扩大化的错误，也冤枉了一些好人，特别是他施刑过于残忍，落下了酷政、暴君的坏名声，引起后世不少非议。但总体而言，朱元璋的反贪运动，维护了正义，惩治了邪恶，符合百姓利益，净化了朝廷和社会风气，促进了社会发展。

咎由自取胡惟庸

在朱元璋时期，发生了四起影响极大的案件，每个案件都牵连甚广，杀人众多，被称为明初四大案。

其中，空印案和郭桓案属于肃贪案件，总体上应予肯定；而胡惟庸案和蓝玉案虽然也有反贪因素，但更多地属于政治倾轧，特别是朱元璋大搞株连，杀人过多，许多人含冤被杀，就应该予以谴责了。

胡惟庸，凤阳府定远（今安徽定远）人，与郭子兴、李善长是同乡。1355 年，朱元璋在滁州打根基的时候，胡惟庸与李善长一块儿投奔了朱元璋。朱元璋见胡惟庸机灵，便留在身边，当了奏差，替朱元璋办些送信之类的杂事。

胡惟庸文化水平不高，但头脑灵活，办事干练，受到朱元璋赏识。后来，胡惟庸担任宁国县主簿、知县，吉安府通判，湖文佥事、太常寺少卿等职。胡惟庸的官职不是很高，也没有立过战功，因此，朱元璋大封功臣的时候，胡惟庸没有被封伯，更没有被封侯，算不上开国功臣。

朱元璋建国以后，任命李善长、徐达为左右丞相，徐达领兵在外，李善长主理朝政。胡惟庸贿赂李善长二百两黄金，被擢升为中书省参知政事。

时间不长，李善长患病，暂时无法理政，朱元璋就任汪广洋、杨宪为左右丞相。不料，杨宪与汪广洋闹矛盾，互相攻讦，惹得朱元璋大怒，杀了杨宪，把汪广洋贬为广东行省参政。

中书省没有了丞相，给了胡惟庸一个难得的机会，他便独揽中书省事务。胡惟庸勤勤恳恳，事事顺从皇帝旨意，干得很出色。朱元璋一高兴，提拔胡惟庸为右丞相，后来又升他为左丞相，并把汪广洋召回，担任了右丞相。在明朝，左丞相比右丞相地位高一些。

胡惟庸很有心机，他一方面千方百计讨好皇帝，一方面控制言路。胡惟庸不辞辛苦，朝廷各部门和各地的奏章，他都要一一过目，凡是觉得对他不利的，一律扣下不报。同时，他指使自己的亲信，经常给皇帝上书，夸赞胡惟庸如何对皇上忠心，如何勤政能干。于是，朱元璋对胡惟庸很信任。

胡惟庸搞定了皇帝，还要进一步密切与李善长的关系，因为李善长是朱元璋最信任的大臣，是文臣之首，势力很大，并且与朱元璋是儿女亲家。胡惟庸原本与李善长就不错，他再投其所好，经常送一些贵重物品，关系便进一步升温。

胡惟庸还倾心交结李善长的弟弟李存义，两人成了无话不说的好朋友。胡惟庸又把自己的侄女，嫁给了李存义的儿子李佑，两人成了亲家关系。胡惟庸与李家几乎形成了一体。

胡惟庸取得皇帝信任，又有李善长撑腰，胆子逐渐大了起来。胡惟庸大权在握，独断专行，有些生杀废黜的大事，他不报告皇帝，自己就擅自处理了。

胡惟庸倚仗职权，培植亲信，结党营私，把一大批亲信安插到朝廷重要岗位，形成了很大的势力。胡惟庸大搞顺我者昌、逆我者亡的政治手段，对不依附他的人进行迫害打击，排除异己。胡惟庸的家人甚至仆人，也仗势欺人，横行霸道。

胡惟庸权力一大，贪心也大了起来，大肆收受贿赂，以权谋私，搞权钱交易。《明史》记载说，一些热衷功名之人和不法之徒，竞相奔走于胡惟庸门下，送去的金银财宝、名马、好玩之物不计其数。胡惟庸迅速腐败堕落，成了大贪官。

胡惟庸权势熏天，朝中大臣很多依附于他，但有些正直之人却不买账。徐达痛恨胡惟庸奸恶，曾向朱元璋揭发他的罪行。然而，朱元璋并不相信。

胡惟庸对徐达怀恨在心，多次向朱元璋进谗言，朱元璋也不相信。朱元璋认为，这是大臣之间的争斗，因而双方之言都不轻信。

后来，胡惟庸想收买徐达的守门人福寿，企图陷害徐达。福寿将此事告诉了徐达，徐达此后断绝与胡惟庸来往。

刘基也曾经提醒朱元璋，说胡惟庸当丞相，就像劣马拉车一样，早晚会把车弄翻。

胡惟庸对刘基恨之入骨。有一次，刘基有病，朱元璋命胡惟庸带御医前去探视，胡惟庸却胆大妄为，借机下毒，把刘基害死了。有人说，这是朱元璋指使或默许的，可《明史》明确记载，此事就是胡惟庸干的。

胡惟庸权势一大，野心也大了起来。偏巧这个时候，胡惟庸定远老家的井中，忽然生出了石笋，离水面数尺高。有献媚之人争相说，这是祥瑞之兆，显示将大富大贵，贵不可言。献媚人还说，他们亲眼看见胡惟庸的祖坟上，晚上出现亮光，照亮了夜空。胡惟庸听了，十分高兴，越来越自负，进而有了异心。

朱元璋毕竟是英武之君，他虽然没有完全相信徐达和刘基的话，却也开始留心胡惟庸的行为，时间不长，便知道了他的许多不法之事。朱元璋很恼火，对胡惟庸产生了强烈不满。

有一次，胡惟庸的仆人驾车硬闯城门，被守门军士阻拦。仆人挥鞭就打，并报出丞相名号进行恐吓，守门军士便敢怒而不敢言了。

朱元璋知道了此事，对众人说："一个仆人，竟敢无法无天，那还了得！"朱元璋下令，将仆人斩首示众。朱元璋此举，等于给胡惟庸敲了警钟。

胡惟庸感觉皇帝怀疑他了，但他不仅没有收敛，反而产生了图谋造反的念头。当时，朱元璋反贪力度很大，惩治了不少功臣和官员，有些人对此心怀不满，胡惟庸就极力拉拢他们。时间不长，胡惟庸就与御史大夫陈宁、中丞涂节等人结成了死党。

陈宁为人凶狠，常用烙铁烧人，人送外号"陈烙铁"，名声很差。陈宁没有得到朱元璋重用，心存不满，极力鼓动胡惟庸造反。

开国功臣陆仲亨、赵庸、费聚等人领兵在外，镇守一方。他们整天吃喝玩乐，沉溺酒色，荒废军务，受到朱元璋斥责惩戒。胡惟庸把他们拉拢过来，令他们在外边收集兵马，联络对朱元璋有怨恨的人，积蓄力量。

胡惟庸招揽了刘遇贤、魏文进等一批亡命之徒，让他们跟随自己左右，以备随时效命。胡惟庸派亲信明州卫指挥林贤，出海勾结倭寇，与他们商约起事日期。

胡惟庸还丧心病狂，派元朝旧臣封绩联系北元，请他们出兵相助，自己愿意向北元称臣。胡惟庸甚至让李存义去鼓动李善长，想拉他一块儿造反。李善长没有同意，但也没有劝阻，更没有揭发，而是任其所为。

对胡惟庸的这些阴谋活动，《明史·胡惟庸传》均有记载。

右丞相汪广洋也依附了胡惟庸，两人关系密切，朱元璋很生气。1379 年，朱元璋借外国人来进贡而中书省不报皇帝之事，下令赐死汪广洋，并惩罚了胡惟庸和中书省官员。胡惟庸感觉处境大为不妙。

恰在这时，又发生了一件意外之事。胡惟庸的儿子坐马车奔驰，掉下车摔死了。胡惟庸大怒，杀了驾车人。

朱元璋听说以后，把胡惟庸召去，冷冷地说："你无故杀人，该当何罪？"

胡惟庸见朱元璋神情严峻，知道不好，赶紧叩头认罪，说愿意拿出钱来，赔偿驾车人家属。

朱元璋嗔怒道："自古以来，杀人者偿命，哪能这么简单？"

胡惟庸见朱元璋起了杀心，也只得横下心来，准备造反。胡惟庸赶紧让陈宁、涂节联络自己的人，做好各种准备。

朱元璋既然对胡惟庸起了疑心，肯定早有防备。涂节见真的要造反，害怕起来，向朝廷告了密。朱元璋当机立断，将胡惟庸等人逮捕。

1380 年，当了七年丞相的胡惟庸被诛杀。因胡惟庸造反并未发动，他联络其他人的事情也没有完全暴露，所以牵连的人并不多，被处死的大臣，只有陈宁、涂节等少数人。

从《明史》记载来看，朱元璋平定胡惟庸谋反，过程十分简单，波澜不惊。可是，此事让野史写起来，就曲折复杂多了。野史中有个"云奇告变"的故事，流传很广。

野史说，胡惟庸想要造反，杀害朱元璋，便在家中埋伏重兵，然后骗朱元璋说，他家井里涌出醴泉，这是大明的祥瑞。朱元璋很感兴趣，立即前去观望。

朱元璋走到西华门，快要到达胡惟庸家了，突然，一个人气喘吁吁地跑来，一把抓住朱元璋车马的缰绳。来人因跑得急，张着嘴，喘着大气，却说不出话来。来人名叫云奇，是一名小太监。

侍卫们误认为是刺客，立即蜂拥向前，刀枪齐下。云奇顿时倒在血泊之中，但至死仍然紧抓着缰绳不放，而且手指一直指向胡惟庸家的方向。

朱元璋感到蹊跷，便登上西华门城楼，向胡惟庸家眺望，只见胡惟庸家里刀枪林立，有重兵埋伏，这才知道胡惟庸要造反，于是逮捕处死了他。

"云奇告变"的故事不是真的，历史上也没有云奇这个人。

朱元璋处死胡惟庸以后，下令废除丞相职务，撤销中书省，朝廷事务由六部分别办理，直接对皇帝负责，皇权得到进一步加强。

丞相一职是春秋战国时期设立的，为百官之首，处于一人之下、万人之上的崇高地位。长期以来，朝廷存在着皇权与相权的矛盾，东汉、隋朝和唐宋时期，多数时候不设丞相，元朝时期又复置了丞相一职。丞相职务存在一千六百多年，断断续续，朱元璋把它彻底废除了。这是朱元璋对行政体制的一个重大变革。

朱元璋杀掉胡惟庸，废除了丞相制，因此，有人认为，胡惟庸案实际上是皇权与相权的斗争，胡惟庸是冤枉的，后世对此案存在争议。

从《明史》记载来看，胡惟庸是利欲熏心，咎由自取，罪有应得，并不冤枉。《明史》把胡惟庸、陈宁列入了奸臣传。

大搞株连太凶残

1380 年，朱元璋诛杀了胡惟庸等人，加强了皇权。由于胡惟庸是咎由自取，而且当时朱元璋杀人并不多，所以社会反响还是不错的。

可没有想到，十年以后，朱元璋又旧案重提，继续追究奸党，而且大搞扩大化，牵连甚广，大开杀戒，许多人蒙冤而死。于是，胡惟庸案变成了政治倾轧，给人们带来沉重灾难。

《明史》记载，1385 年，在胡惟庸被杀五年之后，有人告发李善长的弟弟李存义，说他参与了胡惟庸的造反阴谋。当时，朱元璋没有杀李存义，只是将他免去官职，囚禁在崇明。朱元璋也没有追究李善长，仍然让他主理朝政。

1386 年，胡惟庸的亲信林贤犯罪入狱，供出了胡惟庸让他勾结倭寇之事，朱元璋大为恼怒。

1388 年，蓝玉攻打北元，抓获了封绩。封绩供出了胡惟庸派他联系北元，请求北元出兵的事情。当时李善长主持审理此案，李善长自知事态严重，隐瞒下来，没有向朱元璋报告。

1390 年，李善长的仆人卢仲谦告发李善长，说他与胡惟庸来往密切，而且事先知道胡惟庸谋反的事情，封绩之事也败露了，朱元璋十分震怒。与此同时，陆仲亨的仆人告发了陆仲亨、唐胜宗、费聚、赵庸四位开国侯爷参与了胡惟庸的造反阴谋。

朱元璋得知以后，大发雷霆之怒，下令彻底追查。办案人员奉命对有关人员严刑拷打，结果追查出许多人，涉及一些开国功臣和朝廷官员。在酷刑之下，难免屈打成招，因而有不少人是被冤枉的。

朱元璋对朝廷和地方官员逐一进行排查，凡胡惟庸举荐提拔的人，都被视为他的同党。胡惟庸把持朝廷达七年之久，很多人都与他有关系，因此牵连了一大批。

朱元璋又大搞株连，凡是沾亲带故的一概问罪。当时，婚姻讲究门当户对，很多大臣之间互相联姻，致使牵涉面越来越大。

朱元璋怒气冲冲，不分青红皂白，大开杀戒，不少人被灭族，数万人被诛杀。《明史》记载，朱元璋总共杀掉三万余人，其中无罪而受株连的，就达两万多人。《明史》对朱元璋的暴行，也是记载无遗。

开国功臣、韩国公李善长被灭族，李善长和家族七十余人一并处死，李存义自然不能幸免。李善长为明朝建国立有大功，即便他有知情不报之罪，也不应该受到灭族的重刑。因此，后世许多人为李善长喊冤叫屈。

李善长的儿子李祺，是朱元璋的女婿。朱元璋的女儿临安公主苦苦为丈夫求情，朱元璋赦免了李祺的死罪，将他流放江浦。临安公主重情重义，自愿随丈夫同行，一块儿过苦日子去了。

开国时被封侯的功臣陆仲亨、唐胜宗、费聚、赵庸、郑遇春、胡廷端、陆聚、黄彬等人被诛杀，加上后来被封侯的，共有二十多位侯爷丧了命。朱元璋剥夺他们的爵位，制作《昭示奸党录》，诏告天下。其实，他们中间，除了陆仲亨、赵庸、费聚等少数人外，其他人并没有参与胡惟庸的造反阴谋，只是受到了牵连，才蒙冤被杀的。

就连大名鼎鼎的贤臣宋濂，也无故受到此案牵连而死。宋濂的孙子宋慎，卷入胡惟庸案中被杀。当时，宋濂已经年老，辞官还乡，却仍被牵连，处以死刑。

宋濂当过太子朱标的老师，马皇后和朱标为其求情，马皇后甚至不吃饭，朱元璋才勉强免去宋濂死刑，但仍将他流放茂州。宋濂年老体衰，经不起折腾，含冤死于途中。

朱元璋处死胡惟庸，属于胡惟庸咎由自取，可朱元璋后来大搞株连，滥杀无辜，就暴露了他凶残的本性。

蓝玉大案惊天下

1380 年，朱元璋诛杀了企图谋反的丞相胡惟庸，十年后追究同党，大搞株连，杀了三万余人，闹得人人自危。可这还不算完，1393年，又发生了蓝玉大案，朱元璋继续滥杀，又杀了一万五千多人，天下震惊。

蓝玉，凤阳府定远人，与郭子兴、李善长、胡惟庸是同乡。蓝玉还有一个重要身份，他是猛将常遇春的内弟，很早就跟随常遇春投靠了朱元璋。不过，那时蓝玉年轻，只是一名普通士兵。

蓝玉身材高大，面色赤红，作战勇猛，也有谋略，他在常遇春帐下效力，常打胜仗。常遇春多次在朱元璋面前夸奖蓝玉，蓝玉职务不断升迁。但由于徐达、常遇春、李文忠等人战功卓著，蓝玉的才能没有得到充分显示，功劳也不大，因而在开国封赏功臣的时候，蓝玉并没有被封为伯侯，算不上开国功臣。

明朝建立以后，战事仍然很多，蓝玉先后跟随傅友德、徐达征伐四川、云南、北元，立有大功。1379 年，建国十一年后，蓝玉被封为永昌侯。朱元璋对蓝玉特别偏爱，给他俸禄二千五百石，后又增加到三千石，与颍国公傅友德的俸禄一样多。

1387 年，蓝玉以副将军的身份，跟随大将军冯胜出征北元，获得大捷。有人揭发，冯胜私吞战利品，藏匿了许多珠宝良马。朱元璋大怒，撤销冯胜大将军职务，此后再也不让他领兵了。蓝玉得此良机，被擢升为大将军。

1388 年，朱元璋命蓝玉率十五万大军，再次攻伐北元。蓝玉率军深入漠北数千里，一直追到捕鱼儿海（今贝尔湖），基本上全歼了敌人，俘获北元皇帝的嫔妃、皇子、公主和大臣等七万七千余人。北元大汗脱古思帖木儿仓皇出逃，途中被也速迭儿（据说是阿里不哥后裔）袭杀，此后蒙古大汗不再使用汉式庙号谥号，北元消亡。

捷报传来，朝野欢庆。朱元璋异常高兴，传诏予以嘉奖和慰问，把蓝玉比作汉代卫青和唐代李靖。因蓝玉立有大功，朱元璋准备封他为梁国公。

不料，有人报告说，蓝玉获胜之后，军纪不严，纵容将士抢掠，造成很坏影响。蓝玉带头抢掠，还霸占了北元皇帝的妃子，妃子不从，自杀身亡。朱元璋有些不快，遂把封给蓝玉的梁国公改成凉国公，并命人将这些过失刻在世袭的凭证上，以示诫勉。

蓝玉以为朱元璋是小题大做，心中不快。他率兵返回的时候，夜抵喜峰关，守关军士开门慢了一些，蓝玉大怒，令士兵破门而入，并纵兵毁关。朱元璋得到奏报，心里更加不悦。

朱元璋除了封蓝玉为凉国公以外，还授予他太傅之职，位居三公。当时的三公，是太师、太傅、太保，地位很高。可是，蓝玉却嫌小，说："我难道不能做太师吗？"朱元璋有些恼怒，认为蓝玉不知好歹。

蓝玉自恃立下了盖世之功，居功自傲，飞扬跋扈，目中无人，骄横放纵。蓝玉确实有骄傲的资本，这个时候，徐达、常遇春、李文忠等开国元勋，多数已死或者年老，蓝玉作为后起之秀，手握兵权，功绩卓著，无人能及。

蓝玉还有一个特殊身份，他的女儿嫁给了朱元璋的儿子蜀王朱椿，蓝玉与朱元璋是亲家关系。

另外，蓝玉与皇太子朱标的关系非常好。朱标的太子妃，是常遇春的女儿，是蓝玉的外甥女。蓝玉曾经告诫过朱标，让他提防燕王朱棣，可见他们的关系非同一般。当时，朱元璋已经六十多岁，朱标接班为期不远了。

蓝玉倚仗功劳和权势，干了不少违法的事情。《明史》记载说，蓝玉日渐恣意骄横，横行霸道，他私养了许多家奴，认了很多义子，霸占了大量民田。有一次，蓝玉强占东昌民田，民众上告，御史前去查问，蓝玉大怒，蛮横地将御史赶走。从此，蓝玉的事情无人敢过问。

按照朱元璋的性格和处事风格，恐怕早就不能容忍蓝玉了，但朱元璋对蓝玉只是经常责备和劝诫，并没有予以惩罚。朱元璋觉得，朱标仁柔，身边需要有一位强势的武将，蓝玉对朱标有用。

1392年，朱标不幸病逝，年仅三十八岁。朱元璋立朱标的儿子朱允炆为皇太孙，打算让他接班。朱允炆当时只有十六岁，他继位以后，身边再有一位强势而蛮横的将军，朱元璋就不放心了。

朱元璋的四子朱棣，野心勃勃，招贤纳士，他原本想拉拢蓝玉，可蓝玉不领情，反而告诫朱标提防朱棣。朱棣恼怒，经常向朱元璋说蓝玉的坏话。

1393年，锦衣卫指挥使蒋瓛告发蓝玉，说他谋反。朱元璋下令，逮捕蓝玉，进行审讯。审讯结果是，蓝玉伙同几个侯爷和一些大臣，打算趁朱元璋藉田时发动叛乱。

有了口供和审讯结果，朱元璋又一次大开杀戒，蓝玉被灭族。有的史书说，朱元璋对蓝玉施以酷刑，把他的皮剥了下来，并且送给了他在蜀地的女儿。《明史》对此并无记载。

朱元璋继续大搞株连，蓝玉案涉及一公、十三侯、二伯，牵连被杀一万五千多人。朱元璋将他们的罪状写成《逆臣录》，布告天下。

杀戮进行了半年，朱元璋觉得杀得差不多了，下诏说："蓝贼为乱，阴谋败露，被族诛者达一万五千人。自今日起，胡党、蓝党之徒一概赦免，不再追究。"

朱元璋嘴上说不再追究，但杀戮并没有停止。1394年，开国功臣、颍国公傅友德被赐死，原因是他与蓝玉关系较好，蓝玉曾是他的部下。

有史书说，傅友德死得壮烈。傅友德父子受到朱元璋猜忌，傅友德知道祸事无可避免，亲手砍下两个儿子的头颅，提着头颅去见朱元璋。

朱元璋大惊，说："你怎么这么忍心？"

傅友德愤恨地说："你不就是想要我们父子的人头吗？现在我的头颅也给你。"傅友德说着，挥剑自刎。

《明史》没有这样的记载，只是说傅友德是被赐死的。

继傅友德被赐死以后，1395 年，开国功臣、宋国公冯胜也被赐死。冯胜虽然有些不法之事，但罪不至死。

朱元璋的开国功臣们，大多数文化不高，性情鲁莽，在得到天下之后，许多人有违法行为，给予惩戒是必要的，但处罚过重，杀戮过多，显然是不合适的，朱元璋因此落下一个滥杀功臣的恶名。

从《明史》记载来看，蓝玉与胡惟庸有所不同，蓝玉虽然骄横不法，但并没有谋反的证据。朱元璋只不过是借题发挥，目的是铲除异己，维护朱家的统治，确保年轻皇太孙的皇位能够牢固。

朱元璋为何杀功臣

在中国历史上，朱元璋杀功臣是很出名的，大概是杀功臣最多的皇帝，他也因此落了一个不仁不义的暴君恶名。可是，朱元璋为什么要杀功臣呢？

据史书记载，朱元璋打下天下以后，第一次大封功臣的时候，被封为伯以上的功臣总计三十六人。后来，其中十五人被朱元璋杀掉或自杀，占百分之四十二，这个比例相当高了。朱元璋后来又封的几批功臣，被杀的也不少。

对朱元璋诛杀功臣，民间传说就更多、更邪乎了。火烧庆功楼的故事流传很广，说朱元璋当了皇帝以后，把曾经跟他出生入死打天下的功臣们，一把火全都烧死了，真是狠毒至极。民间还传说，朱元璋把立有大功的儿时伙伴徐达、汤和、周德兴等人全都害死了，简直毫无人性。这些虽然不是真的，但朱元璋诛杀功臣过多，却是事实，否则，不会有那么多的传说。

至于朱元璋为什么要杀功臣，许多人认为，朱元璋担心自己的子孙软弱，驾驭不了这些功勋卓著、性格强悍的功臣，于是将功臣们斩尽杀绝，不留后患，以确保朱氏江山千秋万代。这固然是原因之一，但任何事物都是复杂的，朱元璋杀功臣，也是有着多重因素的，并非一个原因。

笔者通过读《明史》，对朱元璋诛杀功臣，有一些粗浅的看法。

第一，朱元璋性格冷酷，缺乏仁爱，这是他诛杀功臣的内在原因。

朱元璋性格冷酷无情，是由他的出身和经历造成的。朱元璋从小受苦，做过放牛娃、乞丐、和尚，长期生活在社会最底层，受尽地主和官府的欺凌，很少得到人间温暖和别人的慈爱。因此，朱元璋在内心深处，充满了对恶势力的仇恨，明显缺乏仁慈之心，他当了皇帝、手握生杀大权以后，冷酷无情的性格占据了主导地位，对他认为的恶势力自然要严厉惩处。

有一次，一个将领带数百名士兵，外出执行任务，由于失职和不恤士兵，导致士兵饿死一百多人。朱元璋大怒，令剩下的士兵一齐用枪扎那个将领，结果愤怒的士兵们把将领扎成了肉泥。

有人劝朱元璋仁义一些，朱元璋理直气壮说："这种人对别人不讲仁义，朕为何对他讲仁义呢？"在朱元璋看来，就是应该以暴制暴，以不仁义对待不仁义，认为这是天经地义的。所以，功臣们如果犯法，很容易就被杀掉，朱元璋是不讲仁爱和情谊的。

第二，朱元璋主张用重典治乱世，靠杀人立威，这是他诛杀功臣的时代原因。

朱元璋建立的明朝，是在乱世之中诞生的。元朝末期，朝廷腐败，社会黑暗，法纪无存，官府和恶霸横行霸道，百姓受苦受难，朱元璋本人也深受其害。

朱元璋当了皇帝以后，立志改变这种混乱状况，打造一个清平世界。因此，朱元璋历来主张乱世需用重典，于是施行严刑峻法，用暴力惩治恶势力，靠杀人起到震慑作用。

有一次，刑部有个官员受贿，办案不公。朱元璋将那个官员施以酷刑，并令朝廷官员都去观看，朱元璋也亲临现场。

施刑过程十分残酷，受刑者的惨叫声惊心动魄，围观的朝廷官员无不面容失色，胆战心惊。朱元璋也觉得很残忍，对众臣说："不这样，不足以威震贪婪。朕看了都觉得毛骨悚然，估计以后没人再敢受贿了。"

在朱元璋乱世用重典思想支配下，明朝实行酷政，法律严峻，一些功臣就难以幸免了。

第三，朱元璋立志澄清吏治，而很多功臣有不法行为，这是他诛杀功臣的客观原因。

朱元璋从小受到贪官污吏欺压，因而对贪污腐败行为特别痛恨，他当了皇帝以后，不允许臣子们贪赃枉法，欺压百姓。朱元璋不仅杀功臣，对贪官污吏杀得更多。他先后搞了六次大规模肃贪运动，总共杀掉十五万人，其中自然会有功臣。

朱元璋的功臣们，大多数是跟随他起义反元的穷苦人，这些人文化不高，性格鲁莽，缺乏修养，靠着出生入死获得战功，升至高位。在天下太平、手中有权之后，许多人贪污腐化，生活奢侈，甚至仗势欺人，胡作非为。而朱元璋仍然保持简朴的生活作风，也比较关心民间疾苦，对不法功臣的惩治，就在所难免了。

第一批被封侯的朱亮祖，很早跟随朱元璋，他骁勇善战，屡立战功。可朱亮祖后来骄横跋扈，与地主恶霸相勾结，欺压良民，为非作歹，还诬告正直的县令。朱元璋大怒，把他抓来，处以鞭刑。鞭刑一般为"鞭五十"，或者"鞭一百"，朱元璋却判为"鞭无数"，活活把朱亮祖鞭死。朱亮祖是早期被杀的功臣之一。

廖永忠曾经是朱元璋的心腹，溺杀韩林儿的机密大事，就是他干的。可开国封侯以后，廖永忠居功自傲，竟敢擅自使用皇帝才能用的物品。朱元璋毫不容情，将其赐死。廖永忠也是早期被杀的功臣之一。

在被朱元璋诛杀的功臣当中，多数都有不法之事。如周德兴生活腐化，违规建造豪华府邸；赵庸违犯禁令，私养大批奴婢；胡廷端大胆妄为，秽乱宫禁；蓝玉骄横放纵，强占民田；等等。李善长、胡惟庸更是犯有大罪，罪有应得。当然，也有的功臣虽然有罪，但罪不至死；也有些是被冤枉的。

第四，朱元璋担心子孙软弱，不能驾驭功臣，这是他诛杀功臣的环境因素和私心作怪。

朱元璋并不是一建国就杀功臣，他在前期杀的功臣并不多，甚至在1380年胡惟庸谋反的时候，也只杀了几个人。当时，朱元璋身体健壮，他的太子朱标威信很高，朝廷大局稳定，朱元璋并不担心功臣们会威胁他的皇位。

1392年，朱标不幸病逝，朱元璋立皇太孙朱允炆为继承人。朱允炆只有十六岁，而朱元璋已经六十五岁了。朱元璋担心他死之后，皇太孙驾驭不了蓝玉这样的强悍武将，会危及皇权。于是，朱元璋借蓝玉之案，杀了很多功臣。这个时候被杀的功臣，很多是冤枉的。

朱元璋诛杀功臣，原因是多方面的，但根本原因和目的，是朱元璋从家天下观念出发，维护朱氏的统治，以保证朱氏政权能够长期延续下去。

朱元璋并不是对所有功臣都杀，像徐达、李文忠、邓愈、汤和等一批功臣，他们居功不傲，守法奉公，都得以善终。

功高谦慎的徐达

徐达，明朝开国元勋，著名军事家。在朱元璋所有的功臣当中，徐达功绩名列第一，明朝江山有一大半是他领兵打下来的。更加难能可贵的是，徐达为人低调，功高不傲，谦虚谨慎，表现出优秀的品德和处世风格。

徐达，濠州钟离人，世代务农，出身贫苦，与朱元璋是少年时候的伙伴，比朱元璋小四岁。

1352年，朱元璋在汤和的动员下，参加郭子兴的红巾军，很快得到信任和重用。第二年，朱元璋回家乡募兵，准备发展自己的势力。儿时伙伴徐达、周德兴、郭英等人欣然投奔，从此跟随朱元璋打天下，开创了大明江山。

徐达此时二十二岁，他身材魁伟，面貌清癯，颧骨稍高，性情刚毅，处事稳妥，得到朱元璋器重。朱元璋在向南发展势力、建立滁州根据地过程中，徐达一直充当先锋，首立战功。

1355年，著名猛将常遇春投奔了朱元璋。常遇春武艺高强，作战勇猛，朱元璋很是喜欢，但觉得他不够沉稳，于是，经常任徐达为主将、常遇春为副将，将两人搭配使用。果然，徐达、常遇春配合默契，相得益彰，率军南征北战，平定四方，战无不胜，几乎没有遇到过敌手。

1356年，朱元璋渡过长江，继续向南发展势力。徐达、常遇春率军一路攻无不克，攻破采石，占领当涂，擒获陈兆先，收服康茂才，直至攻占了南京。之后，徐达率军占领了常州、宁国、宣城、宜兴等地，很快形成了以南京为中心的大片根据地。在创建根据地过程中，徐达功居首位。

1360 年以后，朱元璋开始平定江南，先后攻打陈友谅和张士诚。朱元璋一方面对外作战，扩大地盘；一方面要守护南京老巢，确保后方安全。因此，朱元璋与徐达几乎是轮番外出，徐达出征时，朱元璋留守老巢；朱元璋亲征时，徐达就镇守南京，足见朱元璋对徐达的信任和倚重。

在与陈友谅战争中，多数时候是朱元璋率军亲征，但有时候也让徐达领兵。有一次，徐达在九华山下设下埋伏，全歼了陈友谅的一支劲旅，斩首一万多人，生擒三千人。

常遇春说："这是陈友谅的嫡系部队，应该全部杀掉，以免留下后患。"

徐达不同意，说："不能杀俘虏，那样会坏了我军仁义之师的名声，得不偿失。"

常遇春勉强同意了，但越想越不放心，于是夜里悄悄起来，令手下士兵活埋俘虏。徐达得知以后，立即制止，并报告了朱元璋。朱元璋夸赞徐达做得对，下令将其他俘虏全部释放。

朱元璋灭掉陈友谅之后，自己坐镇南京，命徐达、常遇春率领二十万大军，南下攻打张士诚。徐达不负重托，不到一年时间，就灭掉张士诚，平定了江南。

1367 年，在统一江南之后，朱元璋命徐达、常遇春率二十五万大军北伐中原，推翻元朝。徐达率军先取山东，再占河南，然后长驱直入，直捣大都，不到一年，就收复北方，推翻了元朝的统治。

徐达占领大都以后，马不停蹄，继续西征，连续攻占山西和陕甘地区，基本上统一了全国。所以说，明朝一大半江山，是徐达率军打下来的，徐达是明朝最大的开国功臣。

1370 年，朱元璋在得到天下以后，大封功臣。徐达战功第一，被封为魏国公，俸禄五千石，在所有功臣当中，徐达的俸禄最高。朱元璋任命徐达为中书右丞相、特进光禄大夫、左柱国、太傅，位列三公，还授予他"开国辅运推诚宣力武臣"荣誉称号。

朱元璋与徐达结成儿女亲家，让四子朱棣娶了徐达的长女，后来成为徐皇后；让十三子朱桂，娶了徐达的次女；让二十二子朱楹，娶了徐达的三女。徐达的功绩、地位和荣誉，在明初无人能及。

徐达功高盖世，为人却十分低调，从不对人夸耀自己的功劳，与人交往时，总是彬彬有礼，礼贤下士，绝不趾高气扬，更不仗势欺人。这是徐达的一贯作风，他率军出征时，善于安抚部下，与士兵同甘共苦，将士们都乐意以死相报。徐达在攻占城池以后，严厉禁止抢掠，张榜安民，推行仁政。

徐达深知功高震主、权大遭忌的道理，他多次领兵外出征战，但每次获胜回来，都立即把将军印交给皇帝。徐达平时从不结党营私，培植个人势力。朱元璋对他很放心。

徐达与朱元璋是儿时伙伴，朱元璋称帝以后，对徐达仍然以布衣兄弟相称，徐达却坚持以君臣之礼相处，对朱元璋毕恭毕敬，叩拜行礼。

朱元璋经常与徐达一块儿喝酒，有一次，徐达喝醉了，朱元璋让人把他扶到自己龙床上休息。徐达酒醒后，吓了一跳，赶紧跑出屋去，趴在地上，口称死罪。

徐达生活简朴，外出时轻车简从，住的房子也很破旧。朱元璋见了，于心不忍，要把他做吴王时居住的官邸送给徐达。徐达坚决推辞，不敢接受。

徐达为人随和，从不树敌，但他公平正直，也不与邪恶势力为伍。胡惟庸做丞相时，千方百计拉拢徐达，时常送他贵重物品，徐达均不接受。徐达劝朱元璋远离胡惟庸，胡惟庸怀恨在心，想收买徐达的仆人陷害他。徐达知道以后，并不与胡惟庸计较，只是决不与他来往。

《明史》记载说，朱元璋曾经高度赞扬徐达，说徐达"受命出战，战无不胜，而且从不自夸战功，对女人无所爱，对财宝无所取；居功不傲，陋车简舍。像这样行为正派无疵、品德高尚可与日月相比的，唯有徐将军一人。"

1384 年，徐达在北平患了背疽。背疽是长在背部的疮肿，现在治疗很容易，不算大病，可在古代却难以治愈，甚至危及性命。历史上有不少名人死于背疽，如范增、刘表、曹休、孟浩然、宗泽等。

《明史》记载，朱元璋听说徐达得了背疽，十分着急，立即亲笔写了一封慰问信，派徐达长子徐辉祖携信前往北平，并将徐达接到南京治疗。治疗了一段时间，徐达病情有所好转。不料，第二年，徐达病情加重而死，享年五十四岁。

闻知徐达死讯，朱元璋异常悲痛。当时正在上朝，朱元璋立即停止了朝会，进行哀悼。朱元璋亲自为徐达送葬，发丧时大哭不止。

朱元璋追封徐达为中山王，谥号"武宁"，赐葬于钟山之阴，御制神道碑文，并配享太庙。朱元璋还命人画了徐达肖像，悬挂于功臣庙，位列第一。

徐达有四个儿子，朱元璋特赐徐达子孙三世都为王爵，世代享受荣华富贵。

从《明史》记载来看，徐达是因病而逝，而且死后备受哀荣。可是，有些野史却说，徐达是被朱元璋毒死的。

流行甚广的一个说法，是说徐达得了背疽，不能吃鹅肉，可朱元璋偏偏送给他一只蒸鹅，徐达流着泪吃完蒸鹅，背疽发作而死。

这个传说来源于野史《龙兴慈记》。《龙兴慈记》是明朝中期一部小说笔记，作者王文禄在序言中说，他小时候常听慈母讲述明初遗事，于是记录下来，所记故事不知真伪。可是，后世却有不少人把传说当成了真的。

笔者曾经咨询过中医，中医说，吃蒸鹅致使背疽发作而死的说法并无根据，应该是无稽之谈。

笔者认为，朱元璋是不会杀徐达的，主要原因是徐达对皇位构不成威胁。徐达死的时候，朱元璋只有五十八岁，身体健壮。皇太子朱标，已经三十一岁，朱元璋为了培养朱标，很早就让他参与朝政，朱标在朝中威信很高。因此，不论是朱元璋的皇位，还是日后朱标的皇位，都是十分牢固的。所以，朱元璋没有杀徐达的必要，何况徐达功高不傲，谦虚谨慎，朱元璋对他十分放心。

朱元璋儿时的伙伴汤和、郭英也都善终，只有周德兴，因儿子淫乱宫廷而被赐死。

《明史》对徐达给予高度评价，说他稳重有谋，功高不伐，公正谦逊，善持功名，实乃明朝功臣之冠，自古以来的名将没有超过他的。

威猛善战常遇春

　　常遇春，元末红巾军杰出将领，明朝开国元勋。常遇春英勇无敌，战功卓著，为开创大明江山建立不朽功勋，可惜明朝刚刚建立，他就患病去世了。

　　常遇春，凤阳府怀远人，出身于贫苦农民家庭。常遇春少年时，不爱干农活，而是喜欢舞刀弄枪。常遇春想拜师学习武术，可家贫交不起学费，他就给人家干杂活儿换取学习机会。常遇春长大以后，身高臂长，体貌雄伟，武艺高强，精于骑射。

　　元末大乱，起义蜂起。常遇春仗着一身武艺，想博取一个前程，便就近参加了刘聚的起义军。刘聚见常遇春武艺不凡，很是器重，让他当了一名小头领。

　　刘聚虽然是起义军，但他胸无大志，只图眼下快活，经常拦路抢劫，或者入室盗窃，与强盗无异。常遇春觉得，这样下去不会有前途，于是产生了另寻出路的念头。

　　1355年，常遇春听说占据滁州的朱元璋胸怀大志，军纪严明，爱护百姓，名声颇佳。常遇春认为朱元璋是个能做大事之人，毅然前去投奔。

　　可是，朱元璋得知常遇春是刘聚手下头领，怕伤了起义军之间的和气，不想收留他，说："等我过江以后，你再来找我吧。"

　　常遇春说："如今群雄四起，我看都成不了气候，只有您是位贤明智者，必成大事。我甘愿效犬马之力，渡江之日，愿为先锋。"朱元璋见常遇春出语不凡，很有见识，又体态雄壮，便把他留了下来。

　　渡江之战，常遇春果然大显身手。船只离岸尚有三丈多远，常遇春大喝一声，一跃而上，挥舞长枪，率先冲入敌阵。常遇春如猛虎一般，银枪上下飞舞，触者非死即伤，无人能敌。朱元璋军队受此鼓舞，人人奋勇向前，很快将敌军击溃。

朱元璋见常遇春如此勇猛，心中大喜，此后，经常让徐达为主将，常遇春为副将，两人共同领兵对敌。徐达沉稳有谋，常遇春威猛善战，二人是天生绝配。

常遇春比徐达大两岁，但他佩服徐达，甘愿听他指挥。因此，两人团结一致，密切配合，几乎战无不胜。在开辟以南京为中心的根据地过程中，常遇春立下了汗马功劳。

常遇春有时也独自率军出战，1359 年，朱元璋命常遇春领兵攻取衢州。衢州城池坚固，壁垒森严，守将叫伯颜不花的斤，是元朝名将，守城元兵有一万多人。常遇春率军到达后，将六座城门团团围住，利用吕公车、仙人桥、长木梯、懒龙爪等攻城器械，猛烈攻城。常遇春不顾箭矢，身先士卒，有力鼓舞了士气。经过多日激战，终于攻破城池，消灭了元军。此后，元军在江南的势力基本崩溃。

1360 年以后，元朝失去了对南方的统治，南方只剩下大大小小的起义军了。朱元璋通过采取"高筑墙，广积粮，缓称王"的策略，势力迅速扩大，于是，他便开始扫灭群雄，统一江南。

在与陈友谅的战争中，朱元璋多数时候让徐达镇守南京，自己率军亲征，而任用常遇春打先锋。在著名的鄱阳湖大战中，陈友谅倚仗战船巨大，对着朱元璋军队的船只横冲直撞。朱元璋军队一时不能适应，船只被撞得七零八落，乱了阵形。

在混战中，朱元璋乘坐的船搁浅，动弹不得。陈友谅的士兵见了大喜，纷纷赶来围攻。陈友谅的大将张定边高声大叫，一马当先，向朱元璋船只冲杀过去，朱元璋处于危险之中。

常遇春见了，心中大急，赶紧去救。常遇春令士兵一齐放箭，箭如雨下，阻止了敌军向朱元璋靠近。常遇春瞄准了张定边，一箭射去，张定边负伤倒下，致使敌军军心涣散。

常遇春见朱元璋的船搁浅不能动，急中生智，用自己的船去撞，终于使朱元璋的船脱离了险境。常遇春的船却因此搁浅，恰巧有只坏船顺流而下，把常遇春的船撞出了浅滩。

后来，朱元璋军队采用火攻，大败陈军，陈友谅也中箭而死。在消灭陈友谅的战争中，常遇春居功第一。朱元璋夸赞说："当百万众，摧锋陷坚，莫如常将军。"

常遇春没有读过兵书，却很会打仗，几乎没有失败过。常遇春打仗有一个特点，喜欢猛打猛冲，他常常不惧刀枪，率先冲锋。常遇春常对人说，他带领十万兵，便可以横行天下，因此，军中送他外号"常十万"。

朱元璋很担心常遇春的安全，曾对他说："克敌在勇，全胜在谋。昔日，关羽号称万人敌，却被吕蒙所败，是因为有勇而无谋。你应该引以为戒。"

1367年，徐达、常遇春率军北伐。朱元璋叮嘱常遇春说："击溃敌百万之众，攻破敌坚固阵地，无人能比得上你常将军。我不担心你不能打胜仗，而是担心你的安全。你身为大将，却像士兵一样冲锋陷阵，这不是我希望的。"常遇春深受感动，跪下拜谢。

可是，战鼓一响，常遇春热血沸腾，就管不住自己了。在北伐战争中，有一次，五万元军排列在洛水以北，常遇春见了，勇气大增，单枪匹马，冲向敌阵，转眼之间，二十多名元军死于他的枪下。将军带头冲锋，手下士兵自然奋勇向前，元军大溃。常遇春不肯罢休，带领士兵一口气追杀了五十余里。

徐达、常遇春率军收复北方，抵达大都，元朝皇帝仓皇逃到上都。徐达挥师西进，攻打山西，兵分两路，夹击太原。汤和率南路军向北进攻，不料吃了败仗；常遇春率北路军进展迅猛，击败元军，攻占了太原。

占领山西以后，朱元璋命徐达继续向陕甘地区进军，令常遇春、李文忠率九万军队，向北追击元朝残余势力。

常遇春率军一路北上，相继攻占会州、锦州、大兴州等地，一直追到上都。元朝皇帝继续北逃，常遇春又向北追击数百里，将元朝残余势力打得溃不成军，只顾狂奔逃命。常遇春俘获元朝宗王、贵族、大臣和士兵总计万余人，还有五万头牛、三千匹马和大批财物。

常遇春得胜班师，行至柳河川（今河北赤城县境内），突然得急病逝世，年仅四十岁。

朱元璋闻丧震惊，悲恸不已，亲自祭奠，赐葬钟山之下。朱元璋追封常遇春为开平王，谥号"忠武"，配享太庙，肖像悬挂功臣庙，位列第二。后来，朱元璋大封功臣的时候，让常遇春儿子常茂承袭郑国公爵位。

有史书记载，朱元璋还专门写了一首诗，悼念常遇春。诗曰："朕有千行生铁汁，平生不为儿女泣。忽闻昨日常公薨，泪洒乾坤草木湿。"足见朱元璋对常遇春的情义。

忠勇仁智李文忠

李文忠，朱元璋的外甥，明朝著名将领，开国元勋。李文忠智勇双全，而且十分仁义，是朱元璋至亲中唯一有学识、有远见的人。

李文忠，盱眙（今安徽明光）人，出身贫苦。其父叫李贞，娶了朱元璋的二姐朱佛女。十二岁时，母亲去世。当时天下大乱，战火纷飞，李贞带着儿子四处流离，以躲避战乱。几年之后，李贞听说朱元璋占据了滁州，有了不小势力，便带着儿子前去投奔。

朱元璋与姐夫一家多年不见，得知姐姐已死，不胜唏嘘。朱元璋见李文忠聪明伶俐，十分喜欢，收为养子，改名朱文忠，留在自己身边。

朱元璋对李文忠十分疼爱，贤惠的马皇后更是把他当作亲生儿子，李文忠感到了父母般的温暖。朱元璋为李文忠请了老师，教他读书。李文忠聪颖敏悟，读书一学就会，好像从前学过一样，老师都感到惊奇。因此，李文忠学问很好，通晓经义，能诗善文，是朱元璋亲属中为数不多的文化人。

当时，朱元璋正在四处征战，李文忠很有心计，他在学文的同时，也练习武艺，阅读兵书，希望日后能派上用场。李文忠年龄不大，就吵闹着要上战场，朱元璋自然不许。

1357年，李文忠已经十九岁了，在他的再三请求下，朱元璋终于答应了，让他以舍人的身份，带领朱元璋的亲军支援池州。

朱元璋的亲军都是精锐之士，战斗力很强，因此，李文忠第一次出战，就立下大功，不仅解了池州之围，而且攻下青阳等四个县城。朱元璋大喜，任命李文忠为亲军都指挥。

此后，李文忠开始驰骋沙场，上阵杀敌，他先后跟随名将邓愈、胡大海等人，转战于浙江、江西等地。经过几年战火洗礼，李文忠成长为一名有勇有谋的年轻将领。

1362年，已经归顺朱元璋的苗将蒋英等人，趁朱元璋西征之际，突然在金华发动叛乱，杀害了朱元璋得力将领胡大海、耿再成，局势一片混乱。

面对突然变故，李文忠临危不乱，他以朱元璋的名义，迅速调集附近军队进行平叛。李文忠亲自到胡大海军中，安抚众将士，并带领他们与苗将作战。在李文忠的调度指挥下，叛乱很快被平息。平叛事件，表现了李文忠智勇双全的大将风度。当时，李文忠只有二十四岁。

朱元璋闻讯大喜，任命李文忠为浙东行省左丞，统领浙东各路兵马，并让他恢复了李姓。从此，李文忠成为独领一军的大将，在战场上叱咤风云，为朱元璋平定江南做出了卓越贡献。

李文忠打仗风格与常遇春不同，他很少猛打猛冲，而是巧用计谋，以智取胜。李文忠经常采取设伏、夜袭、长途奔袭和疑兵之计，出其不意，打得敌军闻风丧胆。李文忠喜欢用最小的代价，获取最大的成果。

李文忠有时也敢于冒险。有一次，他率军驻守新城，张士诚的大将李伯升率二十万大军来攻。敌众我寡，众人都建议凭坚据守，不要出城作战。李文忠便部署守城，抵御敌人的进攻。李伯升率军将新城团团包围，准备攻城。

半夜时分，李文忠见一股白气从东北方向飘来，料定很快将起大雾，便决定改变作战部署，出城歼敌。

李文忠把将士们召集起来，说："打仗靠谋略，不在于人多。敌军虽多但骄傲，我军虽少但精锐，以锐克骄，必能获胜。"

李文忠当众进行占卜，以借助天意，鼓舞士气。李文忠信心十足地对大家说："占卜大吉，我军乃仁义之师，必得天助，到清晨的时候，上天必降大雾，助我破敌。"

到了清晨，果然大雾弥漫，几步之外看不见人影，众将士见真有天助，人人信心倍增。李文忠升帐点将，明确各位将领的攻击方向和作战任务。部署妥当之后，李文忠令擂响战鼓，大开城门，将士们齐声呐喊，冲向敌阵。

李文忠挺枪跃马，身先士卒，带领数十名精锐骑兵，直插敌军大帐。敌军猝不及防，在大雾中又看不清楚，顿时大乱，自相践踏，死伤无数，溃败而逃。李文忠军队乘胜追击数十里，斩首数万，俘虏敌将六百余名，士兵三千多人，缴获的粮食兵器堆积如山。李伯升只身逃脱，后来归降了朱元璋。

李文忠不仅能打仗，而且有很强的政治头脑。李文忠军纪严明，不抢掠，不扰民，不淫妇女，不杀俘虏。李文忠每到一处，立即布告安民，开仓济贫，施行仁政。

李文忠还下了一个特殊的军令，要求将士们注意收养孤儿，许多无父无母的流浪儿童，被李文忠养在军中，成为他施仁义的最好宣传员。朱元璋对李文忠的做法大为赞赏，赏赐他御衣名马。

1366年，李文忠攻占了杭州，部队排着整齐的队伍，有序入城。李文忠下令，部队露宿街头，不准进入民房，"擅入民居者死"。一名士兵到百姓家里借炊锅，被斩首示众。

当时正值深秋，天气寒冷，将士们露宿街头，挤在一起，互相取暖。杭州百姓见了，无不含泪赞叹，称之为仁义之师。

统一南方之后，李文忠跟随徐达、常遇春北伐中原，推翻了元朝统治。常遇春、李文忠率军追击元朝残余势力，连战连捷，将元朝残余势力驱逐到漠北。在班师途中，常遇春不幸病逝，李文忠统领了这支部队。

李文忠率军继续南征北战，先后参加收复陕甘之战，平定洮州番族叛乱，安抚四川，又数次北伐，攻击北元。李文忠在战场上拼杀二十多年，屡立大功，直到1377年，全国基本平定，他才回到京城。

朱元璋大封功臣的时候，封李文忠为曹国公，俸禄三千石，特进荣禄大夫、右柱国、大都督府左都督，并赐予"开国辅运推诚宣力武臣"荣誉称号。

李文忠与李善长一起，参与军国要事。李文忠关心百姓疾苦，多次建议降低税赋，对贫困者予以救助。李文忠对如何治国提出许多好的建议，被朱元璋采纳。李文忠有多方面的才能，在财政、刑法、工程建设等方面都有建树。李文忠还喜欢写诗，他的诗歌雄浑可观，流传一时。

朱元璋登基的时候，曾派使者到日本，希望他们来朝贡，可日本不仅不来，反而杀了使者，朱元璋十分恼怒。后来，倭寇开始为祸，而且与胡惟庸勾结，朱元璋更加愤怒，决定征伐日本。

李文忠进谏说："日本路途遥远，又居于大海之中，十分不便，如果兴兵远征，必会劳民伤财。如今国势刚定，以休养生息为好。"

朱元璋觉得有道理，便按下心中火气，没有对日本用兵，并把日本列为"不征之国"。

李文忠经常劝朱元璋，要减少杀戮，多施仁义。由于李文忠与朱元璋有特殊关系，李文忠的劝谏，起到了一定作用。胡惟庸案爆发的时候，朱元璋当时并没有大搞株连，这与李文忠有很大关系。

1383年，李文忠患病。朱元璋亲自去探视，命淮安侯华中负责组织人员医治。华中不敢怠慢，调集了多名医生，千方百计为李文忠治疗。

1384年，李文忠治疗无效，不幸病逝，享年四十六岁。

朱元璋在悲痛之余，迁怒于医治人员，降低华中爵位，其他医生连同他们的妻子儿女均被斩首。

朱元璋亲自写文致祭，追封李文忠为岐阳王，谥号"武靖"，配享太庙，肖像挂于功臣庙，位列第三。

拓疆千里的邓愈

　　邓愈，元末农民起义首领，明朝开国元勋。邓愈胸怀大志，做事缜密，严于治军，智勇双全，为明朝开国立有大功。邓愈最大的功绩，是远征甘肃、平定西藏，为明朝开疆拓土数千里。

　　邓愈，原名叫邓友德，泗州虹县（今安徽泗县）人。他的父亲叫邓顺兴，为人豪迈，讲义气，重名节，被乡人推为团练首领，保境安民。

　　在元末农民起义大潮中，邓顺兴顺应大势，树起了反元大旗。在一次与元军作战中，邓顺兴不幸中箭身亡。邓愈的哥哥邓友隆接过兵权，继续与元军战斗。不料，邓友隆不久病逝。邓愈当时只有十六岁，他擦干眼泪，接过哥哥兵权，继承父兄事业，顽强与元军对抗，成为这支起义军的首领。

　　邓愈虽然年龄不大，却天生魁梧，勇武过人，每次作战，他都带头冲锋陷阵，因而在军中威信很高。邓愈很快打出了名气，周围的民众闻风归附，他的部队发展到一万多人。

　　邓愈胸怀大志，立志推翻元朝统治。他虽然有了不小的势力，却不想自立，而是注意寻找明主。他听说占据滁州的朱元璋志向远大，军纪严明，受到百姓拥护，是个能成大事之人，于是毅然率部前去投靠。

　　1355 年，邓愈率万余兵马来到滁州。当时，朱元璋的部队总共才有数万人，一下子增添了邓愈的万余兵马，势力大增。朱元璋异常兴奋，授邓愈为管军总管，并赐名为邓愈。

　　邓愈率部归顺朱元璋，不仅为朱元璋增添了实力，而且为朱元璋扩大了名声。巢湖水军廖永安、廖永忠兄弟也带千余船只、万余士兵来投。朱元璋势力迅速壮大，而且有了水军。于是，朱元璋决定，渡江南下，建立以南京为中心的根据地。

邓愈配合徐达、常遇春渡江作战，先后攻克牛渚矶、溧阳、溧水、芜湖等地。朱元璋占领南京以后，任命邓愈为征南将军，胡大海为副将军，攻取旌德、绩溪、休宁等地，并占领了江南重镇徽州。此后几年，邓愈率军转战安徽、浙江、江西，战无不胜，攻无不克，为朱元璋平定江南立下赫赫战功。

更加难能可贵的是，邓愈严格约束部队，爱护百姓，秋毫无犯，各地民众争相抬着酒肉慰问军队，为朱元璋赢得了民心。朱元璋对邓愈十分赞赏，提升他为江西行省右丞。朱元璋称吴王以后，又封邓愈为右御史大夫。当时，邓愈只有二十八岁。

南方平定以后，徐达、常遇春率军北伐。邓愈作为偏师，从湖北出兵，攻打河南南部。北方收复以后，邓愈奉命远征甘肃，收复西北地区。

西北地区气候寒冷，风沙弥漫，十分艰苦。邓愈率军克服重重困难，一路向西攻打，扫荡元朝残余势力。经过近一年战斗，总共俘获元朝王爷贵族百余人，斩首两千多级，俘虏士兵八万余人，缴获马匹、辎重不计其数。邓愈大军深入甘肃西北数千里，消灭了元军残余势力，使河州（今甘肃临夏）以西皆归明朝所有。

不仅如此，邓愈还率得胜之师，从甘肃南下，收复了西藏的中部和西部地区。西藏早在元朝初期就依附了中国，如今见邓愈大军兵强马壮，只得上表归顺，西藏也纳入了明朝版图。

邓愈率军横扫中国西部地区，开疆拓土数千里，功勋卓著。朱元璋大为高兴，特赐邓愈红蟒暖袍一件，玉带一围，这在当时是极高的荣誉。朱元璋还赐邓愈良田五百顷，佃户七十三家，豪宅一处，这在众多功臣中是罕见的。

1370 年，朱元璋第一次大封功臣的时候，论功行赏，封公的只有六人，邓愈是其中之一，被封为卫国公，并赐予"开国辅运推诚宣力武臣"荣誉称号。

1377 年，西藏部分地区叛乱，抢劫西藏向明朝的贡品，堵塞道路，不服明朝管辖。朱元璋大怒，命邓愈为征西将军，沐英为副将军，率军前去平乱。

　　邓愈不辞辛苦，再次踏上漫漫西征之路。邓愈大军入藏后，兵分三路，攻击前进。叛乱分子抵挡不住，纷纷逃窜。邓愈紧盯不放，穷追猛打，一直追到昆仑山，将叛乱分子全部歼灭，斩首以万计，缴获牛马羊十余万头。邓愈彻底平定了西藏，才班师回朝。

　　邓愈久经沙场，身上伤痕累累，又长期在西部艰苦地区作战，身体受到很大伤害，因此，邓愈在回师的路上，不幸病逝，年仅四十一岁。

　　听说邓愈英年早逝，朱元璋失声痛哭，下令停朝三日，举行哀悼。邓愈灵柩到达南京后，朱元璋亲率众臣出城迎接祭奠，还亲自为邓愈选择墓地，将他安葬在南京雨花台。朱元璋追封邓愈为宁河王，谥号"武顺"，配享太庙，将其功绩写入《洪武功臣录》。

独善其身的汤和

汤和，朱元璋的儿时伙伴，明朝开国功臣。汤和性格宽厚，为人沉敏，居功不傲，始终受到朱元璋信任，得以善终。

汤和，濠州人，出身贫苦，小时候与朱元璋一块儿放牛。汤和比朱元璋大三岁，却从小就佩服朱元璋。汤和长大以后，身高七尺，举止洒脱，沉稳敏捷，喜欢骑马射箭。

1352年，郭子兴在濠州聚众起义。汤和看到天下大乱，元朝气数已尽，便带领十几个伙伴，毅然参加了起义军。汤和作战勇敢，处事稳重，受到郭子兴赏识，提拔他当了千户，属于中级军官。

汤和想起儿时伙伴朱元璋，便给他写信，劝他脱掉僧衣，参加起义军，以博取前程。朱元璋收到信后，犹豫不决，经抽签请示佛祖，才下了决心，投奔了郭子兴，从此飞黄腾达。汤和是朱元璋参加起义军的引路人。

朱元璋投靠郭子兴之后，很快得到信任和重用，升为镇抚，官职在汤和之上。汤和不仅没有嫉妒，反而很高兴，自愿到朱元璋帐下效力。由于朱元璋出身卑微，许多人看不起他，唯有汤和对他十分尊敬，事事听从他的指挥，朱元璋自然把汤和当作心腹。

1353年，汤和跟随朱元璋南下发展势力，占据了滁州。当时，朱元璋势力弱小，领兵将领不多，只有徐达、汤和、周德兴、郭英等几个人。汤和在建立滁州根据地的过程中，发挥了重要作用。

汤和作战十分勇敢，在一次战斗中，他被飞箭射中左大腿。汤和忍住疼痛，一声不吭，拔出箭来，继续与敌人战斗。在后来的一次战斗中，他又被飞石击伤左臂，仍然带伤与敌人搏斗。经过多年征战，汤和身上伤痕累累。

朱元璋占领南京之后，实力大增，常遇春、邓愈、冯胜、傅友德等一批猛将也云集于朱元璋麾下，汤和的作用日渐减小。汤和性格宽厚，不愿争强好胜，多数时候为副将，很少独领一军。不过，在朱元璋消灭陈友谅、张士诚的战争中，汤和还是立了不少功劳，朱元璋仍然对他很信任。

1367 年，朱元璋灭掉了陈友谅、张士诚之后，南方再无大敌，浙东只剩下了一个方国珍。方国珍地盘不大，势力不强，于是，朱元璋命汤和为征南将军，领兵去征讨方国珍，并让廖永忠协助他。朱元璋是想给汤和一个立大功的机会。

方国珍果然不经打，汤和率军渡过曹娥江，攻占余姚、上虞，直捣方国珍老巢庆元。方国珍抵挡不住，逃入海中躲避。汤和派人招降，方国珍走投无路，带四百艘船和两万四千多名士兵投降了。汤和平定了浙东，立了一大功。

汤和奉命继续南下，配合胡廷端攻打福建的陈友定。汤和与诸将一起，灭掉陈友定，平定福建，又立了一大功。

汤和待人仁厚，他将俘虏的陈友定部下悉数释放，不料这些人后来复叛，骚扰福建八郡。朱元璋不高兴了，将汤和的功劳抹去一大半。其实，朱元璋军队历来有释放俘虏的习惯，只不过汤和命不好，被释放的俘虏作乱了。

徐达、常遇春率军北伐的时候，汤和奉命在明州造船，负责供应军粮。徐达、常遇春平定北方占领大都以后，挥师西进，汤和又随军攻打山西。徐达令汤和率南路军，常遇春率北路军，南北夹击太原。常遇春一路顺利，而汤和命运不佳，遇上元军主力，吃了败仗。

朱元璋还想给汤和一个独自领兵立大功的机会，任命他为征西将军，率军攻取四川。汤和率水师溯江而上，命傅友德从秦陇南下，两路夹击。不料，汤和水军遭敌阻击，又遇江水暴涨，停滞不前；而傅友德从陆路进兵顺利，攻取汉中，占领重庆，明升投降。在收复四川过程中，汤和虽然是主将，但傅友德功劳比他大。

朱元璋大封功臣的时候，汤和没有被封公，而是被封为中山侯。不过，汤和位于二十八侯之首，俸禄一千五百石，是诸侯中最高的。汤和不计名利，对此并无怨言。

此后，汤和以右副将军的身份，随徐达多次北上讨伐北元，在平定宁夏以及大同、宣府等战役中，立有战功。到1378年，汤和终于被封为信国公，俸禄增加到三千石。

汤和并不感到功成名就，而是继续尽心竭力为国家效力。他镇守北平，修筑彰德城，又多次去中都等地，操练军队，修缮城墙，加强边防。

1388年，汤和已经六十多岁了，本想告老还乡，可当时倭寇经常在沿海一带骚扰，形成海患。朱元璋对他说："你虽然年迈，但身体尚行，还是替朕巡视一下海防吧。"

汤和没有推辞，又跑到东部沿海一带，部署防御倭寇之事。汤和组织人力，在沿海筑城五十九处，组建海防军五万八千多人，有效抵御了倭寇的侵扰。朱元璋很高兴，赐他黄金三百两、白金两千两、彩帛四十多套。

汤和对朱元璋十分尊重，但不像徐达那样拘谨，说话也比较随意。两人常在一块儿喝酒，一起回忆小时候的往事。朱元璋对汤和有着特殊的感情，两人常在一起议论机密大事，汤和一句也不向别人透露。

汤和有时候也发发牢骚。有一次，汤和喝醉了，对人说："我侍候皇上，就像骑在屋脊之上，左也不是，右也不是。"朱元璋知道以后，把汤和臭骂一顿。汤和此后便十分小心了。

汤和晚年时，心情更加平和，他得到朝廷的赏赐，大多数分给别人共享。家乡的人来了，汤和总是很高兴，留他们住很长时间，临走还要送给他们许多好东西。汤和有许多妾，但在他年老有病时，全都打发走了，给她们很多钱财，让她们另嫁他人。

汤和年老时对朝政之事不太过问，与其他大臣很少有私交。当时，胡惟庸案、蓝玉案大兴，许多人受到牵连，汤和却独善其身。

1394年，汤和患病，日渐严重。朱元璋去看他，用手抚摸着汤和的背，一件一件地说着小时候的事情。君臣二人都泪流满面，相对而泣。

1395 年，汤和病逝，享年七十岁。

朱元璋下诏，追封汤和为东瓯王，谥号"襄武"，敕葬于蚌埠曹山南麓。

处事不慎的冯胜

冯胜，著名战将，明朝开国元勋。冯胜南征北战，为开创明朝江山建立大功，但他处事不够谨慎，被朱元璋猜忌赐死。在朱元璋首次封公的五个武将当中，冯胜唯一未得善终。

冯胜，凤阳府定远人，与郭子兴、李善长、胡惟庸是同乡。冯胜的哥哥冯国用，胸有大志，足智多谋。在元末农民起义大潮中，冯国用料定元朝统治即将崩溃，便与弟弟冯胜一起，树起了反元大旗，聚集数百人起义。

1353 年，朱元璋离开濠州，南下发展势力，路过定远。冯国用、冯胜兄弟率部来投，他们是最早投靠朱元璋的地方武装。

朱元璋见冯国用儒冠儒服，温文尔雅，谈吐不凡，见识高远，十分喜欢，把他留在身边，作为谋士，对冯胜也予以重用。

冯国用为朱元璋出了不少好的计策，成为朱元璋的心腹，并担任亲军都指挥使，负责保卫朱元璋安全。不料，冯国用不久病死，朱元璋痛哭不已，此后开始重用冯胜，让冯胜接替了哥哥职位，掌管亲军。

冯胜喜欢读书，通晓兵法，在朱元璋诸多将领当中，他的文化水平最高，因而很快崭露头角。冯胜随朱元璋南渡长江，在攻占南京、建立根据地的过程中屡立战功。

在与陈友谅的战争中，冯胜率军长途奔袭，攻占了陈友谅老巢江州，把陈友谅赶到了武昌。后来，冯胜跟随朱元璋西征，大战鄱阳湖，攻占武昌，占领庐州，立下汗马功劳。

消灭陈友谅势力以后，冯胜又随军征讨张士诚。冯胜与诸将一起，收复淮东，攻占淮安，占领了江北大片土地。朱元璋认为，冯胜的功劳在常遇春之下，在汤和之上。

在攻打高邮战斗中，冯胜轻敌，中了敌人诈降之计，白白损失了数百兵力，被朱元璋责罚十大杖。冯胜又羞又怒，拼死攻城，最终攻破高邮，消灭了顽敌。

南方平定以后，冯胜随徐达、常遇春北伐中原，在山东、河南战场上大显身手。占领大都以后，冯胜又随徐达西征，夺取山西和陕甘地区，再立大功。

冯胜能文能武，打仗很有一套，但他自恃才高功多，看不起其他将领，常常自以为是，因此多次受到朱元璋责备，还曾经免了他的官职。

在西征过程中，朱元璋有事将徐达召回，命冯胜驻守庆阳，节制诸军。冯胜却认为陕甘已定，擅自率军返回。朱元璋大怒，本想治罪，但念其功大，未予处罚，只是削减了他的功劳，给予他的赏钱，也只有徐达的一半。冯胜十分不满，口出怨言。

朱元璋大封功臣的时候，封冯胜为宋国公，俸禄三千石。同时，追封其兄冯国用为郢国公。朱元璋还让自己的五子朱橚，娶了冯胜次女为妻。

朱元璋统一全国以后，将北元势力驱逐到漠北。北元经过明军多次打击，势力衰弱，但北元大臣纳哈出却在辽东发展成很大势力，有数十万之众，威胁明朝北部安全。

纳哈出是木华黎的后代，很有才能，素有贤名。当初，朱元璋在攻打南京的时候，曾经俘获了纳哈出。朱元璋很看重他，劝他归顺，纳哈出不肯。朱元璋惜才，把他放回了北方。

1387年，朱元璋命冯胜为征虏大将军，蓝玉、傅友德为副将军，率兵二十万，北上讨伐辽东。常遇春的儿子常茂也随军出征。常茂娶了冯胜长女为妻，与冯胜是翁婿关系。

冯胜率大军抵达辽东，按照朱元璋的旨意，派人劝降纳哈出，并送上朱元璋的亲笔信。纳哈出当初受到朱元璋优待，心存感激，如今见朱元璋的信写得情真意切，特别是看到明朝已取得天下，明军兵强马壮，于是表示愿意归顺。

纳哈出带着几名侍卫，来到明军营中。冯胜、蓝玉、常茂等人十分高兴，摆下酒宴，痛饮起来。不料，酒喝多了，双方言语不慎，起了冲突。常茂拔出刀来，砍伤了纳哈出的手臂，众人一拥而上，将纳哈出控制起来。

纳哈出的侍卫见状不妙，跑了回去。纳哈出的将士们听说发生了事变，许多人大惊而溃。有些将领心中愤怒，召集兵马，攻击明军。明军没有防备，被杀三千多人。最后，纳哈出只带着二十万部众入关，其余的都溃散了。

这原本是一件十分完美的事情，却被搞砸了，朱元璋很生气。冯胜为了推卸责任，把过失全都推到常茂头上。常茂恼了，觉得你不仁，别怪我不义，他把冯胜多年来私吞战利品、搜刮民间珍宝、强占民女等许多不法之事，一股脑地全都揭发出来。常茂是冯胜的女婿，自然知道很多事情。

朱元璋听了大怒，当即免除冯胜大将军职务，命他在凤阳居住，不许进京。从此，朱元璋失去了对冯胜的信任，再也没有让他领兵。

朱元璋也失去了对常茂的信任，把他安置到龙州（今广西境内）。常茂忧郁成疾，三年后病死，年仅三十六岁。

蓝玉得此良机，升任大将军，率军消灭了北元残余势力，不料功成之后，也被诛杀。

后来，朱元璋并非完全不用冯胜，他命冯胜在太原、平阳招民为兵，立卫屯田，又让他到山西、河南练兵。朱元璋还加封冯胜为太师，位居三公。

冯胜与朱元璋已经产生嫌隙，但他仍不注意，常因小事违背朱元璋旨意，惹得朱元璋不满。当时，开国功臣已经所剩无几，开国六公当中，只剩下冯胜一人。冯胜居功自傲，认为别人对他无可奈何。

冯胜做得最不谨慎的事情，是与女婿朱橚来往过密。翁婿之间关系密切，本来是正常事情，可当时情况有些特殊。太子朱标死后，朱元璋立了皇太孙，朱元璋有的儿子不服，朱橚就是其中之一。朱元璋担心，冯胜功勋卓著，威望甚高，他如果与女婿勾结起来，会对皇太孙构成很大威胁，于是产生了除掉他的念头。

1393 年，蓝玉案爆发，朱元璋借机铲除异己，杀了一万五千多人。朱元璋把冯胜召回京城，监视居住。

1395 年，朱元璋已经六十八岁了，自知不久于人世，他对冯胜仍然不放心，干脆下诏将他赐死。

《明史》说，朱元璋年事已高，对人猜忌甚多，冯胜是死于朱元璋的猜忌。

朱元璋因为猜忌而滥杀功臣，应该予以谴责。不过，冯胜因处事不慎而招祸，也是一个沉痛的教训，值得人们吸取。

名过其实刘伯温

刘伯温，元末明初政治家、文学家，明朝开国功臣。在小说戏剧中，刘伯温被塑造成诸葛亮一类的人物，甚至将其神化。

可是，从《明史》记载来看，刘伯温并没有那么神，对明朝的贡献也没有那么大，有点名过其实。

刘基，出身官宦世家。其七世祖刘延庆，是北宋名将；其六世祖刘光世，是南宋抗金名将、"中兴四将"之一，与岳飞齐名。刘基的祖父和父亲，都当过元朝官员，但官职都不高。

刘基自幼聪慧，喜欢读书，十二岁就考中秀才，被乡间称为神童。他曾入府学读书，又拜名士郑复初为师，学习四书五经和程朱理学。刘基博览群书，诸子百家无一不窥，长大后满腹经纶，通晓天文、地理、数学和兵法。

1333年，刘基参加科举考试，考中进士。但当时元朝的统治已到末期，朝廷腐败，官场黑暗，刘基在家闲居三年以后，才被授为江西高安县丞。刘基在高安县干了五年，廉洁勤政，刚正不阿，体恤百姓，名声颇佳。

刘基后来升任江浙儒学副提举，兼任行省考试官，主管教育，官职较高。因为人正直，处事公平，得罪了不少权贵。权贵们给刘基很多责难，刘基愤而辞官，回到家乡，过了几年隐居生活。在此期间，读书交友，饮酒作诗，倒也逍遥自在。

元末大乱，起义蜂起，朝廷再次任命刘基为江浙省元帅府都事，镇压农民起义军。

浙东方国珍起义，朝廷打算招安。刘基不同意，主张趁方国珍势力未成，彻底将其剿灭。方国珍派人用重金贿赂刘基，刘基拒不接受。最终，方国珍被朝廷招安，但仍处于独立割据状态。刘基见朝廷腐败无能，元朝的统治即将崩溃，于是再次辞官，隐居山林。

1360 年，朱元璋已经建立了以南京为中心的根据地，正在筹划如何平定江南。朱元璋听说了刘基的名声，派人带重金去请，刘基推辞不来。朱元璋不死心，再派人去请，刘基终于答应了，来到了南京。

朱元璋立即接见了刘基，见刘基身材高大，满脸虬髯，不像儒雅书生，倒像赳赳武夫，但谈吐之中，颇有见识，与众不同。朱元璋很高兴，马上命人建礼贤馆，让刘基等人居住。

朱元璋迫不及待地与刘基谈论天下大事，征询平定江南之策。刘基早有准备，侃侃而谈，慷慨激昂，义形于色。刘基献上平天下十八策，并建议朱元璋制订先灭陈友谅，后图张士诚，平定江南，北伐灭元的总体战略规划。朱元璋统一全国，就是按照这一规划施行的。

刘基从此跟随朱元璋左右，成了他最重要的谋士之一。朱元璋每次召见刘基，都要避开他人，进入内室，单独密谈很长时间。刘基也认为遇到了明主，总是知无不言，献计献策。刘基比朱元璋大十七岁，朱元璋从不叫他的名字，而尊称为老先生，并且说："你就是我的张子房啊。"

然而，朱元璋雄才大略，很有主见，对刘基并不是言听计从。韩林儿在安丰被张士诚包围，派人向朱元璋求救。刘基主张不要去救，让韩林儿自生自灭好了。可是，韩林儿是皇帝，朱元璋名义上是他的臣子，不去救有失大义。于是，朱元璋亲自领兵，把韩林儿救了回来。

朱元璋向韩林儿称臣，在府中设置韩林儿御座，每年岁首（正月朔日）向御座遥拜，唯刘基不拜，并面见朱元璋陈述天命，向朱元璋献上争取天下的计策。

刘基在朱元璋身边，只是出出主意，献些计策，几乎没有上过战场，更没有率军对敌。刘基没有像张良那样运筹帷幄，统揽全局，更没有像诸葛亮那样统领三军，克敌制胜。因此，刘基的作用，是不能与张良、诸葛亮相比的。不过，刘基作为朱元璋的重要谋士，对开创大明江山功不可没，依然属于开国功臣。

1370 年，朱元璋第一次大封功臣，封了六公、二十八侯、二伯，共三十六人。刘基被封为伯，位列汪广洋之后。在三十六名开国功臣中，刘基是最后一名，俸禄最少，只有二百四十石，而汪广洋则有三百六十石。

朱元璋任命刘基为弘文馆学士、御史中丞兼太史令。刘基整肃纲纪，执纪严明，鼓励御史检举弹劾，凡有过错的大臣，一律依法惩治，引起许多人怨恨。李善长的亲信李彬贪污，刘基毫不容情，上奏将其斩首，因而与李善长有了过节。

李善长犯有过错，朱元璋想责罚他。刘基劝道："李善长功劳很大，威望很高，而且能调和诸将，不能轻易处罚。"

朱元璋感到意外，说："李善长三番五次想加害于你，你为什么还要替他说话？"

刘基说："我与李善长之间是私事，我向陛下建议的，是国事，两者不能混为一谈。"

后来，李善长因病免相，朱元璋想让刘基做丞相。刘基极力推辞，说："我太疾恶如仇了，又不能耐心处理繁杂政务，当不了丞相，陛下还是另选他人吧。"

朱元璋见刘基说得真切，也有道理，便问："杨宪当丞相怎么样？"刘基与杨宪关系密切，朱元璋认为他会赞成的。

不料，刘基却说："杨宪虽然有才，但气量不够，当丞相不合适。"

朱元璋又问汪广洋如何，刘基说，他的气量还不如杨宪，更不行。朱元璋接着问，胡惟庸怎么样？刘基说："胡惟庸像匹劣马，会把车弄翻的。"胡惟庸知道以后，对刘基怀恨在心。

朱元璋并没有听从刘基的意见，杨宪、汪广洋、胡惟庸先后都当了丞相，可干得并不好。

1371 年，刘基已经六十多岁了，想告老还乡，去过清静日子。朱元璋同意了，但此后经常给刘基写信，咨询大事。刘基每次都详细回答，然后将草稿烧掉。

刘基回归家乡以后，隐居山中，只是饮酒下棋，不与任何朝臣来往。县令求见，被刘基拒绝。县令仰慕刘基，换了便衣，装成乡野之人去见。刘基接待了他，但当得知是县令时，立即起身避开，不与之交谈。

胡惟庸当了丞相以后，仍然记着刘基说过对他不利的话，蓄意进行报复。胡惟庸指使亲信诬告刘基，说刘基看好了一块墓地，扬言有王气，硬把百姓赶走，自己霸占下来。

朱元璋半信半疑，没有责备刘基，却减少了他的俸禄。刘基听说了此事，担心引起朱元璋猜忌，便入朝谢罪，住在京城，不敢回乡了。

1375年初，刘基患病，朱元璋命胡惟庸带御医前去医治。刘基服药之后，腹中出现一个像拳头大的硬块，十分难受。

两个月以后，刘基病情加重，自知不久于人世，便请求回乡。朱元璋准许，亲自撰文赐给刘基，并派专人护送刘基返乡。

刘基回家一个月之后，病重去世，享年六十五岁。

《明史》记载说，刘基去世之前，将《天文书》交给儿子刘琏，嘱咐他送给皇帝，算是他最后的贡献。

刘基还对儿子说："为政之道，要宽猛交替，当务之急在于修养德行，减省刑罚。那些战略要地，与京城遥相呼应，应特别注意提防。我本想写一份详细的遗表，提醒皇上，可胡惟庸当权，这样做毫无用处。有朝一日胡惟庸下台以后，你把我的话密奏皇上。"

刘基在临死之前，还想着为朱元璋效力，可见他对朱元璋十分忠心。

有人说，刘基是被朱元璋害死的，或者默许胡惟庸下毒，应该不是真的。因为刘基死的时候，朱元璋还没有开始大杀功臣呢。更重要的是，刘基无职、无权、无势力、无野心，对皇权构不成任何威胁，朱元璋没有理由杀他？

晚节不保李善长

李善长，明朝开国功臣、第一任丞相。李善长很早跟随朱元璋，他谙熟政务，足智多谋，立有大功，位于文臣之首，堪比汉丞相萧何。可惜他晚节不保，犯有大罪，朱元璋又处罚过重，致使他遭遇灭族之灾，令人痛惜。

李善长，凤阳府定远人，出身富裕。李善长从小就喜欢读书，很有学问，尤其通晓法家学说，胸有谋略，在当地名望甚高。

1353年，朱元璋在滁州建立根据地，招贤纳士，扩充实力。李善长见朱元璋胸有大志，军纪严明，明显与其他起义军不同，觉得他能够成就大事，便去投靠。当时，李善长已经四十岁了，比朱元璋大十四岁。

朱元璋知道李善长是名士，对他十分尊敬，留在身边，当作谋士，并让他掌管文史书籍。李善长从此跟随朱元璋左右，为他出谋献策，参与重大事务的决策。

李善长对朱元璋说："如今天下大乱，群雄四起，但只知道抢掠，不能成就大事。希望您能效法汉高祖刘邦，推行仁义，收服民心。自古以来，都是得民心者得天下。"

朱元璋认为，李善长说得很对，便把收服民心作为头等大事。朱元璋制定了严格的纪律，禁止军队抢掠扰民，不杀俘虏，爱护百姓，救济穷人，落下了仁义之师的好名声。朱元璋之所以能够得到天下，这是最根本的原因，李善长对此功不可没。

李善长劝朱元璋广招人才，他自己也留心选用有能力的人。每逢有人来投，李善长都仔细考察他们的能力和品德，然后禀报给朱元璋，力求做到才尽其用。诸将之间产生了矛盾，李善长总是想办法予以调解。

朱元璋率军渡过长江，在南京一带建立根据地。朱元璋和众将负责攻城略地，李善长负责安抚民众，进行善后工作。

李善长命人写好大量榜文，每攻占一城，立即将榜文张贴在显眼之处，大力宣传朱元璋的爱民思想。李善长召集当地名流，阐述政治主张，安抚民众，恢复秩序。因此，朱元璋军队所占领的地方，都是秩序井然，商铺照样营业，军队对百姓秋毫无犯，得到百姓拥护。

朱元璋实施"高筑墙，广积粮，缓称王"策略，中心任务是发展经济，壮大实力。李善长负责政务和经济工作，他充分发挥聪明才智，鼓励农耕，扩大粮食生产，修订完善税赋，改革盐税，制定鱼税，开矿冶铁，使得府库充盈，百姓富裕。朱元璋有了强大的经济实力做支撑，这是他取得天下的重要原因，李善长对此立有大功。

李善长还负责军队的粮草供应和后勤保障工作。李善长统揽全局，计划周密，把大量粮草兵器、军饷和新兵送往前线，为朱元璋军队提供了可靠保障。朱元璋多次夸赞李善长，说他的功绩可比萧何。

李善长没有上过战场，没有军功，可他在后勤保障方面做出的贡献，无人能及。因此，朱元璋在大封功臣的时候，专门强调说："李善长虽无汗马功劳，但他随朕多年，在供给军粮方面功劳很大，应当封为大国。"

朱元璋封李善长为韩国公，俸禄四千石，仅次于徐达，特进光禄大夫、左柱国、太师，并授予"开国辅运推诚守正文臣"荣誉称号。朱元璋还任命李善长为左丞相，主理朝政。李善长曾经因病暂时免相，后来仍然入朝主持政务。

朱元璋提拔李善长的弟弟李存义为太仆寺丞，李家子弟很多都做了高官。朱元璋还把长女临安公主嫁给李善长的儿子李祺，两人成了亲家。

李善长身居高位，位极人臣，开始变得骄横起来。李善长外表宽厚温和，内心却爱嫉妒，待人苛刻，一心只想树立自己的权威。

大臣李饮冰、杨希圣，只是稍微冒犯了李善长的权威，并无大错，李善长却将二人罢免。刘基秉公执法，杀了李善长的亲信李彬，李善长大怒，三番五次陷害刘基。刘基见状不妙，及早选择告老还乡。

李善长为官不廉，喜欢收受贿赂。胡惟庸投其所好，送给他黄金和大量贵重物品，还与他结为亲家，两人关系十分密切。李善长多次向朱元璋推荐胡惟庸，提拔他为太常少卿、中书省参知政事，直至擢升为丞相。

李善长对朱元璋也不够尊重，许多事情自己处理，而不请示皇帝。朱元璋逐渐对李善长有些不满。

有一次，朱元璋病了，十多天不能上朝，李善长竟然不来问候。朱元璋生了气，削减了他一千八百石的俸禄。

胡惟庸企图谋反，想拉上李善长，派李善长的弟弟李存义去劝说。李善长一听，十分惊恐，斥责说："你们想干什么？这是灭族之罪，万万不可！"

胡惟庸不死心，让李善长的老友杨文裕再去劝说。杨文裕对李善长说："您功高盖世，也不过封公，事成之后，以淮西之地封您为王。"李善长仍不答应，但有些心动。

胡惟庸见李善长有些松动，于是亲自出马，再去劝说。李善长叹口气，说："我已经老了，你们就好自为之吧。"

从《明史》记载来看，李善长虽然没有参与胡惟庸谋反，但事先知情。李善长对如此忤逆大罪，不加阻止，更不举报，无疑犯有大罪。

1380 年，胡惟庸案爆发，朱元璋下令，处死了胡惟庸、陈宁、涂节等数人，其他人并未受到牵连。李善长继续得到重用，统领中书省，并管理御史台事务。

1385 年，李存义被人告发，说他参与了胡惟庸谋反。朱元璋从轻处罚，免去李存义死罪，把他安置在崇明，也没有牵连李善长。李善长却不向皇帝谢恩，朱元璋大为不满。

1388 年，蓝玉率军征伐漠北，消灭了北元残余势力，俘虏了元将封绩。封绩原是元朝将领，投降了明朝，成为胡惟庸的亲信。胡惟庸谋反时，派封绩去北元，请求北元出兵相助。不久胡惟庸被诛，封绩留在北元，没敢回来，不想这次做了俘虏。

封绩被俘以后，供出了胡惟庸勾结北元这个重大机密。当时，李善长主审此案，却隐瞒下来，没有报告朱元璋，又犯下一桩大罪。

1390年，李善长的家奴卢仲谦，告发李善长参与了胡惟庸谋反一案。朱元璋震惊，令人调查。

通过审讯，李存义、杨文裕以及李善长的亲信丁斌等人，都证明李善长事先知道胡惟庸谋反之事，而且经常与胡惟庸在一起窃窃私语，封绩之事也败露了。

朱元璋震怒，认为李善长身为大臣和皇亲国戚，知道叛逆阴谋却不揭发，而是徘徊观望，心怀两端，实属大逆不道。

朱元璋下令，将李善长、李存义及全族七十余人一并处死。李善长死时七十七岁。

朱元璋余恨未消，又大搞株连，李善长、胡惟庸等人的家属和亲朋好友全都受到牵连，总共杀了三万余人。

李善长晚节不保，心怀两端，知情不报，确实有罪，但诛杀他的全族，有些过分了，特别是牵连数万人被杀，更是残暴不仁。因此，后世许多人对李善长抱有同情，朱元璋却落下了滥杀功臣的暴君之名。

宅心仁慈马皇后

朱元璋成就大业，与妻子马氏这个贤内助是分不开的。马氏就是历史上大名鼎鼎的马皇后，民间称她为大脚皇后。

马皇后是凤阳府宿州（今安徽宿州）人，祖上是当地富豪，到马皇后父亲马公的时候，由于马公不善经营，又乐善好施，家业有些衰落，但仍然属于富裕之家。所以，马皇后并非像传说中的那样，出身贫苦，因而才有一双大脚。

马皇后出生不久，母亲郑氏就死了。马公心疼这个没娘的孩子，又没有儿子，便视女儿为掌上明珠，请老师教她读书识字。马皇后聪慧好学，通晓经史，能诗善画，又温柔善良，是一位大家闺秀和才女。

在马皇后十多岁的时候，马公为躲避仇人，逃往他乡，临行前将爱女托付给好友郭子兴。后来，马公客死他乡，马皇后再也没有见过父亲。

郭子兴为人仗义，重情重义，他收马氏为养女，视如己出，继续请老师教她学习文化知识。郭子兴的夫人张氏，也十分疼爱这个孩子，手把手地教她织布和针织刺绣。马氏虽然成为孤女，却感受到郭子兴夫妻父母般的温暖，也算不幸中的万幸。

马氏长到二十多岁的时候，出落得亭亭玉立，模样俊秀，性格温婉，说话总是轻声细语，而且聪明贤惠，满腹学问。郭子兴夫妻对马氏更加疼爱，留心给她找一个好夫婿，让她终身有托。

1352年，郭子兴在濠州举行起义，不久，朱元璋前来投军。朱元璋当时二十五岁，比马氏大四岁，他经过多年苦难磨炼，十分成熟。朱元璋作战勇敢，得到的战利品全部上缴，自己不留分文；得到赏赐后，却说功劳是大家的，把赏赐全分给别人。

郭子兴觉得这个年轻人不同寻常，与之交谈，又发现朱元璋胸有谋略，见识超群，是个不可多得的人才。郭子兴对朱元璋很满意，想把养女嫁给他，但又觉得朱元璋没有文化，难以与才女相匹配。

郭子兴犹豫不决，便与妻子张氏商议。张夫人很有见识，一点也没有犹豫，说："文化不是主要的，刘邦没有文化，不也开创帝业了吗？我儿有文化，正好可以帮他。我看朱元璋是个人才，这事宜早不宜迟，免得被别人拉拢过去。"

郭子兴遂下了决心，拿定主意，把招婿之事对朱元璋一说，朱元璋自然大喜过望，乐不可支，很快成为郭子兴的女婿，成了一家人。

郭子兴虽然很器重朱元璋，但对朱元璋要求严厉，又好听谗言，遇事缺乏主见，有时对朱元璋有些猜疑和责罚。马氏凭借其特殊身份，时常进行调和，有时三言两语，就能化解误会。

有一次，朱元璋不知因为何事，惹怒了郭子兴，被关了禁闭，而且罚他不准吃饭。马氏见养父动了真怒，没敢去劝，而是亲自下厨，做了一些炊饼，揣在怀里，偷偷给朱元璋送去。由于炊饼太热，把马氏的前胸都烫红了。朱元璋很受感动，日后常常提起此事。

1353年，朱元璋在郭子兴支持下，南下滁州，去发展自己的势力，马氏自然紧紧跟随。马氏通晓史书，很有见识，每天晚上，都要给朱元璋讲一些历史典籍，让朱元璋以史为鉴。朱元璋文化不高，史学知识浅薄，马氏正好给他补上了这重要一课。

对如何治军、如何安民、如何使用人才，马氏也常常发表自己的看法，对朱元璋产生了重大影响。

朱元璋自起兵以来，采取的策略都是正确而有效的，如严明军纪，不抢掠扰民，不杀俘房，救济穷人，重视安民，收服人心，等等，都产生了良好效果，使朱元璋的军队明显与其他起义军不同，因而得到百姓拥护。这固然是朱元璋听取了谋士们的意见，但马氏也发挥了无可替代的作用。

人们常说，一个成功男人的背后，往往站着一位伟大的女人。马氏就是帮助丈夫成功的伟大女性。

马氏除了在幕后帮助丈夫，还时常走向前台，直接做一些实际工作。马氏经常到军中，亲自抚慰将士，把自己的积蓄拿出来犒赏士兵，鼓励他们奋勇杀敌。马氏注意抚慰将士们的眷属，稳定情绪，帮助他们解决实际困难，解除将士们的后顾之忧。马氏把军队家属组织起来，为前线将士缝衣制鞋。马氏还收养了二十多个无父无母的孤儿，带头弘扬仁义。

1368 年，朱元璋大功告成，建立明朝，登基称帝，册封马氏为皇后。马皇后命人整理历史上许多仁慈皇后的事迹，决心效法她们，以仁义治理后宫。

马皇后对待其他嫔妃和宫女，都是和蔼可亲，没有丝毫皇后的架子，从不盛气凌人，因而在后宫有着很高的威信。在马皇后时期，后宫没有出现争斗之事。

马皇后帮助丈夫成就大业，自然十分喜悦，但在高兴之余，想起早逝的父母，不禁伤心流泪。

朱元璋劝慰说："把你家的远亲和族人找来，封给他们官爵，以安慰你父母的在天之灵。"

马皇后不同意，说："分封远亲和族人，不符合制度，我不能坏了规矩。"坚决予以拒绝。

马皇后继续关心朝政大事，每次朱元璋散朝回来，马皇后一看他的脸色，就知道他在朝堂上有没有大发雷霆，然后根据不同情况，耐心地予以劝解。朱元璋虽然性情严厉，但多数时候都能够听从马皇后的话，他也愿意把一些事情讲给马皇后听。

有一次，朱元璋怒气冲冲地告诉马皇后，说有人上告，参军郭景祥的儿子不孝，想用槊杀死父亲。朱元璋最恨不孝之人，准备杀掉郭景祥的儿子。

马皇后有些怀疑，说："即便不孝，也不至于杀死父亲。何况郭景祥只有这一个儿子，如果杀了他，岂不是让郭景祥断后了吗？这事还是先调查清楚再说吧。"

朱元璋听了马皇后的话，派人详细调查，果然是有人诬告，从而避免了一场冤案。

朱元璋小时候常受地主恶霸的欺凌，因而他对豪强十分痛恨。吴兴有个大富豪，名叫沈秀，家财万贯，富可敌国。朱元璋听说以后，不满地说："他的钱哪来的？还不是靠欺压百姓得来的。"

朱元璋想要惩治富豪，他强迫沈秀拿出钱来，修建都城城墙。沈秀心疼，只拿出了修城墙三分之一的钱。朱元璋大怒，要杀沈秀。

马皇后劝道："百姓富裕，并不违法，他如果为富不仁，自会受到上天惩戒，您没必要杀他。"

朱元璋听了马皇后的话，没有杀沈秀，但他太痛恨富豪了，于是找了沈秀为富不仁的证据，将他流放云南。

马皇后常劝朱元璋施仁政，少杀人。因此，在马皇后活着的时候，朱元璋常常能够克制，杀人不是太多。胡惟庸谋反大案暴露以后，朱元璋只杀了少数人，并没有大搞株连。马皇后死了之后，无人约束和劝谏，朱元璋就大开杀戒了。

马皇后贵为天下之母，生活却十分简朴。她每天亲自操办她和朱元璋的膳食，都是简单的饭食，从不奢华。马皇后穿的衣服，洗了又洗，破了就缝补一下，早已破旧不堪，也不愿意换新的。

马皇后在后宫架起织布机，亲自织布，做好衣服，送给孤寡老人。马皇后还把衣服赐给皇子、公主，说："你们生长在富贵家庭，不知道纺织之艰难，要好好爱惜。"

每逢干旱，马皇后总是带领宫人吃素，以祈祷上天降雨。有时遇到灾荒，马皇后坚持吃粗麦饭和野菜羹，省下粮食救济灾民。

马皇后和朱元璋，堪称历史上一对勤俭节约的模范夫妻。

1382年八月，马皇后患病，朱元璋万分着急，令御医医治。马皇后却不肯服药，说："如果服药无效，御医们恐怕会被怪罪，我不想连累他们。"

马皇后仁慈，有很高的威望，大臣们都很着急，纷纷请求祭祀祈祷，为马皇后求福增寿。

马皇后坚决不肯，对朱元璋说："人之生死，由天注定，任何人都有一死，祭祀祈祷又有什么用呢？不要浪费人财了。"

过了十多天，马皇后病重去世，享年五十一岁。

马皇后病逝后，宫中哭声响成一片，百姓们也纷纷落泪哀悼。后来，宫中之人怀念马皇后，作歌寄托思念之情。歌曰："我后圣慈，化行家邦。抚我育我，怀德难忘。怀德难忘，于万斯年。毖彼下泉，悠悠苍天。"

朱元璋对马皇后不幸去世，也是痛哭流涕，悲伤不已，此后再也没有立皇后。

关于马皇后的名字，《明史》并无记载，有的野史说，她叫马秀英，不知道是不是真的。至于马皇后是否真有一双大脚，《明史》也无记载。民间传说马皇后脚大，更加显得亲切。

宽厚贤能皇太子

马皇后宅心仁慈，她生的长子朱标，也是宽厚仁义，贤能有才，是大明王朝理想的继承人。

朱标，1355年生于太平商人陈迪家中。当时，朱元璋正在率军征战，怀孕的妻子马氏只好暂居别人家中，准备分娩。

朱元璋刚刚打了一场胜仗，儿子出生的喜讯传来，更是喜上加喜。朱元璋兴奋地跑到一座山上，刻字曰："到此山者，不患无嗣"。当时，朱元璋已经二十八岁了，才有了第一个儿子，喜悦之情自然溢于言表。

朱元璋对朱标十分疼爱，悉心培养。朱标从五岁开始，就接受正规的儒学教育，朱元璋特地请宋濂等名儒大家做朱标的老师。朱标聪慧好学，在宋濂等名师精心教导下，系统学习四书五经等儒家典籍，也学习诗文等其他知识，使朱标从小就奠定了儒学文化基础。

1364年，朱元璋在南京自称吴王，册立十岁的朱标为世子，明确了他继承人身份。

朱元璋从自己的经历中体会到，只有接触社会，经历磨难，才能增长才干。所以，当朱标十三岁时，朱元璋就让他回老家祭拜祖墓，目的是让他经历世面，训练将来做人君的本领。

临行之前，朱元璋谆谆教导朱标，说："古代商高宗、周成王所以能成为贤君，是因为他们知道民间疾苦。你生于富贵，习于安乐，不识民情，将来是不行的。此去千里，要好好观察百姓生活，体察民情风俗，了解衣食之艰难。到老家以后，要访拜父老，以便知道为父创业之艰辛。"

朱标是个听话孝顺的孩子，他牢记父亲的嘱咐，一路风尘仆仆，体察民情，访贫问苦，路上还专门拜访了他出生的陈迪家，送上白金五十两，以示酬谢。到了老家，朱标丝毫没有世子的架子，遍访乡邻，对贫困者给予救助。朱标来回半年多时间，确实大有长进。朱元璋仔细询问了陪同去的官员，对朱标都很满意。

1368年，朱元璋建立明朝，登基称帝，册立朱标为皇太子。朱标已经十四岁了，朱元璋抓紧对他进行全方位培养。

朱元璋请了一批德行高端的贤者，让他们给朱标讲授帝王之道。朱元璋对他们说："皇太子将来是要治国的，治国的关键，在于心正，希望你们着重培养太子的德行。"

这些贤者自然明白朱元璋的苦心，他们结合历史上帝王成败的经验教训，向朱标讲授如何治理天下、如何当好帝王的道理，灌输儒家思想的治国之道，使朱标深受触动，大开眼界。

朱元璋担心朱标学习乏味，专门从国子监学生当中，挑选了十多个年龄相仿、品行端正的少年才俊，陪伴太子读书。朱元璋经常亲自检查朱标的学习情况，时常出题目考他。

朱元璋不仅让朱标学文，还让他学武。著名战将徐达、常遇春、邓愈、汤和等人，都是朱标的老师，他们经常向朱标讲授兵法和军事知识。因此，朱标表面上看起来温文尔雅，实际上对军事也不陌生，如遇战事，也能领兵打仗。

朱标十七岁时，与常遇春的女儿成婚。此后，朱元璋开始让朱标参政，每天上朝，与朝臣共议大事。有些奏章，朱元璋也交给他处理，全面培养锻炼朱标的执政能力。

朱标二十二岁时，对政务已经十分熟悉，也积累了一定的执政经验。朱元璋为了进一步培养他，特地下诏，要求朝廷一切事务，都先经过太子处理，群臣的奏章，也一律先交给太子。对一般事务，太子有权决断；对重大事项，由太子提出意见，再报朱元璋决定。

朱元璋教导儿子说："为君之道，切记四点。一是要仁，有仁心才不至于残暴；二是明，明智才不至于被奸佞所惑；三是勤，不能沉溺于安逸；四是断，处理问题必须当机立断，不能犹豫不决。"这是朱元璋多年当皇帝的心得体会，毫无保留地传给了儿子。

朱元璋还深情地对儿子说："我本一淮右布衣，经过千辛万苦得到天下，不敢有丝毫懈怠，唯恐朝政有不妥之处。所以，我每天头顶星星上朝，半夜才能入寝，这些都是你亲眼所见。希望你也能这样做，那便是天下之福啊。"

朱标当即给父亲跪下，流着泪向父亲做了保证。朱标果然说到做到，他像父亲一样，每天天不亮起床，处理朝政，忙到很晚才回家休息，十几年如一日，除了有病之外，没有休息过一天。朱标如此勤政，感动了朝廷所有人。

朱标在政治上已经成熟，考虑问题十分周全，又能虚心听取大臣的意见，所以很少出现失误。满朝大臣对朱标都很尊重，连骄横霸道、目中无人的蓝玉，也对朱标十分佩服。朱标在朝廷有着很高的威望。

朱标性格宽厚仁慈，孝敬父母，友爱兄弟。朱元璋对儿子们要求甚严，经常责罚有过失的儿子，朱标总是从中调和求情，有时自己承担责任。因此，朱标在众多兄弟当中，威望最高。

朱元璋为了培养自己的接班人，费尽了心机，用了各种办法。功夫不负有心人，经过多方面的磨炼，朱标成长为一名政治成熟、品行端正、才能出众、奋发有为的合格储君，由他继承大明王朝的事业，朱元璋十分放心。

野史有许多关于朱标的传说，大都与《明史》记载不符。

有的野史说，朱标性格软弱，不能驾驭局面，所以朱元璋要大杀功臣，以保住朱标的皇位。从《明史》记载来看，朱标执政经验丰富，能文能武，善于调动群臣的积极性，得到群臣拥戴，他如果当皇帝的话，皇位是十分牢固的。

有的野史说，朱标看不惯父亲乱杀人的作风，与朱元璋有着很深的矛盾，甚至编造出朱标怀揣母亲马皇后的画像，以防父亲打他的故事。可是，从《明史》记载当中，丝毫看不出朱标与父亲有任何嫌隙，看到的只是父子情深。

有一个故事流传很广，许多人都信以为真。说朱标经常劝父亲行仁义，不要杀功臣。有一天，朱元璋故意把一条满是刺的荆棘放在地上，让朱标去拿，朱标无从下手。朱元璋拔出佩剑，把刺削掉，对朱标说："这样你就好拿了。我杀功臣，就是为你削刺。"

《明史》的记载，恰好相反。在《朱标传》中，通篇没有一句有关朱标劝父亲行仁义的话，倒是朱元璋经常教育儿子要心存仁义。有一次，朱元璋指着路边的荆棘，对朱标说："古人常用荆棘对犯人用刑，因为荆棘虽能伤人，却不会死人。古人用心如此仁厚，你要牢记心中。"

从《明史》记载来看，朱标十分优秀，是大明王朝理想的继承人。可是，天妒英才，1392年，朱标不幸病逝，年仅三十八岁。

朱元璋遭受沉重打击，他悲痛万分，痛哭不止，把爱子葬在自己陵墓旁边，盼望能够在地下重逢团聚。

朱元璋最理想的接班人死了，那么，谁来继承他的皇位呢？

皇位传孙不传子

皇太子朱标英年早逝，朱元璋在悲痛之余，不得不考虑一件大事，谁做皇位继承人呢？

朱元璋的儿子不少，可是，他并没有立儿子当太子，而是封册朱标的儿子、自己的孙子朱允炆为皇太孙，准备让他继承大明江山。

朱元璋骨子里有农民意识，追求多子多福。他有二十多位嫔妃，生了几十个子女，仅在《明史》有传的，就有二十六个儿子、十六个女儿。

其中，马皇后生了五个嫡子、两个女儿。不过，也有史书说，马皇后只生了两个儿子，还有人说，马皇后没有生育过儿女，此事存有争议。

1370年，朱元璋得到天下以后，大封功臣。同时，他也没有忘记自己的儿子，尽管儿子们尚小，但都被封了王，不仅封了嫡子，庶子也没落下。后来，朱元璋又多次陆续封王，二十多个儿子几乎全都成了王爷。这些王爷，既有封地，也有官衙，还有军队，被称为藩王。

这些藩王，多数是朱元璋得势以后出生的，没有吃过苦，长大以后就到自己的封地，镇守一方。朱元璋觉得，由自己的儿子统治各地，大明王朝会十分牢固。可是，这些从小养尊处优的藩王，大多数不成器，当然，也有一些优秀的。

嫡长子朱标，被封为皇太子，长期在朱元璋身边，受到良好教育和多方面培养，是朱元璋儿子中最为出色的，可惜死得早。

次嫡子朱樉，1356年生，十五岁时被封为秦王，封地在陕西一带。朱樉二十三岁时，朱元璋对他说："关中百姓，在元朝时不胜疲悬，我平定天下的时候，又有运粮纳税之劳，一直未得休养。你年龄已大，到封地去吧，安抚民众，推行仁政，使百姓休养生息，为我分忧。"

朱元璋对朱樉充满了期望，可朱樉却不理解父亲的苦心，他到封地之后，大权在握，无人约束，便为所欲为起来。朱樉大兴土木，劳民伤财，加重民众负担；生活奢华、嗜好淫乐，将大批美女充斥王宫，甚至还养男宠。

朱元璋对朱樉既失望又生气，多次予以责备，还把他召入京城住了一段时间。朱标死后，朱樉自认为他成了老大，按顺序应该由他继位，可朱元璋根本不会考虑他。

朱樉没有当上皇太子，恼羞成怒，脾气十分暴戾，经常虐杀宫人，积怨甚多。1395 年，有三名老宫人不堪忍受，下毒将朱樉害死。朱樉死时四十岁。

三嫡子朱棡，1358 年生，十三岁时被封为晋王，二十一岁时到封地山西。朱棡初到封地时，骄纵不法，甚至有人告他谋反。朱元璋想要治他的罪，多亏朱标从中调和，才得以幸免。

朱棡此后痛改前非，做事谨慎了许多，没有犯过大错。但朱棡仍然性格急躁，嫌厨师做的饭不好吃，时常责打。朱元璋知道以后，告诫他说："什么人都可以责罚，唯独不能责罚厨师。我的厨师徐兴祖，跟了我二十三年，我对他从来都是礼遇有加。"朱棡自然也不是朱元璋理想的继承人。

1398 年，朱棡患病去世，死在了朱元璋头里，时年四十一岁。

四嫡子朱棣，1360 年生，十一岁时被封为燕王，二十一岁时去封地北平，从此镇守北方。朱棣是个雄才大略的人物，治理地方很有成效，还率军攻打过北元，立有战功。

朱标死后，朱元璋一度考虑过立朱棣为皇太子，但与他当初制定的继承制度不符，而且前面还有二子、三子，不好摆平，于是作罢。朱棣后来起兵造反，夺了侄子皇位，靠自己的能力当上了皇帝。

五嫡子朱橚，1361 年生，十岁时被封为吴王，后改封为周王，二十一岁时就藩开封。朱橚是宋国公冯胜的女婿，两人来往密切。

1389 年，朱橚私自离开封地，去与冯胜密谈。朱元璋怀疑翁婿俩有不轨企图，下令把朱橚调离封地，迁往云南，后又让他居住京城，并且赐死了冯胜。

朱橚自然与皇位无缘，此后默默无闻，爱好医学，活了六十五岁病逝。

朱元璋的其他儿子们，都是庶子。在封建社会，庶子地位较低，一般是没有继承权的。可是，他们都被朱元璋封为王，镇守一方，有很大权势。

朱元璋大封儿子为王，委以重任，是经过深思熟虑的。朱元璋认为，元朝灭亡的一个重要原因，是主弱臣强，当明军大举进军大都的时候，一些手握兵权的臣子并不救援。朱元璋吸取了这个教训，让儿子们都为朱家王朝效力，企图使朱氏江山永固。

可是，分封诸王的弊端也是明显的，藩王有了势力，很容易形成尾大不掉，给中央政府造成威胁。朱元璋活着的时候，权威无人能及，这个问题不大，可几代之后，就容易出乱子了。历史上这方面的教训很多，西汉就曾经爆发过"七国之乱"。

朱元璋雄才伟略，自然知道这个问题的严重性，为此采取了一些必要的限制措施。一是规定藩王的兵力最多不能超过一万五千人，这样少的兵力，是难以对抗中央政府的；二是藩王不能管理封地内的民政事务，朝廷另派大臣进行管理；三是藩王之间、藩王与大臣之间，不得私自来往，防止他们相互勾结联合；四是藩王不得私自离开封地，无诏不准进京，甚至朱元璋死的时候，一些藩王都没有进京奔丧。

更重要的是，朱元璋制定了严格的继承制度，规定皇位只能由长子朱标这一支往下传承，其他藩王都没有继承资格。这一条相当重要，实际上是断绝了其他藩王争夺皇位的念头。朱元璋认为，限制其他藩王继承皇位，他们便不会作乱了。

朱元璋信心满满，他自信通过采取这些措施，既能让儿子们为大明江山效力，又能防止他们抢班夺权。当时皇太子朱标，年富力强，经验丰富，仁义贤能，威望很高，如果不出意外，大明王朝是不会出问题的。

然而，人算不如天算，偏偏出了意外。1392年，皇太子朱标过早离世。朱标死后，按照朱元璋制定的继承制度，皇位只能由朱标的儿子继承。

朱标有五个儿子，长子朱雄英，只活了八岁就死了，次子朱允炆成了事实上的长子。

朱允炆自幼聪明好学，熟读儒家经书，为人谦恭，温文尔雅，很得朱元璋欢心。朱允炆还特别孝顺，在父亲患病期间，他昼夜侍候，不离开一步。父亲死后，朱允炆日夜哭泣，不肯吃饭，消瘦不堪。朱元璋看着心疼不已。

朱元璋对朱标过早逝世深感悲伤，见孙子如此仁孝，心里便想立他为皇太孙，将来继承大位。不过，朱允炆只有十六岁，性格不够坚强，把大明江山交给他，朱元璋感到有些不放心。

有一天，朱元璋上朝，提起太子朱标之事，禁不住又痛哭起来。大臣刘三吾劝谏道："人死不能复生，请陛下节哀，善保龙体。当务之急，是按照陛下制定的继承制度，册立皇太孙，以安人心。"

刘三吾是湖南茶陵人，学识渊博，为人正直，乃当世大儒。在他七十三岁的时候，朱元璋慕名召他入朝，任翰林学士。朱元璋对刘三吾非常尊重，见他年老，上朝时赐他座位。

听刘三吾一说，文武大臣纷纷附和。当时，朱标已死数月，朱元璋的其他儿子觊觎皇位，有的蠢蠢欲动，人心确实有些不稳。大臣们都对朱标有感情，也愿意立个仁柔之君，于是一致赞同刘三吾的意见。

朱元璋见群臣意见一致，便下了决心，在朱标病逝半年以后，册封朱允炆为皇太孙，明确了他继承人身份。

朱元璋担心皇太孙年轻柔弱，驾驭不了那些骄横强悍的武将，第二年便借蓝玉案之机，诛杀了一公、十三侯、二伯等二十多名功臣宿将，株连杀掉一万五千多人，为皇太孙执政扫除了障碍。

可是，对朱允炆皇位构成威胁的，不仅是这些功臣宿将，还有朱元璋的儿子们。朱元璋的儿子们身为王爷，有地盘、有军队、有势力，而且年龄大、资历深，明显处于强势，实际上对皇位的威胁更大。

朱元璋对外人毫不留情，杀人不眨眼，可对待自己的儿子，他是下不了狠心的，显得有些无能为力。朱元璋知道燕王朱棣有能力、有野心，可朱棣十分小心谨慎，没有一点过错，朱元璋毫无办法。

也许朱元璋内心深处有自己的盘算，即便儿子们篡权夺位，那仍然是老朱家的天下，并不可怕。

朱元璋对儿子们不能来硬的，只好采取软的一手，教育儿子们从江山社稷出发，维护朱允炆的地位。1396 年，朱元璋专门制定了诸王拜见皇太孙的礼仪制度，要求所有的王爷，都要对皇太孙行君臣之礼，以提高朱允炆的权威。

1398 年，朱元璋驾崩，享年七十一岁。朱元璋在临终前，仍然不放心皇太孙，密令女婿梅殷辅佐他。朱元璋这个举动，应该是让梅殷提防燕王朱棣，否则的话，用不着密令。

朱元璋专门留下遗诏，说："皇太孙允炆英明仁孝，受天下拥戴，应继承皇位。内外文武大臣要齐心辅佐，以使天下安定。"

朱元璋还对自己的后事做了交代，说："丧礼祭祀所用之物，不要用金银；孝陵的山水保持原貌，不要改变；天下臣民哀悼三天即可，以免影响嫁娶之事；诸王留在封地，不要到京师奔丧。"

按照朱元璋的安排，朱允炆顺利继位称帝，年号建文，成为明朝第二任皇帝，史称建文帝。此时，建文帝二十二岁。

那么，年轻的建文帝干得怎么样呢？他的皇位能够稳固吗？

急于削藩的建文帝

1398 年，年轻的建文帝登上了皇位，主宰天下。建文帝年轻气盛，怀有抱负，立志继承光大爷爷开创的事业，当一位贤明之君。可是，建文帝缺乏治国经验，急于求成，书生气十足，结果把事情搞砸了。

建文帝生于帝王之家，没有经历过磨难，他虽然熟读经书，宽厚仁孝，品德优良，却没有治国经验，更缺乏对社会和人性的深入了解，仅凭着满腔热情做事。

更加令人担忧的是，辅佐建文帝的三个大臣黄子澄、齐泰、方孝孺，都是名家大儒，他们品德端正，学问高深，名气很大，但同样缺乏治国理政经验，也没有这方面的才能。

黄子澄，分宜（今江西分宜）人，自幼苦读诗书，满腹学问。1385 年，黄子澄在科举考试中获得会试第一、殿试第三的好成绩，此后在东宫做官，教太子读书，没有在地方上任过职。

黄子澄是建文帝的老师，他培养了建文帝优秀的品德和良好的学问，也教他如何治国理政，但都是书本上的，没有实践经验。

建文帝对黄子澄很信任，他在做皇太孙的时候，有一次对黄子澄说："诸王位尊辈高，拥有重兵，且多不法，日后必为祸患，怎么办呢？"

黄子澄很自信地说："没事。诸王的兵力，只能自守，不能对抗朝廷。倘若有变，朝廷出动大军，他们谁能抵挡得住呢？汉七国都很强大，不是最终都被消灭了吗？"皇太孙觉得有道理，从此不再担心。

建文帝的另一个辅臣齐泰，是应天溧水（今江苏溧水）人，在科举考试乡试中名列第一，后来考中进士，一直在朝中做官，也没有实践经验。齐泰在朝中多年，始终循规蹈矩，没有出现任何差错。齐泰也教过建文帝儒学，深受建文帝器重。

方孝孺更是有名的大儒，他是宋濂的学生，小时候就被称为"小韩愈"。朱元璋曾对朱标说过："这是一个不可多得的人才，你要一直用他到老。"方孝孺也当过建文帝的老师。

建文帝登基以后，把三位德高望重的老师请到身边，帮他治国理政。朱元璋自从胡惟庸案以后，就再也不设丞相，由皇帝直接掌管六部。但政务繁多，皇帝忙不过来，只好找几个帮手辅政。辅政的臣子官职一般不高，黄子澄是翰林学士，齐泰任兵部尚书，方孝孺为翰林侍讲、文学博士。但他们参与国政，并且与建文帝关系密切，因而起的作用很大。

黄子澄等三人都是大儒，他们忠心耿耿、尽心竭力地辅佐建文帝，大力推行以儒家思想治国。他们根据当时情况，修改朱元璋时期过于严苛的法令，宽减刑罚，施行仁政，力求形成宽松环境。他们努力改变朱元璋时期重武轻文倾向，推广儒学，兴办学校，提高文人地位。在经济上，进一步减轻税赋，尤其是减少了江南的土地税，使广大百姓受益。

建文帝刚一登基，就满怀激情地在政治、法律、经济、文化等方面采取一系列措施，着力改变朱元璋时期的酷政，推行新的举措，史称"建文新政"。由此可见，建文帝并不软弱，还是很想大有作为的。可惜，由于不久发生了战乱，这些新政大都未能推行。

建文帝在推行新政过程中，不可避免地涉及藩王问题。黄子澄、齐泰、方孝孺都崇尚儒家思想，主张大一统，重视加强中央集权，因而异口同声提出了削藩的建议。建文帝正有此意，一拍即合。于是，四个书呆子，凑在一起谋划起了削藩大计。

先削谁好呢？齐泰提议，先拿掉燕王朱棣。因为朱棣长期镇守北方，在诸王中能力最强，势力最大，并且怀有野心，只要削除了燕王势力，其他诸王就不足为虑了。

黄子澄主张先易后难，先削掉周王、齐王、湘王、代王、岷王的封地。因为这几个王实力较弱，容易对付，特别是他们都有不法之事，朱元璋活着的时候，就曾经处罚过他们，削之有名。建文帝采纳了黄子澄的意见。

建文帝第一个削藩的对象，是周王朱橚。朱橚是朱元璋的第五个嫡子，他确实有异心，曾与岳父冯胜密谋，受到过朱元璋处罚。朱橚仍然不死心，朱元璋死后又蠢蠢欲动。长史王翰数次劝谏不听，王翰怕祸及自身，装病离职。

1399年，建文帝登基一年之后，朱橚的次子朱有爋，向朝廷举报父亲图谋不轨。建文帝正想削藩，闻之大喜，当即命将军李景隆到开封把朱橚抓了回来，禁锢在南京，封地收归中央。朱橚是燕王朱棣的同母弟，朱棣称帝以后，恢复了他的爵位。

建文帝削藩旗开得胜，十分顺利，于是信心大增，把矛头指向了齐王朱榑。朱榑是朱元璋第七子，性情凶暴，骄纵不法，有人告他意图叛乱。建文帝把他抓来，与朱橚禁锢在一起。朱棣称帝后，朱榑被恢复爵位，活到六十五岁。

建文帝又继续削夺湘王朱柏、代王朱桂、岷王朱楩的封地，派兵把他们抓到京城，贬为庶人。朱桂、朱楩乖乖就范，后来均得善终。而朱柏性情刚烈，不肯受辱，举火自焚。

建文帝在不长的时间内，就一连削夺了五个王爷的封地，而且十分顺利，没有遇到阻碍。建文帝和黄子澄他们都兴高采烈，飘飘然起来。

然而，建文帝大刀阔斧地削藩，犹如一石激起千层浪，那些王爷全都震惊、恐慌、愤怒。他们想不明白，那个看上去温文尔雅、仁孝柔弱的皇太孙，怎么有那么大的魄力，敢于向位尊权重的叔叔们开刀呢？

那个镇守北方、实力最强的燕王朱棣，更是受到极大震动，赶紧谋划对策。朱棣是不甘心束手就范的，一场大风暴即将来临。

削藩惹出大麻烦

建文帝年轻气盛，登基不久就急于削藩，一口气废了五个王爷，其中一人自焚身亡。此举掀起轩然大波，其他藩王惊恐不安，燕王朱棣更是紧张地谋划对策。

朱棣，1360年出生于南京，1370年被封为燕王。朱元璋对儿子们要求严格，让儿子们自幼接受正统的儒家教育，同时练习武艺和骑射。朱元璋还经常让儿子们穿着麻鞋，裹上缠腿，像士兵一样，步行到城外训练。朱棣从小长得虎头虎脑，比其他孩子健壮，训练也很刻苦。

朱棣十六岁的时候，被父亲送到老家凤阳，在那里生活了三四年。朱元璋是想让儿子了解社会，熟悉民情，在实践中增长才干。朱棣在凤阳的这几年，对于他积累经验、磨炼意志，起到了重要作用。

1380年，朱元璋命朱棣到自己的封地去，镇守北平（今北京）。北平原是元朝都城，与北元势力接壤，战略位置十分重要。朱棣先后跟随徐达、傅友德、蓝玉等名将，多次出征漠北，经历了战火洗礼。朱棣是徐达的女婿，得到过岳父精心指点。因此，朱棣很快成长为一名智勇双全的优秀将领。后来，征伐漠北的明军都归燕王节制。朱棣立了不少军功，名声显赫。

朱棣身材高大，络腮胡子，长相威猛，而且胸有谋略，知人善任。朱棣为人豪迈，喜欢结交英雄豪杰，他利用燕王的有利身份，拉拢了不少名士和武将。朱棣做燕王近二十年，逐渐形成了不小的势力。

有一个著名僧人，名叫姚广孝，法名道衍，苏州人，少年出家，精通儒释道三教。姚广孝虽是和尚，却热衷政治，见识高远，足智多谋，成为朱棣的心腹和主要谋士，后来帮助朱棣夺取皇位，被追封为荣国公。

当初，朱棣也想拉拢大将军蓝玉，时常送些礼品。蓝玉却不买账，而且看出朱棣有野心，劝朱标提防他。朱棣忌惮蓝玉的军事才能，经常向朱元璋进谗言。后来蓝玉被杀，与朱棣有很大关系。

建文帝大刀阔斧地削藩，引发动荡。朱棣知道，建文帝迟早会对他下手的，于是，赶紧与心腹姚广孝密谋，商议对策。

姚广孝鼓动朱棣造反。朱棣有些担心，说："民心都向着朝廷，怎么办呢？"姚广孝说："臣只知道有天道，何必去理会民心呢？"朱棣遂下了决心，开始筹备起兵之事。

朱棣为了麻痹建文帝，假装生了重病，暗地里抓紧做着各种准备。他悄悄招揽壮士，扩充自己的军队；在王府屯兵，朝夕进行军事训练；密令平时收罗的异人术士和四方豪杰，陆续到燕王府集中；抓紧赶制兵器，筹集各类物资。

燕王府原是元朝的皇宫，宽阔深邃，四周有高墙，在府内练兵，比较隐蔽，不易被外界察觉。当时，燕王的兵力并不多。

为了掩盖打造兵器的声音，燕王府专门养了一大群鹅鸭。人们只听见燕王府整日鹅鸭乱叫，不知道里边暗藏着一场大的阴谋。

然而，世上没有不透风的墙。1399 年六月，有个叫倪谅的官员，向朝廷举报，说燕王准备谋反。建文帝正想向朱棣下手，而且事先做了一些准备。

在此之前，建文帝知道燕王必不肯束手就范，便及早做了人事调整，派自己的亲信、工部侍郎张昺去北平担任了布政使，任命谢贵、张信为北平都指挥使，监视朱棣动向。同时，调走北平原来的部队，命宋忠率军驻守北平附近。建文帝已经做好了准备，就要对燕王削藩了。

建文帝得到倪谅举报以后，立即发出密诏，命张信逮捕朱棣，令张昺、谢贵捕捉燕王府官员和有关人员，制止叛乱。建文帝部署得十分周密，如果不出意外，朱棣就成阶下囚了。

可是，在这关键时刻，却偏偏出了意外。意外出在张信身上，张信是临淮人，承袭了父亲张兴的军职。建文帝登基以后，有人推荐张信，说他有勇有谋，于是，建文帝派他与张昺、谢贵一起去北平，监视朱棣。

然而，张信的父亲张兴，曾在朱棣手下为将，对朱棣十分佩服，认为燕王有帝王之才。张信受父亲影响，也对朱棣有好感。建文帝没有调查清楚，就重用张信，有些轻率了。

张信接到建文帝密诏，令他逮捕朱棣，心里恐惧不安。回到家以后，母亲见他异常，向他询问，张信以实相告。其母大惊，说："你父亲活着的时候，常说王气在燕，你不能这样做！"

张信听了母亲的话，下了决心，去向朱棣告密。当时，朱棣不知道大祸即将临头，仍在装病。他知道张信是建文帝派来的人，十分提防，因此，张信三次登门拜访，朱棣都以有病为由，拒绝相见。张信知道事情重大，固执求见，朱棣才躺在床上接见了他。

朱棣听了张信密报，又惊又怒，从床上一跃而起，迅速做了部署。朱棣令亲信张玉、朱能率八百勇士，潜伏在燕王府。张昺、谢贵不知道已经泄露了机密，带人到王府以后，被一网打尽。张昺、谢贵被俘，朱棣想劝降他们，二人宁死不屈，遂被杀害。朱棣对张信十分感激，后来封他为隆平侯。张信活到八十一岁。

朱棣诛杀了朝廷大臣，随即举兵造反，为期三年的"靖难之役"就此拉开大幕，大明王朝陷入战火之中。

叔叔夺侄子皇位

1399 年七月，朱棣杀害了朝廷大臣张昺、谢贵，连夜夺取北平九门，控制了北平城，随即聚集将士，宣布起兵。

朱棣起兵可不是说反对朝廷，夺取皇位，那就成乱臣贼子了，怎能服众？朱棣打的旗号是"清君侧"，说皇帝身边有黄子澄、齐泰这样的奸臣，祸乱朝廷，国家有难，他要清除奸臣，维护朝纲。

朱棣还煞有其事地搬出了朱元璋的《皇明祖训》，以表明起兵的正义性和合法性。《皇明祖训》确实有这样的规定，说朝廷如有危险，藩王有责任带兵救援，除奸逆，靖国难。

朱元璋是吸取元朝皇帝危险时无人救助的教训，才规定了这一条，没想到被朱棣所利用。因此，朱棣与朝廷的这场战争，被称为"靖难之役"。

朱棣集合将士，正在慷慨激昂地进行动员，突然，狂风大作，飞沙走石，天昏地暗，房顶上瓦片纷纷坠落。朱棣脸色骤变，觉得太不吉利了。

一旁的姚广孝赶紧说："贺喜大王，这是祥兆！大风骤起，表明飞龙上天；灰瓦坠地，意味着将换成黄色。"

姚广孝的话不知道是否有人相信，但起兵大计已定，箭在弦上，不得不发，不管是凶兆还是吉兆，朱棣都非要造反不可了。

朱棣为自己的部队起名叫"靖难军"，似乎是正义之师。朱棣打着铲除奸臣黄子澄、齐泰的名义，本想挥师南下。张玉建议说，应该先肃清北平周围，稳固后方，解除后顾之忧，然后再向南进军。

朱棣觉得这个意见好，便采纳了，派兵分别攻取北平周围的密云、怀来、通州、蓟州、遵化等地，还向北占据了居庸关。这些地方本来就属于燕王管辖，守将都是燕王的部下，因而大多数自动归降，使朱棣的兵力大增。

北平周围，只剩下建文帝派来的宋忠统领的部队了。宋忠忠于朝廷，是不会归降的，但他原来是锦衣卫头领，不会打仗。此时，宋忠又犯了一个致命错误，他为了激励士气，欺骗将士们说，朱棣把北平城内将士们的亲属全杀了。将士们果然都红了眼睛。

朱棣得知以后，让人把将士们的亲属召集起来，向宋忠军队喊话，劝他们投降。将士们见宋忠欺骗了他们，十分气愤，又见亲属在朱棣手里，于是跑过来一大半。

宋忠弄巧成拙，涣散了军心，自然吃了败仗，自己也做了俘虏。宋忠不肯投降，被朱棣杀害。

朱棣很快稳定了北平一带的局势，解除了后顾之忧，接着大量招兵买马，扩充军队，又派人去北方招募了数万蒙古兵，使军队总数迅速扩大到十万人。不过，这比起朝廷的几十万军队来，还差得很远。

建文帝得知朱棣公开起兵造反，十分愤慨，任命老将耿炳文为大将军，组织三十万大军，向北攻打北平。

耿炳文很早跟随朱元璋，南征北战，屡立大功，是开国功臣，在第一批封侯时，就被封为长兴侯。可惜耿炳文年纪大了一些，已经六十六岁了。

耿炳文对朝廷忠心耿耿，依然老当益壮，他接到命令后，立即带十三万兵马先行，让人组织后续部队随后跟进。耿炳文没想到朱棣在短时间内就聚集了十万兵马，有些轻敌。

耿炳文率军很快进入河北，到达真定一带，将部队分别驻扎在真定、莫州（今河北任丘一带）、雄县，准备稍事休整，然后攻击北平。

朱棣具有卓越的军事才能，他见耿炳文军队远道而来，十分疲惫，又驻军分散，于是集中优势兵力，夜袭莫州和雄县。两地兵马没有防备，大败溃散。耿炳文得知以后，急忙率军增援，不料中了埋伏，损失惨重。

耿炳文见朱棣很会用兵，不敢轻视，不再主动出击，而是固守真定城，等待后续部队。朱棣军队包围了真定，奋力攻城，但连攻三日，没有任何进展。朱棣见耿炳文用兵老练，无懈可击，只好撤兵走了。

建文帝派出老将耿炳文，本以为能够马到成功，不料得到战败的消息，不禁有些懊恼，闷闷不乐。

黄子澄建议说："耿将军英勇，但毕竟年老，恐误大事。李景隆正值壮年，又是名将之后，可由他替代耿将军。"李景隆熟读兵书，能说会道，深受建文帝宠信，于是当上大将军，接替了耿炳文职务。

李景隆是曹国公李文忠的儿子，他倒是年富力强，可惜没有上过战场，只会纸上谈兵。朱棣听说由李景隆领兵，哈哈大笑说："这小子，既无能，又自负；外表强硬，内心软弱；不会治军，更不会打仗。看来，赵括之败，又要重现了。"

建文帝却对李景隆寄予厚望，交给他五十万兵马，授予他遇事专断之特权。李景隆出征那天，建文帝携百官为他送行，并且行"捧毂推轮"之礼，亲自为他推车。

建文帝大概认为，此去必定高奏凯歌，于是颁布了一个妇人之仁的诏令，不许伤害燕王，有伤者治罪。建文帝是不想落一个弑叔的名声，但此令极大地束缚了朝廷军队的手脚，使朱棣几次化险为夷。

李景隆受此皇恩，十分感激，一心破贼立功，报答皇上。朱棣压根儿看不起李景隆，与他玩起了猫戏老鼠的游戏，把李景隆耍得团团转。

朱棣令姚广孝和长子朱高炽留守北平，自己率主力转到外线作战，专打李景隆军队的薄弱环节，歼灭了大量敌人，并使敌军疲惫不堪。

朱棣采取诱敌深入战术，把李景隆吸引到北平城下。李景隆大喜，急令攻城。可城中防守严密，城池坚固，当时正值隆冬，城中用水浇城墙，城墙上结了厚厚一层冰，根本无法攀爬。李景隆在北平城下碰得头破血流，损失惨重。

朱棣见李景隆军队已经疲惫，时机成熟，于是率主力大举反攻。朱棣亲率精锐骑兵为先锋，连破七座营寨。由于建文帝有不许伤害燕王的诏令，谁也不敢向他射箭，朱棣如入无人之境。张玉、朱能等大将也身先士卒，率兵冲杀。李景隆军队抵挡不住，纷纷溃逃，李景隆一直逃到德州才站住脚。

李景隆此次北征，历时数月，屡战屡败，损兵折将，损失了一半兵力。而朱棣借机收编降兵，兵力扩大了一倍。

李景隆不甘心，请求再战。建文帝仍对李景隆抱有幻想，又给他拼凑了六十万大军，让他再次北征。李景隆就像败家子一样，不把家业败坏完不罢休。

1400年四月，李景隆率六十万大军，再次宣誓北伐。这一次，朱棣采取迎头痛击的办法，双方在白沟河（今河北雄县、定兴一带）展开决战。结果，朝廷军队惨败，部队溃散，李景隆一口气逃到了济南，比上次逃得还远。

白沟河之战，是"靖难之役"的转折点，影响极大。李景隆丢失了几十万军队，而朱棣则实力大增，由战略防御转向了战略进攻。朱棣乘胜向南进军，攻打济南。

李景隆兵败的消息传来，朝廷震惊，大臣们纷纷要求处死他。黄子澄捶胸大哭，说："大事去矣！我推荐李景隆误国，万死不足赎罪。"建文帝觉得，即便杀了李景隆，也于事无补，只是免了他的大将军职务，把他召回南京。

不少人认为，朱元璋把功臣宿将杀戮殆尽，致使无良将对抗朱棣，才让朱棣轻松篡夺了皇位。确实有这个因素，如果蓝玉不死，足可以抵挡朱棣，但并不完全是这个原因。当时，朱元璋的开国功臣们，除了耿炳文以外，还有朱元璋儿时伙伴郭英等人，即便在年轻将领中，也有铁铉、盛庸这样出类拔萃的人物。关键是建文帝不会知人善任。

朱棣率得胜之师，围攻济南，不料却吃了败仗。济南守将是位年轻将领，只有三十多岁，名叫铁铉。铁铉是色目人后裔，国子生出身，精通经史，胸有谋略，此时担任山东参政。

铁铉正在外地筹措军粮，听说朱棣向济南进军，急速赶了回来。济南城内只有盛庸的一支军队，兵少将寡。盛庸也是一位年轻将领，铁铉与他歃血盟誓，决心死守城池，报效朝廷。

朱棣看不起没有名气的铁铉、盛庸，派人招降。铁铉心生一计，假装畏惧，表示愿意献城投降。朱棣大喜，率众人入城。

不料，朱棣刚进城门，预先安置在门拱上的铁闸轰然落下，可惜早了一秒钟，只把朱棣的马头砸得粉碎。城中将士趁机杀出，燕军没有防备，吃了大亏。

朱棣大怒，挥军攻城，守城将士十分顽强，奋力抵抗。铁铉、盛庸亲上城头督战，燕军攻城多日，没有进展，白白丢下一片尸体。

朱棣更加恼怒，调来大炮轰城。铁铉令人把朱元璋的画像和神牌挂在城头，朱棣便不敢开炮轰击了。燕军连续攻城三个月，济南城岿然不动，朱棣只好撤兵回北平。此后，朱棣南下进军，不敢再取道济南了。

1400年十月，朱棣率军再次南下，绕开济南，从德州向西南，经临清到达东昌（今山东聊城市）。不料，盛庸早有准备，军中配备了大量火器和毒弩。

朱棣仍然亲自率军冲锋，盛庸故意打开阵脚，将燕军诱入，然后四面合围，使用火器毒弩猛打，致使燕军损失惨重，朱棣的第一猛将张玉也死于阵中。东昌之战，朱棣惨败，只好又退回北平。

盛庸是朝廷军队抗击燕军的主要将领之一，曾多次打败朱棣，还一度收复了德州等地，但因年轻资历浅，竟不知道他的籍贯和年龄。这一时期，朝廷军队虽然打了几次胜仗，但实力已衰，也难以向北攻击朱棣，双方处于相持阶段。在战争期间，诸王大多数作壁上观，谁也不帮。

为了打破僵局，姚广孝提了一条重要建议，说："不要理会山东的盛庸，也不要攻占城邑，可集中兵力，直取南京，只要攻占了南京，其他地方就会望风而降，大事可成。"朱棣觉得是个好计策，高兴地采纳了。

1401年十二月，朱棣集中了大部分兵力，再次南下。这次不走山东了，而是向西绕了一个弯，经河北馆陶渡过黄河，再向东南进军，攻占了江苏沛县，直取徐州。

徐州守军闭门死守，朱棣也不攻城，继续南下。建文帝听说朱棣大军南下，有些慌乱，急命驸马都尉梅殷率重兵镇守淮安，以阻燕兵。朱棣却没有去打淮安，而是进逼宿州。建文帝又派徐辉祖率军北上，抵御燕军。徐辉祖是徐达的长子、朱棣的大舅哥。

徐辉祖率军与朱棣在宿州灵璧县一带展开决战，结果大败。燕军擒获朝廷军队三十七名将领、一百五十位朝廷大臣，降者不计其数。灵璧之战击溃了朝廷军队主力，此后燕军再也没有遇到激烈的抵抗。

形势十分危急，建文帝急令盛庸南下支援。盛庸率部日夜兼程，赶到淮河，设下防线，企图阻止燕军过河。但盛庸军队长途跋涉，兵力疲惫，又布防匆忙，被燕军击败。燕军渡过淮河，连续攻克泗州、盱眙、扬州、高邮等地，占领了江北地区。

1402年六月初三，朱棣率大军从瓜州渡过长江，击溃盛庸军队，攻占了镇江。此时，朱棣胜局已定，朝廷人心惶惶。有人提议弃城逃走，有人主张死守待援，也有人做好了投降的准备。

六月十四日，朱棣率军抵达金川门，守卫金川门的李景隆和谷王朱橞献门投降，迎接朱棣入城。

朱棣入城之时，宫中起了大火，火被扑灭以后，发现几具烧焦的残骸，已不能辨认。据太监说，这是皇帝、皇后和皇长子的尸体。朱棣将他们安葬。

朱棣随后登基称帝，他经过三年奋战，成功地从侄子手里夺取了皇位。朱棣虽然属于篡权，但明朝仍然是老朱家的天下，换汤不换药。

方孝孺未被灭十族

朱棣进入南京之后，对忠于建文帝的朝廷官员进行疯狂屠杀，传说方孝孺被灭了十族。在封建社会，最高的刑罚是灭九族，而方孝孺却被灭了十族，由于事情离奇，所以流传很广，不少人都信以为真。然而，从《明史》记载来看，并没有这么回事。

方孝孺，宁海（今浙江宁海）人，出身官宦之家，祖上四代从儒。其父方克勤，曾担任山东济宁知府，为官清廉，却因空印案被冤杀。《明史》把方克勤列入《循吏传》第二名。

方克勤死了以后，家境衰落下来，变得十分贫穷。方孝孺素有大志，仍然克服困难，勤奋读书，后来拜宋濂为师，通晓儒学经典，学识渊博，成为远近闻名的大学者。

方孝孺在三十多岁的时候，朱元璋把他召进宫廷，授予教授之职，给学生讲学。方孝孺讲学十分认真，从早到晚，不知疲倦，培养了大批学生，其中多数是皇族和朝臣子弟。方孝孺在宫中讲学多年，桃李满天下。

建文帝在当皇太孙的时候，自然也得到过方孝孺的教导，他即位以后，任方孝孺为翰林侍讲，第二年又升任翰林学士、文学博士。

建文帝对方孝孺十分尊重，国家大事常常征询他的意见。于是，方孝孺与黄子澄、齐泰一起参与朝政，方孝孺还负责起草诏令、檄文。不过，三个饱读诗书的大儒，却抵不过一个会打仗的朱棣，最后，朱棣获得胜利，从侄子手中抢走了皇位。

1402年六月十四日，朱棣兵进南京，命诸将把守城门及皇城，控制了京师。朱棣下令逮捕黄子澄、齐泰、方孝孺等五十余名忠于建文帝的朝廷官员，称他们是奸臣，同时，张榜安抚军民，维持城中秩序。

六月十七日，朱棣拜谒朱元璋的陵墓，宣布即皇帝位，成为明朝第三位皇帝，年号"永乐"，被称为明成祖。

朱棣起兵南下的时候，姚广孝曾经对他说："方孝孺是天下名士，您如果攻占了南京，方孝孺必不肯投降，请不要杀他。如果杀了方孝孺，就会断绝天下的读书人。"朱棣点头答应了。

由于这个前因，所以，朱棣虽然把方孝孺列为奸臣，逮了起来，却没有为难他，而是令人把他带到大殿，想要劝降，并让他起草即位诏书。

《明史》记载说，方孝孺人还没有走到大殿，哭声就传进了殿中，只见方孝孺衣衫不整，披头散发，一路号哭，悲恸之声响彻大殿。

朱棣从座位上走下来，来到方孝孺身边，安慰他说："先生不要自己苦自己，我只不过是效法周公辅佐成王罢了。"周公曾经忠心辅佐年幼的侄子周成王，在历史上留下贤名。

方孝孺停止了哭泣，质问道："成王在哪里？"朱棣说："他已自焚而死。"方孝孺说："为什么不立他的儿子为帝？"朱棣回答："他的儿子尚小，百姓们愿意有年长的君主。"方孝孺又问："那为何不立他的弟弟呢？"

朱棣有些不耐烦了，说："这是我们朱家的事情，你不用管。"令左右拿纸笔来，递给方孝孺，说："诏告天下，非先生起草的诏书不可。"

方孝孺愤怒地把纸笔扔到地上，说："死就死吧，诏书我是不会写的。"方孝孺又大哭起来，并且边哭边骂朱棣是乱臣贼子，篡权夺位，大逆不道。

朱棣终于大怒，不顾姚广孝的嘱咐，下令将方孝孺凌迟处死。方孝孺大义凛然，慷慨赴死，年仅四十六岁。

方孝孺临死前作绝命词："天降乱离兮，孰知其由？奸臣得计兮，谋国用犹。忠臣发愤兮，血泪交流。以此殉君兮，抑又何求！呜呼哀哉，庶不我尤！"《明史》记载了此词全文。

方孝孺死后，他的学生廖镛、廖铭将方孝孺尸体殓葬于聚宝门外的山上。廖镛兄弟是开国功臣廖永忠的孙子。

闻知方孝孺惨死，他的亲属悲痛欲绝。妻子郑氏和儿子方中宪、方中愈上吊自杀，两个女儿投秦淮河而死，一家人死绝了。

方孝孺有兄弟三人，哥哥叫方孝闻，早已病故。弟弟叫方孝友，受牵连被杀，临死前也赋诗一首。家族其他人没有被杀的，但有些遭到了流放。

《明史》还记载说，过了一百八十多年以后，万历皇帝下诏，赦免方孝孺家族被流放人员的后代。方孝孺已无子嗣，但他叔叔方克家的后代却人丁兴旺，其他人的后代也不少。据官方统计，方孝孺家族后代仅在浙江、江西、福建、四川、广东的，就达一千三百多人。

从《明史》记载来看，方孝孺没有被诛十族，甚至连九族也没有，遇难的只是方孝孺一家和他的弟弟。

方孝孺被灭十族的传说，来源于野史《野记》。野史写起方孝孺被诛的过程，就曲折复杂多了。

《野记》说，方孝孺身穿孝服，在大殿上痛哭不止。朱棣让他起草诏书，方孝孺挥笔写下"燕王篡位"四个大字。

朱棣威胁他说："你不怕灭九族吗？"方孝孺回答："就是灭十族，我也不怕。"朱棣大怒，下令将方孝孺的学生也算一族，全给杀光了。方孝孺被灭十族的故事，便流传开来。

《野记》是明朝中期祝允明（也叫祝枝山）写的一本野史笔记。祝允明在书中说得很清楚，书中内容都是道听途说或者杜撰。后世有人评价说，《野记》可信者百中无一。不过，在明朝后期许多史书中，也有方孝孺被灭十族的记载，甚至说，方孝孺的幼子被人救出，所以才有了那么多后代。

笔者还是相信《明史》的记载，因为诛方孝孺十族，不符合情理。方孝孺的学生满天下，能杀得过来吗？特别是方孝孺主要是在宫中讲学，他的学生大多数是皇族和大臣子弟，那能随意屠杀吗？

朱棣虽然没有灭方孝孺十族，但诛杀了许多忠于建文帝的大臣，有些被灭了族。《明史》没有记载朱棣杀人数量，有的史书说，朱棣杀了二十九个大臣；有的则说，朱棣杀了八百多人，甚至更多。也有许多忠于建文帝的大臣，选择了自杀。

黄子澄、齐泰自然首当其冲。黄子澄被捕后，抗辩不屈，被凌迟处死，其族人无论老幼，一律处斩，姻亲党羽全被流放。不过，黄子澄有个儿子侥幸逃脱，其后代黄表考中了进士。

齐泰也是不屈而死，其堂兄弟齐敬宗被诛杀，他的两个叔叔被流放。齐泰只有一个儿子，刚满六岁，免死发配，后被赦免。齐泰也没有绝嗣。

朱棣因铁铉诈降，差点要了他的命，对铁铉恨之入骨，称帝后将铁铉抓到南京。《明史》说，铁铉铮铮铁骨，背对朱棣，不肯正面见他，而且大骂不止。朱棣大怒，将铁铉凌迟处死。铁铉死时三十七岁。

野史写起铁铉就义时，更加生动，情节离奇。说铁铉被凌迟处死时，朱棣令刽子手把他的耳朵、鼻子割下来，塞到他的嘴里，铁铉大嚼而咽。朱棣问他味道如何，铁铉回答："忠臣之肉，当然味美。"

朱棣称帝以后，盛庸无奈投降。朱棣没有杀他，但仍然怀有戒心。第二年，盛庸悲愤自杀。

耿炳文被建文帝免去大将军职务以后，在家闲居，再未出征。可朱棣称帝以后，仍然没有放过他，说他衣服上有龙凤图饰，逾越制度。耿炳文愤而自杀，三个儿子被朱棣杀掉。

李景隆因献金川门有功，被朱棣封为太师，活到永乐末年。不过，李景隆名声狼藉，许多人看不起他，如同行尸走肉。

朱元璋的女婿梅殷，曾受朱元璋临终遗命，让他辅佐建文帝。可是，梅殷也是一位大儒，没有起到多大作用。朱棣进军南京的时候，梅殷依旧驻军淮安，也不知道救援。朱棣称帝以后，梅殷不得已归降，三年后不明不白地死了。

朱棣的大舅哥徐辉祖，曾多次率兵与燕军作战。朱棣进入南京后，徐辉祖闭门不出。朱棣亲自召见，徐辉祖不发一言，始终没有拥戴朱棣为帝的意思。朱棣恼怒，本想杀了他，但念其是功勋之后，又是皇后的哥哥，只革去了他的爵位和俸禄。五年之后，徐辉祖在忧郁中病逝。

忠于建文帝的大臣们，都没有好下场，而建文帝的下落，也成了千古之谜。谁也说不清楚，大火中的那几具尸骸之中，究竟有没有建文帝。

《明史》记载说，建文帝不知所终，或许由地道出逃。后来，在滇、黔、巴、蜀一带，有建文帝当僧人的传说。对建文帝的下落，《明史》也不能确定。

朱棣起兵造反，篡权夺位，应该属于乱臣贼子，大逆不道。然而，朱棣当了皇帝，干得却不错，开创了永乐盛世，这是值得庆幸的。

永乐盛世有点勉强

1402年，朱棣快乐地登上了皇帝宝座，年号永乐。朱棣当了二十二年皇帝，在此期间，加强中央集权，建京城，开运河，频繁发动对外战争，开疆拓土，发展经济，把大明王朝推向强盛，史称永乐盛世。

不过，从《明史》记载来看，朱棣好大喜功，穷兵黩武，大兴土木，民众负担过重，再加上刑罚严苛，老百姓生活并不幸福，也没有安居乐业。所以说，永乐盛世有点勉强。

朱棣登基以后，下诏说："废除建文帝实行的法令，恢复太祖旧制。北平、山东、河南遭受兵祸，免除徭役三年；江北地区减免租税一年；其余没有遭受兵祸的地方，减免今年田租的一半。"朱棣此举，得到百姓拥护，也有利于稳定大局。

朱棣首先要做的事情，是巩固自己的统治。他除了诛杀反对派、把亲信安插在重要岗位以外，还对中央机构做了较大改革。

朱元璋时期，废除了丞相制度，行政事务都由皇帝亲自处理，相当繁忙。朱棣改变了这一状况，建立了内阁制度，选用若干内阁成员，协助皇帝处理六部政务，起着承上启下的作用，这是朱棣在中央机构改革方面的一大创举。

朱棣是借口建文帝削藩才起兵的，他当皇帝以后，恢复了被废诸王的爵位，得到诸王拥护。可是不久，朱棣为了巩固统治，加强集权，也动手削藩了。

朱棣削藩可比建文帝高明多了，他表面上并不废除诸王的爵位，而是逐步取消和限制诸王的权力，尤其是把兵权收了回来。这样，诸王在不知不觉中失去了权力，只剩下一个挂虚名的王爷了。朱棣此举，大大加强了中央集权，也没有造成祸乱。

在朱元璋时期，设立了锦衣卫。锦衣卫具有特务性质，权力很大，可以随意逮捕任何人。后来，朱元璋觉得锦衣卫滥用职权，名声不好，下令废除了。朱棣称帝以后，为了加强对百官的监视，便把锦衣卫恢复了，而且又新设了一个特务机构——东厂。在朱棣统治时期，东厂发挥了很大作用，人们常常谈之色变。

朱棣长期镇守北方，在江南没有根基，于是，他做出了迁都的重大决策，把都城由南京迁往北平，并把北平改为北京。南京作为陪都，机构设置与北京一样。

从1407年开始，朱棣集中了全国的匠师，征调了几十万民夫，修建了宏伟的北京城，建成了故宫、天坛、永乐大钟等宫殿组群。从此，北京成为全国的政治中心。朱棣修建北京城有功，却也耗费了大量民力财力。

为了保障北京的粮食和物资供应，需要疏通大运河。在多年战乱之中，大运河已经大段大段地损坏、淤塞，不能使用了。朱棣下令，征调三十万民夫，用了数年时间，将大运河疏浚和修复，并建造了三十八座船闸。从此，大运河从长江下游直通北京，成为南北之间物资交流的大动脉。

朱棣重视文化事业，他决心修一部巨著，以彰显国威，传承文化。朱棣组织了数千人的编纂队伍，用了数年时间，把有史以来经史子集、百家之书汇集起来，朱棣亲自作序，并赐名为《永乐大典》。

《永乐大典》全书两万两千多卷，约三亿七千万字，汇集书籍七八千种，内容几乎无所不包，涵盖了中华民族数千年来的知识财富，成为世界有史以来最大的百科全书，对传承发展中华文化发挥了重要作用。

朱棣时期一个重大创举，是郑和下西洋。从1405年开始，郑和率领一支由数万人组成的庞大船队，先后七次远航西太平洋和印度洋，访问了三十多个国家和地区，宣扬了国威，加强了与世界的交流，成为中国古代航海史上的伟大壮举。

朱棣时期，不断对外征战，扩张领土。1406 年，明朝出动八十万大军，南征安南，将安南并入明朝领土。对西藏、新疆和东北地区，朱棣都加强控制，形成了有效统治。对朝鲜、日本等国，则保持友好往来。

为了彻底解决元朝的残余势力，在 1410 年至 1424 年期间，明朝先后五次举行北伐，其中三次是朱棣御驾亲征。明军远征漠北，沉重打击了蒙古势力，巩固了边防。

不过，此时的蒙古已经不再使用元朝国号，对明朝也构不成大的威胁，征伐漠北似乎并无必要。因此，许多学者认为，五征漠北是因为朱棣好大喜功，一心想当天下之主。连年征战导致国库空虚，民族关系恶化，民众负担过重，有着很大的负面影响。

朱棣是位很有作为的君主，他在任期间干了不少大事，被称为永乐盛世，甚至"远迈汉唐"。不过，《明史》说朱棣时期"远迈汉唐"，只是指疆域辽阔方面。

朱棣统治天下有一个重要特点，就是重视锦衣卫和东厂的作用，利用特务机关和特务手段，加强对社会的控制，使人们生活在恐怖之中。这与盛世是不相符的。

锦衣卫和东厂

锦衣卫是朱元璋创立的带有特务性质的机构，但在后期把它废除了。朱棣称帝以后，为了加强对社会的监督控制，不仅恢复了锦衣卫，而且又新建了纯粹的特务组织——东厂。

《明史》记载，锦衣卫的前身，是朱元璋设立的拱卫司，拱卫司是皇帝的贴身警卫部队。朱元璋称帝以后，挑选了一批身材高大、体貌健硕、对皇帝忠心的士兵，充当自己的仪仗队和贴身侍卫，管理这些士兵的机构，叫拱卫司。拱卫司长官起初是七品，后升为三品，人员也不断增加。

由于拱卫司负责保护皇帝安全，与皇帝朝夕相处，因而深得朱元璋信任。后来，朝廷有些重要事情，往往交由拱卫司办理。拱卫司的职权不断扩大，除了保护皇帝以外，还常常参与侦探、逮捕等事项。

1382年，朱元璋下诏将拱卫司改为锦衣卫，并明确增加了侦查、逮捕、审讯等职能，锦衣卫成为具有特务性质的军事机构。

锦衣卫首先是皇帝的仪仗队和侍卫亲军，主要职能是保护皇帝安全。皇帝上朝时，有锦衣卫站立于御座两侧，负责侍卫和传旨；皇帝入寝后，锦衣卫昼夜在寝宫外守护；皇帝外出时，锦衣卫随行保驾，并充当仪仗队。因人员身穿艳丽锦衣，故称锦衣卫。

锦衣卫与其他皇帝侍卫部队不同的是，它具有巡查缉捕的职能，直接办理一些重大案件。锦衣卫可以不受法律和司法部门的约束，随意逮捕任何人，并进行审讯和处决人犯。当然，这些案件，往往都是皇帝交办的。

锦衣卫的长官由皇帝的亲信武官担任，直接对皇帝负责，因而权势很大。锦衣卫在监视百官、维护朱元璋专制统治方面，发挥了无可替代的作用。在胡惟庸案、蓝玉案中，锦衣卫跟踪侦查，调查取证，刑讯逼供，逮捕处决，起了相当大的作用。

锦衣卫除了皇帝之外，不受任何人制约，凌驾于法律之上，逐渐变得嚣张跋扈，为所欲为，顺我者昌，逆我者亡，搞了不少冤假错案，引起朝廷大臣激烈反对。

朱元璋也知道了锦衣卫许多不法之事，十分气愤，于1393年废除了锦衣卫的巡查缉捕和刑狱之权，一切案件交由司法部门处理。朱元璋颁发诏令，处死了锦衣卫头领毛骧、蒋瓛等人。

1402年，朱棣篡位称帝，许多大臣心中不服。朱棣为了监视百官，巩固自己的统治，觉得锦衣卫有用，用起来也顺手，于是便下诏恢复了。锦衣卫继续从事特务活动，此后一直延续到明朝灭亡。

朱棣觉得锦衣卫的力量仍然不足，于1420年又成立了一个新的特务组织，叫东缉事厂，简称东厂。东厂不负责保护皇帝安全，是一个纯粹的特务机构。东厂由朱棣最信任的太监掌管，只对皇帝一人负责。

东厂的职能，主要有三个方面。一是监视朝廷官员、社会名流和民间动向，监视结果直接向皇帝汇报；二是侦缉和逮捕人犯，东厂可以不经过任何法律程序，秘密或公开逮捕任何人，包括皇亲国戚；三是审讯和处置人犯，东厂有自己的监狱，有权公开或秘密处死犯人。

东厂成立以后，为朱棣巩固统治、铲除异己，立下了汗马功劳，深受朱棣信任。与此同时，东厂倚仗权势，滥用职权，也干了不少坏事，搞得名声狼藉。后来，东厂的权势比锦衣卫大，名声也比锦衣卫差。提起东厂，许多人都切齿痛恨。

具有讽刺意味的是，东厂干着见不得人的勾当，但在东厂大堂上，却悬挂着岳飞的大幅画像，堂前还有一块"百世流芳"的牌匾。统治者是想让他的爪牙们，像岳飞一样精忠报国，以便流芳百世。

可是，东厂的爪牙们，很多都是狐假虎威，飞扬跋扈，罗织罪名，敲诈勒索，陷害忠良，许多正直的大臣和普通百姓，冤死于东厂狱中。

后来，明宪宗为了进一步加强特务统治，在东厂之外又设立了西厂。这样，由东厂、西厂、锦衣卫共同组成了明朝的厂卫制度，对人民实行特务统治。

明朝的厂卫制度对朝廷官员的监视无孔不入，在一些关于明朝的小说中，有许多离奇的故事。

有个故事说，某位大臣的仆人突然辞职，主人舍不得让他走，再三挽留。仆人不得已说了实话，原来他是东厂的人，奉命监视大臣，如今另有任务，不得不走。大臣听了，毛骨悚然。

还有个故事说得更玄乎。有个大臣，晚上在家里与妻妾打牌，玩兴正浓的时候，不料少了一张牌，怎么找也找不到。

第二天上朝时，皇帝问他，昨晚在干什么？大臣犹豫了一下，觉得与妻妾玩牌有点不雅，本想编个瞎话糊弄过去，但觉得不妥，最终仍然照实说了。

皇帝没有怪罪，反而微微一笑，说："你很诚实，赐你一盒，回家后再打开看。"

大臣回家以后，打开盒子，里面竟然放着昨晚丢失的那张牌。大臣顿时全身冷汗淋漓，他在朝堂上如果撒了谎，犯下欺君之罪，脑袋肯定就保不住了。

故事可能是虚构的，但却反映出当时朝廷对官员的监视无处不在，皇帝对大臣的情况了如指掌。而监视百官，正是东厂的重要职责。东厂为了自己的私利，栽赃陷害，颠倒黑白，是很容易做到的。

东厂对朝廷官员尚且如此，对普通百姓更是为所欲为。徽州有个富户，叫吴养春。东厂为了霸占他家财产，随便安了个罪名，将吴养春拘捕到京，拷打致死。吴养春的妻子被逼自缢，家产尽数落入东厂之手。

在朱棣统治时期，虽然国势强盛，但他好大喜功，加重民众负担，又实行特务统治，因此，老百姓的幸福感并不强，而是深受压迫和苦难。于是，就在永乐盛世期间，山东地区爆发了著名的唐赛儿起义。

女英雄唐赛儿

历史上的农民起义，大多发生在乱世，在太平盛世，很少有造反的。但在朱棣的永乐盛世，却因民众不堪重负和贫困，爆发了著名的唐赛儿起义，使得永乐盛世有些逊色。《明史》记载了唐赛儿起义这一史实。

唐赛儿，蒲台（今山东滨州）人，出身于贫苦农民家庭。因为家贫，唐赛儿从小就像男孩子一样干活，吃了不少苦。

唐赛儿的父亲，是位武艺高强的拳师，自幼教女儿练习武艺。因此，唐赛儿身体健壮，武艺超群，性格爽朗，为人侠义，受到人们尊敬。

唐赛儿成年后，嫁给当地农民林三。林三是滨州一带白莲教的首领，很有威望。白莲教是民间宗教团体，在元末农民起义中发挥了重大作用。朱元璋建立明朝以后，禁止白莲教发展，但禁止不住，白莲教仍在民间传播。唐赛儿积极协助丈夫，传播教义，发展教徒。

林三不幸早逝，唐赛儿承担起丈夫的责任，到处讲经布教。山东是白莲教活动最为活跃的地方之一，又是元末农民起义的重点地区，有着深厚的群众基础。唐赛儿经过多年传教，在滨州、诸城、益都、安丘、寿光、即墨、莒州等地发展了大量教徒，涵盖了山东东部大部分地区。唐赛儿被教徒尊奉为"佛母"。

山东是"靖难之役"主战场，经济社会遭到严重破坏，人民生活十分困难。朱棣上台以后，修建北京城，开挖大运河，连年对外用兵，耗资巨大，徭役繁重，山东又是征粮、征夫最多的地区之一。山东经济没有得到有效恢复，百姓没有休养生息，税赋徭役负担过重，导致民不聊生，怨言沸腾，社会很不稳定。

偏巧又遇灾荒，朱棣执政后期，山东一带相继发生水灾、旱灾、蝗灾，粮食歉收，百姓只得剥树皮、掘草根充饥。《明史》说，路上到处是流离失所、四处乞讨的穷人，不少人卖儿卖女，以求苟活。这种惨景，实在与永乐盛世不相符合。

1420年，唐赛儿在益都（今山东青州市）卸石棚寨，聚众数千人起义。卸石棚寨是一个古代山寨，峰高数百米，四面是悬崖峭壁。唐赛儿按地形把卸石棚寨分为四寨，她驻守地势最高的南寨。起义军依据悬崖筑起寨墙，修建防御工事，在寨内囤积粮草，修了水池，以作长久之计。

起义军一举攻占重镇益都，夺取武器，开仓赈民，把大批粮食物资搬回山寨。起义军并没有提出推翻明朝的口号，只是在饥寒交迫中自寻一条活路而已，完全是因为民众活不下去了，才不得已铤而走险。

唐赛儿聚众造反，山东官员惊慌，急忙派青州卫指挥使高凤率军围剿。高凤领兵到达卸石棚寨，见地形险峻，易守难攻，并且天色已晚，便在山下安营，准备第二天发动进攻。高凤认为，消灭这些刚刚聚集的乌合之众，根本不成问题。

可没有想到，唐赛儿很会用兵，她见明军远道而来，十分疲惫，又骄傲松懈，便在夜间率众悄悄下山，突袭敌营。明军没有想到起义军会主动下山作战，猝不及防，许多人在睡梦中就丢了性命，结果全军覆没，连高凤也被杀死。

起义军首战告捷，声威大震。唐赛儿趁机宣扬，她奉上天之命，下界拯救黎民百姓，有天书神剑，能驱使鬼神，还能剪纸做成兵马，因为有上天相助，所以官军不是对手。这话一传十、十传百，人们都相信了，因而士气高涨。

唐赛儿率军攻占即墨、莒州等地，杀贪官，烧官衙，开仓济贫，打击豪强地主。百姓们扬眉吐气，拍手称快，纷纷加入起义军。受唐赛儿起义鼓舞，山东东部的安丘、莱州、寿光、胶州、莒州等地先后爆发起义，出现了十几支起义军，起义人数达数万人。这样，以卸石棚寨为中心的山东农民起义轰轰烈烈地开展起来。

山东爆发起义，地方政府无力平乱，朱棣闻知大惊，急忙派朝廷军队前去镇压。朱棣任命安远侯柳升为总兵官、都指挥使刘忠为副总兵官，率五千名精兵赶往山东。

柳升是明朝名将，曾南伐安南，东破倭寇，北征蒙古，久经沙场，屡立战功，因功封侯。刘忠也是著名战将。因此，他们狂妄自大，根本不把起义军放在眼里，特别是起义军首领还是个女的。柳升在临行之前，向朱棣夸下海口，说："小小贼寇，不日即可平定。"

柳升、刘忠率军来到益都，唐赛儿利用益都山区的有利地形，将明军诱入葫芦谷，然后居高临下，用滚石檑木杀伤大量敌人。柳升损兵折将，只得安营扎寨。不料，唐赛儿故技重施，夜袭敌营。明军大乱，死伤惨重，刘忠也死于混战之中。

唐赛儿的起义军，竟然杀死朝廷两员大将，朝廷震惊。朱棣大怒，又令在沿海防御倭寇的大将卫青，率军支援柳升。

卫青是名老将，智勇双全，深受朱棣信任，在"靖难之役"中立有大功，后来率军驻守沿海一带，抵御倭寇，保境安民。

卫青接到诏令后，立即挑选数千精锐骑兵，昼夜兼程，赶赴山东战场。此时，柳升的部队遭受重大损失，已难以抵挡起义军。起义军气势正盛，又去围攻安丘。安丘知县张旋拼死抵抗，战斗十分激烈。

起义军猛攻安丘数日，城内已力不能支。柳升早已没有了狂妄之气，他畏惧起义军，不敢前去救援，眼看安丘城破在即。不料，卫青的精锐骑兵赶到，从背后袭击起义军。起义军没有防备，大败溃散。

起义军被打败后，柳升才率军赶来。柳升是侯爷，级别比卫青高，他斥责卫青，说卫青目无长官，不先去拜见上司，未得命令，就擅自攻敌，属于失礼。

卫青也不与他计较，两人合兵一处，乘胜追剿起义军，攻破了卸石棚寨，杀死和俘虏起义军近万人，唐赛儿起义被镇压下去了。

唐赛儿起义只有两个多月时间，但却沉重打击了明朝统治者，在全国造成重大影响。特别是，唐赛儿和宾鸿、董彦皋等主要首领均安全转移，此后不知下落。

传说唐赛儿入寺出家，朱棣两次下令，在全国女尼和女道士中查找，逮捕万余人，但均未发现其踪迹。直到现在，山东一带仍然流传许多关于唐赛儿的奇闻传说。

　　卫青剿贼有功，被提拔为山东布政使；柳升剿贼不力，被问罪下狱，一世英名毁于一旦。唐赛儿起义影响巨大，朱棣迁怒于地方官员，下令将山东布政使、参议、按察使、佥事和发生起义的郡县官员，通通处死，杀了一大批。

　　唐赛儿起义虽然失败了，但她英勇不屈的反抗精神却永载史册。滨州人民为了纪念唐赛儿，在城中修建了唐赛儿雕像。唐赛儿作为女英雄的形象，永远活在人们心中。

郑和七下西洋

在朱棣时期，发生了一件举世闻名、影响深远的大事，就是郑和七下西洋。

《明史》记载，郑和是云南人，是侍候朱棣的太监，他在"靖难之役"中有功，人称三宝太监。有的史书说，郑和是云南昆明人，本姓马，朱棣赐姓为郑。

在中国古代，专供皇帝家族役使的男仆，叫作宦官。宦官由来已久，在夏商时期就有，不过，直到东汉时期，宦官才全由阉人担任，之前既有阉人，也有正常人。隋唐以后，出现了"太监"一词，指宦官中的高级官员。太监因身体受到摧残，许多人性格扭曲，阴险毒辣，因而给人留下的印象并不好。不过，太监当中也有出类拔萃的优秀人物，郑和就是其中之一。

郑和年轻时就侍候朱棣，他为人机警，虑事周全，还懂兵法，深受朱棣宠信。有的史书说，郑和随朱棣起兵，在郑村坝之战中立有大功，因而被朱棣赐姓为郑。

《明史》说，朱棣怀疑建文帝没有死，而是流亡海外，心里不踏实，想要找到他，斩草除根。同时，也想向海外炫耀武力，显示中国强盛。于是，朱棣多次派郑和出使海外。

1405 年，朱棣任命郑和为正使，宦官王景弘为副使，率领二万七千八百余名将士，乘坐六十二艘大船，第一次出使海外。

郑和他们坐的船，长四十四丈，宽十八丈，在当时属于巨型大船。船队从苏州刘家河出发，泛海到达福建，又从福建五虎门扬帆启航，浩浩荡荡驶向海外。

郑和船队首先到达占城（今越南中南部），然后逐个走遍各个藩国，向他们宣布天子诏令，赠送礼物，宣扬大明国威。遇有不服者，便以武力相威胁。郑和自然也四处寻找建文帝的下落，但均无其踪迹。

郑和船队继续远航，向南行驶，到达今印度尼西亚的爪哇岛、苏门答腊岛一带，又往西访问斯里兰卡等国，最后到达古里（今印度南部）。郑和第一次下西洋，行程十万余里，历时两年多时间。

1407年，郑和、王景弘率船队第二次下西洋。这次依然先南后西，访问了占城、爪哇、泰国、斯里兰卡、古里等国。郑和在斯里兰卡立碑纪念，此碑目前保存于斯里兰卡国家博物馆。这次远航仍然用了两年多时间。

1409年，郑和、王景弘第三次下西洋，先后到达越南、马来西亚、印度等地。在路过锡兰山国时，郑和船队遇到危险。锡兰山国国王亚烈苦奈儿发兵五万，攻打郑和船队，形势十分危急。郑和确实有勇有谋，他料定锡兰山国国内空虚，于是亲率数千精锐士兵，突袭其国都，生擒了亚烈苦奈儿，逼他退兵，这才化险为夷。

1412年，郑和、王景弘第四次下西洋。此次远航，郑和船队先往西行，到达阿拉伯半岛，然后向南，首次远航至东非麻林迪（今肯尼亚港口），与麻林迪建立了友好关系。后来，麻林迪回访明朝，带来了珍贵礼物长颈鹿。郑和这次远航，用了三年多时间。

1416年至1421年，郑和第五次、第六次下西洋，主要访问东非国家，到达今索马里、坦桑尼亚一带。这两次，王景弘没有随行。

1424年，朱棣病逝。因郑和下西洋耗资巨大，继任的皇帝明仁宗下诏停止远航。郑和受命率领下西洋的军队镇守南京。

明仁宗只当了不到一年皇帝就死了，其子明宣宗继位。明仁宗、明宣宗父子俩励精图治，开创了仁宣之治，国力强盛，远航事业又摆上议事日程。

1430年，郑和、王景弘奉命第七次下西洋，访问了伊朗一带十七个国家。对这一次远航，有的史书说，郑和在返航途中，于1433年在古里病逝，船队由王景弘带领回国。对此，《明史》没有记载，也没有记载郑和去世的时间和地点。

郑和七次下西洋，前后用了二十八年时间，访问了三十多个国家和地区，开辟了贯通太平洋西部与印度洋的航线，堪称世界航海史上史无前例的壮举。

从《明史》记载来看，郑和第一次出使尚有寻找建文帝的动机，可后来的几次远航，就没有这个因素了，主要是为了宣扬国威，沟通与世界各国的联系。因此，郑和七下西洋，在政治、军事、商贸、文化、外交等方面，都具有重要意义。

多次大规模远航，也带来一些弊端，主要是耗资过大，加重了国家财政负担；向海外赠送了大量金币和物资，引起国内钱币贬值，影响了经济发展。这是朱棣好大喜功的表现。

郑和以大无畏的精神，不惧艰险，多次探索海外世界，表现出非凡的勇气和才能，赢得了后世人们的尊重和纪念，其功绩永载史册。

称帝短暂却贤名长存

1424年，在位二十二年的朱棣皇帝病逝，享年六十四岁。他的嫡长子朱高炽继位，是为明仁宗。明仁宗当皇帝不到一年，就病重去世，他称帝虽然短暂，却在历史上留下贤名，被人们所怀念。

朱棣在十八岁那年，有了第一个儿子朱高炽，自然十分喜爱。朱高炽小的时候，就端重沉静，言行有礼，稍大一点，开始练习骑射，能够百发百中。

朱高炽酷爱读书学习，自幼接受正规儒学教育，长大后儒学功底深厚，讲起经典来滔滔不绝。最难能可贵的是，朱高炽为人宽厚，施行仁义，按照儒家标准做人处世。

朱高炽十八岁时，被册封为燕王世子。朱元璋为了培养儿孙的能力，曾经让几个孙子分别去军营阅兵。其他人早早就阅完回来复命，只有朱高炽时过半晌，才最后一个回来。

朱元璋问他，为何来迟？朱高炽说："清晨寒冷，我让士兵们吃了早饭，才开始阅兵，所以回来晚了。"朱元璋很赞许，说："懂得爱护士兵的人，必会成为良将。"

有一次，朱元璋让朱高炽分阅奏章。朱高炽见有的大臣奏章中有错别字，就隐瞒下来，没有报给朱元璋，唯恐大臣受到责罚。

朱元璋曾经问朱高炽："百姓如果遇到灾荒，依靠什么？"朱高炽十分干脆地回答："依靠朝廷的抚恤政策。"朱元璋很高兴，说："孙子有君主的眼光。"

朱棣起兵造反的时候，建文帝派李景隆率五十万大军攻打北平。朱棣率主力转到外线作战，命朱高炽坚守北平城。北平城内只有万余兵马，朱高炽沉着冷静，指挥有方，多次打退李景隆的进攻。到了晚上，朱高炽令将士们往城墙上浇水，城墙上结了冰，根本无法攀登。在朱高炽指挥下，北平城始终屹立不倒，有力地配合了朱棣的外线作战。

1404年，朱高炽被册封为皇太子，明确了他继承人身份。那一年，朱高炽二十七岁。此后，朱棣经常率军出征，由朱高炽监国。朱高炽十分勤政，把国事处理得有条不紊，他又宽厚恭谦，善待大臣，虚心接受别人意见。因此，满朝文武都对朱高炽十分佩服和拥戴。

后来，朱高炽有病，身体肥胖虚弱，行动不便，需要由两个人搀扶，才能跌跌撞撞地走路，朱棣有些不喜欢他了。朱高炽的弟弟朱高煦、朱高燧早就觊觎太子之位，见有机可乘，经常在父亲面前进谗言，还在大臣中散布对朱高炽不利的流言。

朱高炽知道以后，充耳不闻，并不计较。有人问他："太子知道谁在背后说您的坏话吗？"朱高炽说："不知道，也不用管，只要做好自己的事情就行。"

朱高煦、朱高燧与朱高炽是亲兄弟，但性格截然不同，他俩骄横放纵，多有不法之事，常被父亲责罚。朱高炽念及一母同胞，总是为他们求情。

朱棣见朱高炽有病，性格又仁柔，产生了更换太子的想法。朱棣喜欢次子朱高煦，认为他很像自己。朱高煦英武，在"靖难之役"中立有大功，而且几次在战场上救了朱棣性命，朱棣想传位给他。

可是，满朝文武都不同意，说不能违背太祖定下的立长制度。大臣解缙别出心裁，以"好圣孙"为由，说服朱棣不要更换太子。朱棣虽然不喜欢朱高炽，却十分喜欢朱高炽的儿子朱瞻基。由于各方面的原因，朱棣始终没有下决心换太子。

1424年七月，朱棣在征伐蒙古班师途中病逝。大臣杨荣、金幼孜等人担心朱高煦、朱高燧趁机作乱，于是严密封锁消息。车队所到之处，奉送给皇帝的饮食同往常一样，同时，派人火速赶往京城，告知皇太子朱高炽。在大臣们的运作下，朱高炽顺利继承了帝位，是为明仁宗。

明仁宗深受儒家思想影响，他决心努力改变以往的酷政，推行仁义，缓解各种矛盾，为此采取了一系列与朱元璋、朱棣不同的政策。

明仁宗称帝不久，下诏赦免了建文帝时期的旧臣，赦免了黄子澄、齐泰、方孝孺等被害官员的亲属，被流放外地的召回，沦为奴仆的恢复身份，并归还没收的田地财产。此举彰显了仁义，大得人心。

明仁宗下诏说，肉刑严重违背了儒家的仁爱原则和孝道伦理，是不仁义的做法，因此，废除刺字、割鼻、断手、斩足等肉刑，并且减轻刑罚。同时规定，除重大叛逆罪之外，其他犯人均不得牵连亲属。

明仁宗组织公平正直的办案人员，对朱棣时期的案件予以复查，平反了一大批冤假错案，恢复了一些大臣的官职和爵位，从而缓解了统治集团内部的矛盾，稳定了政局，开始形成良好的政治环境。

明仁宗以唐太宗李世民为楷模，修明纲纪，关心民间疾苦。他下令减免赋税，对受灾地区给予赈济；开放一些山泽，供农民渔猎；妥善安置流民，鼓励他们开垦荒田，免除徭役和赋税；鼓励发展商业和手工业，努力发展经济。

明仁宗实行与民休息政策和勤俭治国，他取消了郑和预定的海上远航计划，解散了向云南、安南采办黄金珍珠的使团，停止对外用兵，停建了一批大型土木工程。明仁宗带头节俭，减少了宫中开支。

明仁宗崇尚儒学，在京城兴建弘文馆，使儒家学说得到进一步发展。明仁宗重视科举考试，重用儒生。当时南方文化发达，科举录取的多是南方人，不利于北方文化发展。明仁宗规定，在科举考试中，南方人录取比例百分之六十，北方人百分之四十。这个制度，一直沿用到清朝。

1425年五月，明仁宗病情加重，不幸去世，享年四十八岁。

明仁宗当皇帝只有十个月时间，却被人们称赞为是一位开明的儒家君主。明仁宗效法历史上的贤君，坚持仁爱、简朴的治国理念，努力克服朱元璋、朱棣时期酷政的弊端，实施一系列推行仁政的措施，为仁宣之治奠定了基础。

明仁宗犹如一道流星，虽然短暂地划破夜空，却留下了耀眼的光芒。

仁宣之治明朝繁荣

明仁宗当了不到一年皇帝就死了，他在位时间虽短，却努力由酷政向仁政转变，为仁宣之治奠定了基础。

明仁宗死后，他的儿子朱瞻基继位，被称为明宣宗。明宣宗在位十年，他继承父亲的事业，励精图治，把大明王朝推向繁荣，史称仁宣之治，也称仁宣盛世。

朱瞻基是明仁宗的嫡长子、朱棣的嫡长孙。朱瞻基出生那天，朱棣做了一个梦，梦见去世不久的朱元璋赐给他一个大圭，并对他说："传之子孙，永世昌盛。"大圭，是古代皇帝所执的玉质手板，象征着皇权。

朱棣醒来，正在琢磨梦境，忽然有人报告说，他的第一个孙子降生了。朱棣满心喜悦，马上跑去看孙子。朱棣见婴儿长得很像自己，更是高兴，说："这孩子英气满面，符合我做的梦。"此后，朱棣对这个长孙疼爱有加，悉心培养。

朱瞻基自幼受到良好教育，他聪明好学，熟读四书五经，胸有智谋，明显超过其他人。朱棣很喜欢这个孙子，无论是巡视外地，还是远征蒙古，都要把他带在身边。朱棣把自己的经验和治国之道悉数传授给孙子，使朱瞻基进一步增长了才干。因此，朱瞻基既有父亲的学识和仁义，又有爷爷的英武和果敢。

朱瞻基十二岁时，被朱棣册封为皇太孙，明确了他皇位继承人身份。朱棣之所以没有废掉朱高炽的太子之位，与这个孙子有很大关系。在中国历史上，因为孙子而影响皇位继承的，并不是个例。雄才伟略的晋武帝坚持让白痴儿子继位，一个很重要的因素，是因为他有一个聪明绝顶的孙子，只有白痴儿子当上皇帝，聪明孙子才能继位。

1425 年五月，明仁宗病重，紧急召回尚在南京的朱瞻基。朱瞻基没有片刻停留，迅速北上。进入山东乐安州（今山东惠民县）地界后，朱瞻基一行突然转向，绕过乐安，转道奔赴北京。

朱瞻基是在提防心怀叵测的叔叔朱高煦，乐安是他的封地。朱高煦果然派出了刺客，想刺杀侄子，趁乱夺位。由于朱瞻基机智果断，朱高煦的阴谋没有得逞。

朱瞻基顺利继位，是为明宣宗。朱高煦刺杀不成，竟然公开造反，企图武力夺取皇位。明宣宗御驾亲征，不到一个月，就平息了叛乱，朱高煦和几个儿子相继被杀。

明宣宗在平定叛乱、巩固统治以后，开始精心治理国家。明宣宗首先选贤任能，重用贤臣。杨士奇、杨荣、杨溥皆有安邦济世之才，人称"三杨"，被明宣宗选入内阁，辅佐朝廷；于谦、周忱等人廉政爱民，被明宣宗提拔为巡抚。在明宣宗时期，贤臣辈出，人才济济，他们为开创仁宣盛世做出了重要贡献。

明宣宗改变了朱元璋、朱棣的严苛风气，而是继承了父亲明仁宗的宽和政风，对待大臣比较宽厚和包容。明宣宗还虚心纳谏，广开言路，君臣关系和谐，朝廷形成了宽松良好的政治生态。

明宣宗勤政爱民，实行与民休息政策。有一次，明宣宗去农田视察，见一农民正在耕地。明宣宗亲自扶犁耕田，没耕几下，就气喘吁吁。明宣宗对大臣们说："农民真是太苦了，朕推了几下，就累得不行，何况农民终年劳作呢？"由于明宣宗了解民间疾苦，他在位期间，实行了许多对百姓有利的政策措施。

明宣宗对官吏要求严格，不许他们扰民欺民。明仁宗时期设立了巡抚制度，加强对地方官员的巡察，明宣宗加强了这一机构，严厉惩处贪官污吏。

有一次，京畿地区发生了蝗灾，明宣宗迅速安排官员前去灭蝗，与此同时，他还派出督察人员，监督灭蝗官员的行为。明宣宗对大臣们说："从前闹蝗灾的时候，有些官员趁机贪污，敲诈百姓，百姓们说，他们比蝗虫危害还大。所以，今后决不允许这类事情发生。"

明宣宗十分珍惜民力，他在位期间，不搞大型工程，不大规模对外用兵，停止采木等浪费人力的活动。老百姓徭役很轻，能够安居乐业。

明宣宗主张慎用刑罚，而重在教化，因此，他大力推广儒学，提倡尊老爱幼的社会风尚，努力减少犯罪，力求形成良好的社会风气。

明宣宗重视发展经济，兴修水利，使粮食产量持续增长，各地粮仓都很充裕，百姓生活大为提高。商业、手工业十分发达，冶铁、造船、制瓷、织染水平，都超过前代。仁宣时期，是整个明朝的繁荣时期。当然，这个繁荣，是在朱元璋、朱棣等有为君主基础上形成的。

明宣宗也有缺点和问题，有的史书说，他喜欢斗蟋蟀，被人称为蟋蟀天子。但瑕不掩瑜，明宣宗是一位大有作为的皇帝，仁宣时期是明朝最好的时期之一。

又一场叔侄搏杀

明宣宗登基不久，发生了汉王朱高煦叛乱。朱高煦是明宣宗的亲叔叔，于是，在明朝历史上，再次出现了叔侄搏杀事件。这一次，是侄子把叔叔杀了。

朱高煦是朱棣的嫡次子、明仁宗朱高炽的同母弟，比明仁宗小两岁。朱高煦自幼凶悍，狂傲不羁，不爱学习，言行轻佻。朱元璋对这个孙子十分厌恶。

朱元璋驾崩，建文帝登基，朱高煦与兄长朱高炽一同入朝拜谒。舅舅徐辉祖见朱高煦游手好闲，品行不端，多次规劝他。朱高煦不仅不听，反而盗走徐辉祖心爱的宝马，私自跑回了北平，途中还杀害驿丞和无辜百姓，朝臣因此都指责燕王朱棣。

朱高煦身材高大魁伟，膂力过人，武功高强，脾气暴躁，在战场上是员悍将。朱棣有心起兵造反，朱高煦是得力助手，因而并不严厉约束他，而是有意放纵和包庇。

朱棣起兵造反的时候，留长子朱高炽镇守北平，命次子朱高煦为先锋。朱高煦果然是员猛将，在战场上不惧生死，英勇无敌，屡立战功，并多次救了朱棣性命。

在东昌之战中，朱棣被朝廷军队包围，大将张玉战死，形势十分严峻。在危急时刻，朱高煦率军赶到，杀入重围，救出了朱棣。在浦子口之战中，朱棣已经精疲力竭，无法坚持了，又是朱高煦率军赶到，击退朝廷军队，再次挽救朱棣于危难之中。

朱棣对朱高煦在战场上的表现很满意，曾经抚摸他的背说："好好干吧，你哥哥身体不好。"暗示有可能立他为太子。朱高煦心中暗喜，此后更加卖力。

朱棣夺了侄子建文帝的皇位，登基称帝。在立太子的时候，朱高煦十分活跃，倚仗功高，联络一批武将，企图争夺太子之位。但朝中大臣认为他狂妄自傲，大多数都主张立朱高炽为太子。

朱棣犹豫再三，觉得朱高炽仁贤，得到大多数朝臣拥护，又有朱元璋规定的立长制度，最终还是册封朱高炽为太子，而把朱高煦封为汉王，藩国云南。

朱高煦大怒，大叫道："我有何罪，为何要被赶到万里之外？"坚决不肯去云南。朱棣念其功高，不忍责罚，只好让他暂居北京，后改封青州。

朱高煦居功自傲，横行不法，擅自杀害朝廷军官，私自募兵数千人，时间不长，违法之事就多达数十起。朱棣大怒，予以斥责，剥夺冠服，囚禁起来，准备废为庶人。太子朱高炽再三为他求情，才使朱高煦免予处罚。

朱高煦对兄长并不领情，反而认为，江山是他打下来的，太子之位应该是他的。后来，朱高煦又被封到山东乐安州，他觊觎皇位之心依然不死，时刻准备找机会谋反，夺取皇位。

朱棣病逝的时候，大臣们严密封锁消息，让朱高炽顺利登位。朱高煦事先毫不知情，失去了一次作乱的机会。

朱高煦接受了教训，派亲信潜入北京，刺探情报，又让儿子朱瞻圻入朝，窥视朝廷动向。因此，明仁宗病危急召太子朱瞻基回京的消息，被朱高煦探听到了。

朱瞻基回京，必须经过乐安州。朱高煦觉得机会难得，立即派出刺客，准备截杀太子。没想到朱瞻基机警，绕道而行，使得朱高煦阴谋落空。

明宣宗朱瞻基继位称帝，时年二十七岁。朱高煦当时四十六岁，正值壮年，久经沙场，经验丰富，又因常年带兵，手下亲信武将很多，于是，他野心勃勃，加紧进行谋反活动，打算用武力夺取皇位。

朱高煦与山东都指挥使靳荣结成死党，又与王斌、韦达、朱恒、韦弘等旧将密谋，聚集兵马，将附近郡县的马匹抢掠一空，招募士兵，制作兵器旗帜，组成了五军。

朱高煦亲自统领一军，其他各军由王斌等人统领，几个儿子充当监军。朱高煦还私下里大封官职，任命王斌、韦达等人为太师、都督、尚书。朱高煦私自组成了朝廷，他自己俨然就是天子了。

朱高煦派亲信枚青等人潜入京城，联络旧部，打算作为内应。枚青等人聚集了一些旧部以后，又去勾结手握兵权的张辅。

张辅是张玉之子、"靖难之役"名将，曾与朱高煦并肩作战，因功被封为英国公。没想到，张辅却忠于朝廷，反对叛乱，他得知消息以后，立即派兵把枚青一伙抓了起来，并马上报告了明宣宗。朱高煦的造反阴谋暴露了。

这时，御史李浚也匆忙跑来报警，说朱高煦准备在乐安起兵造反。李浚是乐安州人，父亲死了，他在家中守孝。朱高煦把他召来，逼他参加谋反。李浚假装应允，却连夜抄小路进京禀报。

朱高煦谋反迹象十分明显，众臣纷纷要求迅速平叛。明宣宗不忍用兵，给朱高煦写了一封信，劝他悬崖勒马，不要妄动刀兵，派宦官侯泰前去送信。

朱高煦面南而坐，接见侯泰，愤愤不平地说："当年我九死一生，打下江山，皇上却听信谗言，将我迁徙乐安，使我终日郁郁不乐。你回去告诉瞻基，这样的日子我过够了。"侯泰畏惧朱高煦，唯唯诺诺，什么也不敢说。

朱高煦见阴谋已经暴露，干脆公开造反了。朱高煦学着他爹朱棣的样子，也打着"清君侧"的旗号，他给公侯大臣写信，指责皇上昏庸，身边全是奸臣，他要聚集天下兵马，清除奸佞，维护大明朝廷。其实，朱高煦颠倒黑白，明宣宗身边全是贤臣。

明宣宗见朱高煦不知悔改，叹口气说："汉王果然谋反。"于是，只好与群臣商议平叛之事。阳武侯薛禄主动请缨，明宣宗答应了。薛禄整顿兵马，准备率军平叛。

大臣杨荣劝明宣宗御驾亲征，说这是宣扬皇威的好机会。明宣宗觉得有道理，于是改变部署，自己亲自率兵平叛。

张辅认为不用劳驾皇帝，说："杀鸡焉用牛刀。臣愿领兵两万，将反贼擒获，献给皇上。"

明宣宗笑着说："朕相信，你去肯定会马到成功。可是，朕刚刚即位，也许还有心怀二意的人不服，朕亲自征伐，可以安定人心。"这正是杨荣给他提的建议。

明宣宗御驾亲征，走在路上，问众将："你们估计，朱高煦会有什么计策？"

众将议论纷纷，有的说，朱高煦可能会攻取济南，作为巢穴；有的说，他可能会引兵南下，占据南京，依靠长江天险，以图长久之计。

明宣宗听了，笑着说："你们说得都不对。济南虽近，但城池坚固，不易攻取；朱高煦的叛军都是乐安一带人，必不肯南下。朱高煦虽勇，但多疑而不能断，他敢造反，是欺朕年少新立，认为朕不会亲征，听说朕亲征，他必然乱了方寸。他的军队都是乌合之众，未必真心随他造反，得知朝廷大军到来，必会发生内乱。朕估计，根本不用激战，叛军便会土崩瓦解。"

明宣宗分析得很有道理，事实果然如此。朱高煦起初听说薛禄率军前来，心中窃喜，他看不起薛禄，认为打败他不成问题。后来得知皇帝御驾亲征，天子威严，又带有许多名将，朱高煦心里害怕起来。叛军听说皇帝亲自领兵前来，也都人心惶惶，失去斗志。

朝廷大军很快抵达乐安，将城池团团包围。明宣宗下令，擂响战鼓，招展旌旗，将士们齐声呐喊，震天动地。明宣宗令发射神机铳箭，声震如雷，威慑叛军。明宣宗造成了强大声势，使城内叛军胆战心惊。

与此同时，明宣宗继续给朱高煦写信，劝他投降；向城内发射大量传单，号召叛军士兵归降，并悬赏擒拿朱高煦。明宣宗的心理战起了作用，叛军不仅失去了与朝廷军队作战的勇气，反而三三两两地聚在一起，商议如何擒获朱高煦，向朝廷邀功。

朱高煦知道以后，心中大惧，雄心壮志和英雄气概荡然无存。朱高煦明白，军心已经涣散，无法与朝廷军队对抗，大势已去，于是秘密派人去见明宣宗，表示愿意出城归降。明宣宗同意了。

当天夜里，朱高煦将叛逆来往的书信全部焚毁，告别妻儿，准备出城去见明宣宗。王斌等人劝他说："宁可战死，不为人擒。"朱高煦假装答应，乘王斌等人不备，偷偷从小路出城，投降了朝廷。

明宣宗估计得不错，朱高煦叛军一仗没打，就土崩瓦解了。明宣宗宣布赦免城中叛军士兵之罪，将乐安州改为武定州，留下薛禄镇守，然后高奏凯歌，班师回朝。

事后，明宣宗诛杀王斌、靳荣等六百四十人，获罪和流放一千五百余人。明宣宗亲自写了《东征记》，记述了平叛过程，以示世人。

关于朱高煦和诸子的结局，《明史》记载说，明宣宗将朱高煦父子废为庶人，在西安门内建造房屋，将他们禁锢于内。后来，朱高煦及诸子相继死去。

有的野史说，明宣宗命人用三百斤重的铜缸将朱高煦扣住，在周围点燃木炭，将其活活烤死。有的野史甚至说，明宣宗将朱高煦的肉，分送给其他叔叔吃。明宣宗不是残暴之君，这种说法可信度不高。

朱高煦野心膨胀，阴谋造反，落一个身败名裂的下场，完全是咎由自取。

女中人杰张太后

　　1435 年，在位十年、开创仁宣盛世的明宣宗朱瞻基驾崩，享年三十八岁。他的长子朱祁镇继位，是为明英宗。

　　明英宗是明朝第六位皇帝，当时只有九岁，无法理政。因此，明宣宗在遗诏中说，国家大事要向张太后汇报，由张太后定夺。

　　张太后是明宣宗的母亲，明仁宗的皇后，明英宗的奶奶，明英宗即位后，她便升级为太皇太后。由于明英宗年幼，张太后成了实际上的统治者。张太后执掌朝廷十几年，选贤任能，延续了仁宣之治的繁荣，为明朝发展做出重要贡献，被誉为女中人杰。

　　张太后，河南永城人，出身官宦之家，父亲张麒，曾任京卫指挥使。张太后温柔贤惠，知书达理，嫁给朱高炽为妻，后被封为太子妃。

　　张太后孝谨温顺，侍奉朱棣和徐皇后尽心周到，甚得朱棣夫妇欢心。朱棣有意废太子另立汉王，张太后用心周旋，再加上她的儿子朱瞻基聪明睿智，朱棣一直没有忍心废掉朱高炽。

　　朱高炽对张氏十分尊重，称帝后封她为皇后。张皇后协助丈夫推行仁政，并以仁义统领后宫，受到人们赞扬。

　　明仁宗当了不到一年皇帝就死了，儿子明宣宗继位，张氏成了皇太后。明宣宗年轻，遇有大事，总要到后宫请教母亲。张太后见识高远，虑事周全，悉心帮助儿子治理国家，但从不出头，只是在背后为儿子筹划大事。明宣宗知道母亲有治国才能，所以临终前留下遗诏，国家大事由张太后决断。

　　明宣宗死后，皇太子朱祁镇才九岁，宫中流言四起，说要立襄王朱瞻墡为皇帝。朱瞻墡也是张太后的亲生儿子，时年三十岁。

张太后立刻意识到问题的严重性，马上召集群臣到乾清宫，指着朱祁镇说："太祖制定的立长制度不能变，这才是新天子。"在张太后主持下，朱祁镇顺利登基称帝，被称为明英宗。

明英宗年幼，大臣们有事都请示张太后，由张太后决定。张太后睿智果断，处理朝政很有分寸，群臣都很佩服。张太后决定的事情，都通过皇帝的名义对外发布。

有大臣上奏，请求张太后效法从前摄政的太后们，垂帘听政，临朝称制，以皇太后的名义发号施令。张太后不同意，说："不能破坏祖宗之法，只要委托贤臣辅佐朝廷，就可以了。"

张太后不想朝廷之事都由自己做主，更不想独揽大权，她通过精心挑选，选中杨士奇、杨荣、杨溥、张辅、胡濙等人，作为内阁大臣，主理朝政。这几个人，基本上都是明仁宗、明宣宗时期的旧臣，张太后对他们很熟悉，也十分信任。

张太后把几位大臣请来，含着泪说："你们都是前朝旧臣，忠心耿耿，德才兼备，我把朝政委托给你们，相信你们会尽心竭力，辅佐幼帝，光大我朝事业。"

杨士奇等人感激涕零，一齐跪倒，表示决心。这几个人都是忠诚正直的贤臣，一心为公，不谋私利，把朝政处理得井井有条，使得仁宣之治的政策继续执行，大明王朝仍然保持繁荣稳定。张太后对此功不可没。

杨士奇等人并不专权，他们佩服张太后，遇有大事，经常向她请示。张太后不想落个独揽朝政的名声，有时拉上儿媳孙太后一齐听政。孙太后是明宣宗的皇后、明英宗的母亲，也十分贤德，后来在土木之变的危急时刻，力挽狂澜，为明朝做出重大贡献。

张太后执掌朝廷大权，却不允许娘家人参政。她的弟弟张升，为人敦厚，又有能力，许多大臣上奏，请求重用张升，让他参与朝政。张太后始终不同意。

有个宦官，名叫王振。王振曾经是个落第秀才，略通经书，善解人意，明宣宗看中了他，让他服侍儿子朱祁镇。朱祁镇从小被王振服侍长大，两人关系十分亲密。

张太后却觉得王振心地不善，担心他日后会误导皇帝。有一天，张太后把王振召来，指责他侍候皇帝不循规矩，要赐死他。王振吓得浑身颤抖，跪在地上，流涕乞求饶命。

明英宗闻讯，急忙赶来，哭着为王振求情。大臣们也进谏说，王振尚无明显过错，杀之无名。大臣们说得有道理，张太后只好饶了他。

张太后警告王振说："你们这种人，自古多误国，皇帝年幼，哪里知道？今天因为皇帝和大臣们为你讲情，暂且饶你一次。你要谨慎做事，不可误导皇帝。"在张太后执政时期，王振一直小心谨慎，不敢造次。

1442 年，在明英宗十六岁的时候，张太后患病去世。史书没有记载她的年龄。

张太后死后，明英宗亲政，王振恃宠擅权，就开始猖狂了。

恃宠擅权王太监

　　王振是明朝历史上第一个专权的太监，他倚仗明英宗宠信，干预朝政，擅作威福，危害朝廷，是一个奸臣宦官形象。

　　王振，蔚州（今河北蔚县）人。他从小梦想出人头地，获得荣华富贵，曾经多次参加科举考试，但均名落孙山。王振见科举之路走不通，一狠心，便自阉入宫，当了宦官。

　　王振有些文化，又能说会道，被明宣宗看中，让他服侍儿子朱祁镇。朱祁镇从小被王振服侍长大，称呼他为王伴伴，两人关系十分亲密。

　　朱祁镇九岁那年，被立为皇帝。王振心花怒放，觉得可以出人头地了。可是，执政的张太后贤明精干，压制王振，还差点杀了他。王振没有办法，只得夹着尾巴做人，耐心等待机会。

　　张太后病逝以后，杨士奇等内阁大臣也先后病死或年老，明英宗朱祁镇开始亲政。明英宗亲政不久，就越级提拔王振为司礼监掌印太监。

　　司礼监是明朝宫廷里二十四个宦官衙门中最重要的一个，替皇帝掌管所有的奏章和文件，传达皇帝谕旨，还统领东厂等特务组织。其管辖范围之宽、地位之重要、权力之大，超过任何一个部门。

　　而在司礼监中，掌印太监名列第一，位置最高，负责完成谕旨最后的审核盖印。由于位置重要，历来由皇帝的心腹宦官担任。掌印太监往往利用皇帝的宠信，欺上瞒下，假传或篡改谕旨，干预朝政。掌印太监权势很大，素有"内相"之称。

　　王振得到这一重要位置，如鱼得水，大售其奸。他淋漓尽致地发挥自己善于察言观色的特长，千方百计迎合明英宗，把年轻的明英宗牢牢控制在手中；他利用明英宗深居简出、阅历浅薄、与朝臣接触少的弱点，歪曲事实，混淆是非，谋取个人私利。王振往往向明英宗嘀咕几句，就能决定一个大臣的升降去留，甚至生死。

明英宗对王振言听计从，称王振为先生，赐给他大量金银财富，还经常下诏赞扬他，诏书中充满了褒美之词。王振权倾朝野，红极一时。许多大臣争相与他结交，称他为"翁父"，一些奸佞之臣更是依附于他，拜他为干爹。

有一次，王振碰见干儿子王佑。王佑是工部郎中，年龄挺大了，却下巴光光。王振问他，为何不长胡子？王佑厚颜无耻地说："爹爹没有胡子，儿子哪里敢有？"王振哈哈大笑，第二天就奏报皇上，将王佑提拔为工部侍郎，由中层干部变为副部长了。

王振大搞结党营私，提拔亲信，形成自己的势力集团。凡是愿意依附他的，或者阿谀谄媚的，或者行贿送礼的，通通予以提拔重用。这样，从中央到地方，很快形成了王振的朋党势力。

也有一些大臣刚直不阿，不愿与王振同流合污，王振便对他们严厉打击，毫不留情。翰林侍讲刘球上书，请求皇帝亲自处理政务，不可使权力下移，触犯了王振利益。王振大怒，将刘球逮捕入狱，后又捏造罪名，将刘球处死，并将尸体肢解。大理寺少卿薛瑄、祭酒李时勉、巡抚于谦等人不肯依附王振，王振将他们关进监狱，差一点折磨死。

王振专横跋扈，为所欲为。朝中大臣只要稍微得罪了他，没有不受到迫害打击的。有一次，御史李铎遇见王振，没有跪拜，就被无故关进监狱，后被贬官流放到辽东铁岭。驸马都尉石璟，在自己家里责骂仆人，偏巧仆人是个阉人，又偏巧被王振听见了。王振同病相怜，找了个借口，把石璟投入监牢，受尽折磨。

王振不仅喜欢权力，更喜欢金钱。他大肆贪污受贿，搜刮钱财，家中财富堆积如山。他在京城大兴土木，建造豪华府邸，穷奢极欲，过着纸醉金迷的生活。后来，王振被抄家，金银有六十余库，玉盘一百多个，珊瑚树二十余株，其他珍玩不计其数。

朱元璋在世的时候，定下一条制度，禁止宦官干政，并铸一铁碑，放在宫门内，作为警示。王振得势以后，下令将铁碑移除了。

王振倚仗明英宗的宠信，大权在握，结党营私，培植党羽，排斥异己，迫害忠良，不仅干政，而且把持了朝政。这个时候的朝廷，贤臣已经所剩无几，连内阁大臣，都要听命于王振。王振处于一人之下、万人之上的崇高地位，他出人头地、荣华富贵的梦想，终于实现了。

此时，明英宗只有二十岁左右，并不完全成熟。明英宗自幼长于深宫，与王振为伴，因此，他对王振始终深信不疑，完全被王振玩弄于股掌之中。

明英宗没有想到的是，他最宠信的王振，很快就会给他带来巨大灾难，那就是土木之变。

土木之变英宗被俘

土木之变，也叫土木堡之变，是明朝历史上的重大事件。王振怂恿误导明英宗亲自领兵北伐，结果遭遇惨败，皇帝当了俘虏。土木之变影响极大，成为明朝由强而衰的转折点。

1449 年七月，北部边界传来警报，说瓦剌兴兵来犯，兵分四路，分别攻打大同、甘州、辽东、宣府等地，来势汹汹。

瓦剌是蒙古族的一支，最初居住在八河地区（今俄罗斯叶尼塞河流域），元朝时期向南迁徙，定居在阿尔泰山下广阔草原的西北部。为了争夺地盘，瓦剌经常与蒙古另一部落鞑靼发生战争。

在朱棣时期，曾经数次北伐，沉重打击了鞑靼势力，瓦剌趁机强盛起来，并依附于明朝，被明朝册封为王。仁宣时期，瓦剌与明朝总体上保持着友好关系，双方贸易活动频繁。

到了明英宗时期，王振恃宠擅权，干预朝政。可是，王振只知道专权跋扈，不懂治国理政，更不会处理与周边民族的关系，在贸易活动中常有摩擦，双方产生了矛盾。瓦剌首领也先，能征善战，野心勃勃，对明朝产生了强烈不满。

1449 年初，瓦剌向明朝进献贡马三千匹，按照惯例，明朝政府应该给予赏赐。可是，经过清点，发现瓦剌虚报冒领，贡马只有两千匹，而且质量参差不齐。王振很生气，克扣了赏赐。其实，瓦剌能够主动进贡，已经不错了，没有必要斤斤计较。

也先听说明朝克扣了赏赐，也十分生气，之后不断在边界制造事端，以泄私愤。这年七月，瓦剌又分兵四路，大肆骚扰明朝内地。

也先亲率主力九万人，进犯大同，其他三路都是疑兵，人数不多，只是虚张声势。由于多年没有战事，明朝武备松弛，塞外城堡接连失陷，大同守将吴浩战死。

消息传来，朝廷震惊，大臣们纷纷要求讨伐瓦剌。明英宗年轻气盛，更是不能忍受，他迅速调兵遣将，组织了二十万兵马，号称五十万，准备北伐，给瓦剌一点颜色看看。

王振对明英宗说："瓦剌小小部落，不堪一击，我天威大军一到，必定土崩瓦解。陛下应该御驾亲征，借机宣扬皇威。当年先帝征讨汉王，就是亲自领兵，皇帝御驾一到，汉王就乖乖投降了。"

明英宗时年二十三岁，他自幼长于深宫，九岁当皇帝，从小在王振陪伴下长大，不谙世事，更不知刀兵之凶险，只知道对王振言听计从。况且瓦剌确实不大，部众只有数百万，兵力充其量不过十几万人，应该不是大明王朝的对手。因此，明英宗听了王振的话，决定御驾亲征。

群臣听说皇帝亲自领兵北伐，一片哗然，纷纷劝阻。有的说，边鄙之患，不需烦劳圣驾，只派一员大将即可；有的说，北塞气候寒冷，皇上不必历经风霜；有的说，瓦剌骑兵凶悍，皇上不宜亲自冒险。可是，明英宗全都不听，他只听王振一个人的话。

1449年七月十七日，明英宗留下弟弟朱祁钰镇守北京，自己和王振率军出征。皇帝出征，自然有众多文武大臣跟随，其中有著名大将张辅等人。文臣武将虽多，可军中之事全由王振做主，连明英宗也是挂名的。王振根本不懂军事，又刚愎自用，不听众人意见，二十万明军处于危险之中。

明军出了居庸关，向北疾行。此时的塞北，已是寒冷季节，风雨交加，军粮又准备不足，将士们饥寒交迫，行走在泥泞道路上，人困马乏，不少士兵生起病来，尸体抛了一路。将领们要求停下休整，可是王振不许，一定要按时赶到大同，谁要再敢进言，王振就以扰乱军心的罪名，把他绑起来示众。

明军好不容易赶到大同，瓦剌兵已经撤走了。王振大喜，对明英宗说："臣预料得不错，我大军一到，敌军必会落荒而逃。我们应该乘胜追击，彻底消灭瓦剌。"明英宗也很高兴，一口应允。

明军经过长途跋涉，早已疲惫不堪，到达大同后，本想休息一下，可没等喘口气，又接到继续北进的命令。军令不可违，将士们只好愤愤地上路。越往北走，气候越寒冷，条件越艰苦，明军战斗力大受影响。明军队形不整，戒备松懈，稀稀拉拉，前后拉长了几十里。

也先率军北撤，实际上是诱敌深入，见明军中计，心中大喜，迅速在有利地形布置了埋伏圈。明军前锋部队一到，伏兵四起，杀声震天，明军猝不及防，数万前锋部队被瓦剌一口吞掉。

败绩传来，明英宗和王振皆大吃一惊。这时，又得到急报，也先正率领瓦剌骑兵，分多路向明英宗包抄过来。王振顿时惊恐万分，六神无主，急令撤退。明英宗、王振带头南逃，致使撤退毫无秩序，变成了溃败，被瓦剌骑兵分头追杀，损失惨重。

明军南撤，最近和最安全的路线，是从紫荆关（今河北易县西北）入关，大同总兵郭登等人都这样建议。王振起初接受了，可后来却强令改道，从蔚县一带撤军。原来，王振是想到老家耀武扬威一番。这样一耽误，瓦剌骑兵就追上来了。

王振见敌人追兵赶到，惊慌失措，急令大将朱勇领三万人断后掩护，自己和明英宗仓皇南逃。明英宗逃命心切，顾不上天子尊严，打马如飞，他的神驹宝马跑得快，一口气跑到了土木堡，把王振等人远远甩在后面。

土木堡位于河北怀来县城东南二十里，是一个船形城堡，城堡不大，无险可守，也没有水源。身边将士都劝明英宗继续前行，或者进入怀来县城。可明英宗见王振没有赶到，好像没有了主心骨，执意要在土木堡等候。

到了傍晚，王振等人气喘吁吁地赶来。众将士又要求赶快行军，可王振累了，又见天色已晚，不想夜里赶路，于是下令在土木堡宿营。

没有想到，第二天天刚亮，王振他们还没来得及启程，大批瓦剌骑兵漫山遍野赶到，将土木堡团团包围起来。负责断后的三万兵马已经全军覆没，朱勇也阵亡了。

明英宗和剩余明军被包围在土木堡一带，内无粮草，外无援兵，陷入绝境。随行的大臣和众将士纷纷痛骂王振误国误君，但于事无补，只得奋起抵御，与瓦剌军拼死搏斗。

明军与瓦剌军激战三天，尸横遍野，血流成河。最终，明军全军覆没，朝廷大臣和领兵将领大部分阵亡，死了五十多人。著名大将张辅，征战一生，功勋卓著，已经七十五岁高龄了，也不幸战死。

明英宗身边的侍卫全部牺牲，只剩下他一人了。明英宗见大势已去，只好下马，垂头丧气地坐在地上，束手就擒，听天由命。

一群瓦剌士兵围了上来，见明英宗穿的盔甲特别漂亮，喝令让他脱下来。明英宗不肯脱，一名士兵挥刀就要杀他，被一个小头目制止了。小头目见明英宗不像寻常之人，押着他去见也先邀功。

也先见是大明天子，喜出望外，高兴得像捡了个大宝贝，立即把他囚禁起来，打算用他要挟明朝，换取更大的利益。

那个误国误君的王振，也在土木之变中死了。关于王振之死，有着不同的记载。《明史》说，王振死于乱军之中。有的史书说，王振见已无生路，引刀自刎。还有的史书说，护卫将军樊忠痛恨王振误国，见王振想逃走，一锤砸碎了他的脑袋。樊忠也战死沙场。

土木之变，对明朝产生了极其重大的影响。二十万明军被消灭，五十多位文武大臣死于战场，精英人物几乎损失殆尽，给朝廷造成巨大损失；土木之变以后，朝廷内斗尤其是皇位之争趋于激烈，朝廷混乱，由强盛开始走向衰落。

瓦剌大获全胜，又俘虏了大明皇帝，军心大振，士气高涨。不久，也先率领得胜之师，挟持着明英宗，向南进兵，攻打北京城。

此时的北京城内，乱作一团，面对皇帝被俘、大敌压境，他们怎么办呢？

朝堂群殴酿血案

明英宗御驾亲征，所带文臣武将众多，又有二十万精锐之师，人们都认为，此去必定会马到成功。

可是，万万没有想到，明军全军覆没，皇帝也被掳去，失败如此之惨，大出人们意料之外。噩耗传来，举国震惊，一片恐慌，犹如天塌一般。

此时，镇守京师的最高长官，是明英宗的弟弟郕王朱祁钰。朱祁钰只有二十二岁，他六神无主，只好立即召集朝臣，紧急商议对策。

在朝堂上，大臣们情绪激动。有的痛哭流涕，痛心疾首；有的表情紧张，惊恐不已；有的手足无措，呆如木鸡。朝堂之中充满了悲哀、惊慌气氛，但朝臣都束手无策，谁也拿不出好主意。

突然，右都御史陈镒停止了哭泣，咬牙切齿说："国家遭此大难，都是王振那个奸贼害的！他极力怂恿皇上亲征，又擅权误国，致使皇上蒙难，国家蒙羞。必须将王贼灭族，方解我等心头之恨。"

陈镒的话引起共鸣，犹如点燃了火药桶，群臣立刻情绪激昂，大呼小叫，纷纷谴责王振的罪行。这些年来，王振一手遮天，恣意横行，大臣们敢怒而不敢言，如今怨恨情绪像火山一样迸发出来，完全不顾朝堂礼仪。

朝臣中也有几个王振的亲信死党，如锦衣卫指挥使马顺，以及毛贵、王长随等人。这几个亲信见群臣激愤，都吓得面色灰白，耷拉着脑袋，一声不吭。

主持朝会的朱祁钰也被震住了。朝堂本是庄严肃穆之地，平时只见天子发号施令，群臣皆唯唯诺诺，大气都不敢出，谁要高声说话，失去礼仪，立刻就会遭到惩罚。可如今这些温文尔雅的臣子，却像换了个人一样，言辞激烈，甚至咆哮如雷。这种场景从来没有发生过。

朱祁钰一时恐惧，也拿不定主意，于是宣布退朝，改天再议，起身要走。可不知是什么人，把大门关上了，朱祁钰不能脱身。群臣围着朱祁钰，纷纷要求诛灭王振全族。

朱祁钰知道王振是明英宗的第一红人，如今明英宗虽然被俘，却还活着，不知道能不能回来。因此，朱祁钰不敢将王振灭族，但众怒难犯，不处罚王振，难以平息众人怒火。于是，朱祁钰缓了一步，下令抄没王振家产，并派锦衣卫指挥使马顺前去执行。众臣不满意，仍然吵吵闹闹的。

马顺是王振的死党，他无才无德，全靠巴结王振才当上高官。马顺起初见众人愤怒，感到胆战心惊，现在见朱祁钰态度暧昧，似乎胆子大了起来，想给朱祁钰解围，也想给王振鸣不平。

马顺呵斥众人说："郕王已经下令，你们还要吵闹，成何体统？王公已经为国捐躯，你们还要灭他全族，是何道理？"

马顺没有想到，他的呵斥，犹如火上浇油，群臣激情再次迸发出来。户科给事中王竑奋而跃起，冲向前去，一把抓住马顺的头发，破口大骂："你们这帮奸党，祸国殃民，论罪当诛，现在还敢猖狂，恨不得生啖你肉。"

王竑一边骂着，一边张嘴咬住马顺的脸，狠狠地咬下一块肉来。马顺顿时血流满面，疼得嗷嗷乱叫。

王竑是湖北武汉人，进士出身，为人儒雅，不料今天却变得像头雄狮。见王竑带了头，群臣一拥而上，对着马顺拳打脚踢，有的还用牙咬。不大一会儿，马顺浑身是血，倒在地上死了。

群臣打死马顺，还不解气，又把毛贵、王长随揪出来，围着他俩痛殴。毛贵、王长随连声惨叫，大臣们红了眼，并不理会，活活把他们打死了。

堂堂朝廷，出现了群臣斗殴，而且引发命案，这在中国历史上罕见，史称明朝午门血案。

群臣出于义愤，殴死奸臣，大大出了胸中一口恶气，但同时也感到后怕，毕竟在朝堂之上，公然打死朝廷官员，不仅有悖朝廷礼仪，而且属于犯罪行为。

面对朝堂混乱和血腥场面，朱祁钰胆战心惊，几次起身要走。兵部侍郎于谦挤到朱祁钰身边，一边拉着他，一边劝慰，说马顺等人死有余辜，群臣只是痛恨奸党，不会危害郕王。于谦趁机建议，请朱祁钰下令，赦群臣无罪，并诛杀王振全族。于谦用力拉住朱祁钰，连袍袖都扯开了。

在于谦劝慰建议下，朱祁钰逐渐恢复了平静，他其实也对王振专权不满，如今见已成事实，于是顺水推舟，宣布马顺等人罪有应得，不再追究群臣责任，并令陈镒负责，诛杀王振全族及其党羽。

陈镒得到命令，立即组织人马，将王振全族诛杀，并将其党羽一网打尽。朝中大臣和京城百姓拍手称快，扬眉吐气。

午门血案清除了王振势力，纯洁了内部，为抵御外敌创造了良好条件。可是，瓦剌对北京城虎视眈眈，朝廷群龙无首，大明王朝仍然处于危机之中。

这个时候，一个女人挺身而出，力挽狂澜，稳定了局势，使大明王朝度过危机，在历史上留下一段佳话。

力挽狂澜孙太后

土木之变噩耗传来，举国震惊，朝廷处于混乱和危机之中。在这关键时刻，一位女性站了出来，力挽狂澜，稳定了局势，使大明王朝化险为夷。这位不简单的女人，就是明英宗的母亲孙太后。

孙太后是山东邹平人，出身小吏之家，其父孙忠，当过永城县主簿。孙太后从小聪明伶俐，十分可爱。明仁宗张皇后的母亲是永城人，见到孙太后非常喜欢，将她带进宫去，交给女儿张皇后抚养。

孙太后入宫时只有十岁，张皇后也很喜欢她，教她宫中礼仪，并与儿子朱瞻基一块儿学习文化。孙太后与朱瞻基同岁，两人青梅竹马，感情深厚。

朱瞻基称帝以后，母亲张皇后升级为张太后。由张太后做主，封孙太后为贵妃，生下长子朱祁镇。后来，朱瞻基以胡皇后无子为由，废了胡皇后，封孙氏为皇后。

朱祁镇九岁继位称帝，是为明英宗。因明英宗年幼，张太后执掌朝廷。张太后很器重儿媳孙太后，有时拉上她一块儿听政。孙太后温柔贤德，也颇有治国才能，遇事很有主见。张太后死后，明英宗亲政，孙太后就避居深宫，不再过问朝政。

明英宗年轻，惹下了土木之变大祸。当时镇守京师的朱祁钰也很年轻，乱了方寸。孙太后在朝廷辈分最高，明英宗又是她的儿子，她不能稳居深宫了，只得出面主持危局。

孙太后知道，要想稳定局势和人心，最好的办法，是把明英宗营救回来。于是，她立即派出使者，携带一批珍宝，去塞北与瓦剌谈判，请求放回明英宗。

可是，瓦剌胃口很大，开出了天价，并提出割让土地等无理要求，如果答应了瓦剌条件，国家将蒙受巨大损失。所以，尽管明英宗是孙太后唯一的儿子，但孙太后不能拿国家的重大利益，去换取儿子的性命。经过几番谈判，最终，孙太后含泪拒绝了瓦剌的要求。

孙太后心里明白，拒绝了瓦剌的要求，瓦剌必不会善罢甘休，一场大战在所难免。于是，孙太后命朱祁钰监国，擢升于谦为兵部尚书。原来的兵部尚书，已经在土木之变中殉国了。孙太后紧急动员朝廷各部门，迅速做好京城保卫战的各项工作，准备抵御瓦剌的进攻。

孙太后每天牵挂着儿子明英宗，整日以泪洗面，她知道北方寒冷，多次派人给儿子送去御寒棉衣，还送去儿子爱吃的食物。但她作为明朝的皇太后，不能拿重大的国家利益做交易，能为儿子做到的，也只有这些了。

瓦剌俘获明英宗之后，如获至宝，经常挟持着明英宗，侵扰内地，攻打城镇，还以明英宗的名义发号施令，骗取关防和财物。明朝将士见皇帝在敌人手里，皆束手束脚，十分被动。瓦剌经常利用明英宗，威胁朝廷，搞得大臣们不知所措。

于谦和一些大臣联名上奏孙太后，请求孙太后暂时立一个新皇帝，以挫败瓦剌拿明英宗要挟的阴谋。大臣们还说，瓦剌只有觉得明英宗没有利用价值了，才有可能放他回来。

当时，明英宗的儿子都很小，长子朱见深也只有三岁，在这危难之时，显然不适合登基。所以，众臣都倾向于拥戴郕王朱祁钰为帝。

朱祁钰不是孙太后的亲生儿子，其母是吴贤妃。孙太后尽管心中不舍明英宗，但觉得这是稳定局势的好办法，只好以江山社稷为重，同意了大臣们的要求。

1449 年九月，在土木之变一个多月之后，孙太后果断下诏，以皇太后的名义，册立朱祁钰为皇帝，史称明景帝。

孙太后此举，立见效果，政局很快稳定下来，人心恢复了平静，朝廷政务也有序运转。明景帝干得很不错，他在孙太后支持下，重用贤臣，击退瓦剌入侵，取得北京保卫战胜利，然后励精图治，在政治、经济、军事等方面进行整顿和改革，清除王振专权时的弊端，使明朝趋于稳定，成功摆脱了危机。

孙太后凭着丰富的政治经验和无可替代的皇太后之尊，以大局为重，挽救危局，对维护明朝统治发挥了重大作用，功不可没。

孙太后毕竟是一位母亲，心里仍然倾向自己的儿子，她在立朱祁钰为帝的同时，册封了明英宗儿子朱见深为皇太子。后来，在明英宗复辟二次称帝过程中，孙太后也起到了重要作用。这是母亲的天性所致，不必苛求。

1462 年，为明朝做出重大贡献的孙太后病逝，享年六十四岁。

于谦保卫北京

瓦剌听说明朝立了新皇帝,知道明英宗的利用价值降低了,十分恼怒,出动大军,气势汹汹地向北京杀来,一场轰轰烈烈的北京保卫战打响了。指挥北京保卫战的,正是于谦。

于谦,杭州钱塘(今杭州上城区)人,出身官宦世家。于谦从小勤奋好学,很有志向,长大后满腹学问,为人正直,性情刚烈。他崇拜民族英雄文天祥,把文天祥画像悬挂于座位之侧,几十年如一日,天天瞻仰。

于谦二十四岁时,考中进士,步入仕途。当时正值仁宣盛世,政治清明,皇帝知人善任,于谦很快脱颖而出,入朝当了御史。

汉王朱高煦谋反的时候,于谦跟随明宣宗出征。朱高煦无奈投降之后,明宣宗让于谦数落他的罪行。于谦义正词严,声色震厉,一条一条列举他的罪状,朱高煦被骂得抬不起头来,趴在地上不停地发抖。明宣宗十分开心,重赏了于谦。

明宣宗知道于谦有才干,越级提拔他为兵部右侍郎。后来挑选巡抚时,明宣宗亲自写了于谦的名字交给吏部。于谦代表朝廷,先后巡视山西、河南等多个地方。于谦轻车简从,深入民间,访贫问苦,体察民情,监督吏治,纠正冤狱,大得人心,被百姓称为清官,名声远扬。

王振专权时期,御史有人与于谦名字相似,弹劾王振。王振以为是于谦,于是罗织罪名将其下狱。后来王振了解到是误会,于是将于谦释放。于谦本是河南、山西巡抚,经过此事后,被贬为大理寺少卿,于是河南、山西百姓上书请求留任于谦,迫于压力,朝廷又重新任命于谦为巡抚。

土木之变以后，于谦升任兵部尚书，掌管军事，成为朝廷的中流砥柱。在稳定局势、清除王振党羽、拥戴朱祁钰称帝、筹备北京保卫战等方面，于谦都发挥了重要作用，深得孙太后和明景帝信任。

按照明朝体制，兵部尚书是不能直接指挥军队的。明景帝专门下诏，授予于谦"提督各营军马"，命京城各营将士皆受其节制，并授予于谦先斩后奏之权。于是，于谦成了京城军队的最高指挥者，担负起了保卫北京的重任。

于谦知道，瓦剌迟早会来进攻的，他夜以继日地谋划筹备保卫北京事宜。为了弥补兵力不足，于谦奏请明景帝下诏，紧急从外地调兵入京，使京城军队达到二十二万人；为了适应防御作战的需要，于谦把军队分成十个团营，形成了以城为营、以战为守、内外夹击的作战部署。于谦重视后勤保障，补充大量火器，军粮充足，还给每个士兵预支了半年军饷。于谦做好了各种准备，决心给来犯之敌以迎头痛击。

1449 年十月，瓦剌挟持明英宗，大举南下，兵分两路，直扑北京。一路进攻居庸关，从正面吸引明军；也先亲率主力，经大同进入紫荆关，迂回北京。

明军在土木之变中损失惨重，尤其是心灵遭到重创，许多将士惧怕瓦剌骑兵，士气低落。而瓦剌军队则士气高涨，耀武扬威，一路攻关夺隘，势不可当，只用十余天时间，就抵达北京城下。

在瓦剌军抵达京城之前，许多将领建议固守城池，不要出城作战。于谦不同意，认为示弱会使敌人更加猖狂，于是采取了背城决战的方略。于谦把二十多万兵马阵列京城九门之外，严阵以待，准备与敌决战。

也先在土木之变中大获全胜，有些狂妄，他原以为，明军遭受重创，北京城必定人心惶惶，混乱不堪。也先率军来到北京城下，却见数十万明军背城列阵，刀枪炫目，旌旗蔽日，威武严整，不觉有些气馁。

也先把明英宗押至阵前，大叫道："大明皇帝有旨，令于谦、石亨等人前来拜见。"明军将士见了，皆面面相觑，不知所措。

于谦对将士们说："社稷为重，君为轻。如今大敌当前，顾不上君臣之礼了。"于谦、石亨等高级将领，下马哭泣着遥拜明英宗，但并不前去。他们知道，如果去了，肯定就回不来了。

也先见于谦等人不上当，只得下令攻城。瓦剌军队没有明军人多，不能四面攻城，于是集中兵力攻打德胜门。因皇帝在敌人手里，明军束手束脚，不敢施放火器和弩箭，只得退入城中，关门坚守。

第二天，于谦心生一计，佯装战败，把瓦剌兵诱入德胜门，而事先埋伏了神机营。神机营是持有火器的部队，威力巨大。瓦剌骑兵狂叫着冲入德胜门，正好陷入神机营的包围圈。随着一声令下，数千火器同时发出愤怒的火焰，进入城中的瓦剌骑兵全部被歼。

也先见德胜门坚不可破，又去攻打彰仪门、西直门，同样碰得头破血流。于谦事先准备的大量火器弩弓，此时发挥了巨大作用。明军分作两队，前队持火器，轰击远处之敌；后队持弩弓，专射近敌。瓦剌军被打得人仰马翻，损失惨重，也先的弟弟也被火器轰死了。

也先连续攻城十多日，毫无进展，白白丢下一片尸体。北京城就像铜墙铁壁一般，屹立不倒。也先无奈，又以明英宗相要挟，与城中谈判，索取财物。城中不予理睬。

也先无计可施，只得下令撤兵，灰溜溜地返回塞北。北京保卫战取得完全胜利，大长了军民士气，大明王朝转危为安。于谦对此功莫大焉。

也先回到塞北以后，又羞又怒，觉得明英宗没有起到任何作用，想要杀他泄愤。也先手下也有聪明之人，说杀了明英宗没有什么好处，不如把他放回去，引发明朝内部争斗。也先觉得有道理，便无条件地把明英宗放了回去。

后来，瓦剌内部分裂，也先被暗杀，瓦剌势力衰落，对明朝构不成威胁了。

明英宗被放回来以后，明朝出现两个皇帝，果然引发内部争斗。于谦在皇位之争中无辜被杀，含冤而死，享年六十岁。

于谦得到后世高度评价，他的著名诗作《石灰吟》流传至今。诗曰："千锤万凿出深山，烈火焚烧若等闲。粉骨碎身浑不怕，要留清白在人间。"

于谦就像他的诗作一样，忠心报国，清白做人，名垂千古，受万世敬仰。

临危即位明景帝

朱祁钰是明朝第七位皇帝，被称为明景帝。明景帝是在土木之变后危急时刻即位的，他与孙太后、于谦一样，也为挽救明朝危局做出了重大贡献。

朱祁钰是明宣宗朱瞻基的次子，是明英宗同父异母的弟弟。明宣宗只有这两个儿子，两个儿子相差一岁。

朱祁钰的母亲姓吴，江苏镇江人。《明史》说，她原是明宣宗的侍女，生下儿子后被封为贤妃。有的史书说，吴氏原是汉王朱高煦的妾侍，被明宣宗占有，私生一子，母子长期隐藏宫外，直到明宣宗临死前才接进宫里，予以承认。

朱祁钰八岁时，父亲明宣宗死了，他被封为郕王。朱祁钰在宫中地位不高，养成了为人谨慎的性格。好在明宣宗儿子不多，明英宗只有这一个弟弟，所以，明英宗领兵征伐瓦剌的时候，命朱祁钰镇守京师。

很快发生了土木之变、明英宗被俘的重大事件，京城一片惊慌，许多富户纷纷向外转移财产，甚至逃离。有些大臣也悲观失望，偷偷把子女送往南京。

朱祁钰神情惊慌，急忙召集大臣商议。朱祁钰缺少威严和权威，结果发生了朝堂群殴、打死王振死党事件。朱祁钰却能够审时度势，下令诛杀王振全族，清除王振党羽，稳定了朝廷内部，也赢得大臣们对他的拥护。

在于谦等大臣的建议下，孙太后册立朱祁钰为皇帝。朱祁钰惊恐不安，再三推辞，可当时没有其他合适人选，朱祁钰只得临危受命，主持大局。

1449年九月，在孙太后主持下，朱祁钰临危即位，诚惶诚恐地登上皇帝宝座，年号景泰，史称明景帝，也叫景泰帝、明代宗。

明景帝尊哥哥明英宗为太上皇，尊母亲吴贤妃为皇太后，封明英宗儿子朱见深为皇太子，表明日后皇位仍然属于哥哥一脉。

明景帝登上帝位，却面临着很大危机。瓦剌俘获了明英宗，有恃无恐，准备发兵南下，攻打北京。当时北京城内和周围一带，朝廷只有十万军队，兵力明显不足，北京处于危险之中。

明景帝召集群臣商议。大臣徐有贞说，星象有异，北方当有灾难，应该迁都南京，以避祸难。不少人随声附和。

于谦奋而跃起，厉声说："提议南迁之人，应当斩首！京师是天下根本，只要一动，便大事去矣。难道不见宋朝南渡之事吗？"

明景帝此时是名正言顺的皇帝，已经有了天子威严，他一改往日小心谨慎的作风，大声说："于尚书说得对！我们必须同心协力，共同对敌，再有妄议迁都者，严惩不贷。"

明景帝十分信任于谦，委托他全权指挥北京保卫战，他自己也没闲着，发布一道道诏令，全力支持于谦的备战工作。

明景帝发出诏令，紧急调来山东、河南和江浙一带的部队，使北京兵力达到二十二万人，超过了瓦剌军队。明景帝还下令，从各地征调大量火器和军用物资，为北京保卫战提供了坚强保障。明景帝命北京官员把百姓组织起来，编成工程队、运输队、救护队，进行训练，以备战时之需。

在明景帝、于谦和众将士的共同努力下，北京保卫战取得辉煌胜利，大明王朝终于度过危机，转危为安，明景帝长出了一口气。

击退了瓦剌的进攻，明景帝开始精心治理国家。他选贤任能，选拔一大批德才兼备的官员进入朝廷，同时加强吏治，整顿官僚队伍；他除弊革新，进一步清除王振余党，恢复朝廷秩序；他关注民生，减免税赋，救灾赈民。时间不长，明朝出现了新气象。

明景帝干得正欢，一个意外消息传来，让他左右为难。瓦剌要把明英宗无条件地放回来，让明朝派人去接。明景帝十分不愿意让哥哥回来，可是没有理由拒绝。明景帝陷入两难境地。

于谦劝他说："应该迎接太上皇回来，不然的话，会失去人心，也让瓦剌笑话。"

明景帝一脸的不高兴，说："当初朕并不想坐这龙椅，都是被你们硬推上来的。也罢，太上皇回来了，朕就把皇位让给他。"

于谦赶紧说："帝位已经确定，岂能随意更改？万一太上皇有什么阴谋，臣自有话说。"

明景帝看着于谦的脸，有些放心了，说："那就听你的。"明景帝先后派右都御史李实、礼部侍郎杨善为使者，去塞北迎接明英宗。

明英宗见到李实，潸然泪下，悲伤地说："朕在这里一年了，吃尽了苦头，好不容易才见到你们。"

李实为人耿直，说："皇上遭受屈辱，都是因为太宠信王振了。希望皇上回京以后，能够主动承担责任，引以为戒。"

明英宗听了，很不高兴，说："朕用错了王振，这是事实，可王振在时，群臣都不进言，现在却把责任归结于朕。"明英宗对李实记恨在心，他复辟以后，把李实削官为民。

明景帝迎回了哥哥，将他软禁在南宫，严加防范，不许他与外界接触，也不许大臣前去探望。明英宗又过了七年囚徒般的生活。

在此期间，明英宗百无聊赖，无所事事，明景帝却励精图治，大显身手。在政治上广开言路，虚心纳谏，招贤纳士，吏治为之一新；经济上实行舒恕政策，安抚民众，停止各类采办，治理水患，发展生产；文化上制定《寰宇通志》，形成明代地方总志；实行和平外交政策，与周边国家保持友好往来。从《明史》记载来看，明景帝比哥哥明英宗干得好。

明景帝当皇帝时间长了，地位日渐巩固，便对皇位十分留恋，他不仅自己当皇帝，还想让儿子继续当皇帝。这种想法属于正常，可以理解。

1452 年，明景帝不顾众人反对，废掉了侄子朱见深，另立了自己的独生儿子朱见济为皇太子。当时，朱见深六岁，朱见济八岁。

然而，天不保佑，朱见济当太子第二年就死了。这事对明景帝打击极大，从此身体每况愈下。

1457 年，明景帝病重。趁此机会，一些大臣拥立明英宗复位，皇位又重新归于明英宗。这就是明朝历史上有名的南宫复辟，又叫夺门之变，宫廷斗争日趋激烈。

明英宗再次当皇帝

明英宗朱祁镇真是命好，他九岁就当皇帝，有祖母张太后替他操劳；亲政后虽有土木之变，却也有惊无险；被弟弟明景帝软禁七年，可明景帝没有继承人，在一些大臣策划下，他再次轻松登上帝位。

明景帝废了侄子朱见深，立自己的独生儿子朱见济为皇太子，希望皇位在自己一脉传承。可没有想到，朱见济不久就死了，明景帝悲痛欲绝。

当时人们相信天命，纷纷议论说，天命不在明景帝这一脉，而属于明英宗一系。大臣钟同冒冒失失地上书，说："太子薨逝，足知天命，请复立朱见深为皇太子。"明景帝大怒，将钟同下狱杖死。

此后，明景帝再也没有立太子，他没有儿子，也无太子可立。明景帝身体越来越差，几年之后病情越发严重，经常无法上朝。众臣都认为，明景帝的身体恐怕支撑不了多久了，需要赶快立一个继承人。

于谦等大臣建议，复立朱见深为皇太子。朱见深是明英宗的长子，已经十一岁了，应该是最合适的人选。可明景帝曾经废过他的太子之位，又软禁着他的父亲，心里很不情愿，不置可否。

大臣王文见明景帝心里不愿复立朱见深，便劝他立襄王朱瞻墡的儿子为皇太子。可朱瞻墡是明仁宗朱高炽的儿子，血缘关系稍远一些，明景帝犹豫不决。

就这样，皇帝有病，又难以确定继承人，这自然成了朝廷的头等大事。大臣们又一次议论纷纷，都在为江山社稷担忧。

在这种情况下，有些人很自然地想到了被软禁在南宫的明英宗。明英宗当时三十一岁，正值年富力强；他虽然有因宠信王振而造成土木之变的错误，但其他方面尚无大的劣迹；他曾经当过十四年皇帝，亲政六年，有着不少旧臣，有些旧臣对他被俘和软禁的遭遇十分同情。于是，一些大臣悄悄酝酿，想拥立明英宗复位，史称南宫复辟。

后世许多人对南宫复辟持否定态度，但笔者认为，南宫复辟是在没有皇位继承人的特殊情况下发生的，有着一定的合理性。无论从哪个角度说，拥戴一个现成的年长皇帝，总比立一个小孩子要好。

南宫复辟的主谋之一，是手握兵权的大将石亨。石亨是陕西渭南人，勇猛善战，得到明英宗重用，属于明英宗旧臣。石亨随明英宗北伐，在土木之变中杀出重围，逃了回来，又得到明景帝和于谦器重，在北京保卫战中立有大功，被授予镇朔大将军。

石亨同情明英宗的遭遇，又想借此机会立下大功，于是，他秘密串联大臣徐有贞、张𫐐、杨善、王骥和宦官曹吉祥等人，对他们说："皇上病已沉重，又无太子，不如请太上皇复位，我们便立下了不世之功。"

几个人都是明英宗时期的旧臣，一拍即合，立即分头进行活动。曹吉祥马上进入后宫，将这一计划密报孙太后。孙太后觉得是个好办法，明英宗又是她的亲儿子，于是表示支持。石亨一伙的胆气更壮了。

1457年一月十六日，已经多日不上朝的明景帝感觉身体好了一点，传谕说明天召开朝会。于谦等人很高兴，商议要在朝会时再次奏请，复立朱见深为皇太子。石亨一伙也做好了各种准备，决定就在当天夜里动手。

按照分工，石亨、张𫐐负责带兵控制京城；曹吉祥负责安排宫中事宜；徐有贞、杨善、王骥等人负责进入南宫，护送明英宗去皇宫。入夜以后，各人分头行动，政变活动有条不紊地进行。

半夜时分，徐有贞换上朝服，忐忑不安地离开家，临行前对妻子说："我要去干一件大事，事成是国家之福，不成是我徐家灭顶之灾。你要做好心理准备。"徐妻听了，十分惊讶，想要细问，徐有贞已经头也不回地走出了家门。

徐有贞与杨善、王骥会合，王骥已经七十多岁了，不仅自己披甲上马，而且把儿子和成年孙子全都带上。几个人带着家丁和亲信士兵，悄悄向南宫进发。

石亨、张辄等人已经控制了京城，徐有贞一伙没有遇到阻拦，顺利到达南宫。明英宗已被软禁七年，对他的监视日渐松懈，徐有贞一伙轻松制服了监视人员，进入明英宗寝室。

明英宗在睡梦中被惊醒，忽见一伙人闯了进来，大惊失色，认为是弟弟派来杀他的。徐有贞等人一齐跪倒，口称万岁，说要请他复位。

明英宗又惊又喜，半信半疑，他担心是明景帝派人来试探他，于是进行详细询问。徐有贞把整个计划从头到尾向明英宗做了禀报，明英宗见徐有贞十分诚恳，说得合情合理，放下心来，对他们褒奖一番。

明英宗坐上轿子，在徐有贞一伙的簇拥下，急速向皇宫奔去。在路上，明英宗还不停地询问有关事项，并挨个儿询问参与计划的人员名字，表示事成之后，一定给予封赏。

明英宗一行顺利来到皇宫东华门，守门士兵是明景帝的侍卫亲军，上前盘问。明英宗掀开轿帘，探出头去，喝道："我是太上皇！"守门士兵见了，皆跪倒在地，不敢阻拦。

明英宗等人进入皇宫，迅速奔向朝廷举行朝会的奉天门，进入奉天殿。石亨、曹吉祥等人早已布置好了，将明英宗扶上龙椅，周围安排好武士，然后敲响钟鼓，召集群臣前来。

此时天色微明，已经快到上朝时间，群臣都在午门外等候，听到钟鼓声，鱼贯而入。可当他们站定以后，抬头一看，全都目瞪口呆。端坐在龙椅上的，不是当今皇帝朱祁钰，而是八年前的皇帝朱祁镇。

群臣面面相觑，不知所措，正在犹豫之际，徐有贞大喊一声："太上皇复位了！"

明英宗毕竟当过十几年皇帝，具有天子威严，他神情冷静，用眼光扫视群臣，缓缓地说："皇弟病重，委托朕来主持国事。你们仍然官居原职，各尽其责，继续为朝廷效力。"

石亨、徐有贞一伙带头跪倒，高呼万岁。群臣见事已至此，又见周围有众多武士，只得跪倒参拜。其中有不少人，是真心拥护明英宗复位的。因此，明英宗兵不血刃，顺利复辟成功，第二次当上皇帝。

这天凌晨，明景帝拖着病体，勉强起床，梳洗穿戴，准备上朝，忽听钟鼓齐鸣，感到奇怪，觉得比平时早了一些，便派人打探。

过了一会儿，宦官慌慌张张回来报告，说太上皇复位了。明景帝愣了半天，叹口气，说："好，好，好。"然后脱掉衣服，重新上床躺下。一个月之后，明景帝去世，年仅三十岁，依然以郕王之礼下葬。

明英宗复位以后，大赏功臣。石亨功劳第一，被封为忠国公；徐有贞升任兵部尚书，封武功伯，后成为内阁首辅，主理朝政；张𫐐、杨善、王骥、曹吉祥等有功人员，皆有封赏，众人皆大欢喜。

与此同时，明英宗迫害打击忠于明景帝的大臣，于谦、王文被杀，一批官员获罪或被免职。真是一朝天子一朝臣。

明英宗复位以后，又当了七年皇帝。明英宗经历了被俘、软禁等苦难，年龄也大了，应该比较成熟，可惜他长进不大，依然没有什么作为，而且重用奸佞，迫害贤臣，致使明景帝时期恢复的国力再度受创。

明英宗唯一受到后世称赞的，是废除了宫妃殉葬制度。这个制度，是从明太祖朱元璋开始的，十分野蛮，明英宗下诏把它废除了。这或许是明英宗历经磨难之后的灵光一点。

明英宗最大的问题，依然是忠奸不分，用人不明。他复位以后，清除了许多明景帝时期的贤臣，而重用和宠信石亨、曹吉祥等人，结果使得这些人恃宠骄横，放纵不法，最终酿成石曹之乱，大明王朝更加混乱。

石曹之变朝廷混乱

在南宫复辟中，石亨、曹吉祥出力最多，得到明英宗宠信和依赖。然而，他俩却恃宠放纵，横行不法，后来又野心膨胀，相互勾结，图谋叛乱，结果身死名裂。

石亨本是一介武夫，靠着投机，骤然受到皇帝恩宠，执掌大权，顿时飘飘然起来。石亨倚仗职权，大肆提拔族人和亲信，他的家族有五十多人得到提升，其部下、朋友受惠者更是多达四千多人。一些趋炎附势的小人，纷纷投拜在他的门下，石亨很快形成了庞大势力，亲信党羽遍布朝廷和地方。

于谦对石亨有恩，在土木之变中，石亨的军队全军覆没，他只身逃回了北京。明景帝本想予以治罪，于谦为其求情，并推荐他担任了右都督，使石亨在北京保卫战中立下大功。如今，石亨忌惮于谦威名，恩将仇报，怂恿明英宗将于谦处死。

石亨大举冤狱，排斥异己，将与自己不和的耿九畴、岳正等人逮捕入狱，将成章、甘泽等一批贤臣贬黜官职。巡抚本来由文官担任，石亨向明英宗进言，全部换成武将，而且都是他的亲信。石亨大权独揽，为所欲为。

石亨狂傲不羁，肆意干预朝政，对皇帝也不尊重。有一次，石亨不请示皇帝，私自带两名亲信进入皇宫禁地。明英宗见了，吃了一惊，忙问这两人是谁。石亨满不在乎地说："这是臣的两个小兄弟，对迎复皇上有功，请陛下授予他们锦衣卫指挥使。"明英宗有些不高兴，但耐住性子，仍然批准了。

石亨推荐亲信陈汝言当上兵部尚书。陈汝言大肆贪污受贿，不久事发，从他家搜出的金银财宝堆积如山。

明英宗令石亨去看，指责他说："于谦任兵部尚书多年，家贫如洗；而陈汝言当尚书不到一年，就贪贿如此之多。"明英宗开始对石亨不满意了。

石亨势力已大，野心也大了起来，又察觉明英宗对他不满，心怀怨恨，于是产生了谋反之心。

石亨让侄子石彪去当大同总兵，意图积蓄力量，作为谋反基地。有一次，石亨去紫荆关察看地形，对左右说："如果严守此关，据守大同，京师便无可奈何。"

石亨手下的亲信，为了谋取荣华富贵，鼓动石亨效法赵匡胤。如此谋反大事，石亨竟不知道避讳遮掩，反而大大咧咧地说："这事不难，大同兵马甲盛天下，由石彪统领，完全可以依赖。等到天下总兵都换成我的人，一举便可成功。"

石亨既然有了谋反企图，自然要结党营私，寻求同盟。他与曹吉祥原先关系就不错，又一同干成了夺门之变的大事，关系更加密切，于是，石亨与曹吉祥结成了死党。

曹吉祥是永平滦州（今河北滦县）人，阉割入宫，成为王振亲信。明英宗宠信王振，自然也厚待曹吉祥，因此，曹吉祥积极参加南宫复辟活动，立下大功。

明英宗复位以后，为了表彰曹吉祥的功劳，赐给他大量庄田和钱财，并令他协理京营军务。同时，擢升曹吉祥嗣子曹钦为都督同知，封昭武伯；提拔曹吉祥侄子曹铉、曹铎等人为高官；曹吉祥门下得到好处的达上千人。

曹吉祥熟知明英宗秉性和爱好，曲意奉承，受到宠信，因而权势颇大，朝臣把石亨和曹吉祥并称为"石曹"。

曹吉祥以及子侄倚仗权势，横行霸道，贪污受贿，多次公开抢夺民田，经常遭到监察官弹劾。曹吉祥还时常炫耀自己的夺门之功，说没有他，明英宗是当不上皇帝的。

有大臣对明英宗说："皇位本来就是陛下的，怎么能说夺呢？何况当时郕王已经病重，又没有继承人，陛下复位理所当然。曹吉祥他们是为了投机，获取富贵，何功之有？"

明英宗频频点头，觉得有理，此后下诏，不准提"夺门"二字，并逐渐疏远了曹吉祥等人。

曹吉祥见被皇帝疏远，便与石亨勾结得更紧了。曹吉祥的子侄们皆野心勃勃，积极参加石亨的谋反活动。曹钦甚至问门客："历史上有没有宦官子弟做天子的？"门客回答："当然有，您的本家魏武帝曹操便是。"曹钦大为兴奋。

明英宗毕竟不是很昏庸，锦衣卫也不是吃干饭的，石彪在大同的谋反活动，被锦衣卫侦探到了。明英宗大怒，下令将石彪逮捕进京。经过严刑审讯，石彪供出了谋反阴谋。

石亨见侄子被捕，知道阴谋泄露，赶快急于造反，但为时已晚。锦衣卫很快把石亨逮捕，并在他家里搜出了私造的绣蟒龙衣等不法之物，谋反证据确凿。

1460年，石亨被削夺官爵，判以死罪，尚未行刑，便病死在狱中。亲属石彪、石后等多人被斩，亲信朋党皆受牵连。

石亨、石彪事发，曹吉祥及子侄们心惊肉跳，知道大祸即将临头，决心拼个鱼死网破。经过紧急商议，计划在黎明时分，曹钦领兵杀入皇宫，曹吉祥在宫内率禁卫军亲信作为内应，占据皇宫，废黜皇帝。

不料，明英宗早有防备，在当天夜里，就秘密逮捕了曹吉祥，并严令皇城诸门的将士，紧闭宫门，不得开启。

黎明时分，曹钦按照约定，领兵来到东长安门，却见宫门紧闭，城中无人接应。曹钦并不知道曹吉祥已被逮捕，所以按时发动了叛乱。

曹钦知道情况有变，大事不妙，但箭在弦上，不得不发，只得下令强攻，纵火焚烧宫门。但宫中已有防备，自然是徒劳无益。

片刻之间，喊杀声骤起，朝廷军队从四面八方拥来，曹钦带领的兵马顿时作鸟兽散了。曹钦仓皇跑回家中，朝廷军队随即将曹府包围。

曹钦见已无生路，投井自尽。曹铎等人抵抗，瞬间被杀死。军士蜂拥进入曹府，府中男女老幼全被诛杀。

曹吉祥被凌迟处死，其党羽或者被杀，或遭流放。

明英宗果断平息了石曹之乱，表明他还有些能力。石曹之变虽然没有造成大的危害，但牵连甚广，一大批朝臣被清除，特别是在此之前，石亨、曹吉祥已经危害了朝廷，致使朝廷变得混乱不堪。

情深意重钱皇后

明英宗治国能力一般，也没有大的作为，可他与原配妻子钱皇后的深情厚谊和不离不弃，却被人们传为佳话。尤其是钱皇后对丈夫的情深义重，更加令人感动。

钱皇后出身功臣世家，原是南直隶海州（今江苏连云港）人，后家族迁居山东聊城。钱皇后的曾祖父钱整，原名钱成，跟随朱元璋起义，屡立战功，官至燕山护卫副千户，成为燕王朱棣的部下。钱成对朱棣十分忠心，参加"靖难之役"，因功封为昭勇将军，因避明成祖之讳，改名为钱整。钱整后来迁居山东聊城，七十七岁病逝。聊城至今存有钱整墓碑。

钱皇后的祖父钱通，也久经沙场，立有战功，官至金吾右卫指挥使。钱皇后的父亲钱贵，多次随朱棣和明宣宗北伐，凭战功升至都指挥佥事。

钱皇后自幼受到良好教育，知书达理，通晓儒学，美丽聪慧，温柔善良。明英宗九岁当了皇帝，十五岁时，祖母张太后为他选皇后，经过千挑万选，最终选中了钱皇后。钱皇后当时十六岁。

在任的皇帝结婚，是明朝开国以来第一次，因而婚礼相当隆重。张太后为孙子办完最后一件大事，五个月后就辞世了。张太后死后，明英宗开始亲政。

明英宗对新婚妻子十分满意，两人卿卿我我，如漆似胶。明英宗想给钱皇后的父亲和族人加官晋爵，钱皇后以无功不受禄为由，多次推辞，坚决予以拒绝。明英宗对钱皇后更加敬重。

明英宗宠爱钱皇后，可美中不足，钱皇后数年没有生育。对于帝王来说，多生子嗣是大事，钱皇后通情达理，并不阻挠明英宗纳妃。在明英宗与钱皇后结婚五年之后，周贵妃为明英宗生下第一个儿子，即朱见深。不过，明英宗并没有封朱见深为太子，他希望钱皇后能够生下嫡子来。可惜，钱皇后一生未能生育。

1449 年，明英宗亲自率军北伐瓦剌。钱皇后知道北方寒冷，亲手为丈夫缝制了厚厚的棉背心，还再三叮嘱丈夫，一定要注意安全。

明英宗信心十足地说："皇后放心吧，朕带着二十万精兵，还有数十位文臣武将，瓦剌小小部落，一定会不堪一击。你就等着朕的好消息吧。"

明英宗率军出征以后，钱皇后天天向北遥望，心里挂念丈夫，盼望明英宗早日凯旋。不料，却传来了土木之变、明英宗被俘的噩耗。钱皇后如雷轰顶，感觉就像天塌一般。

钱皇后听说婆婆孙太后派使者带珍宝去和瓦剌谈判，立刻把自己所有的私财，连同珠宝首饰全都拿了出来，交给使者，只希望能够救回自己的丈夫。

可是，瓦剌的胃口太大了，开出了天价，并提出割让土地等无理要求。孙太后没法答应，只得忍痛不顾明英宗，另立了朱祁钰为皇帝，同时立朱见深为皇太子。

这对钱皇后来说，无疑是一个天大的打击。与此同时，钱皇后又得到另一个噩耗，她的哥哥钱钦、弟弟钱钟，均在土木之变中战死。钱皇后悲痛欲绝，神情恍惚，不吃不喝，结果大病一场。如果不是孙太后精心照料和劝慰，钱皇后就活不下去了。

钱皇后日夜思念当了俘虏的丈夫，挂念他在寒冷的塞北挨饿受冻，吃苦受罪。她夜里不能入睡，再好的食物也难以下咽。钱皇后总想为丈夫做点什么，可她无能为力，没有丝毫办法。在万般无奈之下，钱皇后想到了一个她唯一能做的事情，就是向天祷告，并以苦行僧的方式，求得上天可怜，放丈夫一条生路。

此后，每当夜深人静的时候，在冷清的皇宫中，总是隐约飘荡着一个女人磕头求天、悲哀哭泣的声音。钱皇后跪在冰冷坚硬的地面上，虔诚地祈求上天，愿意用自己的生命，来换取丈夫的安康。祷告声、哀泣声断断续续，令人心碎，闻者无不垂泪。

钱皇后不分白天黑夜地向上天祈祷，再困再累只是就地稍卧，不肯上床休息，吃着最简陋的食物，日复一日，月复一月，从不间断。无论是谁相劝，都不能动摇钱皇后的决心。钱皇后就是想用折磨自己的方法，求得上天怜悯，保佑丈夫平安。

长期过度的劳累、刺骨的寒风、冰冷的地面、粗陋的饮食、不停地哭泣祷告，严重损害了钱皇后的身体，她的一条腿失去知觉，一只眼睛失明了，身体瘦弱不堪。钱皇后拒绝治疗，她认为这是为了迎回丈夫，上天要她必须付出的代价。只要丈夫平安，她付出再大的代价，也心甘情愿。

上天似乎真的被感动了，一年多之后，明英宗回来了。钱皇后听说以后，欣喜若狂，向上天猛磕一阵响头，感谢上天的垂怜和恩赐。

夫妻俩在南宫相聚了，可是，明英宗竟然不认识钱皇后了。当时，钱皇后只有二十五岁，本来是如花似玉的美人，如今却瞎了一只眼，瘸了一条腿，病体残疾，面目憔悴，半头白发，看上去足有五十多岁。

明英宗惊呆了，他很快就知道了钱皇后致残的原因，心灵受到巨大撞击。明英宗不顾天子尊严，把妻子长久地抱在怀里，夫妻俩抱头号啕大哭。身边之人，全都泣不成声。

从此，钱皇后在南宫陪伴丈夫，过了七年囚徒般的软禁生活。虽然没有自由，生活乏味，钱皇后却很满足，经常安慰丈夫说："只要能够平安回来，比什么都强。"有钱皇后陪伴和劝慰，明英宗的日子好过了许多。

1457年，明英宗人生又发生大逆转，在一些旧臣拥戴下，他第二次登基当了皇帝。

明英宗复位称帝，需要重新册封皇后和太子。钱皇后依然没有儿子，明英宗只好立长子朱见深为皇太子。可是，在册立皇后问题上，却出现了意外。

钱皇后觉得自己已成残疾人，不适合再做皇后。明英宗坚决不答应。

皇太子朱见深的生母周贵妃很有野心，他觉得儿子当了太子，钱皇后又是残疾，自己应该做皇后。周贵妃自己不敢提，就怂恿婆婆孙太后去说。明英宗对母亲很孝顺，但却一口拒绝了。

在大臣当中，也有人认为钱皇后不适合母仪天下。有个叫蒋冕的人说："如果让一个残疾人当皇后，有失大明王朝的面子。"明英宗闻言大怒，当即将蒋冕免官。

明英宗没有丝毫动摇，坚持把既残疾又无子的钱皇后，再次册封为皇后。明英宗此举，倒像是大丈夫所为，值得人们钦佩。

1464 年，明英宗病危，他在临终之前，唯一放心不下的，是爱妻钱皇后。明英宗再三叮嘱儿子朱见深，要他发誓，一定要像对待亲生母亲那样对待钱皇后。朱见深含泪答应了，后来果然做得不错。

明英宗在遗诏上，专门写了一条："钱皇后千秋万岁后，与朕同葬。"

1468 年，思夫成疾的钱太后与世长辞，享年四十三岁。一对情深义重的夫妻，永远葬在一起，在地下又重新团聚了。

出人意料明宪宗

　　1464 年，明英宗病重去世，享年三十七岁。他的儿子朱见深继位，是为明宪宗，年号成化。

　　明宪宗即位时十八岁，当了二十三年皇帝。他在位期间，既有政绩，也有弊政。明宪宗做事有一个特点，常常出乎人们意料之外。

　　明宪宗朱见深是明英宗的长子，母亲是周贵妃。朱见深三岁时，发生土木之变，父亲被瓦剌掳去。孙太后立朱见深的叔父朱祁钰为皇帝，朱见深为皇太子。

　　朱见深虽然贵为皇太子，但当时朝廷处于危机之中，形势混乱，谁也顾不上他。朱见深父亲当了俘虏，母亲也不在身边，只有宫女万贞儿照顾他。一年多之后，明英宗回来了，但被软禁在南宫，父子俩不能在一起。

　　朱见深六岁时，叔父明景帝废黜他的太子之位，改封沂王，另立了自己的儿子朱见济。朱见济命短，第二年就死了。朱见深被废之后，日子很不好过，整天紧张兮兮的，因而落下了口吃的毛病。

　　朱见深十一岁时，父亲明英宗复位，他再一次被立为皇太子，从此苦尽甜来，日子舒心多了。

　　朱见深十八岁时，明英宗死了，他继位当了皇帝，是为明宪宗。明宪宗虽然年轻，但经历过苦难，已经比较成熟了。

　　明宪宗刚刚即位，权臣门达欺他年少，勾结宦官王纶、大臣钱溥等人，陷害内阁首辅李贤，企图由钱溥取代李贤的位置。

　　明宪宗迅速查明真相，果断处置，将王纶斩首，门达下狱，钱溥贬官，继续重用李贤。李贤是有名的贤臣，为宪宗一朝做出很大贡献。此举表现出明宪宗的睿智果敢，大出人们意料之外。

明宪宗之后又做一件出乎人们意料之外的事情，他不袒护自己的生母周贵妃，而倾向钱皇后，使得人们对他刮目相看。

明英宗死后，按礼制应该尊钱皇后为皇太后，明宪宗的生母周贵妃也可以尊为皇太后。可是，周贵妃过去因争皇后之事，对钱皇后怀恨在心，如今倚仗儿子是皇帝，蛮横地提出，钱皇后既残疾又无子，没有资格当皇太后。满朝文武都在看着明宪宗，看这个年轻皇帝如何处理。

周贵妃本以为儿子会为她撑腰，不料，明宪宗把钱皇后和周贵妃都尊为皇太后，而且把钱皇后排在前边，并加上"慈懿"二字，以彰显钱皇后美德。周贵妃把鼻子都气歪了。

明宪宗对生母并不是不孝敬，《明史》记载说，明宪宗对周贵妃极其孝顺，每五天看望一次，有好吃的东西，自己先品尝鉴定后，再献给母亲用。只是在大是大非问题上，明宪宗十分清醒，并不徇私。

明宪宗做得出人意料、大受赞誉的一件事，是果断为于谦平反昭雪。明宪宗即位不久，就颁布诏令说："于谦在国家危险之时，保卫社稷立有大功，却被权贵奸臣所害。先帝在的时候，就已经知道于谦的冤枉，而在朕的心里，一直哀悯他的忠诚。"明宪宗追赠于谦为光禄大夫、柱国、太傅，任命于谦儿子为官，还为于谦建庙祭祀。此举深得人心，受到人们广泛赞扬。

更令人想不到的是，明宪宗没有记恨曾经废黜他太子之位的叔父明景帝，反而为他平反，恢复帝号。

明英宗复位以后，恼恨明景帝软禁自己，下诏指责他"不孝、不悌、不仁、不义，秽德彰闻，神人共愤"，废其帝号，谥号为"戾"。这是一个恶谥，相当难听。许多大臣为明景帝鸣不平，私下里议论说，如果不是明景帝，瓦剌如何能退？英宗何以还京？

1475 年，明宪宗下诏说："叔父郕王即位，抵御强敌，保卫国家，安定宗庙，维护社稷八年。有奸臣谗言，削除其皇帝称号。先帝不久就后悔了，但没来得及纠正过失。朕厚爱亲人，完成先帝遗愿，决定恢复叔父皇帝称号。"明宪宗为明景帝定谥号为"恭仁康定景皇帝"，并按帝王规格重修其陵墓。明宪宗的气度明显比父亲要大，此举也受到人们称赞。

明宪宗在执政前期，宽仁明智，平反冤假错案，轻徭薄赋，发展经济，妥善解决流民问题，政治气氛宽松，为弘治中兴奠定了基础，史称"成化新风"。

明宪宗在执政后期，怠于政事，长期不上朝，不见大臣，追求享乐，宠信奸臣，设立另一特务组织西厂，使得朝纲日渐混乱。

明宪宗在位期间，做了不少出人意料的事情，有很多属于明智之举，但也有一些弊政，总体上能够维护明朝稳定发展，干得比他父亲明英宗好一些。

明宪宗最让人感到意外、最令人诟病的，是他爱上了一个比自己大十七岁、体态粗胖的老宫女，而且爱得如醉如痴，生死不离，实在是奇葩。

皇帝的奇葩爱情

皇帝身边美女如云，都是如花似玉的年轻女人，可明宪宗却偏偏爱上一个与母亲同岁的老宫女，实在让人大跌眼镜。这位老宫女，名叫万贞儿。

万贞儿，青州府诸城（今山东诸城）人，生于1430年，比明宪宗朱见深大十七岁，与朱见深生母周贵妃同岁。

万贞儿的父亲叫万贵，是县衙椽吏。在万贞儿四岁的时候，万贵因亲属犯罪受到牵连，被流放到霸州（今辽宁朝阳一带）。万贵为了给幼小的女儿找一条活路，托同乡把她送进皇宫，当了一名小宫女。

万贞儿小小年纪，经历了家庭变故，无依无靠，变得十分懂事乖巧，引起孙太后注意。孙太后是山东滨州人，离诸城不远，算是老乡。孙太后可怜万贞儿，把她带在身边。万贞儿逐渐成为孙太后的心腹侍女。

万贞儿长大以后，身材高大，很有力气，什么重活累活都能干，并且胆大心细，为人机警。因此，孙太后专门派她去服侍和保护自己的孙子、三岁的皇太子朱见深。

朱见深的父母都不在身边，一个亲人也没有。万贞儿想起自己的身世，十分可怜这个孩子，像母亲一样精心抚养，晚上搂他睡觉，使朱见深慢慢长大。

朱见深被废太子之后，处境十分艰难，甚至有生命危险。万贞儿更是百般警惕，全身心地照顾呵护他。朱见深从小在万贞儿抚养保护下长大，两人一天也没离开过，自然产生了很深的感情。

朱见深长大以后，不知从什么时候开始，两人产生了男女之情。

明英宗和周贵妃知道以后，十分生气，要惩罚万贞儿。朱见深大闹，甚至以死相威胁。明英宗和周贵妃没有办法，只好顺其自然。

朱见深十八岁那年，父亲死了，他继位当了皇帝。明宪宗朱见深要册封万贞儿为皇后，此事掀起轩然大波。万贞儿出身微贱不说，此时已经三十五岁了，体形变得粗壮肥胖，哪一条都不符合母仪天下的标准。

明宪宗母亲周太后激烈反对，满朝大臣没有一个人同意，纷纷劝谏阻止。在强大的压力下，明宪宗只好退而求其次，封万贞儿为贵妃。

周太后觉得，需要赶快给儿子娶一个皇后，有了年轻貌美的皇后，儿子自然就会移情别恋了。于是，周太后选中了吴氏做皇后。

吴皇后是北京人，出身名门，识文断字，特别是长得亭亭玉立，面似桃花，有倾城之貌，当时十六岁，正值妙龄。周太后心想，吴皇后与万贞儿相比，有天壤之别，明宪宗还会喜欢那个胖女人吗？

可是，没有想到，明宪宗对吴皇后看都不看一眼，照样日夜与万贞儿在一起。吴皇后从结婚那天起，就独守空房，等了一个月，也不见皇帝的影子。

吴皇后终于恼怒，她觉得这都是万贞儿迷惑了皇上，令人把万贞儿叫来，予以斥责。万贞儿不服，两人吵了起来。吴皇后大怒，命宫女用棍子把万贞儿痛打一顿。

吴皇后这下惹大祸了。明宪宗听说以后，怒气冲冲地赶来，当众将吴皇后也痛打一顿。明宪宗还不解气，不顾众人反对，固执地将吴皇后废黜，打入冷宫。

可怜的吴皇后，空有绝世美貌，却不能吸引明宪宗，只当了一个月的挂名皇后，就被废掉了。此后，吴皇后青灯孤影，了此一生。后来，吴皇后参与抚养明孝宗有功，得到善报，活到了六十岁。

明宪宗还想立万贞儿为皇后，周太后照样拼死反对。明宪宗无奈，只好按照母亲的安排，又立了年轻貌美的王氏为皇后。王皇后仍然不受宠爱，但她接受了吴皇后的教训，老老实实，当了一辈子挂名皇后，没有子女。

万贞儿虽然不是皇后，地位却在皇后之上。每逢明宪宗出游，万贞儿总是与皇帝并肩而行，皇后和其他嫔妃只能远远地跟在后面。后宫所有的人，包括皇后在内，全都对万贞儿毕恭毕敬，唯唯诺诺。

明宪宗登基两年之后，三十七岁的万贞儿生下了皇长子。这是明宪宗的第一个儿子，自然万分高兴，在宫内隆重庆祝，并派使者四处祷告山川诸神。

明宪宗进封万贞儿为皇贵妃，地位仅次于皇后，并打算立她的儿子为太子，将来继承大统。不料，皇长子很快夭折了，此后万贞儿再也没有生育。

《明史》记载说，万贞儿没有儿子，便非常嫉妒嫔妃们怀孕，总是想方设法使其堕胎。柏贤妃生下一个儿子，被万贞儿害死。淑妃也生下一个儿子，她担心被害，让太监张敏把孩子溺死。张敏却把皇子藏入密室，用粉糕、糖浆将孩子养大。这个皇子，就是后来继位的明孝宗朱祐樘。

《明史》写有《万贵妃传》，对她的记述评价很不好。在野史小说中，万贞儿更是成了一个恃宠放纵、心肠毒辣、劣迹斑斑的坏女人形象。

不过，有些学者认为，万贞儿心地善良，并没有那么坏，野史小说编造的成分很多。另外，明宪宗与万贞儿的感情是深厚的，但万贞儿并没有专宠到那种程度。明宪宗有近二十个嫔妃，子女众多，史书上有记载的儿子就有十四个，还有六个女儿。由此可见，明宪宗并非专宠万贞儿一人。即便万贞儿受宠，也不是她的错。

明宪宗与万贞儿的奇葩爱情，本身就很奇特，一些人借题发挥，大肆编造一些离奇故事，用以吸引人们眼球，是不足为怪的。

明宪宗与万贞儿的奇葩爱情，实际上是一种恋母情结。万贞儿像母亲一样，从小照顾明宪宗长大，明宪宗切身感受到，在这个世界上，唯有万贞儿对他最好，所以，他也以真诚的感情回报万贞儿。这是正常的，也是应该的。他的父亲明英宗，不离不弃地爱着一个瞎眼瘸腿的女人，明宪宗为什么不能爱一个比他年长的女人呢？

1487年，万贞儿病逝，享年五十八岁。明宪宗悲痛万分，号啕大哭，哀叹道："贞儿走了，朕也活不长了。"明宪宗以皇后之礼隆重安葬了万贞儿，并辍朝七日。

万贞儿死后，明宪宗郁郁寡欢，再也打不起精神。仅仅过了半年，明宪宗就一病不起，到地下找他的贞儿去了，享年四十一岁。

一夫一妻的皇帝

在中国封建社会，几乎所有的皇帝都是嫔妃成群，美女如云，但任何事情都有例外，明孝宗朱祐樘就是一夫一妻。当然，这在历史上属于凤毛麟角。

朱祐樘，1470 年生，是明宪宗朱见深第三子，因前两个儿子早夭，他便成了事实上的长子。

《明史》记载说，朱祐樘的母亲姓纪，广西瑶族人，是贺县土官之女，明军南征时被掳至京，充入后宫，做了女史，管理内藏库。

有一次，明宪帝到了内藏库，见纪氏漂亮，与她发生了关系，不久便怀了孕。万贞儿听到了风声，命宫女前去探听虚实。宫女回报说，纪氏并未怀孕，而是得了病，把此事遮掩过去。

纪氏怀胎十月，生下一子，因担心被万贞儿所害，狠心将婴儿交给太监张敏去溺死。张敏吃惊地说："皇上至今没有儿子，为什么要将皇子弄死呢？"

于是，张敏冒死把孩子隐藏下来，在一些人的帮助下，把孩子养大，便是朱祐樘。朱祐樘一直长到五六岁，宫内除张敏、纪氏以及被废的吴皇后等人之外，很少有人知道。

有一次，明宪宗让张敏梳头。明宪宗照着镜子，感叹道："朕已老了，可惜还没有儿子。"张敏觉得是个机会，一下跪倒在明宪宗面前，说："奴才该死，陛下其实是有儿子的。"

明宪宗吃了一惊，站了起来，忙问是怎么回事。张敏说："奴才将真情说出，恐怕性命难保，万望陛下为皇子做主。"

跟随明宪宗的太监怀恩也跪地磕头，说："张敏所言属实。皇子被偷偷藏在西内哺养，今年已经六岁，因怕人暗害，一直不敢声张。"

明宪宗得知真相以后，心中大喜，当天就令太监去迎接皇子。纪氏已得到消息，抱着儿子，眼泪潸潸地嘱咐道："我儿前去认父，母命恐怕难保了。孩子如果看到一个身穿黄袍、面留胡须的人，那就是你的父亲。"

明宪宗在宫中等待着儿子，不大一会儿，众人拥着皇子来到。皇子身穿绯色袍子，长发披地，看到明宪宗以后，哭着扑到他怀里。

明宪宗把皇子抱了起来，放在膝上，久久抚视，悲喜交加，流着泪说："此儿长得像朕，确是朕的儿子。"

明宪宗令怀恩到内阁，将事情原委全盘托出。群臣听后皆大欢喜，入朝拜贺。明宪宗将皇子生母纪氏封为淑妃，居住永寿宫，多次召见她。

周太后听说有了孙子，也非常高兴，把皇子接进仁寿宫，亲自抚养，并嘱咐孩子，千万不要吃万贵妃给的任何食物。皇子果然很听话，万贞儿给的任何东西都不吃。

皇帝有了儿子，宫廷上下都很高兴，只有万贞儿恼怒，怨恨地说："这群小人，如此欺骗我。"

这年六月，纪淑妃忽然暴病而死，有人说是被万贵妃毒死的，有人说是自杀而死。纪淑妃死后，太监张敏害怕，也吞金自尽了。张敏是福建同安金门青屿人。

以上是《明史》的记载。《明史》绘声绘色地记述了明孝宗朱祐樘的出生过程和坎坷童年，揭露了万贞儿的歹毒，有点像小说笔法。

有学者研究认为，《明史》记载不实。张敏并没有吞金自尽，而是多年后病逝。对此，《同安县志》《金门县志》均有记载。即便《明史》也记述不一，在《杨继宗传》中，仍有张敏多年后活动的记述，明显矛盾了。

1475 年，六岁的朱祐樘被立为皇太子。

1487 年，明宪宗驾崩，十八岁的朱祐樘继位，年号弘治，被称为明孝宗，是明朝第九位皇帝。

明孝宗称帝后，追尊生母为"孝穆慈慧恭恪庄僖崇天承圣纯皇后"。那个只有一个月就被废掉的吴皇后，因参与抚养明孝宗有功，明孝宗念及恩情，把她从冷宫中放了出来，当作母亲奉养，衣着膳食都按太后制度供应。吴皇后被遗弃冷宫二十多年，处境终于大为改善。

明孝宗继位后，有大臣上奏说，他的母亲纪淑妃是被万贞儿害死的，要求废除万贞儿尊号，惩办她的家人。明孝宗认为，万贞儿是父亲最爱的女人，不忍违背父亲的意愿，特别是没有证据，因而没有同意。

明孝宗从六岁当太子开始，就接受正规的儒学教育，熟读四书五经，儒学功底深厚。尤为重要的是，他尊崇儒学，坚持用儒家思想治国和做人。明孝宗宽厚仁慈，躬行节俭，爱护百姓，是明朝历史上最好的皇帝之一。

明孝宗的个人修养和道德品质也很好，受到人们赞扬。尤其令人称道的是，他是中国历史上唯一一个实行一夫一妻的皇帝。

在中国封建社会，长期实行一夫多妻制。普通百姓多是一夫一妻，但有钱有势的男人，往往有好几个老婆。作为天下之尊的皇帝，更是嫔妃成群，有的多达成百上千人。皇帝嫔妃过多，自然会带来许多问题，甚至会造成宫廷混乱。

明孝宗与历代皇帝都不同，他主张一夫一妻，男女平等，并亲身实践。明孝宗一生只娶了一个张皇后，没有纳贵妃、美人之类，私生活也很严谨，从不乱找宫女。

张皇后是兴济（今河北沧县）人，出身官宦之家，从小受到良好教育，多才多艺，聪明美貌，性格活泼，深得明孝宗喜爱。

张皇后比明孝宗小一岁，十七岁时嫁给明孝宗，成为太子妃，不久被册封为皇后。此后，后宫中陪伴明孝宗的女人，只有张皇后一人。

明孝宗和张皇后就像普通百姓那样，过着一夫一妻生活。他们每天同起同卧，一块儿吃饭，一起巡游外出。明孝宗散朝回到后宫，与张皇后一起读书弹琴，赋诗作画，谈古论今，朝夕相处，其乐融融。对两人鸳鸯般的夫妻生活，大臣们都羡慕不已。

由于明孝宗只有张皇后一个女人，所以他的子女不多，只有两个儿子、一个女儿，都是张皇后生的。明孝宗并不觉得遗憾。后来，他的长子朱厚照继承了皇位。

明孝宗和张皇后百年之后，自然埋在了一起，仍然只有两个人。在中国历代皇帝陵墓当中，只埋葬一男一女两个人的，仅此一例。仅凭这一点，明孝宗就值得被后世敬佩和赞扬。

明孝宗在个人生活上洁身自好，品质高尚，在治理国家方面更是励精图治，政绩显著，使国家富裕稳定，被誉为弘治中兴。

明孝宗开创弘治中兴

明朝在仁宣盛世之后，出现了土木之变和宫廷内斗，严重影响了政治生态和经济发展。明孝宗即位以后，励精图治，努力克服前朝弊政，使经济社会得到恢复和发展，再次出现兴旺景象，史称弘治中兴。

明孝宗登基时，接手的局面很不乐观。由于明宪宗晚年怠政，致使朝纲混乱，奸佞横行，政治生态受到损害；成化年间爆发荆襄流民起义和广西瑶族起义，社会动荡不安；经济也很困难，国家财政入不敷出；自然灾害频繁，水灾、旱灾、地震等接连不断。这些问题，严重考验着一个十八岁年轻皇帝的执政能力。

明孝宗虽然年轻，却懂得治国之道，他首先从整顿吏治入手。前朝留下的奸佞小人很多，大臣李孜省与太监梁芳勾结，结党营私，祸乱朝廷，陷害忠良。明孝宗上台以后，立即逮捕两人，同时清除其同党，有的入狱，有的流放，奸佞之人被清除干净，朝廷为之一振。

当时，朝廷除了奸佞之外，还有大批庸官。内阁大臣万安、刘珝、刘吉和六部尚书等人，尸位素餐，只知道溜须拍马，整天喊万岁，没有任何作为，被人戏称为"纸糊三阁老""泥塑六尚书"。明孝宗果断将他们免官。明孝宗还罢免了大批"传奉官"，把明宪宗宠信的僧人、道人赶出朝廷。

与此同时，明孝宗大量起用正直贤能之士，一批贤臣得到重用，一些受到迫害的忠良重新回到朝廷。明孝宗特别注重选贤任能，他把四品以上官员名单贴在墙上，以便于掌握情况，随时发现和选拔人才。

明孝宗大刀阔斧地对官员进行整顿，从中央到地方，升迁或罢免的官员涉及数千人，很快形成了吏治一新、贤臣辈出的局面，为弘治中兴提供了坚强的人才保证。

令人称道的是，明孝宗整顿吏治，虽然涉及数千人，几乎来了个大换血，但很少有被杀的，遭到重罚的也不多，多数只是免职或贬官，因此社会比较稳定，没有造成动荡和混乱。

明孝宗对待大臣十分宽厚，很少斥责，更没有鞭打过一个人。朝臣晚上加班返家时，明孝宗必定派人执灯相送，事虽不大，但皇帝如此体恤臣子，实属少见。

明孝宗能与朝臣推心置腹，亲如一家；臣子们对皇帝敬重佩服，尽情施展才干。这种群臣和谐亲密的局面，是朱元璋、朱棣酷政时期所没有的。人们称赞说，"弘治朝中多君子"。

明孝宗虽然对臣子宽厚，要求却很严格。他制定了详细的官员考核标准，对考核不合格的一律予以免官。为了提高行政效率，明孝宗制定了严格的制度，规定处理朝政的时限和要求，违反者予以处罚。因此，明孝宗时期的行政效率是很高的，官员们不敢推诿扯皮。

明孝宗体恤百姓，关心民间疾苦，不管哪里发生灾荒，一概免除税赋，并及时抗灾赈民。对鳏寡孤独者和贫民给予救助，还时常为贫困户提供耕牛和麦种。明孝宗多次下发诏令，严厉禁止官员侵害百姓利益。

治理水患，是弘治时期的一大政绩。黄河由于带有大量泥沙，在下游形成了地上河，时常决口，给人民生命财产造成重大损失。明朝建国以后，在永乐和明景帝时期，曾经进行过两次大规模治理，得到改善，但到明宪宗时期，河患又趋于严重。

1489年，明孝帝即位两年后，黄河在开封一带决堤，淹没大片土地，中原成了一片泽国。明孝宗下令，由朝廷为主，会同河南、山东、河北三地，共同治理黄河，筑长堤，修水闸，引黄河水由大清河入海，有效治理了水患。

1492年，江南的苏松河泛滥成灾。明孝宗诏令江南各府治理水患，组织二十多万民工，清除淤塞，疏通河道，加固堤坝。经过这次大规模治理，大大减少了江南水灾，此后二百多年里，江南基本上实现了旱涝保丰收。

明孝宗注重发展经济，改善民生。他改革征收制度，调整开中法，百姓生活富裕，国家收入也大幅增加。弘治年间，是明朝财政收入最好的时期之一。

在军事方面，明孝宗也有建树。为了维护国家统一，明军三次征伐哈密，收复嘉峪关以西土地。明孝宗还修缮长城，有力地抵御了外敌侵扰。不过，明孝宗奉行和平外交政策，以积极防御为主，并没有劳师远征。另外，与琉球、日本、爪哇等国，都保持友好往来。

明孝宗也有一些弊政，如偏袒外戚、宗亲，宠信宦官，沉迷佛道等，产生了不利影响。但总体而言，明孝宗是一个宽厚仁义的好皇帝，也很有作为。

弘治中兴遏止了明朝土木之变以后的衰落走势，恢复了明朝的繁荣和稳定。可惜，弘治中兴时间比较短暂，明孝宗英年早逝以后，明朝再次陷入衰落之中。

荒唐嬉闹明武宗

1505 年，在位十八年、开创弘治中兴的明孝帝驾崩，年仅三十六岁。他十五岁的儿子朱厚照继位，成为明朝第十位皇帝，被称为明武宗。

明孝宗一生只有张皇后一个女人，张皇后生了两子一女三个孩子，可惜次子和女儿早夭，只剩下了一个儿子朱厚照。明孝宗夫妇对这棵独苗自然疼爱有加，百般呵护，因此，明武宗从小就被娇惯坏了。

明武宗小时候很聪明，什么东西都是一学就会。可是，他太贪玩了，整天嬉戏打闹。明孝宗不忍严厉管教，认为等到年龄大一些就好了，因而任其所为。

明孝宗临终时，对儿子很不放心，嘱咐大臣刘建、李东阳、谢迁等人说："太子很聪明，但年龄尚小，又好玩乐，诸卿要好好辅佐他，使他能够担起大任，朕死也瞑目了。"

刘建等人都是贤臣名儒，辅佐明孝宗多年，忠心耿耿。他们牢记明孝宗嘱托，尽心竭力辅佐朝政，使得朝廷运转有序，有条不紊。

明武宗什么事都不用操心，他年龄又小，不懂治国理政，而且也没有兴趣，整天声色犬马，玩得不亦乐乎。

服侍明武宗的太监刘瑾，为人狡诈，心术不正，他投明武宗所好，不断进献鹰犬、歌舞、角抵等，宫中成了百戏场。年少的明武宗不能抵御这些东西的诱惑，沉溺其中，同时对刘瑾十分信赖，视为心腹。

刘瑾与马永成、高凤、张永、罗祥等八个太监结成朋党，人称

"八党"，又叫"八虎"。一伙小人天天围着明武宗，花样翻新地引诱他玩耍，甚至诱他微服出访，逛妓院，抢民女，使得明武宗迷恋声色，骄奢淫逸。

在刘瑾等"八虎"蛊惑下，明武宗玩得越来越离谱，越来越荒唐。明武宗下令，模仿民间的样子，在宫中建立了街市，修建了许多店铺，让太监扮作老板，宫女扮作老板娘，明武宗则扮作富商，逛店铺，买货物，讨价还价，像真的一样。

到了后来，更加不像话。明武宗在宫中模仿建立了妓院，而且不止一家。宫女充当妓女，明武宗以嫖客的身份，挨家去饮酒、听曲和淫乱，还学着嫖客的样子，赏给"妓女"大把的银钱，把宫中闹得乌烟瘴气。

刘建、谢迁、李东阳等人见皇帝如此荒唐嬉闹，心中着急，多次谏言。明武宗口头上答应了，可就是不改。于是，刘建等人联络朝中大臣，一齐联名上书，要求诛杀"八虎"。群臣人多势众，明武宗有点害怕。

刘瑾怂恿明武帝说："这些人是欺负皇帝年少，如果依从了他们，他们以后会更加猖狂。皇帝至高无上，难道还怕了他们不成？"

明武宗被刘瑾一激，来了勇气，上朝时端着皇帝架子，把大臣们痛斥一顿。刘建、谢迁想拿辞职相要挟，没想到明武宗很爽快地批准了。刘建、谢迁只好告老还乡，朝中一些贤臣也走了不少。

明武宗长大以后，玩得更野了，他不满足于住在紫禁城，而是住进了皇城西北的豹房。豹房是皇宫豢养猛兽以供玩乐的地方，从前就有，但规模不大。明武宗下令扩建，又建了二百多间房屋，建有寝宫、办公场所、迷宫、密室、校场、妓院，甚至还有佛寺。豹房内养着许多老虎、豹子等猛兽，也充斥着大量美女，供明武宗玩乐。豹房实际上成了明武宗又一处宫殿，他长期在豹房居住。

明武宗身体健壮，胆子很大，喜欢与被驯服的猛兽玩耍。有一次，明武宗戏耍一只老虎，不料，老虎性情突变，兽性大发，猛地扑向明武宗。侍卫江彬疾步向前，把老虎制服。谁知明武宗并不领情，说："朕自己就能制服它，哪里用得着你？"不过，明武宗心里很感激江彬，此后把他视为亲信。

明武宗孔武有力，善于骑射，他在京师玩腻了，很想到战场上耍一耍。1517 年，蒙古鞑靼侵扰边界，明武宗闻之大喜，决定御驾亲征。此时土木之变只过去了几十年，人们记忆犹新，于是拼命劝阻。

无奈明武宗决心已定，他不打着皇帝的旗号出征，而是以威武大将军朱寿的名义出战。而且明武宗不多带军队，只带了五万兵马，与来犯的鞑靼军队人数差不多。明武宗是想充分显示自己的胆量和能力。

明武宗确实具有非凡的军事才能，他首先派少量部队引蛇出洞，牵制敌军主力，再不断增加兵力，消耗敌人的有生力量和锐气。在战斗激烈之时，明武宗亲率一军冲锋陷阵。由皇帝亲自带领打仗，将士们士气高昂，打得鞑靼大败溃逃，明军获得大捷。这就是历史上有名的应州之战。

明武宗虽然处事荒唐，却不昏庸，他察觉刘瑾恃宠放纵、结党营私、横行不法之后，果断将刘瑾处死。不过，明武宗后来又宠信佞臣钱宁等人，仍然造成朝纲混乱。

明武宗生性好玩，不愿待在京师。他除了住在豹房之外，又在宣府（今河北张家口一带）营造了镇国府，称这里是"家里"。宣府是北方重要军镇，是抵御蒙古军队入侵的第一道防线。明武宗仰慕朱元璋和朱棣的武功，希望自己也能立下赫赫军功。有皇帝亲自驻守边境，蒙古军队果然很少敢来侵扰。

明武帝喜欢外出巡游，北方巡游遍了，他便想到南方去，领略江南风光。由于没有理由，又劳民伤财，遭到朝廷百官的集体反对，明武宗处罚了一百多位官员，结果仍未成行。这就是历史上有名的明武宗南巡之争。

1519 年，江西宁王朱宸濠叛乱，明武宗大为兴奋，他终于找到了最好的南巡理由，于是再次御驾亲征。不料，大军刚走到涿州，就传来消息，南赣巡抚王阳明三下五除二，就把宁王叛乱平息了。明武宗有点失望，可已经出来了，自然不能返回。明武宗隐瞒了平定宁王的消息，继续率军南下。

这一年，淮州、扬州一带闹饥荒，出现了人吃人的惨景。明武宗照样游山玩水，饱览江南风光。明武宗在江南玩了一年多，才在大臣们的苦劝下，动身返回北京。

明武宗在返回的路上，路过清江浦，捕鱼玩乐，不料船翻落水，水呛入肺，从此得了重病。

1521 年，明武宗病重而死，在位十六年，年仅三十一岁。

明武宗南巡之争

　　明武宗在位期间，发生了一件骇人听闻的大事。为了阻止明武宗南巡，朝廷大臣集体反对，惹得明武宗大怒，处罚了一百多名官员，受杖刑而死的多达十几人。但群臣并不屈服，使得明武宗南巡计划暂时搁置。这就是历史上有名的明武宗南巡之争。

　　明武宗生性贪玩，爱动不好静。他的亲信江彬，是边将出身，也厌倦宫廷的平淡生活，喜欢在辽阔草原上飞马驰骋，与明武宗气味相投。江彬多次怂恿明武宗出游，有时两人身穿民服，悄悄溜出京城，尽情玩耍，多日不归。

　　1519年三月，明武宗觉得北方已经游玩遍了，想到山清水秀的江南去，于是下发诏书，准备南巡。

　　皇帝南巡毫无理由，引起朝廷一片哗然。翰林院修撰舒芬带领一批翰林学士，首先上书反对。他们说，古代贤君外出巡视，是为了访贫问苦，考察百官；而秦始皇、汉武帝巡游，是为了放纵私心，寻欢作乐。希望陛下学习古代贤君，不要效法秦始皇、汉武帝。明武宗很不高兴。

　　兵部官员陆震等人联名上书劝阻。他们说，目前北方很不安稳，塞外鞑靼时常南下侵扰，皇帝身系社稷安危，不宜远行。

　　吏部、礼部官员上奏说，皇帝经常外出巡游，不能按时祭祀宗庙，不能孝敬赡养太后，群臣不得安抚，这都于礼不符。特别是皇上至今尚无皇子，这是关系社稷根本的大事。因此，希望皇帝宜静不宜动。

　　连太医院御医也进谏说，皇上放纵于嬉戏游乐，骑马射箭，捉鱼猎兽，实在不是养生之道。特别是南方潮湿，水土不服，容易生病。希望皇上以江山社稷为重，在宫中静养，保重龙体。

监察御史李绍贤、郎中黄巩、刑部主事刘校、兵部员外郎陆震等人的奏书，言辞激烈，不仅坚决劝阻明武宗南巡，还列举了明武宗许多荒废政务、纵情声色的错误，指责他在北方已经巡视多次，造成劳民伤财，劝他安下心来，好好治理国家。明武宗十分恼怒。

在明武宗父亲明孝宗时期，注重选贤任能，朝中大臣多数是正人君子，明孝宗又厚待朝臣，君臣关系融洽。所以，朝中大臣都敢讲话，而且他们说的都是金玉良言，完全是为国家社稷着想。

面对满朝文武的一片反对声，明武宗有些犹豫了。江彬却对他说："自古以来，皇帝巡游是常事，哪个朝代没有？皇帝是九五之尊，如果被臣子左右，权威何在？"

在江彬怂恿下，明武宗来了脾气，他下令将黄巩等六人逮捕入狱，责令舒芬等一百零七名官员跪在午门外反省，谁改变了主意，不再反对南巡，谁就可以回家。

就这样，在中国历史上发生了罕见的一幕，一百多名朝廷大臣跪在午门之外，集体接受皇帝惩罚。当时是农历三月，北京的天气十分寒冷，群臣冒着凛冽的寒风，饿着肚子，跪在冰冷的地面上，痛苦万分。

这些人真是忠臣，他们在午门外整整跪了五天，挨饿受冻，有些人已经支撑不住，昏倒在地，但没有一个人屈服。许多人仍然据理力争，慷慨激昂，向皇帝进谏。

监察御史李绍贤跪在地上，将谏书高高举过头顶，大声呼号："我与太祖同里。当年太祖率家乡子弟起兵反元，历经百战，才开创了大明江山。臣等为了大明，甘愿上刀山、下火海，即便肝脑涂地、身首异处，也在所不惜。皇上啊，如今政局不稳，奸党图谋，危机四伏，您可不能为了一时玩乐，而置大明天下于不顾啊！"李绍贤的呼喊，字字血，声声泪，感动了所有在场的朝廷官员。

大臣们坚强不屈，使明武宗暴跳如雷，失去理智，下令对百官施与杖刑，每人打三十至五十廷杖，打完之后投入监狱，然后再分别做罢官、贬职或流放处理。在杖刑过程中，有十多人被当场打死。

《明史》记载说，三月二十五日，明武宗下令，杖打舒芬等一百零七人于午门；四月十五日，又杖打黄巩等三十九人于宫前阶下，活活打死的有十一人。杖刑的时候，天昏地暗，风雨交加，人神共愤，一片悲凉气氛。

李绍贤被廷杖五十，皮开肉绽，昏死过去。仆人将他抬到庆寿寺，请求僧人给予救治。僧人们见李绍贤遍体鳞伤，气息奄奄，个个掩面而泣。虽经僧人全力相救，李绍贤终因伤重不治，含恨而死。

陆震坚贞不屈，先后被杖打三次，伤重去世。临终前，陆震挣扎着为儿子留下遗书，叮嘱儿子们一定要奉行忠孝，报效国家，但对家事却一字不提。陆震因伤重，字写得很潦草，他最后加了一句："笔虽乱，然神不乱也。"

刘校在受刑时，大叫："为国而死，刘校无憾，只恨不能奉养老母了。"他十一岁的儿子刘元娄在一旁大哭，刘校嘱咐儿子说："你以后不要读书做官了，只要奉养好母亲和祖母，为父就放心了。"刘校因伤重而死。

金吾卫都指挥佥事张英义愤填膺，他脱掉上衣，用刀抵住自己的胸口，跪在宫前，以死相谏。张英用衣服包了一堆土，放于身下。别人不解，张英说："皇宫乃庄穆之地，我不忍以血玷污。"张英刀刺胸口，血流满身，但都流到了身下的土里，保持了皇宫地面洁净。张英慷慨殉国。

大臣们不惧生死，以死相谏，明武宗看得心惊肉跳，他不得不表示收回成命，不再南巡了。朝廷百官以自己的鲜血和生命，暂时阻止了明武宗的南巡计划。

三个月之后，江西宁王发生叛乱，明武宗以平叛为名，御驾亲征。由于出师有名，大臣们不好再阻止了，明武宗终于实现了南巡游玩的愿望。

在江南尽情玩耍一年多之后，明武宗才恋恋不舍地返回北京。在北返途中，路过清江浦，明武宗见此地风景优美，鱼儿很多，顿起渔夫之兴。他亲自驾驶小船，捕鱼玩耍。不大一会儿，捕了一大网鱼，明武宗高兴得手舞足蹈，用力拉网，不料船体失去平衡，明武宗落入水中，受了内伤，不久伤重而死。明武宗固执地南巡游玩，终于丢掉了卿卿性命。

新皇帝明世宗即位后，着手处理南巡之争的影响，对免职流放者恢复官职，对死难者进行褒奖，其家属予以抚恤。不过，南巡之争对人们心灵造成的创伤，已经很难恢复了。

宁王叛乱南柯一梦

明武宗天性好玩，荒唐嬉闹，自然荒废了朝政，给心怀叵测之人以可乘之机。江西宁王朱宸濠趁机发动叛乱，企图谋取皇帝之位。但叛乱很快被平息，朱宸濠的皇帝梦瞬间破灭，徒遭人们耻笑。

朱宸濠是朱元璋五世孙。其高祖朱权，是朱元璋第十七子，被封为宁王，起初封地在内蒙古多伦地区，后被朱棣改封江西南昌一带。子孙承袭爵位，朱宸濠是第四代宁王。

朱宸濠比明武宗大十五岁，辈分也高。朱宸濠从小就不安分守己，纠集一伙纨绔少年，跑马斗狗，寻衅滋事。朱宸濠长大以后，喜欢结交江湖术士和土匪强盗，偶尔也结识几个文人，冒充儒雅。

1513 年的一天，有个术士对朱宸濠说："近来发现异象，城东南隐约露出一股帝王之气。宁王您骨骼不凡，有大贵之相，王气恐怕会应在您身上。"

朱宸濠听了，又惊又喜，他赶快按照术士的指点，在城东南建了一座大院子，取了个文雅名字，叫阳春书院，用来承接王气。此后，朱宸濠便有了野心，做起了皇帝梦。

朱宸濠与文人在一起的时候，喜欢听他们讲刘邦从布衣到皇帝、赵匡胤黄袍加身以及历史上许多篡位称帝的故事，总是听得津津有味，热血沸腾。朱宸濠心想，自己现在是藩王，比那些篡位者条件好多了，他们能坐上龙椅，自己为什么不能呢？朱宸濠觉得很有信心，于是开始做各种准备工作。

造反必须要有实力，朱宸濠想组建一支自己的武装力量。按照朱元璋制定的藩王制度，每个藩王都有自己的军队，被称为护卫，但数量不多，一般在数千人至一万五千人，有的也达到两万多人。可是，在朱宸濠爷爷当宁王时，因有过失被削去了护卫。于是，朱宸濠首先要做的事情，是想办法恢复自己的护卫部队。

朱宸濠拿出大量财物，派人到京城活动，从朝廷大臣到明武宗身边的太监，全都进行贿赂，让他们为自己说好话。朱宸濠对皇帝更是百般奉迎，进献了大批好吃好玩的东西。果然钱能通神，在1514年，明武宗下诏，恢复了宁王的护卫以及维持护卫的费用，朱宸濠有了一支由自己掌管的护卫队伍。

朱宸濠有了自己的队伍，便名正言顺地招兵买马，扩充实力，并且注意把那些凶悍之人和亡命之徒纳入军中。朱宸濠拿出钱财，购买和打造兵器，积蓄军用物资，还派人到广东等地，购置了大量先进火器，努力提高部队的装备和战斗力。在这方面，朱宸濠是很舍得花钱的。

由于护卫的数量有限制，朱宸濠不能大规模招兵，于是他想了个办法。朱宸濠平日里喜欢结交不法之徒，与许多土匪强盗都有来往，他便暗地里与土匪武装勾结，帮助他们扩大势力。土匪们自然乐意抱王爷的大腿，纷纷表示愿意听从王爷的命令。这些土匪武装平时啸聚山林，一旦造反，便可迅速聚集。

土匪们有了王爷撑腰，更加肆无忌惮地抢劫绑票，祸害百姓。朱宸濠有时与土匪一起干，劫夺来往客商财物，掠取民财，霸占田产，为造反筹集资金。因此，南昌一带匪患严重，朱宸濠成了最大的土匪头子，老百姓深受其害。

朱宸濠不断向明武宗献媚，他听说皇帝喜欢赏灯，便召集能工巧匠，制作了数百个宫灯，造型精美，千姿百态，派人安装在宫中，供明武宗欣赏。明武宗果然很高兴，每天晚上都要观看。不料，有一天宫灯引发火灾，把乾清宫烧成灰烬。

朱宸濠继续向朝中大臣和太监行贿，为此专门在京城设立了办事机构，安排专门人员，把江南的奇珍异宝源源不断地运往京城，送给达官贵人。这些人经常在皇帝面前赞美朱宸濠，明武宗对朱宸濠十分宠信。

明武宗没有儿子，朱宸濠异想天开，他贿赂明武宗身边的宠臣，想把自己的儿子送进京城，在太庙举行的仪式中充当太子的角色，进而谋求太子之位。如果那样，朱宸濠不用动刀兵，没有任何风险，就能得到皇位。可是，朱宸濠与明武宗血缘关系太远，事情不可能成功。朱宸濠想当皇帝想疯了。

朱宸濠为造反准备了好几年时间，逐渐积蓄了一些力量，与一些朝廷大臣也建立了密切联系。这个时候，明武宗越发贪玩荒唐，经常不在京城，引发朝野普遍不满。朱宸濠野心膨胀，已经难以掩饰，他把自己的卫队叫作皇帝侍从，把自己的命令叫作敕令，让别人管他叫君主。朱宸濠自我陶醉在皇帝美梦之中。

朱宸濠谋反企图越来越明显，一些正直的官员纷纷上书告发。明武宗起初不相信，可告发者越来越多，而且提供了不少证据，明武宗开始重视起来。

当时的江西巡抚，名叫孙燧。孙燧进士出身，为人忠义，他连续七次向皇帝上书，揭露朱宸濠的造反阴谋。朱宸濠对他恨之入骨，担心明武宗醒悟，于是加紧进行谋反活动。

明武宗终于醒悟了，他感到事态严重，决定采取措施。明武宗命驸马都尉崔元等人，携带圣旨前往南昌，收回朱宸濠的护卫部队。

1519 年六月十三日，是朱宸濠的生日，他大摆宴席，当地的官员和社会名流都来祝寿庆贺。人们推杯换盏，大吃大喝，一片喜庆。

忽然，朱宸濠的京城密探神色慌张地跑来，告诉他皇帝已经派人南下，就要对他下手了。朱宸濠吃了一惊，但已无法化解，只得铤而走险。好在他已经做了许多准备工作，不至于手忙脚乱。

宴席结束后，朱宸濠与亲信商议，决定造反。第二天（十四日），南昌官员前来王府谢宴，朱宸濠趁机挟持他们造反。朱宸濠从怀里掏出一张纸片，扬了扬，煞有其事地说："当今皇上并不是先帝亲子，而是从民间抱来的，如今荒唐失德，祸乱我朱氏江山。皇太后有旨，令我进京讨贼，匡扶朝廷。"

此言一出，人们都惊呆了，面面相觑，不知所措。朱宸濠的同党们纷纷表示拥护和支持，多数人保持沉默。

孙燧挺身向前，责问道："安出此言？把皇太后旨令拿来我看。"朱宸濠说："这是我朱家之事，你没有资格看。"孙燧大怒，不顾身处险境，痛斥朱宸濠大逆不道，犯上作乱。朱宸濠恼怒，令人将孙燧杀害，同时杀了不肯屈从的许逵等一些朝廷官员。

朱宸濠迅速集合护卫部队，令土匪武装下山集结，很快聚集起数万兵马，号称十万。朱宸濠迫不及待地自称皇帝，年号顺德，封了左右丞相、兵部尚书等文武官员，发布檄文，声讨荒唐乱国的明武宗。

朱宸濠起兵之后，留侄子朱拱樤镇守南昌，自己亲率主力，乘坐千艘战船，出鄱阳湖，沿江东下，攻打安庆，意图攻取南京，依靠长江天险，以作长久之计。

朱宸濠造反的消息传来，明武宗却大为兴奋，他终于有理由巡游江南了，于是决定御驾亲征。

正在巡视江西的朝廷大臣王阳明，听说朱宸濠叛乱，迅速调集附近明军，准备平叛。王阳明有勇有谋，他趁朱宸濠正在围攻安庆之际，率兵攻打他的老巢南昌。

南昌守军不多，急向朱宸濠求救。朱宸濠不愿丢掉老巢，回师救援。王阳明早在途中设下埋伏，将叛军包围。朱宸濠的叛军都是乌合之众，不堪一击，被杀三万余人，其余溃散而逃。朱宸濠父子和一些刚被封的文武大臣，全都做了俘虏。朱宸濠起兵只有四十三天，就被王阳明一举平定。

朱宸濠兵败被俘的捷报传来，明武宗率军刚走到涿州，闻之大为不悦，十分失望。明武宗好不容易出了京城，南巡决心坚定，于是隐瞒消息，继续南下。明武宗以平叛为借口，在江南尽兴游玩了一年多，不料在返回途中发生意外，不久死去。

朱宸濠父子等人被处死，宁王爵位被撤销。可叹朱宸濠一门心思想当皇帝，到头来不过是南柯一梦。

知行合一王阳明

在明武宗时期，出了一位大名人，叫王阳明。王阳明被誉为明朝杰出的思想家、哲学家、军事家、教育家。王阳明是心学的集大成者，创立了阳明心学，提出了知行合一方法论，对后世影响很大。

王阳明，浙江余姚人，本名叫王守仁、王云，字伯安，号阳明。王阳明出身官宦之家，父亲叫王华，科举状元，官至南京史部尚书。

《明史》说，王阳明在母亲肚子里待了十四个月才出生，他小时候并不聪明，五岁还不会说话。父亲着急，传说请了一位有道术的人施法，他才开始会说话。

不过，王阳明学习十分刻苦，而且喜欢钻研问题，什么事情都要弄通弄懂。他十七岁时，拜访上饶名儒娄谅，向他请教程朱理学。

娄谅是著名理学家，他向王阳明讲授"格物致知"之学。"格物致知"是古代儒家思想中的一个重要概念，意思是探究事物原理，从中获得智慧，程朱理学特别推崇这一概念。

王阳明听得似懂非懂，他回家之后，认真阅读朱熹的著作，潜心钻研。为了实践朱熹的"格物致知"，王阳明一连"格"了七天七夜的竹子，结果没有任何收获。从此，王阳明对"格物"学说产生了怀疑，而转向研究心学。这就是中国哲学史上有名的"阳明格竹"。

心学，是儒学的一门学派，最早可追溯到孟子。南宋时期的陆九渊提出心学概念，与朱熹的理学分庭抗礼。王阳明一生致力于心学研究，将其发扬光大，形成了自己的理论体系。

王阳明从二十二岁开始，参加科举考试，但几次都名落孙山。王阳明并不气馁，坚持不懈，终于在二十八岁那年考中进士，踏入仕途。

王阳明不仅学文，而且学武。他少年的时候，土木之变发生不久，此事对他影响很大。王阳明发愤苦读兵书，打算日后报效国家。王阳明骑射精良，箭不虚发，属于文武全才。

兵部尚书王琼对王阳明十分赏识，推荐他担任了都察院左佥都御史，负责巡抚南安、赣州、汀州、漳州等地。这些地方属于偏远地区，局势一直不稳定，盗贼蜂起，有的多达数万人。盗贼有时攻打县城，杀死朝廷官员。

王阳明决心平定盗贼，安抚地方，但他权力不大，于是上奏朝廷，请求给他兵符，有权调动当地军队，朝廷同意了。王阳明善于用兵，很快将大大小小的盗贼剿灭，人们惊呼王阳明是神人，王阳明落下了"狡诈专兵"之名。

1519年，江西宁王朱宸濠发动叛乱，消息传到京城，朝中大臣震惊不已。兵部尚书王琼却十分镇静，自信地说："没事！王阳明正在江西一带，他肯定能擒获叛贼。"

王阳明当时正在江西吉安，听说朱宸濠叛乱，没等朝廷命令，立即调兵遣将，准备平叛。王阳明调集兵马需要时间，他担心朱宸濠迅速东进，攻占南京，占据江南半壁河山。当时南京一带明军不多，朱宸濠正是计划沿江东进，如果得逞，短时间内很难将其消灭。

王阳明采取了疑兵之计，他到处张贴假檄，声称朝廷已派八万精锐骑兵南下，加上湖广的军队，共十六万人，近日就要攻打南昌。朱宸濠果然中计，深怕老巢有失，没敢分兵。过了十多天以后，朱宸濠见没有动静，知道上了当，于是赶紧领兵东进，攻打安庆。

王阳明利用疑兵之计，争取到宝贵的时间，使他集结了八万军队。此时，安庆之战十分激烈，众人都要求立即去救安庆。王阳明却采取围魏救赵之计，率军直捣南昌。朱宸濠闻讯回师救援，安庆之围遂解。

王阳明并没有在南昌等候朱宸濠，而是采取围城打援之计，迅速率兵东进，在鄱阳湖设下埋伏，一举将叛军消灭，活捉了朱宸濠。南昌自然也被攻破。王阳明用兵如神，连施巧计，只用四十三天时间，就平定叛乱，充分显示了他非凡的军事才能。

王阳明平叛立了大功，可功劳却被御驾亲征的明武宗冒领了，因而他并没有受到奖赏，反而遭受奸佞小人陷害。王阳明见朝廷昏暗，萌生退意，后来，他借父亲去世之机，辞去官职，在家守孝。

王阳明此后厌倦官场，专心做学问。他先在稽山书院讲学，后又在绍兴创办阳明书院，招收学生，传播心学。王阳明对心学进行潜心研究，形成了自己的理论，获得巨大成功。

王阳明继承陆九渊"心即理"思想，反对朱熹的"格物致知"方法，强调"致良知"，即从自己内心去寻找"理"，"理"全在于人心。

当时，程朱理学是官方的统治思想，也是科举考试的评判依据。王阳明提出自己的观点，反对程朱理学，是需要很大勇气的。

王阳明反对把孔孟的儒家思想看成是一成不变的戒律，反对盲目地服从封建的伦理道德，而强调个人的能动性，这对于冲破封建思想禁锢、呼吁思想解放和个性解放，具有积极意义。

王阳明的一个重大贡献，是提出了"知行合一"方法论，强调在知与行的关系上，既要知，更要行，知中有行，行中有知，二者互为表里，不可分离。这个观念影响深远，至今仍然被人们所沿用。

王阳明留有著名的四句教，曰："无善无恶心之体，有善有恶意之动，知善知恶是良知，为善去恶是格物。"

王阳明的心学理论，是中国思想文化史上的重要学说之一，对后世影响很大，后来传入日本、朝鲜等国，在世界思想文化史上也有重要地位。当然，王阳明的心学理论有很多问题，也存在许多争议。

1527 年，广西地区发生叛乱，朝廷想起用兵如神的王阳明，任命他为两广总督兼巡抚。王阳明不得已，再次率军出征，经过一年的奋战，最终平息了叛乱。

平息叛乱后，王阳明随即上书要求告老还乡，不等朝廷批复，他就弃官回家了。

1529 年，王阳明病逝，享年五十八岁。王阳明后来被追赐谥号"文成"，从祀于孔庙。

后世对王阳明给予高度评价，说他做到了知行合一，在立德、立功、立言方面，都取得了突出成就。

嘉靖新政昙花一现

1521 年，明武宗驾崩，年仅三十一岁。明武宗没有儿子，也没有兄弟，经张太后和内阁大臣们商议，拥立明武宗堂弟朱厚熜继位。朱厚熜是明朝第十一位皇帝，庙号世宗，年号嘉靖。

朱厚熜是明孝宗的侄子，血缘关系较近，因而让他继位是合适的。不过，明孝宗的侄子很多，立其他人当皇帝也是可以的。张太后和内阁大臣们之所以选中朱厚熜，是看中了他年轻有为。

朱厚熜自幼聪敏过人，古典文籍看过几遍就能背诵，长大后通晓儒学，能诗善文。父亲很喜欢他，年龄不大就让他参加祭祀和典礼，所以从小就熟悉各种礼仪和规范。

朱厚熜十三岁的时候，父亲死了，他继承了王位，开始统领王府。封地在湖广安陆州（今湖北钟祥），远离京城。没有野心和其他奢求，他在长史袁宗皋辅佐下，把王府管理得井井有条。

朱厚熜十五岁的时候，命运之神眷顾了他。有一天，一大帮朝廷大臣来到安陆，宣读皇太后懿旨，要迎接他进京当皇帝。朱厚熜没有思想准备，但觉得此事在情理之中，因而十分高兴，毫不犹豫，立即跟随大臣们赴京。

过去藩王进京登基，都带着大批王府的随从，而朱厚熜却不同，他没有带很多随员，几乎是只身进京。这显示了朱厚熜的自信和处事能力。

朱厚熜一行抵达北京城下，文武大臣出城迎接，安排好了礼仪，要朱厚熜以皇太子的身份，从东安门进入。朱厚熜熟悉宫中礼仪，觉得自己被降了一辈，心中不悦，不肯入城。

朱厚熜对众人说："皇太后懿旨由我即皇帝位，但并没有说我是皇太子，此礼仪不妥。"

由于朱厚熜不肯入城，大臣们只好请示张太后，张太后表示依从朱厚熜的意见。于是，朱厚熜以皇帝的身份，堂而皇之地从大明门进入，到奉天殿举行登基典礼。此事给群臣一个下马威，大家觉得皇帝虽然年轻，却很有主见，不好糊弄。

嘉靖皇帝是由藩王继承大统的，多年远离京城，在朝廷没有一点势力，身边也没有亲信。此时的朝廷大臣，多数是明孝宗时期的旧臣，很多都是贤良之士；另外还有一些人，是明武宗宠信的，多数是佞臣。

新皇帝即位，那些贤良之士纷纷揭露佞臣的罪行，要求予以严惩。嘉靖皇帝顺应群臣意愿，下诏处死了民愤极大的钱宁、江彬等人，将一些佞臣罢官流放，同时将豹房的僧人、乐工、美女驱逐。嘉靖皇帝此举大快人心，贤良之士对他刮目相看。不过，嘉靖皇帝很快就与这些贤良之士产生了矛盾。

嘉靖皇帝即位以后，想追封自己的父亲为皇帝、母亲为皇后，这应该是可以的，一些朝臣表示拥护。但是，也有不少大臣对明孝宗怀有深厚感情，提出嘉靖皇帝既然继承了明孝宗一脉的皇位，就应该属于明孝宗的继子，那就不能追封自己的父母了。于是，朝臣分成了两派，激烈争吵，一连争吵了三年，史称大礼仪之争。

嘉靖皇帝沉着冷静，不急不躁，他仔细观察着每个大臣的言行，把朝臣在大礼仪之争中的表现，作为是否对他忠心的依据。经过观察，嘉靖皇帝把张璁、夏言、严嵩等一批拥护自己的官员提拔到重要岗位，成为他的亲信。

三年之后，嘉靖皇帝觉得皇位已经牢固，身边有了一大批支持者，于是采取断然措施，处罚了一百多名与他意见不合的官员，有的入狱，有的免官，有的流放。嘉靖皇帝如愿以偿追封了自己的父母，同时也牢牢控制了朝廷。不过，朝臣中出现了许多谄媚之臣和投机分子，尤其是严嵩，后来祸乱朝廷。

此时，嘉靖皇帝还不到二十岁，年轻有为，意气风发，他开始推行一系列改革措施，大力纠正明武宗时期的弊政，推动经济社会发展，史称嘉靖新政。

嘉靖皇帝大刀阔斧地革除前朝弊政，他颁布长达七千多字的诏书，明确提出了革故鼎新思想，并采取一系列措施，使明武宗时期的弊政几乎全被革除。

嘉靖皇帝采取的革新措施主要有：裁撤大量无用机构，裁汰官员达十四万多人，大大减少了财政开支；减轻民众负担，减免漕粮十五万余石；供明武宗玩乐的机构人员全部撤掉遣散；限制外戚，打压宦官；停止各地进献美女；停建大型土木工程。前朝弊政被革除，朝廷为之一新，百姓拍手称快。

在经济上，嘉靖皇帝下诏，在全国丈量土地，清查被权贵和豪强地主强占的庄田，还田于民，努力解决土地向少数人集中的问题，这在一定程度上缓和了社会矛盾。同时，鼓励农耕，兴修水利，扩大粮食生产。嘉靖皇帝还亲自到南郊耕田，皇后也亲自养蚕。

嘉靖新政时期的一个著名成就，是大力发展商业、手工业，出现了资本主义的萌芽，这是具有重要意义的。

在文化教育上，嘉靖皇帝推崇儒学，大办学校，同时整肃科举制度，采取有力措施，保证科举考试的公平性和严肃性。《三国演义》《水浒传》刊印发行，《金瓶梅》《西游记》问世，文化得到长足发展。

嘉靖皇帝组织人员，用了多年时间，将《永乐大典》抄录一份，形成副本，副本与正本的格式、装帧完全一样。后来，《永乐大典》正本遗失，只有副本流传下来。这是嘉靖皇帝的一个重要贡献。

嘉靖时期边患严重，南方沿海地区倭寇猖獗，北方蒙古鞑靼时常侵扰，史称"南倭北虏"之患。嘉靖皇帝调兵遣将，选用良才，在戚继光等将士浴血奋战下，肃清了倭寇，北方也多次挫败鞑靼的侵扰，保卫了国家领土安全。嘉靖时期，还击败了葡萄牙军队入侵。

嘉靖新政取得显著效果，明朝恢复了繁荣强盛，国家财政稳定，储备充足，粮食存储够用十年，百姓生活富裕，文化科技繁荣，史称嘉靖中兴。

嘉靖皇帝在位四十五年，从他前期执政情况来看，无疑是一位有为君主，推动明朝再次实现了中兴。

　　然而，令人遗憾的是，嘉靖新政不过是昙花一现，持续时间并不长。到了后期，嘉靖皇帝迅速堕落，他重用奸臣，怠于政务，昏庸无道，追求享乐和长生不死。嘉靖新政的成果，也被嘉靖皇帝自己亲手毁掉了。

昏庸无道嘉靖帝

嘉靖皇帝在位时间很长，他在执政前期，励精图治，推行新政，革除前朝弊端，促进了经济繁荣；他在执政后期，却昏聩不明，重用奸臣，骄奢淫逸，追求长生不死，前后判若两人。

嘉靖皇帝经过前期的精心治理，恢复了大明王朝的繁荣强盛，他也因此树立了英主形象。从朝廷到地方，都盛赞嘉靖皇帝是圣人，纷纷对他歌功颂德。于是，嘉靖皇帝飘飘然起来，觉得大功告成，可以纵情享乐了。

1542年，嘉靖皇帝提拔严嵩进入内阁，不久让他担任了内阁首辅。严嵩是历史上有名的奸臣，他处心积虑讨好皇帝，欺上瞒下，结党营私，排斥忠良，祸乱朝廷。严嵩把持朝廷二十年，危害甚大。

嘉靖皇帝对严嵩很信任，朝廷事务都交给他处理，自己长期不上朝，不见臣子，很少处理国政，造成奸臣专权。嘉靖皇帝热衷于与嫔妃宫女们听歌观舞，饮酒作乐，过着纸醉金迷的生活。

礼部尚书张璁投嘉靖皇帝之所好，上书说："古代礼制，天子应有六宫、三夫人、九嫔、二十七世妇、八十一御妻。如今皇上正值春秋鼎盛之年，应该广求淑女，以充妃嫔，这样才能多留子嗣。"

嘉靖皇帝见了奏书，龙颜大悦，当即批"可"。于是，从朝廷到地方的官员全部忙坏了，到处搜寻美女，充入后宫。嘉靖皇帝身边美女无数，仅载入史籍有姓名的，就有四个皇后、三个皇贵妃、三个贵妃、四十一妃、三十一嫔，共计近百人，没有载入史籍的则不计其数。嘉靖皇帝拥有众多嫔妃，可子女并不多，只有八个儿子、五个女儿。

嘉靖皇帝不仅荒淫无度，还喜欢铺张奢华，大兴土木。他嫌北京城不够宏大，又新建了地坛、日坛、月坛，后来还准备建北京外郭城。外郭城规划周长七十里，建城门十一座、瞭望台一百七十六座、水关八处。由于工程过于浩大，财政负担不起，最终没能完工，但已经耗费了大量的人力和财力。

嘉靖皇帝又在各地修建斋宫秘殿，每年投入的钱财，相当于当年的财政收入，费用高得惊人，致使国库由盈转亏。国家财政不足，就强令百姓捐献，搞得民不聊生，怨言沸腾。

嘉靖皇帝过着醉生梦死的生活，感觉幸福极了，便幻想能够永久这样，于是热衷于追求长生不死。他原来信奉佛教、道教，后来抛弃佛教，专奉道教，因为道教宣扬有长生不死之术。

嘉靖皇帝为自己起了道号，先叫"灵霄上清统雷元阳妙一飞玄真君"，后来觉得道号不够伟大，改为"太上大罗天仙总掌五雷大真人玄都境万寿帝君"。嘉靖皇帝为父母也起了道号。

嘉靖皇帝不仅自己虔诚地信奉道教，还要求全体官员都要信道尊道，并赐给朝臣道教冠服。大臣杨最上书，说拜仙求长生是荒谬的。嘉靖皇帝大怒，下令对杨最施以杖刑。杨最已经六十九岁了，杖刑没结束，就被活活打死了。

嘉靖皇帝信奉道教，是为了追求长生不死，自然要服用道士们炼的"仙丹"。道士们故弄玄虚，说配制"仙丹"需用少女的经血，而且她们在经期要喝露水，不能吃饭。嘉靖皇帝强征大批少女入宫，宫女们不堪忍受，结果爆发了著名的"壬寅宫变"，嘉靖皇帝差点被宫女们勒死。

由于嘉靖皇帝变得昏庸无道，不仅葬送了嘉靖新政成果，而且造成朝纲混乱，奸臣当道，风气败坏，经济衰退，社会动荡不安。在嘉靖后期，各地起义此起彼伏。

1553 年，河南聚众数千人起义，攻克归德府和柘城、鹿邑、太康等八个县城，历时四十五天，震动三省。

1561 年，广东爆发大规模农民起义，多达数万人。起义军转战广东、福建、江西三省，攻占城池，开仓赈民。朝廷派出十万大军，用了一年时间，才把起义镇压下去。

1566 年，浙江开化、江西德兴发生矿工起义，这大概是中国历史上最早的工人起义。起义军转战江西玉山、浙江遂安等地，坚持斗争近一年。

在农民、矿工起义的同时，还不断发生兵变，规模较大的有大同兵变、辽东兵变、南京兵变等。兵变主要是由欠发军饷、将领暴虐等原因造成的，士兵们不堪忍受，群起造反。

趁着明朝国内动荡，蒙古鞑靼也不断南下侵扰，又一次攻占了大同，一直打到北京附近，举国震惊，史称庚戌之变。

1567 年，在内忧外患之中，嘉靖皇帝患病去世，享年六十岁。

《明史》对嘉靖皇帝评价比较客观，说他前期清除弊政，使天下得到治理，但后期宠信奸臣，迷信道教，致使国家逐渐衰落，是一个功过各半的君主。

皇帝差点死在宫女手里

在中国封建社会，宫女属于弱势群体，任人欺凌。可在嘉靖时期，却爆发了中国历史上唯一一次宫女暴动，十几名宫女联合起来，差点把嘉靖皇帝勒死，史称"壬寅宫变"。

嘉靖皇帝为了淫乐，除了拥有众多嫔妃以外，还在后宫充斥着大批宫女。宫女们没有身份和地位，只是充当皇帝的泄欲工具，平时还要做工干活，处境十分悲惨。

嘉靖皇帝刻薄寡恩，对嫔妃们尚且少情寡义，就更不把宫女当人看了。嘉靖皇帝由于长期服用"仙丹"，性格变得暴虐，喜怒无常，有些变态，他肆意在宫女身上发泄兽欲，时常虐待她们。他看哪个宫女不顺眼，就令人剥光衣服，吊起来鞭打，有的被活活打死。有史书说，当时宫女被无辜打死的有二百多人，占到百分之二十，是一个惊人的数字。因此，宫女们人人自危，担心朝不保夕。

道士们为了炼制长生不老"仙丹"，说需要使用大量少女的经血，为了保持经血纯洁，少女在月经期间不能吃任何东西，而且要喝清晨的露水。这下可苦了宫女们，许多人被折磨得皮包骨头，有的被活活饿死。采集经血的方法十分野蛮，宫女们不仅要忍受身体上的折磨，在心理和精神上也饱受摧残，一个个痛不欲生。

有个宫女叫杨金英，《明史》没有记载她的籍贯和年龄。杨金英感觉活不下去了，与好友杨玉香、苏川药、姚淑翠、邢翠莲、王槐香、刘妙莲、陈菊花、关梅秀、张金莲等人商议，决定找机会杀死嘉靖皇帝。

宫女给人们的印象，历来是逆来顺受，柔弱可怜，可这些手无缚鸡之力的弱女子，竟敢谋杀皇帝，而且谋杀皇帝的后果，她们心里十分清楚。这些宫女一反常态，铤而走险，表明她们对嘉靖皇帝恨之入骨，也表明她们已经被逼上绝路，难以生存，干脆拼个鱼死网破。

据《宙载》记载，1542年十月二十一日晚，嘉靖皇帝来到端妃曹氏居住的翊坤宫。曹端妃貌美如花，善解人意，深受嘉靖皇帝宠爱。曹端妃的住处与方皇后的坤宁宫很近，但嘉靖皇帝很少去方皇后那里。

嘉靖皇帝事先服用了道士给他的神药，精力充沛，兴致高昂，与曹端妃折腾了半夜，搞得精疲力竭，酣然入睡。曹端妃见皇帝睡熟，担心吵醒他，便悄悄起床，到别的房间休息去了。

杨金英既然起了杀死皇帝的念头，自然关注皇帝的动向，见嘉靖皇帝独自一人在曹端妃宫中入睡，周围也没有侍卫，觉得机会难得，立即召集早就串联好的姐妹们，来了十几个人。

杨金英对众人说："今天是个好机会，咱们要快下手，不然的话，我们都会死在这个昏君手里。"宫女们摩拳擦掌，一致赞同。

杨金英一伙对宫中十分熟悉，她们蹑手蹑脚来到曹端妃寝室，见嘉靖皇帝依旧鼾声如雷。杨玉香事先带了一条绳索，杨金英把绳索要过来，打了一个结，慢慢套在嘉靖皇帝脖子上。姚淑翠、关梅秀分别拽着绳索两头，两人一齐用力，想把嘉靖皇帝勒死。

嘉靖皇帝被勒醒了，哇哇大叫，宫女们急了，一拥而上。杨金英拿布塞到嘉靖皇帝嘴里，顺势掐住他的脖子；王槐香扑上去，压在嘉靖皇帝身上；苏川药、刘妙莲、陈菊花、邢翠莲等人，分别按住嘉靖皇帝的手和脚。也有的宫女浑身哆嗦，不知所措，被吓傻了。

姚淑翠、关梅秀紧咬牙关，憋红了脸，使出吃奶的力气，拼命向两边拉绳索，可拉了半天，嘉靖皇帝依然不死，嘴里呜呜乱哼，脚乱蹬。原来，杨金英等人没有用绳子勒过人，把绳套打成了死结，再加上宫女们力气不大，所以不能使皇帝毙命。

杨金英等人急红了眼，她们拔下头上的金钗银簪，朝着嘉靖皇帝身上一顿乱刺，扎得皇帝浑身鲜血直流。但金钗银簪不是杀人凶器，威力不大，宫女们又不会刺要害，所以不能致命。

十几名宫女忙活了半天，耗尽了力气，却弄不死一个失去反抗能力的皇帝，确实是弱势群体。时间一长，宫女们心慌意乱，没有了主意。

有个叫张金莲的宫女，觉得皇帝不是人，而是神，所以杀不死他。张金莲情急之下，想要立功赎罪，慌忙跑去告诉了方皇后。

方皇后一听宫女们正在杀皇帝，大吃一惊，吓得失魂落魄，赶紧召集一伙太监和侍卫，火速奔向翊坤宫救驾。

杨金英一伙见方皇后带人来了，知道大势已去，只得殊死反抗。姚淑翠扑上前去，狠狠地打了方皇后一拳。可这些宫女，怎能是太监和侍卫的对手，全被捆绑起来。

方皇后赶紧去看皇帝，解开他脖子上的绳索，掏出他口中的布团。嘉靖皇帝连勒带吓，已经昏过去了，浑身上下血肉模糊。方皇后赶紧召御医医治。其实，嘉靖皇帝伤得并不很重，身上都是皮外伤，只是被吓得不轻。

事情发生在曹端妃宫中，曹端妃难逃干系。方皇后平时就对曹端妃受宠怀恨在心，如今怎能饶过她？可怜的曹端妃，被嘉靖皇帝折腾了半夜，疲惫不堪，仍在睡梦之中，稀里糊涂就被抓了起来。

方皇后命人对宫女们严刑拷打，结果宫女们供认，王宁嫔参与了阴谋，曹端妃事先也知情。于是，王宁嫔也被抓了起来。王宁嫔是否真的参与密谋，难以确定，而曹端妃则完全是无辜的。大概是方皇后为了泄私愤，把她俩也牵连进来了。

经过审讯，确定涉案宫女共十六人，再加上王宁嫔、曹端妃两位嫔妃。方皇后将处理意见奏报嘉靖皇帝，建议将宫女们凌迟处死，两个嫔妃斩首，并诛杀其家人。那个告密的张金莲，也没有被饶恕。嘉靖皇帝伤没有好，神志不清，一切按方皇后的意见办。

对宫女们行刑那天，北京地区大雾弥漫，天昏地暗。人们都说，这是上天在可怜那些命运悲惨的年轻女子。

嘉靖皇帝大难不死，也认为是上天对他的庇护。因此，他不仅没有收敛，反而更加昏庸无道。

嘉靖皇帝清醒以后，才知道他心爱的曹端妃被冤杀，于是迁怒于方皇后。后来，方皇后宫中突然失火，人们纷纷前去救火，却被嘉靖皇帝制止，任由方皇后被活活烧死。不知道这场火灾，是属于意外，还是有人故意为之？

"壬寅宫变"是中国历史上唯一一次宫女集体反抗，完全是一次被逼的抗暴行为，虽然没有成功，但却向世人展示了一个道理：压迫越重，反抗越激烈，兔子急了会咬人，即便是柔弱的宫女们，也不会甘心坐以待毙。

后世有些学者对"壬寅宫变"做了研究，存在一些争议。有的认为，这是一场宫内的政治斗争和权力之争，宫女们成了某些政治人物手中的工具。

《明史》对"壬寅宫变"做了记载，认为就是宫女们为了活命而自发组织的反抗活动。《明史》对"壬寅宫变"的过程，记载得不是很详细。

对"壬寅宫变"记载比较详细的，是张合所著的《宙载》，记载了宫女们刺杀皇帝的全过程。张合是嘉靖时期的官员，而且是著名清官，当时担任刑部主事，亲自参加了此案审理。因此，张合的记载，可信度应该是比较高的。

误国奸臣严嵩

严嵩是历史上的大奸臣，他专擅国政二十年，对嘉靖弊政负有重大责任，留下了千古骂名。《明史》将严嵩列入《奸臣传》。

严嵩，江西分宜人，出身寒士家庭。他的父亲严准，多次参加科举考试，但屡考不中，于是便把希望寄托在儿子身上，对儿子从小进行悉心教育，希望儿子能够出人头地。

严嵩勤奋好学，五岁在严氏祠接受启蒙教育，九岁入县学，十岁通过县试，十九岁考中举人，二十五岁考中进士，步入仕途。严嵩没有辜负父亲的期望，开始出人头地了。

严嵩入仕后，并不顺畅，多年来只担任修纂府志之类的文史官吏，其间还因病退官十年。后来，严嵩巴结上大臣夏言，入朝在翰林院任职。

1521年，嘉靖皇帝即位，严嵩时来运转。严嵩善于奉迎，在大礼仪之争中得到嘉靖赏识，被提升为南京翰林院侍读，署掌院事。从此，严嵩官运亨通，先后担任国子监祭酒、礼部右侍郎、吏部左侍郎等职，后来当上了南京吏部尚书的高官。

1538年，严嵩又得到一次人生重大机遇。嘉靖皇帝想把父亲的牌位置于太庙，这是不符合礼制的，许多大臣表示反对，严嵩起初也不同意。

可是，嘉靖皇帝态度坚决，著《明堂或问》斥责群臣。严嵩见风使舵，马上表示赞同，并详细给皇帝规划入太庙礼仪。嘉靖皇帝很高兴，赐给严嵩大量金币。

不久，严嵩又写《大礼告成颂》《庆云赋》，盛赞嘉靖皇帝大孝的美德。嘉靖皇帝龙颜大悦，加封严嵩为太子太保，侍从皇上，所得赏赐与宰辅大臣相同。从此，严嵩参与朝政，成为嘉靖皇帝的红人。

严嵩的好运并没有停止，1542年，嘉靖皇帝擢升严嵩为武英殿大学士、入文渊阁。从此，严嵩成为内阁成员，处理朝政。

此时，严嵩已经六十三岁了，但他精神焕发，与壮年时期无异。严嵩每天晚上在朝廷值班，不肯回家休息，表现得特别勤政。嘉靖皇帝很满意，赐他银记，上刻"忠勤敏达"四字，对他评价相当高。

严嵩入阁为相，终于出人头地，但他还不满足，一心想爬上首辅大臣的高位。当时的首辅大臣是夏言，夏言曾经对严嵩有提携之恩，但夏言为人耿直，脾气急躁，后来他发现严嵩是阿谀之人，心生厌恶，两人产生了矛盾。

夏言在皇帝和朝臣面前，总是公开诋毁严嵩，说他不是好人。而严嵩却反其道而行之，逢人就说夏言的好话，表面上对夏言特别尊敬。这样一来，人们都觉得夏言做得过分了，而认为严嵩胸襟宽阔。嘉靖皇帝对严嵩越来越信任，对夏言却不满意了。

严嵩觉得时机成熟，开始在嘉靖面前诬陷夏言，手法相当隐蔽和高明。嘉靖皇帝相信了，罢免了夏言。严嵩却不肯罢休，担心夏言会东山再起，继续进行陷害，夏言终于被嘉靖皇帝处死。严嵩消除了仕途上的障碍，如愿以偿当上了首辅大臣，大大地出人头地了。

人们常说，大奸似忠，意思是说，凡大奸之人，表面上都好像是忠臣，严嵩就是这样。

严嵩身材修长，眉毛稀疏，声音洪亮，待人彬彬有礼，一副道貌岸然的样子。他学问很好，通晓经史，善写诗文，尤其是青词堪称一流，书法造诣也很深厚。严嵩对嘉靖皇帝表现得特别忠心，事事为皇帝考虑。因此，嘉靖皇帝对严嵩十分信任，以后长期不上朝，朝廷事务都由严嵩处理，皇帝有什么想法，也通过严嵩去落实，使严嵩几乎独揽了朝廷大权。

严嵩执政的第一要务，是千方百计讨好皇帝。凡是嘉靖皇帝爱听的话，即便是荒唐可笑的，严嵩都毫不脸红地去说；凡是嘉靖皇帝想做的事，即便是祸国殃民，严嵩都毫不犹豫地去做。嘉靖皇帝热衷于追求长生不死，严嵩明知是虚无缥缈的东西，仍然投其所好，在各地建了大量斋宫秘殿，养了大批道士，不遗余力地奉道尊道，造成国库空虚。

严嵩比嘉靖皇帝大二十七岁，从仕一生，经验丰富，又善于揣摩圣意，因此，嘉靖皇帝虽然属于精明之人，终被严嵩玩弄于股掌之中。

严嵩摸透了嘉靖皇帝自以为是、颇为护短的性格特点，巧舌如簧，总能达到自己的目的。有时嘉靖皇帝处罚大臣，如果严嵩想要解救，就先顺着皇帝的心意，对大臣痛责一番，然后再用别的理由为其开脱，往往能够收到奇效；严嵩想要陷害某个大臣，也必先称赞他的优点，然后再婉言中伤，显得十分公正，也容易达到目的。

严嵩倚仗嘉靖皇帝宠信，在朝中结党营私，培植亲信，对不依附他的人，进行排斥打击、诬陷迫害。严嵩故意拿臣子的过错激怒皇帝，使一批朝臣受到处罚，有的还丢了性命。严嵩还借对官员进行考核之机，把他不喜欢的人赶出朝廷，致使忠良受压，朝政混乱。严嵩在陷害大臣方面做得十分巧妙，不留下任何痕迹。

后来，严嵩年龄大了，精力不济，但不想失去权力，便提拔自己的儿子严世蕃，让严世蕃参与朝政。有大臣汇报事情时，严嵩总是说："先去问世蕃吧。"许多朝廷大事，都是先由严世蕃拿出意见，再报严嵩定夺。

严世蕃身体肥胖，脖子粗短，还瞎了一只眼睛，他没有父亲的精明和狡猾，而是仗势放纵，贪赃枉法，利用各种手段大肆搜刮钱财。一天夜里，严世蕃把金银藏到地窖里，被严嵩撞见。严嵩见数量之巨，超出想象，大吃一惊，隐约感到大祸将至。

嘉靖皇帝毕竟不是很糊涂，对严嵩父子的不法行为有所了解，逐渐对严嵩有些疏远。1562 年，御史邹应龙上书弹劾严嵩父子，证据确凿。嘉靖皇帝将严世蕃流放广东雷州，令严嵩退休。严嵩从此倒台，他已经八十三岁了。

严世蕃不知收敛，更不知悔改，他在流放期间，仍然在故里大肆扩建府第，又企图勾结倭寇，图谋不轨，被人告发。嘉靖皇帝大怒，将严世蕃逮捕下狱。严世蕃于 1565 年被处斩，死时五十三岁。

在严世蕃死后第二年，严嵩的生命也走到尽头，终年八十七岁。

抗倭英雄戚继光

在嘉靖时期，出了一位抗倭英雄，名叫戚继光。戚继光是杰出的军事家、民族英雄，他荡平倭寇，保境安民，被历代人民所称赞。

戚继光，山东蓬莱人，祖籍安徽定远。他的先祖戚祥，跟随朱元璋起兵反元，曾任朱元璋亲兵，后跟随傅友德远征云南，不幸阵亡，被封为明威将军。此后他的子孙继承爵位，世代习武，成为武将之家。

戚继光的父亲戚景通，出生在蓬莱，曾担任山东总督备倭、神机营副将等职。戚景通治军严明，为官清廉，政声颇佳。他的原配夫人张氏不育，又娶了王氏。因此，戚景通五十六岁时，才有了长子戚继光，后又得次子戚继美。

戚继光从小喜欢读书，勤奋好学，通晓儒经和史籍，同时阅读兵书，练习武艺，身体强壮，骑射精良。戚继光胸怀大志，时刻准备报效国家。

1544 年，十七岁的戚继光继承祖上的职位，任登州卫指挥佥事。当时，山东沿海一带很不太平，时常遭受倭寇的烧杀抢掠，人民深受其害。戚继光目睹这种状况，奋笔写下了"封侯非我意，但愿海波平"的豪迈诗句。

倭寇，是 13 世纪到 16 世纪日本海盗集团的泛称。倭寇起初为九州沿海一带的庄主、商人和无业流民，主要从事走私和抢掠活动。14 世纪以后，日本进入南北朝分裂时期，诸侯割据，互相攻打。一些战败的武装力量在国内难以立足，便纷纷跑到中国沿海一带进行掠夺，倭寇势力越来越大。

朱元璋建立明朝以后，加强海防，抵御倭寇，同时与日本政府联合，共同打击海盗，在一定程度上遏制了倭寇发展。之后的朱棣等几位皇帝，重视对倭寇的打击，国内局势也比较稳定，倭患没有造成大的危害，但也没有被彻底消灭。

到了嘉靖时期，倭寇猖獗起来，山东、浙江、福建等沿海地区，到处都有倭寇活动。有的倭寇还与当地的豪强甚至官员互相勾结，更加肆无忌惮地祸害百姓。

有一次，一股倭寇从浙江上虞登岸，遇城就打，见人就杀，四处掠夺，先后洗劫浙、皖、苏三省，杀死数千人，攻占二十多座城池，直逼南京城下，史称“嘉靖倭乱”。

戚继光所在的山东登州，位于山东半岛，突入海中，更容易遭受倭寇袭扰。戚继光组织军民严阵以待，多次击退倭寇进攻。

1553年，在朝廷大臣张居正的推荐下，戚继光升任都指挥佥事，管理登州、文登、即墨等二十五个卫所，负责防御山东沿海的倭寇。戚继光尽职尽责，有勇有谋，打得倭寇屁滚尿流。此后，很少有倭寇敢于进犯山东。

1555年，鉴于戚继光抗倭成绩突出，朝廷升任他为浙江都司佥事，并担任参将职务，负责在浙江平倭。

戚继光赴浙江任职以后，见朝廷军队十分腐败，战斗力很差，所以倭寇才十分猖獗。戚继光听说金华、义乌一带民风剽悍，忠义之士很多，便前往招募新兵。民众听说抗击倭寇，都踊跃报名参加。戚继光精心挑选了三千精壮之士，组成了新的军队，这就是早期的戚家军。

戚继光组成新军之后，亲自进行训练。十二人为一队，四队为一哨，四哨为一官，四官为一总，相当于现在的班、排、连、营，组织架构十分严密。所有官兵进行严格训练，要求人人达到弓马娴熟，武艺高强。戚继光制定了严格的军纪，令行禁止，赏罚分明。戚继光还特别重视加强思想教育，强化士兵们保家卫国的理念。

戚继光重视军队装备建设。当时，倭寇的倭刀比明军军刀威力大，许多士兵望而生畏。戚继光改进了军刀，优于倭刀，被称为戚氏军刀。戚继光发明了一种叫作"狼筅"的新式武器，专门对付倭刀，被誉为"刺倭利器"。军中还配备了"虎蹲炮"等先进火器。戚继光又研究制定了鸳鸯阵法，让士兵们操练掌握。

经过严格训练，戚家军成了一支士气高昂、军纪严明、步调一致、勇猛善战、装备先进的精锐之师，部队后来扩充到近万人。

倭寇虽然凶狠，是亡命之徒，但不是正规军队，缺乏训练，属于乌合之众。所以，在此后的平倭战斗中，戚家军大显身手，屡战屡胜，没有打过败仗。戚家军以超强的战斗力、职业化的训练水平、百战百胜的战绩，成为中国历史上享有盛名的常胜军。

戚继光在浙江平倭六年，他与抗倭名将俞大猷等人一道，经过台州之战、新河之战、花街之战、上峰岭之战等一系列战斗，九战九捷，歼灭了数万倭寇，到1561年，浙江的倭患基本上被平定。

福建的倭患仍然十分严重，倭寇不敢进犯山东和浙江，纷纷转向了福建，在浙江战败的倭寇残余势力，也逃到福建。福建北自福宁，南到泉州，沿海千余里，几乎都有倭寇骚扰。倭寇攻破福清、长乐、福宁、宁德、连江、罗源、福安等地，形势十分严峻。福建巡抚游震得急得团团转，连续向朝廷请求，点名让戚继光率军来援。

1562年，戚继光接到朝廷命令，带领无坚不摧的戚家军，立即赶赴福建战场。戚家军经过收复横屿、夜袭牛田、强攻林墩、大战仙游等一系列战斗，歼灭数万倭寇，到1565年，基本平定了福建倭患。

戚继光与众多将领一起，经过十多年浴血奋战，消灭了十余万穷凶极恶的倭寇，基本扫平了为祸多年的倭患，保护了沿海人民的生命财产安全，功留青史。

戚继光因功被授予左都督、少保兼太子太保。戚继光功成名就，但没有贪图安逸享受，又继续为国家尽忠效力。

1567年，戚继光奉命镇守北方，抵御蒙古鞑靼。嘉靖皇帝自庚戌之变以后，十分重视北方防御，十七年中换了十员大将镇守，但蒙古鞑靼仍然不断侵扰，这些大将多数受到朝廷处罚。戚继光镇守边镇十六年，防务完备，蓟门安然，继任者随其成法，使得数十年间太平无事。

戚继光得到过张居正的赏识和提携，张居正病逝后被清算，戚继光也受到不公正待遇，先被调往广东，后又被免官回乡。

1588 年，戚继光在蓬莱家中病逝，享年六十一岁，谥号"武毅"。

戚继光抗倭的英雄事迹，至今被人们广泛传颂。

短暂的隆庆新政

1567 年，当了四十五年皇帝的嘉靖帝死了，他的儿子朱载垕（朱载坖）继位，成为明朝第十二位皇帝，被称为明穆宗，年号隆庆。

明朝有一个特点，往往有为君主和昏聩皇帝交替产生，社会波浪式发展。在洪武盛世、永乐盛世、仁宣之治以后，出现了明英宗土木之变，国势转弱；通过成化新风和弘治中兴，一度恢复了繁荣；明武宗荒唐嬉闹，造成朝廷混乱，国力又衰；嘉靖皇帝前期贤明，后期昏暗，明穆宗继位以后，克服前朝弊政，推行隆庆新政，局势又趋于稳定。

明穆宗是嘉靖皇帝的第三子，母亲为杜康妃，是九嫔中最后一名。明穆宗既不是嫡子，也不是长子，母亲又不受宠爱，本来很难与帝位有缘，可是，上天却偏偏眷顾他。

嘉靖皇帝有八个儿子，都不是皇后生的，均属于庶子。长子朱载基，出生两个月就夭折了，被追封为哀冲太子。

1539 年，嘉靖皇帝册封四岁的次子朱载壑为皇太子。朱载壑的母亲是王贵妃，深受嘉靖皇帝宠爱，她的儿子成了事实上的长子，因此早早被封为太子，确定了他皇位继承人身份。

与此同时，嘉靖皇帝封三子朱载垕为裕王，封四子朱载圳为景王，两个人都是三岁，只相差二十多天。不过，嘉靖皇帝宠爱朱载圳的母亲卢靖妃，因而喜欢朱载圳，冷落朱载垕。

1549 年，年仅十四岁的皇太子朱载壑突然得病死了，被追封为庄敬太子。按照顺序，应该立三子朱载垕为太子，可嘉靖皇帝喜欢四子朱载圳，拿不定主意，迟迟未予册立。

朱载圳从小得到父亲宠爱，行为轻佻，喜欢奢华；朱载垕则受到父亲冷遇，处世谨慎，为人低调。大臣们分成了两派，严嵩为取悦皇帝，主张立四子朱载圳；徐阶、高拱、张居正等一帮正直的大臣，主张立三子朱载垕。双方争论不休。

嘉靖皇帝犹豫不决，十六年没有再立太子。不过，朝臣们心里都清楚，嘉靖皇帝最后肯定会让四子继位，而三子是没有希望了。

不料，人算不如天算，1565年，朱载圳忽然得病死了，年仅二十九岁。嘉靖皇帝叹着气对徐阶说："这莫非是天意？"

嘉靖皇帝的五子早就死了，其他几个儿子年龄尚小，他别无选择，只好重新考虑三子朱载垕。但嘉靖皇帝还没来得及封太子，第二年就驾崩了，遗诏让朱载垕继位。明穆宗朱载垕似乎就是真命天子。

明穆宗即位时已经三十岁了，十分成熟，他珍惜来之不易、上天授予的皇位，决心励精图治，革除弊政，重新恢复大明王朝的繁荣强盛。

明穆宗对嘉靖皇帝宠信奸佞、崇尚道教、追求长生不死的做法十分不满，父亲活着的时候，他不敢吭声，如今当了皇帝，便立即纠正嘉靖后期的错误。

明穆宗刚一即位，就下令停止全部道教仪式，驱逐道士方士，有的则交由司法部门定罪。嘉靖皇帝宠信方士王今、刘文斌等人，大搞长生不死之术，浪费钱财，祸国殃民，明穆宗诏令将他们处死，大快人心。

明穆宗大力纠正嘉靖时期的冤假错案，凡是以言获罪的全部平反，曾被罢免的官员恢复官职，已经死了的给予抚恤。著名清官海瑞曾上书批评嘉靖皇帝，言辞激烈，被嘉靖皇帝逮捕入狱，判了死罪，尚未行刑。明穆宗即位以后，马上将海瑞释放，官复原职，后来又予以提拔重用。

明穆宗对奸佞之臣十分痛恨，他整顿朝纲，加强吏治，清除了严嵩剩余的亲信，提拔重用徐阶、高拱、张居正等贤良之臣。不过，贤臣们由于政见不同，也会发生争斗，朝中没有了奸佞，党争就开始了。有的学者认为，明朝时期的党争，从明穆宗时期开始激烈起来。

明穆宗在经济方面，实行抑制土地兼并政策，制定了勋戚宗室依世次递减制度，打击豪强地主强霸民田，限制他们拥有田地的数量，在一定程度上缓和了社会矛盾。明穆宗关心民间疾苦，经常减免税赋，及时对受灾百姓给予救助。

明穆宗在经济上采取的一个重大举措，是宣布解除海禁，调整海外贸易政策，允许民间从事海外贸易活动，使明朝出现了对外开放局面，史称隆庆开关。

隆庆开关是继郑和下西洋之后对外关系中又一重大事件，民间海外贸易空前活跃，使海外三分之一的白银流入明朝，为明朝积累了大量财富。同时，极大地推进了明朝与国际市场的联系，促进了资本主义萌芽发展。有学者认为，隆庆开关是中国近代史的开端。

明穆宗做出的一个重大贡献，是与蒙古鞑靼实行和议，结束了敌对状态，实现了和平。

明朝推翻元朝之后，把逃到漠北的元朝残余势力和蒙古高原上的蒙古族通称为鞑靼，双方长期处于敌对状态。蒙古草原经济单一，需要中原物资做补充，于是经常南下抢劫。

后来，成吉思汗黄金家族的后裔俺答汗做了鞑靼首领，他愿意以贸易的方式，与明朝进行经济往来。在高拱、张居正等人的策划下，双方签订了有关协定，史称隆庆和议。

隆庆和议规定，双方各安边境，互不侵犯；明朝开放十一处边境贸易口岸，互换粮食、布匹、牛羊等物资，双方互惠互利。此后，明朝与鞑靼没有发生大的战争，实现了和平相处。

明穆宗待人宽厚，用人不疑，能够发挥大臣们的积极性和主动性；他躬行节俭，吃饭穿衣都很简朴，每年仅在饮食方面就能节省数万两银子。

明穆宗时期，纠正了嘉靖后期一些弊政，朝廷清明，社会稳定，经济发展，国运中兴，为张居正改革奠定了良好基础，史称隆庆新政。

可是，明穆宗太喜欢美女了，纵欲过度，长期服食药，结果掏空了身子，连老天爷也没有办法保佑这位真命天子了。

1572年，只当了六年皇帝的明穆宗驾崩，年仅三十六岁。可惜！

畏母畏师小皇帝

1572 年，明穆宗病逝。他的儿子朱翊钧继位，成为明朝第十三位皇帝，被称为明神宗，年号万历。

万历皇帝即位时只有十岁，他在位四十八年，是明朝在位时间最长的皇帝。在他当皇帝的前十年，由名相张居正主政，延续了隆庆新政，明朝继续兴旺；万历皇帝亲政以后，逐渐怠政昏庸，致使明朝衰落，他死后二十四年，明朝就灭亡了。不少学者认为，明朝灭亡始于万历。

明穆宗只生了四个儿子，长子五岁时死了，次子未满周岁便夭折，只存活了三子朱翊钧和四子朱翊镠。

朱翊钧的母亲姓李，有的史书说她叫李彩凤，北京人，出身贫苦。李氏十五岁时，入裕王府当了宫女，十七岁时生下儿子朱翊钧，便由宫女升为侧妃。李氏虽然地位不高，但却为皇室做出了重大贡献，后来又生下儿子朱翊镠，如果不是她，明穆宗就绝嗣了。所以，李氏被封为贵妃，在宫中逐渐很有权势。

李贵妃勤劳能干，亲自抚养儿子，她对儿子要求很严，从不娇生惯养。朱翊钧小时候不爱学习，李氏就长时间罚他跪着，有时候也予以责打。所以，朱翊钧从小就畏怕母亲，但他也很孝顺，很少惹母亲生气。

在母亲的严厉管教下，朱翊钧乖巧懂事，十分聪明，明穆宗、陈皇后和宫中之人都很喜欢他。陈皇后无子，又身体多病，不受明穆宗宠爱，令她迁居别宫。李贵妃常带儿子去看她，陈皇后一见到朱翊钧，就十分高兴，感觉病情好了许多，她常拿经书考问，朱翊钧总是回答得准确无误。陈皇后、李贵妃一齐开心地大笑。

朱翊钧六岁时，被立为太子。母亲对他要求更严了，每天天不亮就起来读书，背诵诗文，没有一天懈怠。朱翊钧从来不敢违背母命，但心里觉得很不快活。万历皇帝的童年很压抑。

朱翊钧年龄稍大，越来越懂事，显得很成熟。有一次，明穆宗在宫中骑马奔驰，朱翊钧看见了，挡在前边，对父亲说："父皇是天下之主，应该诸事小心，万一从马上摔下来，可如何是好？"明穆宗大喜，跳下马来，把儿子抱在怀里抚慰。《明史》记载了这件小事。

1572年五月的一天，内阁大臣高拱、张居正、高仪三人，忽然接到皇帝急诏，令他们即刻进宫。这个时候，明穆宗已经卧病两个多月了，一直没有起色，并且病情越来越重。高拱等人心头一沉，感到大事不妙。

他们怀着忐忑的心情，急速赶到皇帝居住的乾清宫。只见明穆宗半躺在御榻上，榻帘后坐着垂泪的陈皇后、李贵妃，十岁的太子朱翊钧乖乖地站在一旁，司礼监太监冯保在御榻前侍候。乾清宫充斥着寂静、悲伤的气氛。

明穆宗骨瘦如柴，半睁着一双浑浊的眼睛，已经不能说话，只剩下一丝微弱的气息。明穆宗见他所信任的三位大臣到来，眼中闪过一丝亮光，微微点头示意。

冯保随即宣读遗诏，遗诏是给太子朱翊钧的，话说得很直白，显然是明穆宗口述，别人记录下来的。遗诏说："朕不行了，皇帝你来做，由高拱、张居正、高仪辅佐你。你要依靠三辅臣和司礼监冯保，进学修德，选贤任能，切勿荒怠，以保帝业。"

《明史》说，皇帝遗诏起初只让三位顾命大臣辅佐幼帝，冯保篡改了遗诏，又加上了他的名字。冯保是司礼监掌印太监，有政治头脑和良好文化，深受明穆宗宠信，李贵妃也很器重他，此后在朝廷中发挥了重要作用。

高拱三人跪拜谢恩，痛哭流涕，然后退出宫去。高拱出了宫门，忍不住仰天大哭，说："十岁的孩子，如何能治理天下？"

高拱是河南新郑人，进士出身，满腹学问，当过明穆宗九年老师，因而深受宠信，升任首辅大臣。高拱为人直傲，能力很强，但脾气有些暴躁，与同僚关系不睦，尤其与冯保矛盾很深。

明穆宗托孤后的第二天，就与世长辞了。这可忙坏了首辅大臣高拱，他既要安排皇帝丧事，又要扶立小皇帝登基，还要维持朝廷正常运转，忙得一塌糊涂。

高拱主理朝政，大权在握，便想驱逐冯保。他指使一些言官，上书弹劾冯保，又与张居正等人商议，向皇帝上书，建议罢免冯保。

张居正与高拱共事多年，关系尚可。但张居正私下里与冯保关系更好，又觊觎首辅之位，于是两人结成同盟，背地里搞起倒高活动。

万历小皇帝的母亲李贵妃，此时升为太后，实际上控制着朝廷。冯保深受李太后信任，他对李太后说："高拱自恃功高权重，他见皇帝年幼，阴谋拥立藩王为帝。高拱曾经当众说过，十岁的孩子，如何能当君主？"冯保把高拱的话篡改了。李太后大吃一惊，遂与冯保、张居正商议，决定驱逐高拱。高拱却被蒙在鼓里。

1572年六月的一天，皇帝召见群臣，宣布圣旨。高拱很高兴，他认为肯定是皇帝同意了他的意见，驱逐冯保。不料，太监宣读圣旨说，高拱专权擅政，危害朝廷，免去一切职务，即日起回籍闲住，不准留在京城。

高拱毫无思想准备，如雷轰顶，面如死灰，汗如雨下，趴在地上起不来了。张居正上前把他扶了起来。满朝文武也都惊愕，面面相觑。

驱高事件距离明穆宗驾崩才二十天时间，离万历皇帝登基只有七天，朝野震动很大。此后，高拱在新郑闲居，六年后病逝，享年六十六岁。

高拱临终前，写下《病榻遗言》，记述张居正勾结冯保阴夺首辅的过程，把张居正写成阴险毒辣的小人，发泄了对张居正的仇恨。

万历皇帝在张居正死后，为了对他进行清算，恢复了高拱的官职，追赠他为太师。《病榻遗言》被刊印，广泛流传，对张居正的名誉造成极大影响。

其实，张居正固然在驱高事件中起了作用，但并非主谋，而且后来冯保想要谋害高拱性命，被张居正劝阻了。张居正救过高拱性命，只是高拱并不知情。

另一位顾命大臣高仪，是高拱推荐的，两人关系密切。高仪受到驱高事件惊吓，得病死了。这样，三位顾命大臣，就只剩下张居正一人了。

张居正、冯保都是李太后信任的人，张居正担任了首辅大臣，处理朝政，主外；冯保负责司礼监，主内；李太后控制大局，为他俩撑腰，三人组成了政治上的铁三角。所幸运的是，三人都是忠心为国，配合默契，关系融洽，共同开创了万历前期的兴旺局面。

李太后十分器重张居正，不仅让他主理朝政，还要求他当好小皇帝的老师，对小皇帝严加管教。张居正不负重托，尽心竭力地教导小皇帝，一心想把小皇帝培养成明君。

张居正给万历皇帝制定了严格的学习制度，近似于苛刻。小皇帝每天凌晨起床，背诵诗文，太阳刚出，就要到文华殿听老师讲课，下午再读经史。每天安排得满满当当，并且天天如此，即便是隆冬盛暑，也从不间断。每月的逢三、六、九之日，还要参加朝堂会议，学习理政。

不仅如此，小皇帝每天晚上疲惫不堪地回到宫中，李太后还要加小灶，让他把白天学习的东西，再复习一遍。李太后管教儿子特别上心，每天五更，准时叫醒儿子，监督他背诵诗文，吃过早饭后，亲自送他去文华殿上课。

一个十多岁的孩子，正是活泼爱玩的年龄，如此重的学习负担和压力，显然不利于他的健康成长。

张居正不仅严格管理小皇帝的学习，对他的言行也严厉管教，稍有错误，就厉声责备。李太后为了树立张居正的师威，当儿子有错时，经常吓唬他说："如果让张先生知道了，看怎么教训你。"因此，小皇帝既畏怕母亲，也畏怕张居正。不过，他逐渐长大以后，便开始反感了。

李太后还让冯保监督万历皇帝的行动。有一次，冯保见万历皇帝与小太监孙海等人玩耍，立刻制止，并对孙海等人施以杖刑。所以，万历皇帝也畏怕冯保。

万历皇帝长大以后，李太后、张居正对他的管教仍不放松。万历皇帝十八岁那年，有一次醉酒调戏宫女，冯保马上报告了李太后和张居正。张居正引经据典，教育皇帝不能迷恋酒色，并替他起草"罪己诏"。李太后则干脆施以体罚，令万历皇帝在慈宁宫长跪三个时辰。万历皇帝只得痛哭流涕地承认错误，但在心里却恨上了张居正和冯保。后来，张居正死后得到清算，而冯保活着的时候就被流放。

万历皇帝成年以后，仍然十分畏怕母亲。万历皇帝的长子朱常洛，是宫女生的，因而万历皇帝不想立他为太子。有一次，李太后问起立太子之事，万历皇帝忘了母亲的忌讳，不屑地说："他是宫女生的，怎么能当太子呢？"

李太后一听，勃然大怒，指着万历皇帝的鼻子大骂："你也是宫女生的，怎么能当天子？"万历皇帝这才想起母亲也是宫女出身，恐慌不安，立即下跪请罪。结果被母亲痛骂一顿，后来只好立朱常洛为太子。

李太后、张居正对万历皇帝严格管教，出发点是好的，但方式不当，造成万历皇帝产生叛逆，性格有些扭曲，结果事与愿违。万历皇帝不仅没有成为明君，反而成为昏君，葬送了大明江山。

一代明相张居正

朱元璋建立明朝以后，为了加强皇权，废除了丞相制度，因而明朝很少有重臣专权。到了万历时期，由于皇帝年幼，内阁首辅大臣张居正主理朝政，张居正便成了权倾朝野的重臣。

张居正是中国历史上著名政治家、改革家，他执政十年，锐意改革，促进了万历前期的兴旺和繁荣，被誉为一代明相。

张居正，湖广江陵（今湖北荆州）人，出身书香门第。张居正少年时期勤奋好学，聪慧敏捷，十五岁考上秀才，不久乡试中举，二十三岁考中进士，被封为庶吉士，入朝为官。庶吉士是明朝翰林院内的短期职务，由进士中有潜质者担任，前途无量。

有一个故事流传甚广，说张居正十三岁时就考中了举人，但湖广巡抚顾璘认为，这不利于他以后的发展，因而故意挫他锐气，没有录取。张居正受此挫折，果然成熟了许多，三年后再次考中举人。

《明史》的记载有所不同。《明史》说，张居正十五岁考取了生员。生员在明代，是指通过最低一级考试，取入县学的人，俗称秀才。不久，张居正在乡试中就考中了举人。

湖广巡抚顾璘看了张居正的文章，惊呼道："这是国器。"顾璘亲自接见张居正，并解下身上的犀牛皮带赠给他，说："你日后必定会佩玉腰带，犀牛皮带是捆束不住你的。"顾璘是明代著名政治家和文学家。

张居正长得眉清目秀，长髯飘飘，满腹经纶，办事干练，而且城府很深，不轻易发表自己的意见。因此，历任首辅大臣严嵩、徐阶、李春芳、高拱等人，都很器重他。

1564 年，首辅大臣徐阶推荐张居正做了裕王朱载垕的老师。张居正当时四十岁，比朱载垕大十二岁。朱载垕对张居正的才华十分佩服。

朱载垕当上皇帝之后，擢升张居正为大学士，进入内阁，参与朝政。明穆宗朱载垕厚待大臣，能够发挥大臣们的积极性，张居正等人尽心竭力，辅佐皇帝推行隆庆新政，消除了嘉靖后期的一些弊端，使国力有所恢复。

明穆宗死后，李太后驱逐高拱，让张居正做了首辅大臣。张居正有李太后撑腰和冯保支持，开始尽情施展胸中抱负。他大刀阔斧进行一系列改革，使明朝在隆庆新政的基础上，更加欣欣向荣，史称张居正改革。

在政治上，张居正主要实行考成法。考成法是对官员政绩进行考核的制度。明朝原来的官员考核制度，时限较长，京官六年考核一次，地方官员三年考核一次，而且十分笼统，标准不明确，因而所起的作用不大。

张居正对考核制度进行改革，把朝廷和地方官员每年应该办的事情，逐条细化到各月，记到账簿上。账簿分三本，内阁、监察机构、六部各一本，逐月进行检查。这样，就形成了以内阁统领监察机构、以监察机构监督六部、以六部统率官员的十分严密的绩效考核机制。

考成法详细具体，由多个部门逐月检查，奖优罚劣，发挥了十分重要的作用。朝廷形成了人人勤政实干、不敢懒惰和敷衍的风气，行政效率大为提高。不过，张居正对官员的处罚力度很大，在他主政十年间，有三分之一的官员在考核中受到处罚，引起许多人不满。

在经济上，张居正强力推行一条鞭法。一条鞭法实际上是赋税制度改革，就是把各种田赋、税收、杂征合为一条，折算缴纳，并由实物地租改为货币地租。这样大大简化了税制，方便了征收，也有效避免了官员巧立名目，敲诈百姓。

一条鞭法是中国历史上具有深远影响的社会变革，它减轻了民众负担，缓和了经济危机和社会危机，大幅度增加了国家财政收入，对于万历前期的经济繁荣起到了重要作用。

在军事上，张居正采取外示羁縻、内修守备政策。一方面，继续改善与蒙古鞑靼和周边政权的关系，进行友好往来；另一方面，加强边防，修筑明长城，提高军事抵御能力。这个时候，南方倭寇已经基本肃清，与北方鞑靼也签订了隆庆和议，没有大的战事，使得张居正有精力和条件进行改革，推动经济发展。

张居正还在省议论、振纲纪、重诏令、核名实、固邦本、饬武备等方面进行改革，同时丈量土地，兴修水利，力图富国强兵。张居正改革取得明显成效，使万历前期达到了繁荣富强。

张居正的改革，也有一些缺陷。他竭力维护程朱理学的统治地位，对其他学术思想进行打压，甚至下令拆毁全国各地的书院，引起一些读书人抵制。

张居正强力推行改革，遭到一些保守派官员和不同意见者反对；张居正强硬的个性和工作作风，也招致一些官员不满。有的人上书，说张居正改变祖宗之法，擅权作威。在张居正父亲去世的时候，他没有回家守孝，朝中一些大臣纷纷弹劾他不孝，引起一场很大的风波。

张居正似乎心胸不够宽阔，肚子里不能撑船，他没有采取措施化解矛盾，反而态度强硬，毫不妥协，对反对他的官员进行打击，有的遭贬，有的免官，有的入狱或被流放，有的被处以杖刑。张居正在朝中树立了一批对立面，为死后遭到清算埋下祸根。

张居正在忙于改革和主理朝政的同时，还受李太后之托，尽心竭力地管教万历小皇帝。不过，张居正对万历皇帝过于严厉，致使他产生了逆反心理。万历皇帝长大以后，开始亲政，张居正对他的教导仍不放松，列出太祖皇帝祖训四十多条，让他每天背诵。万历皇帝表面上不敢违背，心里却十分反感和厌烦。

1582年初，张居正患病。万历皇帝拿出很多金钱为他治病，频繁询问他的病情。张居正病了四个多月，没有起色，感觉不久于人世，便推荐潘晟、梁梦龙、徐学谟等十余人，说他们可以担当大任。万历皇帝把张居正的推荐书贴在内宫屏风上，表示重视。万历皇帝还令朝臣一齐斋戒，为张居正祈祷增寿。此时万历皇帝的态度和做法，属于正常。

到了六月，张居正病逝，享年五十八岁。万历皇帝为之辍朝，下诏以九坛进行祭祀。追赠张居正为上柱国，谥号"文忠"。张居正活着的时候，已经得到了太傅、太师的尊号。

张居正死后不久，有些大臣上书，指责他的错误。万历皇帝曾被张居正严厉管教，此时产生了报复心理，他令亲信太监张诚秘密调查。

张诚为人狡诈，曾受过冯保压制，怀恨在心，他详细奏报张居正与冯保相互勾结、骄横恣肆的事情，真假都有。张诚知道万历皇帝贪财，不怀好意地说，二人贪污敛财，家中宝藏超过皇宫。万历皇帝听了，果然很动心。

万历皇帝下令拘捕冯保，从他家中抄出金银珠宝巨万计。冯保被发配到南京孝陵种菜，不久死在那里。

万历皇帝见从冯保家里搜出大量钱财，认为张居正家里财宝肯定也不少，便借大臣攻击张居正之机，下诏剥夺张居正的上柱国、太师封号，又剥夺了他的谥号。张居正临终前推荐的大臣，不仅没有得到重用，反而被贬职削官。

万历皇帝派张诚带锦衣卫赶到荆州，去抄张居正的家。荆州官员事先得到通知，锁闭张居正的家门，家人逃进空房躲避。等到张诚赶到时，已经饿死了十多人。

那么，从张居正家里搜出多少东西呢？《明史》没有记载，应该是不多。因为锦衣卫拷打张居正的长子张敬修，追问财产哪里去了。张敬修受不了酷刑，胡言乱语，说有三十万两黄金，藏在曾省吾、王篆等人家里，结果没有。张敬修怕再被拷打，一狠心上吊自杀了。

《明史》没有记载从张居正家里抄出多少东西，却记载说，张诚很不甘心，把张居正所有的兄弟、儿子都抄了家，共得黄金万两、白银十余万两，数量也不少。不知道这能不能算到张居正头上？

朝中也有一些大臣上书，为张居正鸣不平。万历皇帝下诏，给张居正家人留下一处宅子、十顷田，使其能够生活。

见万历皇帝对张居正下了手，朝臣胆子大了起来，告发张居正的越来越多。后来，万历皇帝下诏，削去张居正所有的官衔品级和荣誉称号，把他的罪行公布天下。万历皇帝甚至说，张居正论罪应当剖棺戮尸，姑且宽免。

令人不解的是，万历皇帝在张居正死后不久就大肆清算，那个一直为张居正撑腰的李太后，为何不发一言？此时李太后只有三十七岁，正值壮年。不知道李太后是管不住儿子了，还是不想管？

《明史》记载说，李太后过问了冯保被发配之事。万历皇帝说："冯保没大错，只是受张居正牵连，儿过一阵子就把他召回来。"万历皇帝把母亲糊弄过去了。《明史》没有记载李太后过问张居正之事。

张居正死了以后，他的改革措施大部分被废除，朝政混乱，明朝便江河日下了，许多人又怀念起了张居正。后来，万历皇帝的孙子明熹宗为张居正平反，恢复官爵谥号。

后世很多人对张居正给予高度评价，认为他是救世宰相，其改革可与王安石媲美。甚至有些当初反对他的大臣，后来见明朝将亡，也不免感叹，如果有张居正在，何至于此？

也有一些学者认为，张居正心胸不够开阔，道德不够高尚，容易意气用事。然而，张居正为国家和社会发展做出巨大贡献，即便他有些缺点，也是瑕不掩瑜，张居正作为一代明相，是当之无愧的。

万历三大征

万历皇帝从小受到李太后、张居正、冯保的严厉管教和监督，犹如"三座大山"。三个人都是好意，一心想把皇帝培养成明君。可是，万历皇帝却感觉像被大山压着一样，有些喘不过气来。

后来，张居正死了，冯保被驱逐，李太后也不太管儿子了，"三座大山"消除，万历皇帝顿时感到浑身轻松。他对张居正、冯保进行清算，发泄了心中怨气，然后，亲自处理政务，打算干出个样子，给母亲和大臣们看看。

张居正死后，原内阁成员张四维当了首辅。此时，万历皇帝已经二十岁了，亲自发号施令。张四维能力一般，不敢违背皇帝旨意，只得帮助万历皇帝清算张居正和冯保。

第二年，张四维父亲去世，他便辞官守孝去了，申时行接任内阁首辅。申时行是状元出身，学问很好，但胆小怕事，优柔寡断，对皇帝唯唯诺诺，他当了十年首辅，没有什么建树。

在这种情况下，万历皇帝亲自理政，决断国家大事，很想有所作为。这个时期，经过张居正十年改革和治理，社会稳定，经济发展，财政充裕，国力强盛，于是，万历皇帝连续发动了宁夏之役、播州之役、朝鲜之役，宣扬了国威，巩固了疆土，史称万历三大征。

宁夏之役，是明朝镇压哱拜叛乱的战争。哱拜是蒙古人，在嘉靖中期投降了明朝，被任命为副总兵，驻守宁夏。哱拜有亲兵三千余人，皆凶悍善战。哱拜时常纵兵抢掠，被巡抚党馨责罚，因而怀恨在心。

1592 年，哱拜杀死巡抚党馨和总兵官石继芳，发动叛乱。哱拜聚集和裹胁当地武装数万人，又与北方蒙古相勾结，声势大振。叛军连续夺取黄河以西四十七座城堡，陕西震动。

西北地区已经平静多年，如今又起叛乱，万历皇帝大惊，急令兵部尚书魏学曾组织平叛。

魏学曾紧急调动部队，一面沿黄河布置防御，防止叛军过河；一面挥师包围了哱拜所在的城池。魏学曾见城池低洼，便挖开黄河大坝，想以水灌城。不料哱拜早有防备，在城内筑有新墙，黄河水不能入，反而淹了明军军营。万历皇帝很生气，将魏学曾免官，命叶梦熊代替他。

叶梦熊时任甘肃巡抚，曾在兰州制造大炮千门，他接到命令后，携带大炮，日夜兼程赶往宁夏。与此同时，万历皇帝命陕西总兵官李如松也率军平叛。

李如松是明朝名将李成梁的长子，少年时就随父征战，久经沙场，智勇双全。李如松率军首先消灭了黄河以西的叛军，夺回了被叛军占领的城堡，然后包围了哱拜所在的城池。

叶梦熊架设大炮，向城内猛轰；李如松身先士卒，率军攻城。城内人心大乱，叛军不少人愿意投降，结果发生内讧。最终，明军攻破城池，哱拜自缢而死。经过半年多战斗，宁夏之役取得胜利，西北地区又恢复了平静。

播州之役，是明朝平定杨应龙叛乱的战争。杨应龙是贵州播州世袭土司。播州在今贵州遵义一带，山川深阻，地势险要，民悍而富裕。早在唐朝时期，当地首领杨端接受朝廷册封，世代管理播州。杨应龙是杨端的后代，承袭了祖上职务。

杨应龙凶狠嗜杀，野心勃勃。杨氏世代统治播州，势力盘根错节。杨应龙产生了不臣之心，打算独霸一方，他不断率兵攻占周围城池，扩大地盘和势力，与明朝政府产生了矛盾。

1593 年，杨应龙率兵攻入四川、湖广等地，万历皇帝命王继光、刘承嗣、郭成率军攻打杨应龙。王继光是文人，不会打仗，结果明军大败，死伤过半。杨应龙更加狂妄，不可一世。

1596 年，杨应龙公开打出反明旗号，起兵叛乱了。当时，明朝的兵力大多集中在北方，西南的军事力量不强，使得杨应龙势力不断扩大。

1599 年，万历皇帝任命名将李化龙为总指挥，调集四川、湖广、贵州、浙江、福建、云南、广东等地的数十万大军平叛，决心将杨应龙彻底消灭。

李化龙指挥明朝大军，兵分八路，进攻播州。杨应龙虽然凶悍，但抵不过人多势众的朝廷军队，节节败退。在此期间，李化龙的父亲去世，李化龙不能回家奔丧，他身穿孝服，继续指挥战斗，有力地鼓舞了士气。

经过一百四十多天的激战，播州之乱被彻底平定，杨应龙自杀身亡。杨氏统治播州七百多年，因杨应龙叛乱而宣告结束。朝廷把播州分为两个郡，纳入中央直接管理。

播州之役大长了明朝政府的威风，强化了中央对西南地区的统治，有利于国家的统一和稳定，这是万历皇帝的一大政绩。

朝鲜之役，是明朝援助朝鲜抗击日本侵略的战争。日本经过一百多年内战以后，由丰臣秀吉统一了全国，并使日本逐渐强盛。丰臣秀吉野心勃勃，开始对外扩张。

1591 年，丰臣秀吉派使者去朝鲜，通告朝鲜国王李昖，说日本要借道朝鲜，攻打明朝。长期以来，朝鲜与中国关系密切，是明朝的藩属国，李昖自然不能同意。

1592 年，丰臣秀吉组织了十四万步兵、八千多水军，乘坐七百多艘战舰，渡过朝鲜海峡，悍然发动了对朝鲜的侵略战争。

朝鲜国小力弱，抵挡不住。日军很快攻占了都城汉城和陪都平壤，直趋明朝边境。丰臣秀吉十分狂妄，打算占领朝鲜以后，继续攻打明朝，并将日本的国都迁到北京去。

面对亡国的危险，李昖心急如焚，连续派出多批使者，去向明朝求救，以至于朝鲜通往明朝的道路上，使者络绎不绝。

万历皇帝没有犹豫，立即派李如松为提督，率领四万精兵强将，跨过鸭绿江，抗日援朝。明军与朝鲜军队并肩作战，很快收复了平壤，然后经过碧蹄馆之战、汉城之战、晋州城之战、玉浦海战等一系列战斗，消灭了大批日军，粉碎了日本占领朝鲜的图谋。

丰臣秀吉见不能取胜，只得谈判议和，撤兵回国。明朝取得抗日援朝第一阶段的胜利。

万历三大征都取得胜利，巩固了疆土，维护了明朝在东亚的主导地位，具有重要意义。但是，战争耗费了大量财力，使明朝开始衰落了。

历史上的抗日援朝

人们都知道有个抗美援朝，可早在四百多年以前，万历皇帝就进行过抗日援朝。中朝军队并肩作战，粉碎了日本吞并朝鲜的图谋。可见，用鲜血凝成的中朝友谊源远流长。

日本侵略朝鲜的主谋，是丰臣秀吉。丰臣秀吉是日本的英雄人物，他出身贫苦，经过多年浴血奋战，将战乱的日本统一起来，使之逐步强盛。丰臣秀吉的经历，有点像明太祖朱元璋。

丰臣秀吉统一日本以后，为了缓解国内各派势力对土地分配不满的矛盾，也是为了建立一个亚洲大帝国，开始对外扩张，夺取土地。丰臣秀吉胃口很大，制订了一个庞大的大陆征服计划，准备先吞并朝鲜，取道攻占明朝，然后再征服印度，颇有点蛇吞大象的味道。

1592年，日本悍然发动对朝鲜的侵略战争。朝鲜频繁向明朝求救，万历皇帝决定抗日援朝，派兵跨过鸭绿江，击退了日本对朝鲜的第一次进攻。

经过议和谈判，日军撤兵回国。明军主力也撤回国内，但在朝鲜境内的汉城、南原、全州、忠州等地，仍然驻有部分军队。

丰臣秀吉不甘心失败，经过几年准备，于1597年，又第二次大举入侵朝鲜。

日本陆水军有十五万多人，乘坐数千艘战舰，在釜山登陆，连续攻占梁山、熊川、南海、光州等地，抵达南原。南原是全罗道外藩，全罗道是朝鲜八道之一，为朝鲜半岛门户，战略位置十分重要。

守卫南原的，是明朝将领杨元。他带领三千名士兵，再加上朝鲜军队三千多人，总兵力只有六千多人，敌众我寡。南原城建于平原之上，无险可守，形势十分严峻。

面对强敌，杨元只得奋起抵御。日军仗着人多，将城池团团包围，在东南西北四门一齐攻打，城中守军用弓箭、火器还击，战况十分激烈。激战三天，城下布满了日军尸体，城内守军也伤亡过半。

杨元见难以坚守，决定突围，但手下将领毛承先和朝鲜将领李福男不同意，表示要与城池共存亡。杨元独自率军杀出，但日军太多，根本冲不出去，杨元多处受伤，只带十余人杀出重围。最后城池陷落，守军全军覆没，毛承先、李福男都阵亡了。明军在朝鲜的总兵官麻贵，以弃城逃跑之罪，将杨元斩首示众。

麻贵是明军驻朝鲜部队的总指挥，他当时率一万七千明军驻守汉城。麻贵见日军来势凶猛，一面紧急向国内求助，一面收缩兵力，准备在稷山一带阻击日军。

万历皇帝听说日本不守信用，再次入侵朝鲜，十分震怒，立即命杨镐率领辽东明军，迅速赶赴朝鲜战场。之后，万历皇帝又多次派出援兵。大批明朝军队，源源不断地开赴朝鲜前线，抗击日本入侵。

日军攻占南原以后，气焰嚣张，继续进军，准备攻打汉城。麻贵在稷山一带布置防御。副总兵解生率领一支两千六百人的明军，率先赶到稷山，与日军先头部队遭遇。解生所带领的明军，基础是原先戚家军的一部分，兵力虽然不多，但战斗力十分强悍，打得日军丢盔卸甲，不能前进一步。

不久，大批明军赶到，朝鲜军队李元翼部也有效阻击了日军。中朝军队联合作战，取得稷山大捷。稷山之战意义重大，阻止了日军攻势，为明朝增兵朝鲜赢得了宝贵时间。等到杨镐率大军赶到，就要对日军展开反攻了。

明朝援军到达之后，日军开始后撤，杨镐、麻贵指挥明军反攻。日军边打边撤，不久撤到了蔚山。蔚山位于朝鲜半岛东南沿海，与日本隔海相望，中朝军队再使一把劲，就要把日军赶到海里去了。眼看胜利在望，中朝军队欢欣鼓舞。不料，蔚山大战，却使明军遭受了重大损失。

蔚山大会战，是抗日援朝中的重大战役之一，双方都投入了大量兵力。杨镐求功心切，指挥明军将蔚山城包围，奋力攻打。可是，蔚山城墙厚城高，十分坚固，特别是地势陡峭，明军处于仰攻的不利位置，大炮也难以发挥威力。因此，明军攻城多日，不能奏效，伤亡日渐增多。

明军远离本土，战线过长，后勤补给供应不上，军火、粮食都成了问题，士兵们常常饿着肚子作战。此时，明军的水军尚未赶到，不能从海上切断日军的补给线，日军的给养十分充足，援兵也大量赶到。

恰在这时，老天爷也来捣乱，连降十多天大雨，士兵们泡在泥水里，疲惫不堪，病号也越来越多。杨镐见即将弹尽粮绝，无法再战，只得下令撤兵。

杨镐指挥失误，撤退无序，造成混乱。城内日军得此良机，倾城而出，追击明军。明军士气低落，争先恐后逃跑，被日军大肆追杀，伤亡惨重。幸亏副将吴惟忠等人拼死断后，明军才站稳了脚跟。蔚山大战之后，战况又恢复到稷山之战前的局面。

万历皇帝闻知杨镐战败，十分恼怒，想要惩罚他，被群臣求情赦免，只是免去了他的职务。后来，万历皇帝重新起用杨镐，令他指挥与后金努尔哈赤作战，结果在萨尔浒大战中又遭惨败，丧失了明军主力，杨镐终被斩首。其实，杨镐是进士出身，属于文官，不懂军事，是万历皇帝用错了人。

万历皇帝任命邢玠为兵部尚书，总督蓟、辽、保定军务，率军赴朝作战，又令陈璘率两广之兵，刘綎率四川之兵，邓子龙率水军，大规模增援朝鲜战场。大批明军入朝，中朝军队的士气重新高涨起来。

1598 年十月，丰臣秀吉死了，日本政坛陷入混乱。日军人心惶惶，无心再战，纷纷后撤，准备从蔚山入海回国。

陈璘不肯罢休，率各路明军乘机追击，又令水军在海上拦截，于是在露梁海峡发生了著名的露梁海战，中朝军队大获全胜。不过，中朝军队也付出了很大代价。

明军将领邓子龙和朝鲜将领李舜臣，奉命率五百多艘战舰，在露梁海峡截击日军。邓子龙是江西丰城人，戎马一生，屡立战功，此时已经七十一岁了，白发苍苍，但勇气不减当年。

邓子龙见日军战舰到来，一马当先，率先向日舰发起进攻。日军见中朝战船拦住去路，只得困兽犹斗，双方展开殊死搏斗。海战异常激烈，各种火器喷射，海面上形成一片火海。中朝军队的指挥官都身先士卒，战斗在最前边，结果，邓子龙和李舜臣都壮烈牺牲了。日本军队遭到重创，被毁战舰二百余艘，剩下的残兵败将狼狈逃窜。

抗日援朝取得最终胜利，中朝两国携手并肩，同仇敌忾，共同谱写了抗击侵略、保家卫国的英雄篇章，也用鲜血凝成了深厚的友谊。

日本遭遇惨败，大陆征服计划化为泡影。丰臣秀吉政权的势力受到重挫，不久垮台，日本进入德川幕府时代。因此，抗日援朝起到了重新整合东亚各国政治军事力量的作用。

明朝也付出了沉重代价。《明史》记载说，朝鲜战争前后打了七年，明朝丧失军队数十万人，花费钱财数百万。后世有些学者研究认为，明朝丧失军队的数量没有那么多。不过，毕竟损失巨大，造成国力衰落。尤其是辽东一带的精锐兵力损失严重，导致努尔哈赤势力日益强大，成为明朝的致命威胁。

在抗日援朝战争中，中国人民不畏强敌，为保卫和平而英勇奋斗的精神，是值得赞颂和发扬的。

二十年不上朝的皇帝

万历皇帝怠政懒惰，在历史上相当出名。他竟然二十多年不上朝，不见大臣，致使朝纲混乱，政务荒废，人心涣散。万历皇帝死后二十四年，明朝就灭亡了。所以，史学界一般认为，明朝灭亡，始于万历。

万历皇帝长期不上朝，原因是多方面的，除了他懒惰和身体有病之外，还有一个重要因素，就是长时间的立太子风波。

万历皇帝在十六岁那年举行大婚，由母亲李太后做主，册封王氏为皇后。王皇后出身名门，温柔贤惠，深得李太后欢心，万历皇帝对她也不错。与此同时，万历皇帝按照后宫惯例，又册封刘氏、杨氏二人为妃。

万历皇帝大婚以后，李太后天天盼着抱孙子。可是，三四年过去了，无论是王皇后，还是刘妃、杨妃，她们的肚子都没有一点动静。李太后心里有些忐忑不安，莫非是儿子有问题？

有一天，李太后忽然发现，自己身边的宫女王氏，肚子却大了起来。王宫女是北直隶宣化人，出身于下级军官家庭，曾参加宫中选美，没有选中，李太后见她勤快，便留在慈宁宫，当了身边侍女。

李太后见王宫女肚子隆起，自然要询问。王宫女起初扭扭捏捏不肯说，后来被逼急了，只得道出实情。原来，有一次，万历皇帝到慈宁宫来，恰巧无人，便私幸了王宫女，就这一次，就把她的肚子搞大了。

李太后听了，脸上不露声色，心里却乐开了花，这证明儿子没有问题。李太后马上把万历皇帝召来询问，万历皇帝从小受到母亲严厉管教，不敢承认。李太后命人把皇帝的《起居注》拿来，时间、地点都对，万历皇帝无法抵赖了。

李太后对儿子说："傻孩子，这是好事，如果生个男孩，是祖宗社稷之福啊！"万历皇帝见母亲没有责备他，这才放下心来。

1582 年，王宫女果然生下一个男孩，取名朱常洛。此时，万历皇帝已经二十岁了，才有了第一个儿子。王宫女被封为恭妃。可是，万历皇帝并不喜欢王恭妃，对长子朱常洛也很冷淡。

就在这一年，万历皇帝册封九嫔，其中郑贵妃备受宠爱。郑贵妃是北京人，出身名门，从小受到良好教育。她聪明美貌，善解人意，多才多艺，被万历皇帝视为红颜知己，专宠后宫近四十年。万历皇帝虽然女人不少，但最爱的是郑贵妃，而且始终如一。

1583 年，郑贵妃生下一个女儿。尽管是女儿，万历皇帝也很高兴，专门拿出十万两银子，举办各种庆祝活动。

1585 年，郑贵妃生下一个儿子。万历皇帝欣喜若狂，但只高兴了一天，皇子就夭折。郑贵妃悲伤哭泣，万历皇帝百般劝慰，并许诺说，如果再生下儿子，就立他为太子，将来继承皇位，这才把郑贵妃哄高兴了。

1586 年，郑贵妃果然又生下一个儿子，取名朱常洵。万历皇帝高兴坏了，拿出十五万两银子，大肆举行庆祝活动。晋封郑贵妃为皇贵妃，仅次于皇后。大臣们纷纷上书，庆贺皇帝喜得皇子。

朱常洵出生两个月后，内阁成员们集体上了一道奏书。万历皇帝认为又是贺表，打开一看，原来是奏请立皇长子朱常洛为太子。万历皇帝皱起了眉头，觉得郑贵妃刚生下儿子，大臣们就要立王恭妃的儿子为太子，是什么意思？

万历皇帝猜得没错，大臣们请求立朱常洛为太子，就是针对郑贵妃和她的儿子。明朝从朱元璋开始，就立下了严格规定，除特殊情况外，继承皇位的，必须是嫡子或长子。明朝立太子都很早，有的几个月就被立为太子，最大也没有超过六岁的。

大臣们前几年没有提立太子之事，是等着看王皇后是否能生出嫡子来，如今见王皇后仍然没有生育，而皇长子朱常洛已经五岁，可以立太子了。更主要的是，郑贵妃也生了儿子，大臣们担心，万历皇帝会废长立幼，所以，便把立太子提到了议事日程。

万历皇帝很不高兴，大笔一挥，在奏章上批示说，皇子尚小，此事以后再说。这一下，大臣们议论纷纷，谁都知道，万历皇帝特别宠爱郑贵妃，恐怕他真的会打破祖制，废长立幼。于是，大臣们不断上书，陈述各种理由，要求尽早确立太子。

有个叫姜应麟的大臣，进士出身，为人耿直，上书直接指责万历皇帝有废长立幼之意，不仅请求立太子，还要求封王恭妃为皇贵妃。

万历皇帝气得手直颤抖，写下一道圣旨，说姜应麟妖言惑众，应该流放到极远之地。万历皇帝为了证明自己公正，说不会违背祖宗之法，没有废长立幼之意。万历皇帝没有想到，他在盛怒之下写的这道圣旨，封住了自己的嘴巴，使他以后没法再提废长立幼之事。

姜应麟受到处罚，却赢得满朝文武的尊敬。内阁给他找了一个极远之地，建议将他流放到大同府广昌县。大同当时属于边境，气候寒冷，也不安全，确实不是一个好地方。可是，广昌县位于大同府东南，在今河北涞源县一带，离北京很近，气候条件也不错。内阁把皇帝糊弄了。

光有大臣们奏立太子，还好对付，难办的是李太后也时常过问。有一次，万历皇帝被逼急了，忘了母亲也是宫女出身，心里话脱口而出："他是宫女的儿子，怎么能当太子？"结果招来李太后一顿痛骂，吓得万历皇帝趴在地上，长时间不敢起来。

李太后被儿子戳了软肋，确实很生气。她与王恭妃同病相怜，王恭妃又曾是她的侍女，她既要维护自己的尊严，又为王恭妃鸣不平，因此，李太后对立朱常洛为太子的决心更大了，不断给儿子施加压力。

朝臣有李太后撑腰，胆子大了起来，朝议时几乎没有别的事情，全是议论立太子。立太子确实是大事，关系国之根本。从此，万历一朝开始了长时间的国本之争。

万历皇帝左右为难，十分烦恼。他压根儿不喜欢长子朱常洛，一心想立郑贵妃的儿子朱常洵为太子。可废长立幼违背祖制，大臣们又咄咄逼人，于是，万历皇帝采取了拖的办法，干脆不上朝，不见大臣，对大臣们上的奏章也一概不理。万历皇帝有点意气用事，你们大臣不是忠心为国吗，那国家大事就由你们管好了，老子不干了。

《明史》记载说，万历皇帝深居宫中二十余年，不接见大臣。

这样时间一长，大臣们也觉得不是个办法，有人主张，干脆顺应皇帝的心意算了，否则国家就要衰败了。结果，引起其他大臣的强烈反对，大臣们分成了"清流""浊流"两派，国本之争愈加激烈。

郑贵妃自然希望自己的儿子当太子，很想为儿子助一臂之力。郑贵妃很聪明，也很有才，可是，她聪明反被聪明误，做错了一件事情，结果弄巧成拙，使国本之争发生了逆转。

1601 年，郑贵妃为一本《闺范图说》的图书作序，并拿出自己的钱为图书刊印发行，使得《闺范图说》盛行天下，不料却引起轩然大波。

《闺范图说》歌颂了历史上皇后嫔妃的美德，第一篇是介绍东汉明德皇后是如何由贵妃升为皇后的。明朝文化和印刷业发达，朱元璋的马皇后、朱棣的徐皇后等人，都为图书作过序，但都是有名望的皇后或太后，妃子干这事的则没有。

郑贵妃作序的图书一发行，立刻舆论大哗。此时国本之争已经十五年，长子朱常洛二十岁了，太子之事仍然悬而未决。大臣们纷纷上书，抨击郑贵妃何德何能，敢与马皇后、徐皇后一争高低，谴责她居心不良，企图谋取皇后之位，废长立幼。民间也出现大量"妖书"，矛头直指郑贵妃及其家族。

郑贵妃及其家族成了众矢之的，蒙受了巨大压力。郑贵妃的伯父、哥哥承受不了压力，向皇帝上书，请求立朱常洛为太子。李太后和大臣们一齐发力，万历皇帝终于拖不下去了，只好册封朱常洛为皇太子。长时间的国本之争，终于在表面上落下了帷幕。

国本之争虽然结束了，但万历皇帝已经习惯了不上朝的生活，再加上他确实有病，所以此后依然不上朝，大臣们照样很难见到皇帝。

万历皇帝身体一直不好，头晕目眩，身体发软，他从二十二岁起，就开始建造自己的陵墓。有的史书说，万历皇帝患了肥胖症，肚子奇大，需要有人抬着肚子，才能勉强走路，这应该也是他长期不上朝的重要原因。

万历皇帝二十多年不上朝，更不外出巡视，而是深居皇宫，吃喝玩乐，尽情享受。有个叫雒于仁的大臣，上了《酒色财气四箴疏》，说万历皇帝得了嗜酒、恋色、贪财、尚气四种病，把万历皇帝骂得体无完肤。万历皇帝没有魄力，也不暴虐，尽管气得发昏，也只是将雒于仁免职了事。

后世有人对万历皇帝长期不上朝存有质疑，认为史书记载可能有些夸大。有人认为，不上朝不等于不理政，万历皇帝通过其他方式控制着局势。

不过，万历皇帝怠政懒惰，是人们公认的，长期不上朝的弊端也是显而易见的。在万历皇帝长期怠政下，大明王朝逐渐衰落下去。

稀里糊涂梃击案

万历皇帝为了立太子之事，引发长达十五年的国本之争，闹得朝野不宁，人心涣散。等到好不容易立了太子，本以为尘埃落定，不料却发生了意想不到的梃击案，大明王朝又起风波。

1601 年，万历皇帝在各方压力下，不得已立长子朱常洛为太子。与此同时，封郑贵妃的儿子朱常洵为福王，把最好的地方洛阳封给了他。

此时，朱常洵十六岁了，已经成人，本应该到封地去，可万历皇帝和郑贵妃不舍，仍然让他居住在京城。大臣们觉得，朱常洵继续留在万历皇帝身边，继续受到宠爱，对太子之位形成威胁，因而纷纷要求朱常洵到他的封地去。万历皇帝一概不理。

就这样，国本之争实际上仍在延续，各种谣言满天飞。有的说，万历皇帝迟早要更换太子；有的说，郑贵妃不死心，正在策划阴谋，企图让自己的儿子取代朱常洛，甚至想谋害太子朱常洛的性命。

1615 年五月的一天下午，在太子朱常洛居住的慈庆宫，突然闯入一名彪形大汉。大汉手持木棍，打倒守门卫士，闯入宫中，见人就打。由于事发突然，众人猝不及防，大汉连续打伤多人，直奔前殿。但太子宫毕竟不是寻常之地，侍卫闻讯赶来，将大汉擒住。

光天化日之下入宫行刺，这在大明王朝历史上，还从未发生过，立刻引发轩然大波。万历皇帝震惊，令御史刘廷元审讯。

刘廷元不敢怠慢，随即提审大汉。只见大汉长得五大三粗，衣着邋遢，目光呆痴，嘴里胡言乱语，行为疯疯癫癫，什么都说不清楚。刘廷元是文官，不擅长审讯，问了半天，搞不明白，只好将大汉交给刑部。

刑部果然高明，经过拷讯，很快弄清楚了事情缘由，并录了大汉口供。大汉口供说："我叫张差，蓟州人，受到邻居李自强、李万仓欺压，想进京告状。来到京城后，遇到两个男子，给我一根木棍，说有了木棍就能申冤。我迷迷糊糊，不知怎么回事，就进了一个院子，有人拦我，我就用棍子打了他们。"刑部审讯官认为，这就是一个疯汉。

刑部有个官员，叫王之寀，是东林党人，他觉得事情没有这么简单，于是背地里悄悄观察张差，见张差在没人的时候，神情安静，并不胡言乱语，不像是疯汉。

王之寀继续审讯张差，软硬兼施，还不给他饭吃，逼得张差终于说了实话。张差说："我叫张五儿，今年三十五岁，孤身一人。在一个月前，我赌博输了钱，被人逼债，恰好遇到一位太监，帮我还了赌债，领我进京，住进一个院子里。后来，又来了一个太监。两个人轮流陪我，供给我酒肉吃。几天前，一个太监领我到一个宫门，给我一根棍子，嘱咐我闯进去，打死一个穿黄袍的人，说那是奸人，打死有赏。如果被人抓住，我们自会救你。太监还许诺说，事成之后，给我三十亩地。"

王之寀一听，惊出一身冷汗，这事涉及太监，关系重大，赶紧追问太监的名字。可张差一口咬定，并不知道太监的名字。王之寀怕把张差打死了，不敢用重刑，只得将案情报告了皇帝。

万历皇帝听了，也吃了一惊，令刑部主事陆梦龙主持审讯，务必弄清全部案情。陆梦龙使用酷刑，逼得张差说出了两个太监的名字，分别叫庞保、刘成。两人是郑贵妃宫中的太监，但地位很低，只是负责修铁瓦殿。张差还招供说，他是通过舅舅马三道，认识了庞保和刘成。马三道经常给庞保、刘成负责的工地送灰，逐渐熟悉了。

陆梦龙立即逮捕了马三道、庞保、刘成，可三人矢口否认指使张差行凶之事，任凭如何严刑拷打，决不改口，并大呼冤枉。

此案涉及郑贵妃宫中太监，事情闹大了。许多人怀疑，这是郑贵妃在背后指使的；也有人心存疑问，郑贵妃即便想谋害太子，也不会用这么笨拙的办法啊。

郑贵妃惶恐不安，带着儿子向皇帝哭诉，指天赌咒发誓，说绝没有参与此事。万历皇帝自然相信郑贵妃，更不忍心处罚她，可舆论哗然，如何收场，他也左右为难。

万历皇帝给郑贵妃支了一着儿，说："群情激怒，朕不便解脱，你去求太子吧。"郑贵妃只好又去向太子哭诉，表明心迹。

太子朱常洛却很大度，说："这事只要张差一人承担，便可结案。请刑部抓紧办理，不要再牵连其他人了。"

万历皇帝见儿子如此通情达理，喜笑颜开，立即准奏，按太子的意见办。于是，张差被公开处决，庞保、刘成二人被秘密处死，马三道被流放。一场惊天大案，就这样稀里糊涂地不了了之了。

梃击案是明末三大疑案之一，究竟真相如何，千百年来人们议论纷纷，难有定论。主要有两种观点，一是认为是郑贵妃主使的；二是认为是太子朱常洛自导自演的苦肉计。

郑贵妃确实有谋害太子的动机，如果朱常洛死了，她的儿子朱常洵就可以名正言顺地继承皇位。可是，太子宫人员众多，在大白天，派一人持一根木棍去杀太子，岂不荒唐可笑？郑贵妃有这么傻吗？再说，两个太监并不是她的心腹，如此机密大事，郑贵妃会委托给他俩吗？人们对此存有疑问。

太子朱常洛也有陷害郑贵妃的动机，而且在此案中受益最大。梃击案一出，舆论汹汹，郑贵妃饱受攻击，此后再也没人提更换太子之事了，朱常洛的太子地位得到巩固。可是，如果朱常洛自导苦肉计，也存在着巨大风险，在刑部大刑之下，谁敢保证不会泄露了机密，那太子之位还能保住吗？朱常洛有必要冒此风险吗？人们对此也心存疑问。

梃击案之所以闹得沸沸扬扬，与当时的政局有关。万历皇帝怠政和长期的国本之争，造成人心涣散，形成党派之争，梃击案自然是很好的题材，可以大做文章。

明朝兴起东林党

万历皇帝长期怠政和国本之争，导致朝廷混乱，出现了党派之争。当时在政坛上，兴起一个有名的政治团体，被称为东林党。

东林党是以江南籍士大夫为主的官僚政治集团，存在四十多年时间，直到明朝灭亡。东林党对明末政坛产生了重大影响，前期代表人物，有顾宪成、顾允成、高攀龙等人，后期则有叶向高、杨涟、左光斗等著名人士。

顾宪成，常州府无锡（今江苏无锡）人，著名思想家，东林党领袖，因恢复东林书院而被人们尊称为东林先生。顾宪成年轻时考中进士，入朝做官，先后担任户部主事、吏部主事、吏部员外郎等职。顾宪成为人正直，敢于犯颜进谏，得罪了万历皇帝，被免官革职，遣送回家。

顾宪成胸有抱负，他回到家乡以后，决定从事讲学活动，宣扬自己的政治主张。无锡有一所宋朝时期建立的东林书院，在全国影响很大，但当时已经破败不堪了。顾宪成和弟弟顾允成倡议修复，得到许多人支持和资助。

1604 年，顾宪成、顾允成、高攀龙等八人，发起东林大会，制定了《东林会约》，标志着东林党初步形成。从此，东林书院定期举行会议，既讲学，也议政，逐渐活跃起来，很快有了名声。

顾宪成等人都是著名学者或朝廷大臣，威望很高，被称为东林八君子。一些有志之士纷纷加入，利用东林书院阐述自己的政治主张，朝廷中一批江南籍官员也遥相呼应，逐渐形成了一个政治派别，被人们称为东林党。

东林党人在学术上，反对空幻虚无，提倡求真实干。他们通过讲学、论辩、研讨、撰文、出书等形式，对王阳明心学进行抨击和批判，主张"知辅行主"，不要空谈，而要脚踏实地，从而推动了实学发展。实学是一种以"实体达用"为宗旨的思想潮流和学派，在当时具有积极意义。

东林党人在政治上，主张放开言路，充分表达个人意见；反对内阁集权，主张政事归于六部；要求减免税赋，保护工商业；建议改革人才录用制度，取士不分等级贵贱；反对征收矿税；等等。东林党人在后期，强烈反对宦官干政，与宦官集团产生了尖锐矛盾。

东林党人多数是正直的学者和官员，他们的政治主张符合许多人的利益，得到人们赞同，称他们为"清流"。东林党既是一种文化现象，也是一种政治现象，他们在很大程度上，影响着当时的舆论。

朝廷中有大批东林党人，他们政见相同，团结一致，不断向皇帝进言献策，要求革新弊政，或者抨击丑恶现象，弹劾不良官员。东林党人形成一股很大的政治势力，在很大程度上影响着朝廷。

东林党人反对废长立幼，遏制郑贵妃家族势力，在国本之争中发挥了关键性作用。在梃击案中，那个叫王之寀的刑部官员，就是东林党人，他首先审讯出张差背后有两个太监，坚信梃击案的主谋是郑贵妃。东林党人纷纷要求彻查此案，惩罚郑贵妃，与一些非东林党的官员发生激烈争辩。最后，万历皇帝草草了结此案。后来，王之寀遭到一些大臣弹劾，万历皇帝将他削职为民，后来又被起用，最终被魏忠贤杀害。

东林党人在朝中形成势力以后，纷纷上书要求重新起用顾宪成，每天奏书多达百余件。万历皇帝不得已，任命顾宪成为南京光禄寺少卿。顾宪成却不接受任命，继续在家乡进行讲学议政活动，六十三岁病逝。

东林党多数是江南人，并且出身富豪，实际上代表了江南商人和地主豪强的利益。他们不断为江南富豪代言，引起其他地方一些官员的不满，再加上有些东林党人自视清高，言行过激，致使在朝中出现了对立面。为了与东林党人抗衡，朝廷陆续出现了许多政治团体，形成了派别林立。

这些政治派别主要有：以山东人为主的齐党，以浙江人为主的浙党，以两湖人为主的楚党，以江苏昆山人为主的昆党，以安徽宣州人为主的宣党，等等，名目繁多，各成体系。

在这些政治派别中，也不乏为人正直、学问高深的名人，他们虽然时常与东林党人作对，但不能说是奸佞，只是政见有所不同而已。

各个政治派别之间，为了各自的利益，时而联合，时而攻击，搞得明朝政治生态一片混乱。万历皇帝长期怠政，对此不闻不问，致使大明王朝陷入严重的内耗之中。

鱼肉富豪的海瑞

有个成语，叫鱼肉百姓，比喻任意欺凌弱小的平民。而富豪属于强势群体，没听说过有谁敢鱼肉富豪。

在明朝晚期，出了一位著名清官，名字叫海瑞。海瑞在嘉靖、隆庆、万历三朝为官，一生刚直不阿，不惧权势。海瑞骂皇帝、海瑞罢官的故事广为流传，可他最与众不同的，是敢于鱼肉富豪。

海瑞，琼山（今海南海口市）人，出身书香门第。他的祖父和几个伯父，都中过举人，其父海瀚，是个廪生（享受政府膳食补助的在学生员）。海瑞的民族身份存在争议，一般认为他是回族人。

海瑞四岁时，父亲去世。母亲谢氏性格刚强，对海瑞要求严格，不让他像其他儿童那样嬉戏玩耍。海瑞自幼勤奋好学，苦读经史，而且受母亲影响，性格刚直，不畏邪恶。

海瑞长大以后，考中举人，但没有考上进士，因而只能到南平县当了一名教谕（古代的官方教师）。海瑞做人正直，品德优良，逐渐有了名气。

海瑞在四十五岁时，被任命为淳安知县，在那里干了四年。海瑞做官有一个明显特点，就是抑强扶弱，专门为平民百姓做主，抑制豪强地主。海瑞强令地主豪强将霸占的土地归还农民，还在全县重新丈量土地，追缴地主隐瞒土地少交的赋税。后来，海瑞调任兴国县知县，照样如此作为。地主豪强惧怕海瑞，老百姓则称其为青天。

海瑞生活极其简朴，衣食与普通百姓一样，自己种菜吃，省下钱来救济穷人。有一次，海瑞在街上买了二斤肉，由于海瑞极少买肉吃，这事就成了当地的新闻。原来，海瑞买肉是为了给母亲过生日。

浙江总督胡宗宪很器重海瑞，海瑞对他也很尊重。有一次，胡宗宪的儿子路过淳安县，摆公子哥的派头，殴打驿吏。海瑞丝毫不留情面，依法予以惩处。胡宗宪知道以后，夸赞海瑞做得对。

像胡宗宪这样正直的官员毕竟很少，多数都是倚仗权势，耀武扬威。海瑞一身正气，并不买账，对过路的朝廷大臣从不谄媚奉迎，接待也很简单，因而得罪了不少权贵。海瑞当知县多年，得不到提升，有一次好不容易晋升为嘉兴通判，因得罪了一名御史，又被贬官。

海瑞在五十一岁的时候，终于被选拔为户部主事，进京当了朝廷官员。此时是嘉靖晚期，嘉靖皇帝长期不上朝，不理国政，迷信方士，追求长生不死。大臣们纷纷上书劝谏，嘉靖皇帝不仅不听，反而把杨爵入狱，把杨最处死。朝臣为了自保，只好闭上了嘴巴。

1566年，海瑞入朝仅有两年，官职又不高，但他目睹朝廷乱象，实在忍不住，决心冒死进谏，给嘉靖皇帝写了《治安疏》。

《治安疏》长达数千言，肯定了嘉靖皇帝前期铲除积弊、奋发有为的政绩，但更多的是批评他现在的错误，说他多年不上朝，导致纲纪败坏，贪污成风，社会动荡，民不聊生。海瑞指责嘉靖皇帝迷信道教，妄想长生，昏聩误国，甚至讽刺说，现在老百姓都把年号"嘉靖"称作"家净"，因为家家都很干净，没有钱财。海瑞希望嘉靖皇帝能改正错误，振奋精神，很好地治理天下。这就是有名的海瑞骂皇帝。《明史》记载了《治安疏》全文。

海瑞知道，《治安疏》一上奏，必定是凶多吉少，但他胸怀忧国忧民之情，早已把生死置之度外。海瑞遣散仆人，与妻子诀别，并备好一口棺材，安排好了后事。

嘉靖皇帝看到奏书，果然龙颜大怒，把奏章扔到地上，愤恨地说："赶快把这个畜生抓起来，不要让他跑了。"

海瑞被捕入狱，受到审讯，追问他是谁主使的，是否有同党。海瑞大义凛然，慷慨陈词，并不屈服。不久，海瑞被判死罪，等待处决。

大臣何以尚上书，为海瑞求情。嘉靖皇帝大怒，将何以尚抓来，杖击百板，投入监狱。

首辅大臣徐阶同情海瑞，尽量拖延时间，没有行刑。万幸的是，两个月后，嘉靖皇帝死了。

刑部官员知道皇帝一死，海瑞就会被释放，心里高兴，买来酒菜，到牢房与海瑞对饮。海瑞却误认为是断头饭，毫无惧色，也不说话，只顾大吃大喝。

刑部官员知道海瑞误会了，附在他耳边，小声说："皇上驾崩了，您可能会出狱，继续为朝廷效力。这是个好消息。"

海瑞吃了一惊，瞪大了眼睛问："真的?"刑部官员很认真地点了点头。不料，海瑞号啕大哭起来，把刚吃进去的东西全吐了出来。刑部官员再三劝慰，不起作用，海瑞趴在地上，哭了整整一夜。

明穆宗登基后，果然立即释放了海瑞，官复原职。海瑞因冒死上书之事，在朝野名声大振。明穆宗是位贤君，很器重海瑞，不断提升他的职务。海瑞先后在兵部、大理寺任职，擢升为尚宝丞、右通政、右佥都御史。海瑞照样刚直不阿，不惧权贵，名气越来越大，人们都称他为"刚峰"。

海瑞同情天下百姓的苦难，痛恨地主豪强鱼肉百姓，常常为地主占有大量土地而穷人无立锥之地感到不公。海瑞说："要想天下安平，必须实行井田制，土地都归国家所有。如果办不到，也要实行限田制，不能让土地集中在少数人手里。"这是海瑞的政治主张，尽管在当时不现实，但体现了他的抑强扶弱思想。

1569 年，五十六岁的海瑞被任命为应天巡抚，管辖江南应天、苏州、常州、镇江、宁国、安庆、池州等地。这些地方，几乎都是富庶的鱼米之乡。

海瑞此时已是天下闻名，人们都知道，海瑞专门为平民百姓撑腰，敢于与贪官污吏和地主豪强作对。因此，江南百姓欢欣鼓舞，奔走相告；很多有劣迹的官员则吓得自动辞官，许多官员减少了车马随从，不敢耀武扬威了；地主豪强也夹起尾巴，不少人把耀眼的红色大门漆成了黑色。

海瑞到江南以后，果然为百姓做主，安抚贫困农民，重拳打击贪官污吏和地主豪强。海瑞禁止土地兼并，凡霸占百姓的土地，一律归还原主。海瑞还兴修水利，整修吴淞江、白茆河，促进经济发展。时间不长，海瑞名声远扬，"海青天"的称号响遍江南大地。

海瑞发现，江南虽然是鱼米之乡，但土地兼并十分严重，地主豪强霸占着大量田地，无地农民仍然十分贫困。于是，海瑞为了推行他的政治主张，下了一道命令，要求所有的官僚和地主豪强，都要无偿拿出一半的土地，分给无地的贫民。

客观来说，海瑞的出发点是好的，但超越了时代，与现实不符。连《明史》都评价说，海瑞做事有些偏颇和过激。海瑞的均田令一下，立刻在江南引发一场大的风暴。

海瑞也知道此事难度很大，他想找个带头人。有一天，海瑞去拜访前首辅大臣徐阶，表面上去感谢徐阶的救命之恩，实际上是想让徐阶带头，捐出田地来。

徐阶是明朝名臣，当过多年内阁首辅大臣，官声还不错，退休之后回到江南老家，广置田产，占地多达二十多万亩，成为有名的富豪。

徐阶并不赞成海瑞的均田令，但他从政多年，十分圆滑，又知道海瑞秉性，只得表示，他家里有两万亩土地，愿意捐出一万亩来。谁知海瑞并不买账，非要他拿出一半的土地不可。

徐阶被逼急了，于是下决心扳倒海瑞。徐阶虽然已经退休，但门生故吏遍天下，朝中也有相当大的势力。在徐阶的授意下，朝中大臣和地方官员联合起来，纷纷弹劾海瑞，弹劾奏书像雪片一样飞到朝廷。其实，即使没有徐阶鼓动，那些利益受到巨大损失的官僚和地主豪强，也一定会不遗余力地攻击海瑞。

有个叫戴凤翔的大臣，在弹劾奏书中说，海瑞专门"庇护奸民，鱼肉缙绅，沽名乱政"。缙绅就是有钱有势有地位的富豪，奸民是指普通百姓。于是，海瑞就以鱼肉富豪而闻名了。

明穆宗虽然器重海瑞，但觉得他的做法不妥，也没有法律依据，再加上舆论汹汹，只好免去他应天巡抚职务，改任南京粮储。

海瑞的政治理想受挫，悲愤交加，患了重病，因病引退，回琼山老家去了。

明穆宗不久去世，万历皇帝继位，张居正主持朝政。张居正不喜欢海瑞，又惧怕他的严峻刚直，因而一直没有起用他。

张居正死后，万历皇帝器重海瑞名声，打算重用他，可朝中仍然有不少大臣反对。万历皇帝只好任命海瑞为南京右都御史，没让他到北京来。

海瑞依然不改刚直的性格，他到南京上任以后，禁止徇私受贿，严惩贪官污吏，对懒惰怠政者予以处罚，百官都恐惧不安。

海瑞依然奉行抑强扶弱理念，他在判案时把握一个原则，如果遇到难断的案子，宁可冤枉富豪，也不能冤枉穷人。因此，官僚和地主豪强对海瑞既怕又恨，而百姓则视海瑞为救星。

1587 年，海瑞在南京任上病逝，享年七十四岁。万历皇帝追赠海瑞为太子太保，谥号"忠介"。

万历皇帝命御史王用汲主持海瑞丧事。王用汲到了海瑞家里，几乎惊呆了。海瑞为官一生，却是家徒四壁，仅有的几件家具，是破烂的竹器，所用的帷帐，是用最廉价的苎麻布做成的。海瑞的贫穷程度，超过了一般的贫困户，甚至没有下葬的钱。海瑞的俸禄并不少，可都用来救助穷人了。

王用汲见状，深受触动，悲泣不止，他与同僚凑了一些钱，办理了海瑞丧事。王用汲也是明朝著名清官，官至南京刑部尚书。

海瑞的死讯传出，南京道路上全是痛哭流涕的百姓。民众自发罢市哀悼，过去繁华的集市上，好多天没有人。海瑞的灵柩被运回琼山安葬，路过江南时，江南民众穿白衣、戴白帽，祭奠哭拜，长达百里。《明史》记载了这历史上罕见的动人一幕。

海瑞受到历代人民的敬仰，他的故事广为流传。不过，也有对海瑞不利的传说，比如说他不讲情义，杀妻、杀妾、饿死女儿。但是，正史中并没有这样的记载，应该是对海瑞不满的人蓄意编造的。

海瑞最伟大之处，是他的抑强扶弱思想。扶助弱势群体，这是做人的优秀品质，也是中华民族的传统美德，在任何时代，都是应该提倡的。

千古名医李时珍

明朝后期，出了一位伟大的医学家，叫李时珍。李时珍做出的突出贡献，是写了一部千古不朽的中医药名著——《本草纲目》。

李时珍，蕲州（今湖北蕲春）人，出身医生世家。其祖父是游方郎中，走村串乡给人看病。李时珍的父亲叫李言闻，是当地名医，著有医书。

做医生很辛苦，而且地位低下，李言闻不想让儿子再学医了，希望他走科举之路。可是，李时珍自幼受家庭熏陶，喜欢医学，他只考取了秀才，便弃儒从医，专心给人看病。

李时珍聪明好学，阅读了大量医书，父亲也把多年的行医经验传授给他，使李时珍的医术水平提高很快。李时珍善于钻研，治病不拘一格，根据病情采用不同的方法，治好了许多病人，开始有了名气。

有一位老婆婆，患便秘长达三十多年，看了很多医生，始终治不好。李时珍根据老婆婆的实际情况，仔细研究制订了治疗方案，采用服药、针灸、食疗等多种办法，终于解除了她的病痛。老婆婆很高兴，逢人就夸，李时珍名气逐渐大了起来。

到李时珍三十多岁的时候，已是当地享有盛名的医生了。许多人慕名远道而来，其中有不少达官贵人。皇族朱厚焜的儿子得了怪病，久治不愈，把李时珍请去，结果药到病除，李时珍名声大振。

住在武昌的楚王朱英㷿，听说了李时珍的名声，把他请去，聘为奉祠正，兼管良医所事务。不久，李时珍被朝廷征召，进了太医院。

太医院是国家的最高医疗机构，藏有无数医书，很多医书在民间是看不到的。李时珍如饥似渴地阅读了大量医学典籍，开阔了眼界，丰富了知识，尤其是医学理论知识水平显著提高。

在太医院工作的太医们，都是从全国各地选拔来的顶尖医生，各有所长。李时珍虚心向他们学习，医术水平突飞猛进。李时珍在太医院工作的这几年，对他一生产生了重大影响，也为他撰写《本草纲目》奠定了基础。

太医院本来是医学研究的绝佳之地，可当时是嘉靖后期，嘉靖皇帝一心追求长生不死，太医院的首要任务，是配合方士研制长生不死仙丹，显然是不务正业。

李时珍具有丰富的医学知识，知道炼丹所用的水银、铅、硫黄等物，都含有毒素，不仅不能使人长生，反而十分有害。李时珍对这种违背科学的行为十分愤慨，曾经大声疾呼："仙丹有害，决不能用。"可是，李时珍人微言轻，根本不起作用。李时珍愤而辞职，又回家乡行医去了。

李时珍回到家乡以后，创立了东璧堂，坐堂行医，治病救人。《明史》没有记载李时珍行医的具体事例，民间却有许多关于李时珍的传奇故事，其中最出名的，是说李时珍能把死人救活。

有一天，李时珍见一群人抬着棺材送葬，棺材里偶尔滴出鲜血来。李时珍断定棺材里的人还活着，急忙阻止，经询问，原来是一妇人难产而死。

李时珍让人打开棺材，在妇人心窝处扎了一针。不大一会儿，妇人苏醒了，接着产下一个儿子。李时珍救了母子两条命，一时传为美谈，李时珍被誉为神医。不管这故事是真是假，李时珍医术高明，是肯定的。

那个时候行医用药，主要依据历代医药古籍，常见的有《神农本草经》《名医别录》《唐本草》《日华本草》等，记载各类中药材一千五百多种。长期以来，很少有人对医药古籍产生怀疑。

李时珍在多年行医过程中，逐渐感觉到，医药古籍中有许多错误之处，如果照此行医，轻者耽误治病，重者害人性命，这是一个很大的问题。于是，李时珍决定，对医药古籍记载的中草药进行修订，重新编一部医书。

此后，李时珍一边行医，一边潜心研究中草药。中草药数量庞杂，不计其数，而且几乎都是长在深山密林之中。李时珍不畏艰辛，先后到武当山、庐山、茅山等名山大川，足迹踏遍湖广、河南、河北等地，四处收集药物标本。

李时珍对各种中草药的特点、习性和药用价值，做了悉心研究，经常亲自尝试。有些中草药有毒，李时珍几次中毒，差点丢了性命。李时珍不顾危险，尝遍百草，掌握了宝贵的第一手资料。

李时珍阅读参考历代医书达九百多部，写了上千万字的札记，认真汲取前人的经验。李时珍虚心请教医师、药工、农夫、捕蛇者，弄清楚了许多在书本上没有的疑难问题。

李时珍白天行医、考察，晚上整理笔记、撰写医书。经过三十年不懈努力，一部伟大的医药学巨著终于脱稿，取名叫《本草纲目》。

《本草纲目》对原先古书中的一千五百多种中药材重新进行修订，纠正了许多错误，另外又新增加三百七十四种，既有植物，也有动物，使总数达到一千八百九十二种。对每种中药材的特性和价值，都记载得十分详细，并配有形态图一千一百余幅。书中还辑录民间偏方一万多个。全书共十六部、五十二卷、一百九十多万字，堪称宏伟巨著。

《本草纲目》吸收了历代医药古籍的精华，补充了新的内容，有许多重要发现和突破，是明朝之前，中国历史上最系统、最完整、最科学的医药学著作。

李时珍殚精竭虑，为撰写《本草纲目》付出了毕生心血。1593年，李时珍完成巨著不久，还未刊印，就患病去世，享年七十六岁。

李时珍去世三年以后，其子李建元将《本草纲目》献给朝廷。万历皇帝给予嘉奖，并诏令将《本草纲目》刊印发行。

《本草纲目》一经面世，就在医学界引起轰动，李时珍被誉为"药圣"。后来，《本草纲目》被译成日、法、德、英、俄、拉丁等多国文字，在全世界流行。李时珍为中国乃至世界医药学发展做出重大贡献，受到历代人民尊敬。

东北崛起大金国

在万历时期，不仅朝廷混乱，国力衰落，而且在东北崛起一个强敌——大金国。大金国即将给明朝造成致命威胁，而明朝却浑然不觉。

大金国是女真族建立的政权。女真族发源于"白山黑水"，自古繁衍在东北地区。女真族早先部落分散，力量弱小，曾经被契丹所统治。

在宋朝时期，女真族强大起来，将契丹势力驱逐出东北，建立了金国。金国经过十年战争，灭掉了契丹人建立的辽国，接着又灭掉北宋，占领了中原地区，与逃到南方去的南宋政权长期对峙。

金国统治的地区地域辽阔，东到大海，西至关中，南抵淮河，北部包括华北、东北和俄罗斯远东地区，连蒙古草原也在它的势力范围之内，成吉思汗就曾经当过金国的官员。

蒙古势力崛起以后，灭掉金国，也灭掉南宋，统一天下，建立了元朝。金国政权存在一百二十年。

金国灭亡以后，女真族散落在全国各地。居住在中原地区的女真人，逐渐与汉族融合，在蒙古贵族统治下，待遇与汉人差不多。东北地区是女真族的发源地和聚居区，数量仍然不少。

明朝建立以后，东北地区纳入明朝版图。朱元璋在那里设立机构，统治东北，控制女真各部。当时，东北女真族主要分为三大部，即建州女真、海西女真、东海女真（也称野人女真），其中建州女真实力最强。朱元璋任命建州女真首领爱新觉罗·孟特穆（也叫猛哥帖木儿）为建州卫都指挥使，委托他管理建州女真事务。

在很长一段时间内，明朝国力强盛，东北地区也相对平静；到了明朝后期，随着朝廷混乱，东北地区也乱了起来。女真各部之间为了争夺地盘和财富，经常内战，互相残杀，有时也与朝廷发生摩擦。朝廷在东北地区的统治力下降，采取措施不力，致使局面一片混乱。

在乱世之中，女真族出了一位英雄人物，叫爱新觉罗·努尔哈赤。努尔哈赤是爱新觉罗·孟特穆的六世孙，生于1559年，当时是嘉靖后期。

努尔哈赤出生以后，由于受继母虐待，小时候吃了不少苦，长大后常与汉人、蒙古人做买卖，因而熟悉汉语和蒙古语。努尔哈赤崇尚汉文化，特别喜欢读《三国演义》，崇拜英雄，总想干一番大事。

女真各部发生内战，朝廷设在东北的辽东总兵李成梁，则采取利用矛盾、放任不管的态度，但谁要敢背叛明朝，他就会毫不犹豫地出兵镇压。努尔哈赤的外祖父反叛，被李成梁诛杀。努尔哈赤的祖父、父亲也被杀害。

当时努尔哈赤二十五岁，血气方刚，对明朝产生了强烈仇恨，发誓复仇。但他势孤力单，无法对抗强大的明朝。努尔哈赤决定，首先统一女真各部，壮大实力，以图大计。

1583年，努尔哈赤靠着祖上遗留下来的十三副铠甲起兵，聚集了数十人，开始了艰难的创业之路。那一年，张居正刚死不久，万历皇帝开始亲政。

努尔哈赤素有大志，胸有谋略，胆量过人，他利用祖上的声望，招兵买马，扩大实力。他特别重视招贤纳士，网罗人才，身边很快聚集了一批文人武将。努尔哈赤家族在建州女真中有着深厚基础，他通过招抚和武力两手，经过五年时间，控制了建州女真。

努尔哈赤当上了建州女真首领，实力大增，实现了他创业的第一步。接下来，努尔哈赤采取远交近攻、分化瓦解、打抚并用、各个击破的正确策略，开始了统一东北女真各部的大业。

这个时期，万历皇帝先是进行三大征和抗日援朝，虽然取得胜利，但国力消耗巨大，民众也承受了沉重负担。接着，朝廷发生长达十五年的国本之争，又出了梃击案和党派之争，万历皇帝长期不上朝，不理国政，导致国家混乱，实力衰落。对于努尔哈赤势力崛起，朝廷一片迷茫和麻木。

努尔哈赤借此良机，招降纳叛，东征西讨，又用二十多年时间，灭掉海西女真、东海女真，招降收服了大大小小的女真部落。就这样，在万历皇帝怠政的三十年间，努尔哈赤靠着十三副遗甲起兵，经过艰苦创业，将东至海滨、西达开原、北抵嫩江、南到鸭绿江广大地区分散的女真各部全部统一起来。

1616年，努尔哈赤在赫图阿拉城（今辽宁新宾）宣布建国，国号大金，史称后金。

努尔哈赤建立了八旗制度，兵强马壮，势力强大。努尔哈赤发布对明朝的"七大恨"，誓师告天，开始攻明复仇。大金国与明朝的战争，就此拉开大幕。

明军惨败萨尔浒

萨尔浒之战，是明朝与后金之间第一次大规模战斗。明朝以优势兵力攻打刚成立不久的金国，企图一举将之消灭，不料却遭受惨败。此役暴露了明朝腐朽无能，展现了金国新兴政权的勃勃生机。此后，金国势力大盛，频频出兵攻打明朝，明朝陷入被动挨打的境地。

努尔哈赤利用万历皇帝昏庸怠政的机会，用三十多年时间，统一了东北女真各部，建立了金国，决心攻打明朝，报仇雪恨。

1618 年，努尔哈赤举行誓师大会，发布"七大恨"，历数明朝无故杀害其祖父和父亲、无端欺压女真人等七大仇恨，公开起兵反明，攻击明朝。

此次出兵，只是试探性的，规模不是很大。努尔哈赤带二万兵马，攻打抚顺，没想到明朝军队不经打，金军一举攻占了城池，守将李永芳投降。

努尔哈赤首战告捷，便班师撤回。走到半路，忽然听到消息，说辽东总兵张承胤率一万明军援救抚顺。努尔哈赤立即杀了个回马枪，结果将一万明军全部消灭，连张承胤也给杀了。努尔哈赤大喜，知道明军不堪一击，从此心里底气十足。

消息传到朝廷，万历皇帝既震惊又疑惑。一个小小的女真部落，怎么能打败天朝大军呢？万历皇帝恼怒，立即调集二十万精锐部队，号称四十七万，又专门抽调杜松、马林、刘綎、李如柏等几名能征惯战的大将，由杨镐负总责，出兵北伐，准备一举将后金政权扼杀在摇篮之中。

当时，国库空虚，拿不出军饷。大臣们只好东拼西凑，费了好大劲，才凑了一笔钱。这样，花了九个多月时间，明军才集结完毕。

1619 年二月，杨镐在辽阳演武场召开誓师大会，他手持尚方宝剑，申明军纪，发号施令，调兵遣将。杨镐认为，二十万大军对付小小的女真部落，还不如同犁庭扫穴一般。因此，他早早就定下了奖励标准，凡擒斩努尔哈赤者，赏银一万两，升都指挥使；擒斩女真大将者，按级别给予赏赐。杨镐信心满满，就差一点没安排庆功宴会了。

杨镐，河南商丘人，进士出身，当过南昌、蠡县知县，颇有政绩，被提拔入朝当了御史，又升为大理评事和山东参政。杨镐官声还不错，可他是文官，不懂军事，在抗日援朝战场上就吃过败仗，不知道万历皇帝为何对他青睐有加，这次又委以重任。

杨镐发下军令，以金国老巢赫图阿拉城为目标，兵分四路，分进合围，务必一举灭掉后金。令杜松为西路，领兵六万；马林为北路，领兵四万；刘綎为东路，领兵四万；李如柏为南路，领兵六万。

二十万大军浩浩荡荡，从四面向赫图阿拉城进攻，看起来声势浩大，如同泰山压顶一般，可兵力分散，很容易被各个击破。杨镐天真地认为，努尔哈赤会乖乖待在赫图阿拉城中，等着明军去打。

得知明军大规模进攻，努尔哈赤立即召开军事会议，进行部署。将领们摩拳擦掌，纷纷要求出战，分头抵御四路明军。

努尔哈赤笑着说："不用。不管他几路来，我就一路去，把他们各个歼灭。我已经为明军选好了葬身之地，就在萨尔浒一带。"

萨尔浒距离赫图阿拉一百二十多里，地形复杂，适于埋伏。明军四路进击，行军速度有快有慢，肯定不会同时到达，这就给后金以可乘之机。努尔哈赤挑选了六万精锐骑兵，机动作战，打算将明军一口一口地吃掉。

在杜松催促下，明军西路军进军速度很快。杜松是陕西榆林人，貌似张飞，勇猛善战，人称"杜黑子"。他一生从戎，立功无数，时任山海关总兵，可惜有勇无谋。杜松压根儿看不起女真人，抢功心切，令部队每日急行军百余里，第一个到达萨尔浒。

杜松率军到达浑河岸边，见对面山上有金兵正在构筑工事，又见河水平缓，于是将火炮等重型武器留下，令部队轻装过河。部队走到河中间，忽然上游大水咆哮而至，翻滚奔腾，大批明军士兵被河水冲走。原来，努尔哈赤事先在上游堵住了河水，趁明军过河时放下水来，明军被淹死无数。

明军惊魂失魄，好不容易渡过浑河，还未整好队伍，忽听号角齐鸣，女真骑兵从四面八方杀来，将明军包围。杜松挥舞大刀，率军与敌拼杀，明军死伤过半。

杜松领残兵败将奋力杀出重围，天色已晚，安营休息。明军筋疲力尽，伤者众多，很想喘口气。不料，金军夜里前来劫营，明军只得点燃火把，与敌夜战。没想到，火光下的明军成了活靶子，金军万箭齐发，明军士兵成片地倒下，杜松也被乱箭射死。

激战一天一夜，西路军全军覆没，士兵多数战死，其余溃散而逃。杜松和手下数十名将领全部阵亡。努尔哈赤歼灭了西路军，并不停留，迅速转锋北上，攻击马林的北路军。

马林，河北蔚州人，他与父亲马芳都是明朝名将，时任总兵官。马林的进军速度也很快，比杜松只晚到了一天。马林刚到，就得到杜松全军覆没的消息，吃了一惊，立即令部队修筑工事。

明军的工事还没有筑好，后金骑兵就赶到了，双方展开大战，激战一天，北路军又完了。马林拼死杀出重围，身边只有数名士兵跟随。

此时，杨镐坐镇沈阳，正在等待各路兵马捷报，忽闻杜松、马林全军覆没，大吃一惊，乱了方寸，急令刘綎、李如柏两路兵马退兵。可是，已经晚了。

刘綎，江西新建人，武状元出身，手中大刀重一百二十斤，比《三国演义》中关羽的大刀还重，有万夫不当之勇，被称为"晚明第一猛将"。刘綎久经沙场，屡立战功，在抗日援朝战场上威名远扬。

刘綎率领的东路军，路途遥远，重峦叠嶂，沿途荒无人烟。他并没有接到撤退的命令，也不知道西路军、北路军已经完了，只顾沿山间小路，翻山越岭西进。

金军经过连续两次大战获胜，士气大振，并没有休整，反而掉头东进，准备吃掉刘綎军队。金军骑兵行动迅速，很快在刘綎前边设置好了埋伏圈。

努尔哈赤施了一计，派人冒充杜松的使者，手持缴获的杜松令箭去见刘綎，说杜松大军已经攻占了赫图阿拉城，正在围剿残敌，催刘綎赶快进兵。

刘綎见杜松抢去了头功，十分遗憾，下令部队加速前进。刘綎扛着大刀，走在队伍最前边，很快进入金军的埋伏圈。

突然，一声号角，金军伏兵四起，向明军发起猛烈攻击。明军猝不及防，又处于不利地形，被动挨打，结果又是全军覆没。

刘綎挥舞大刀，奋勇杀敌，无人能挡，死在他刀下的金兵不计其数。可是寡不敌众，刘綎身上数十处受伤，面颊被削去一半，浑身是血，但仍然大呼杀敌，最后力竭而死。可怜征战一生、已经六十二岁的老将刘綎，此时壮烈殉国。

李如柏率南路军进军较慢，忽然接到撤退的命令，也知道了其他几路军兵败的消息，惊恐不已，急速退兵，金军没有追上，总算保全了一路兵马。

萨尔浒之战，是历史上以少胜多的典型战例，表现了努尔哈赤的大智大勇和非凡的军事才能，也暴露了明朝的腐朽没落。

萨尔浒大战，前后只有几天时间，明军却遭受重大损失。战后统计，牺牲将领三百余人，阵亡士兵近五万人，丢失骡马近三万匹、枪炮两万余支、军需物资不计其数。更严重的是，明军士气受到沉重打击，畏金如虎，战斗意志明显下降。

杨镐自知罪责难逃，立即引咎辞职。大臣们纷纷上书，要求予以严惩。万历皇帝仍然不舍得杀他，只是将他囚禁起来。十年之后，崇祯皇帝下令，终于将杨镐处死。

萨尔浒之战，是明清战争史上一个重要转折点，此后，明朝失去战争主动权，后金频频发动对明朝的攻击，占领了东北大部分地区，明朝更加衰弱。

短命皇帝红丸案

　　1620 年，当了四十八年皇帝、把明朝带入衰落的万历皇帝驾崩，终年五十八岁。他的长子朱常洛继位，成为明朝第十四位皇帝，被称为明光宗。

　　明光宗真是不幸，他当皇帝只有二十八天，就突然驾崩了。明光宗虽然在位时间很短，却留下一个千古谜案——红丸案。

　　明光宗虽然贵为皇长子，命运却不好。他母亲是宫女，不受万历皇帝宠爱，他也备受父亲冷落。万历皇帝宠爱郑贵妃，一心想要废长立幼。多亏太祖朱元璋定下了立长制度，大臣们经过长达多年的国本之争，在明光宗二十岁的时候，才被勉强立为太子。

　　明光宗的太子之位并不稳固，万历皇帝依然宠爱郑贵妃和她的儿子朱常洵，继续把朱常洵留在京城，不让他到封地去。更换太子的风声持续不断，后来又发生了梃击案。明光宗整日提心吊胆，没有过上一天舒心日子。他的母亲王恭妃寂居幽宫，担惊受怕，每天以泪洗面，竟然哭瞎了双眼。

　　到了明光宗三十八岁的时候，父亲死了，他终于苦尽甘来，心胸舒展了。在登基大典上，明光宗精神焕发，神情安逸，行走、仪态十分正常，没有任何异常。

　　《明史》记载，明光宗继位以后，紧锣密鼓地处理朝政，做了几件大事。一是按照惯例，宣布大赦天下，定年号为泰昌；二是按照父亲的遗嘱，拿出百万金币，犒劳边关将士；三是下诏减免直隶灾区的田租赋税；四是派使者抚恤刑狱；五是下令取消矿税；六是恢复一批因言获罪官员的职务；七是擢升史继偕、何宗彦、韩爌等人为内阁大臣。明光宗还是挺勤政的，也想有所作为。

《明史》说，此时的郑贵妃，已经没有了万历皇帝这座靠山，便千方百计讨好明光宗，献上四个（一说八个）绝色美女。明光宗对几个美女十分喜欢，朝夕不离。明光宗投桃报李，将郑贵妃宫中宦官崔文升提拔为司礼监秉笔太监，掌管御药房。

不久，明光宗患了病，崔文升给皇帝服用大黄药，结果，皇帝上吐下泻，病得更重了，不能上朝。这一下，大臣们议论纷纷，都怀疑崔文升受郑贵妃指使，企图谋害皇帝。

著名东林党人、给事中杨涟上奏说："崔文升存心不良，误用伐药，致使龙体受损；为了推卸罪责，崔文升又制造流言，说皇上是因为日夜宠幸美女才患了病，损害了陛下圣名。陛下为什么要将这种贼臣放在身边呢？"

大臣们虽然怀疑崔文升谋害皇帝，但没有证据，所以，杨涟只是说崔文升"误用伐药"。

明光宗病体渐重，感觉不妙，便召首辅大臣方从哲等十三人入宫，把十六岁的皇长子朱由校叫来，与大臣们相见，颇有托孤的意思。

明光宗病情越来越重，御医束手无策，大臣们急得团团转。有个叫李可灼的大臣，时任鸿胪寺丞，说家有仙丹，可治百病，愿意献给皇帝。方从哲不敢做主，请示明光宗。

明光宗自知命在旦夕，便抱着试一试的想法，同意了。李可灼把仙丹献上，是红色的药丸。明光宗服下一丸后，感觉还好，身体暖润舒畅。到了傍晚，明光宗要求再服一丸，服后没有不良反应。

不料，到了半夜，明光宗病情急剧恶化，御医抢救无效，与世长辞了，年仅三十九岁，当皇帝不足一个月。

皇帝死了，皇长子朱由校继位。可是，围绕皇帝之死，展开了长达数年的争论，东林党人最为活跃。大臣们纷纷上书，要求追查元凶，其中党争与私仇夹杂其中，使得不少人受害，这就是明末三大疑案之一——红丸案。

有些人把红丸案与国本之争和梃击案联系在一起，说是郑贵妃一伙阴谋害死了皇帝。尽管议论纷纷，但没有证据，不好定罪。不过，万历皇帝死前留下遗诏，封郑贵妃为皇后，如今自然泡汤了，郑贵妃无奈搬出了乾清宫，此后老老实实，十年后病逝，享年六十二岁。

有人把矛头指向了首辅方从哲，说他对皇帝之死负有重要责任，这其实是党派之争。方从哲被迫辞官还乡。

崔文升、李可灼首当其冲，受到的攻击最多。最后，定二人有罪，崔文升发配南京，李可灼流放边疆。

后来，红丸案几次反复，余波不断。魏忠贤专权时，为红丸案翻案，把崔文升召回，恢复官职，并大肆迫害东林党人。崇祯皇帝铲除魏忠贤以后，又把此案翻了回来，崔文升再次发配流放。围绕红丸案的争论，已经演变为党派之争，延续多年，直到明朝灭亡。

至于明光宗是因病而死，还是被谋害的，后世仍然争论不休，难有定论，成为千古之谜。

匪夷所思移宫案

明光宗当了不到一个月皇帝就死了，他的长子朱由校继位，成为明朝第十五位皇帝，被称为明熹宗，年号天启。

朱由校尚未登基，就遇上一件匪夷所思的怪事，引起朝野震惊。受到明光宗宠爱的李选侍，控制了年少的皇帝，竟然赖在皇帝居住的乾清宫不走，要挟大臣们同意封她为皇太后。以东林党人为主的大臣们用尽各种办法，才逼迫李选侍移居别宫，这就是明末三大疑案之一的移宫案。

朱由校的生母姓王，是朱常洛当太子时的一位选侍。选侍是选入宫中而未有名封的侍女，地位很低。王选侍生下了长子朱由校，被封为才人。朱由校十五岁时，母亲死了，父亲觉得他年少体弱，把他交给李选侍抚养。

李选侍色艺双绝，受到太子朱常洛宠爱，于是恃宠骄纵，盛气凌人，飞扬跋扈。朱由校后来说："李选侍殴打圣母致死，怕罪行暴露，不让朕与外人接触。她对朕也是侮慢凌虐，朕昼夜涕泣。父皇知道以后，很后悔把朕交给她抚养，常常劝慰朕。"看来，朱由校的母亲是李选侍打死的，他自己也常受虐待。朱由校性格软弱，很惧怕李选侍。这是《明史》在《李康妃传》中记载的，李康妃就是李选侍。

万历皇帝死后，明光宗朱常洛继位，携李选侍住进了乾清宫。当时，乾清宫里还住着一位万历皇帝生前宠爱的郑贵妃。李选侍与郑贵妃都不是善茬，她俩勾结起来，互相吹捧，一个想当皇后，一个想当皇太后，整天向明光宗吹风。

明光宗有正妻，是太子妃郭氏，但郭氏不受宠爱，也没有儿子，所以李选侍产生了想当皇后的想法。明光宗觉得郭氏没有过错，不好废了她，便想封李选侍为皇贵妃，地位仅次于皇后。李选侍不干，大哭大闹，非要当皇后不可。

不料，明光宗很快死了，李选侍落了个鸡飞蛋打，连皇贵妃也没捞着，依然还是选侍身份，心里十分窝火。

郑贵妃受红丸案牵连，被迫搬出乾清宫。乾清宫是皇帝、皇后居住的宫殿，按照礼制，李选侍也必须搬出。李选侍却不管那一套，缠着朱由校，非让他答应封自己为皇太后。朱由校不敢做主，李选侍令太监扣住朱由校，不让他登基，也不许他见大臣。太监魏忠贤等人，与李选侍是一伙的。朱由校当时已经十六岁了，却如此软弱窝囊。

大明王朝出现这样的怪事，真是不可思议。这种事情，在正常时期是不可能发生的，但明朝已经混乱，什么怪事都有。

大臣们听说李选侍扣住朱由校不放，个个义愤填膺。东林党人杨涟、刘一燝带领一伙大臣，来到乾清宫，要求面见朱由校，商议登基之事。

李选侍把朱由校扣在暖阁里，不让他出来，自己面见大臣，要求大臣们承诺，封她为皇太后。

李选侍既不是皇后，也不是朱由校生母，仅仅是名义上抚养了朱由校，就想当皇太后，这明显不符合礼制，属于非分之想，大臣们自然不能答应。李选侍使出了惯用的市井泼妇手段，又哭又闹，大臣们一时拿她没有办法。

太监当中也有正直之人，有个叫王安的老太监，当过明光宗的伴读，他平时就看不惯李选侍的霸道作风，如今见大臣们到来，便悄悄将朱由校领出了暖阁。

魏忠贤等几个太监看见了，赶紧来追，抓住朱由校的衣襟，想把他拽回去。王安一边厉声呵斥，一边也扯住朱由校衣服不放。双方互抢朱由校，朱由校吓呆了。大臣们听见动静，赶了过来，魏忠贤一伙只好退走。

大臣们见了朱由校，一齐跪倒，山呼万岁，保护着他离开乾清宫，到文华殿接受群臣礼拜，商议登基大事。礼拜结束之后，群臣不能让朱由校再回乾清宫了，只好由王安陪伴，暂时住进了太子宫。后来，魏忠贤得势以后，王安惨遭杀害。

李选侍见朱由校被大臣们抢走，急忙派魏忠贤去见朱由校，要他回乾清宫商议大事。群臣早有防备，根本没让魏忠贤见到朱由校。

李选侍挟持朱由校的目的落空，仍不甘心，她竟然忘了自己的身份，对朝廷发号施令，说自己有抚养皇帝的责任，皇帝年少，所有朝廷奏章都要由她过目，企图垂帘听政。当时，李选侍只是明光宗当太子时的一名选侍，连妃子都不是。大臣们嗤之以鼻，并不理睬。

不过，李选侍如果长期霸占着乾清宫，确实是个问题。于是，以东林党人为主的大臣们发起了逼宫运动，一方面纷纷上书，谴责李选侍，说她有武则天之心；一方面组织人员，站在乾清宫门外请愿，造成强大声势。

当时，朝廷派系林立，并不是所有的大臣都赞成逼宫，也有一些大臣攻击东林党人，说他们行为过激，违背孝悌之道。于是，朝野议论纷纷，形成了派系斗争。

有些大臣采取软的办法，劝李选侍说，如果适可而止，可以劝皇帝封她为皇妃；如果她执意胡闹下去，可能什么都捞不着。李选侍听了，有些心动，不敢再强硬了。后来，朱由校果然封她为康妃。

李选侍霸占乾清宫长达月余，没有达到目的，终于在朱由校登基的前一天，在强大的压力下，灰溜溜地搬出了乾清宫，移居仁寿殿。移宫案落下了帷幕。

移宫案与梃击案、红丸案并称为明末三大疑案，影响深远。不过，移宫案与前两案相比，事实清楚，过程简单，并不复杂，也没有疑惑之处，只不过是反映明末乱象的一场闹剧罢了。

李选侍恃着明光宗生前宠爱，蛮横霸道，撒泼耍赖，特别是犯下殴死朱由校母亲、挟持皇帝之罪，理应受到惩处。朱由校也曾有此意，下诏批评李选侍的罪责，还逮捕了她身边几个亲信太监。可是，有些大臣不同意。最后，李选侍不仅没有受到惩罚，反而被封为皇妃。

不久，魏忠贤专权，对李选侍照顾有加。魏忠贤倒台后，李选侍也没有受到牵连。李选侍一直活到明朝灭亡三十多年后，高寿八十多岁，是历史上寿命最长的后妃之一。

明末三大疑案，是明朝历史上的重大事件，案件本身并不特别重大，但引发宫廷斗争和党派之争，造成朝廷混乱，人心涣散，国势更加衰弱。

因此，明末三大疑案，实际上反映了明朝末年的乱象，是明朝灭亡的前奏。

木匠皇帝朱由校

　　1620年，十六岁的朱由校登上皇帝宝座。他在位七年，二十三岁就死了。

　　朱由校文化程度不高，性格软弱，宠信宦官，朝廷更加腐朽。各种矛盾尖锐，民变四起，后金屡次侵犯，明朝大厦已经倾斜，即将崩塌。

　　朱由校有一个与众不同的特点，他不会治国理政，也没有兴趣，将朝廷大权交给宦官魏忠贤，自己一门心思做木匠活，被人们称为木匠皇帝。

　　朱由校出生于1605年，出生不久，就赶上长时间的国本之争。万历皇帝一心想废长立幼，不喜欢长子朱常洛，也不重视朱常洛的儿子朱由校。

　　朱由校自幼由乳母客氏哺育长大，没有受到良好教育。年龄很大的时候，才被允许就学读书，自然无人管朱由校的学习。所以，有的史书说，朱由校是文盲皇帝，几乎不识字，起码文化程度不高。

　　朱由校的母亲出身低微，后来被李选侍殴打致死。朱由校从小没人疼爱，独居深宫，也不与外界接触，母亲死了也不知道。父亲把他交给李选侍抚养，李选侍常常虐待他。朱由校当时已经成年了，却逆来顺受，十分惧怕李选侍。可见，朱由校性格极其软弱。《明史》说他"庸懦"，既昏庸又懦弱。

　　唯一照顾朱由校的人，是他的乳母客氏。客氏原是河北农妇，丈夫姓侯，入宫当了朱由校的乳母，哺养朱由校长大。朱由校把客氏当作唯一的亲人，称帝以后仍然将她留在宫中，并封为奉圣夫人。

客氏与宦官魏忠贤关系亲密，两人成为对食夫妻。对食是搭伙共食的意思，指在一起生活但无性行为的夫妇。朱由校信赖客氏，自然也宠信魏忠贤，提拔魏忠贤当了司礼监秉笔太监。

魏忠贤心狠手辣，能力很强，不久又掌管东厂。东厂是明朝的特务机关，有着特殊的权力。魏忠贤倚仗权势，结党营私，培植亲信，很快形成了很大的势力，被称为阉党。阉党不全是太监，也有很多文武大臣，甚至有内阁成员。

东林党人在移宫案中立有大功，所以，朱由校在登基之初，大力提拔东林党人，杨涟、左光斗、高攀龙、魏大中等许多东林党人担任了重要职务。东林党人多数是正直之士，忧国忧民，他们多次奏请皇帝，试图改革弊政，重振明朝。

当时，外患十分严重。努尔哈赤在取得萨尔浒大捷以后，势力强盛，席卷辽东，明军屡吃败仗，大片国土丢失。东林党人奏请皇帝，选拔袁崇焕、熊廷弼、孙承宗、毛文龙等人为将，与后金对抗，取得了宁远之战大捷。努尔哈赤死后，其子皇太极继位，将女真族改为满族，将大金国改为大清。此后，大清与明朝进行了多年战争。

东林党人党派观念很强，排挤非东林党的大臣，在朝中形成了很大势力。朱由校软弱，朝政几乎都由东林党人说了算。朱由校感到不安，于是扶持他所信任的魏忠贤阉党。阉党与其他党派联合，对抗东林党人，双方产生了尖锐矛盾。

1624 年，东林党人开展了倒魏运动，上书弹劾魏忠贤二十四条大罪。魏忠贤有皇帝撑腰，又掌握东厂特权，对东林党人进行反击。结果，正直孤傲的读书人，斗不过阴险毒辣的太监，一大批东林党人被免除职务，许多人被捕入狱，著名东林六君子杨涟、左光斗、魏大中等人被杀，抗清名将熊廷弼也被处死。阉党取得胜利，魏忠贤从此把持了朝政，史称党争祸国。

朱由校从小在孤独中长大，不善与人交流，不愿接见大臣，也不喜欢治国理政，他最大的嗜好，是自己动手做木匠活。此后，他把朝政委托给魏忠贤，自己每天深居皇宫，专心致志地当木匠，做了一件又一件精美的木制品。

朱由校大概从小就以做木匠活自乐，对此产生了浓厚兴趣，无师自通。朱由校心灵手巧，他亲手制作的漆器、梳匣等，精美绝伦，出人意料。魏忠贤常常不怀好意地赞不绝口。

宫中过去所用的床，十分笨重，十几个人才能移动，样子也很普通。朱由校经过认真琢磨，亲自设计图样，亲手制作，经过反复改进，用了一年多时间，造出了一种前所未有的新床。新床可以折叠，携带移动都很方便，床架上雕有各种花纹，美观大方，人们从未见过。

朱由校模仿乾清宫的样子，用木头做了一座小宫殿，高不过三四尺，小巧玲珑，曲折微妙，巧夺天工，堪称精美的艺术品。

朱由校爱看木偶戏，他嫌木偶做得不够精细，便自己亲手制作。朱由校做的木偶高二尺，手脚眼睛都能动，栩栩如生，确实比原来的木偶好很多。朱由校做了大量木偶，宫中用他做的木偶，演出《八仙过海》《孙悟空大闹龙宫》等戏剧，活灵活现，引人入胜。

朱由校具有木匠方面的天才，凡他看到过的木器用具、亭台楼榭等，都能制造出来，而且还有创新。

朱由校不辞辛苦，凡刀锯斧凿、丹青髹漆之类的木匠活，都是自己亲自动手。朱由校天天忙着做木匠活，乐此不疲，甚至达到废寝忘食的程度。

朱由校痴迷做木匠活，全身心地投入其中，自然没有精力管国家大事。朱由校如果只是一名木匠，肯定会成就非凡，说不定能与鲁班相媲美。可惜，他是一位主宰天下的皇帝。

皇帝不理朝政，有人却大为高兴。《明史》记载说，魏忠贤对朱由校制作的木制品，大赞特赞，大拍马屁。朱由校听了很高兴，制作木器的积极性更加高涨。

魏忠贤还有一个绝招，每逢朱由校干木匠活兴趣正浓的时候，他就来奏报国事。朱由校总是不耐烦地说："爱卿看着办吧。"于是，魏忠贤便堂而皇之地以皇帝的名义，擅自发号施令了。

在朱由校时期，实际上是由魏忠贤控制着朝廷。奸臣一手遮天，朝廷不乱才怪呢！

一手遮天魏忠贤

魏忠贤，中国历史上臭名昭著的太监。他倚仗皇帝宠信，把持朝廷，一手遮天，残酷迫害东林党人，加剧了朝廷腐败和社会动乱，加速了明朝灭亡。

魏忠贤是北直隶肃宁（今河北肃宁）人，少时家贫，没有上过学，整天与一群地痞流氓混于街头。有一次，魏忠贤与人赌博，输了大钱，无力偿还，感到生活无望，一狠心，挥刀自宫，改名李进忠，入宫当了宦官。

魏忠贤年龄已大，阅历丰富，能说会道，入宫后得到宦官魏朝、王安提携，尤其与魏朝关系密切。魏朝起初与客氏对食，魏忠贤横刀夺爱，讨得客氏欢心，客氏便抛弃魏朝，与魏忠贤对食了。魏忠贤得势以后，赶走魏朝，杀了王安。

1620 年，魏忠贤时来运转。朱由校当了皇帝，封乳母客氏为奉圣夫人，魏忠贤靠着客氏的关系，一跃升为司礼监秉笔太监。魏忠贤不识字，按说不能任此职务，但因为客氏，他得以破例。此时，魏忠贤已经五十三岁了。

有的野史说，魏忠贤没有净身干净，仍有男性功能，能与客氏淫乱，所以与客氏关系亲密。《明史》并无魏忠贤净身不净的记载，可能性也不大。

魏忠贤不知书，但记忆力很强，做事干练，又会阿谀奉承，很快得到朱由校宠信。朱由校从小被客氏哺育养大，对客氏感情很深，当时，朱由校最信任的人，就是客氏和魏忠贤。不久，朱由校命魏忠贤掌管东厂。魏忠贤既负责皇帝诏书，又有了东厂实力，权势日重。

朱由校任命客氏的儿子侯国兴、弟弟客光先和魏忠贤的哥哥魏钊为锦衣卫千户，任命魏忠贤侄子为锦衣卫指挥佥事。几个人身穿甲衣，随意出入宫禁，恣意作威施虐。

朝中大臣见魏忠贤得势，纷纷依附，很快形成了阉党。魏忠贤推荐亲信魏广微、顾秉谦进入内阁，顾秉谦还当上了首辅大臣，致使阉党势力进一步扩大。

东林党人历来反对宦官专权，决心铲除阉党。以杨涟、左光斗为首的七十多名大臣纷纷上书，弹劾魏忠贤二十四条大罪。

朱由校过去对东林党人几乎言听计从，不料，这次却一反常态，将杨涟等人的奏书驳回，并痛加斥责，明显祖护魏忠贤。

魏忠贤有皇帝撑腰，有恃无恐，随即对东林党人展开反击。魏忠贤阴险狡诈，手段毒辣，他掌握东厂特务组织，任意网织罪名，栽赃陷害，动用酷刑，大搞株连，使一大批东林党人遭到迫害打击。东林党有数十人被罢免官职，一批骨干成员被捕入狱，东林六君子等人惨死。

在魏忠贤残酷打击下，东林党人大部分被清除，一些正直之士也愤而离开朝廷。《明史》说，朝中贤明之人大部离散，就像枯树纷纷落叶一样。此后，朝廷奸佞横行，更加腐败不堪了。

与此同时，魏忠贤奏请皇帝，或者假传圣旨，提拔了一大批亲信同党，阉党势力控制了朝廷。当时，魏忠贤的同党众多，文臣中有崔呈秀等"五虎"，武将中有田尔耕等"五彪"；吏部尚书周应秋等十人，被称为"十狗"；太监当中，认魏忠贤做干爹或干爷爷的不计其数，著名的有"十孩儿""四十孙"。魏忠贤势力如日中天，无人能及。

魏忠贤利用朱由校喜欢做木匠活、不爱理政的特点，把持朝政。魏忠贤不会考虑江山社稷和民生福祉，只知道专横跋扈，作威作福，把大明王朝搞得一团糟。

魏忠贤大搞顺我者昌，逆我者亡。他派出东厂大批特务，监视百官和民众，实行白色恐怖。有人如果敢说魏忠贤的坏话，立刻就会被擒拿杀戮，甚至施以剥皮、割舌、凌迟等酷刑，被杀者不可胜数。人们在路上相遇，不敢说话，只能以目传意。

《明史》记载了一个故事，有四人在夜里密室内饮酒，一人喝醉了，觉得夜深人静，又处于密室，胆子大了起来，痛骂魏忠贤，另外三人皆不敢吭声。不料，那人还没骂完，东厂探子闯了进来，把那人抓走了。第二天，那人被凌迟处死，而另三人得到一些赏钱。三个人都吓得魂飞魄散。

魏忠贤恣意威福，横行无忌。《明史》说，他每年出行多次，到处耀武扬威。每次出行，都要乘坐豪华的文轩车，羽帘青盖，四马如飞，并伴有铙鼓鸣镝之声；大批锦衣卫提刀相随，夹驰于左右；随身带着厨师、优伶、百戏、奴婢等众多人员，总数不下万人，声势浩大，比皇帝出行还要威风。沿途官员遮道拜伏，高呼"九千岁"，甚至有人称呼"九千九百岁"，离"万岁"就差一点了。

朱由校封魏忠贤为上公，加恩三等，封魏忠贤以上四世为肃宁伯，封他的侄子魏良卿为肃宁侯，后又晋封为肃宁公。魏忠贤更加肆无忌惮，为所欲为。《明史》说，当时人们只知道有魏忠贤，不知道有皇帝。

魏忠贤在各地的爪牙，争相为他颂德立祠，所建祠堂规模宏大，侵占了百姓许多田宅，百姓们谁也不敢吭声。有个叫陆万龄的读书人，为了取悦魏忠贤，上书要求以魏忠贤配祭孔子，朱由校竟然同意了，这简直就是对圣贤的侮辱。

魏忠贤权势熏天，胆大妄为，连朱由校宠爱的张皇后都敢加害。张皇后是河南祥符人，有倾城倾国之貌。朱由校称帝的第二年，要选皇后，从全国初选的五千美女当中，选中了张皇后，可见她美貌绝伦。

张皇后不仅生得美貌，而且明达事理，很有智慧。她认为魏忠贤就像秦朝的赵高一样，是个阴险的宦官。于是，张皇后专门找来《赵高传》，向朱由校讲赵高的故事，劝朱由校不要信任魏忠贤。朱由校默不作声。

皇帝和皇后身边都有魏忠贤的耳目，魏忠贤知道以后，对张皇后恨之入骨，开始进行陷害。魏忠贤令人散布谣言说，张皇后实际上是盗贼孙二的女儿，现在的父亲是她的养父，说得有鼻子有眼，企图动摇张皇后的地位。可是，朱由校并不相信。

魏忠贤一计不成，又施一计。张皇后怀了孕，有些腰疼，魏忠贤趁机派自己的亲信宫女为她按摩，致使张皇后流产，此后再也没有怀孕。

由于张皇后深受朱由校宠爱，魏忠贤屡次陷害张皇后，均未得逞。后来，李自成打进北京时，张皇后上吊自杀了。

铮铮铁骨六君子

魏忠贤大肆迫害东林党人，将许多人投入监狱。杨涟、左光斗、魏大中、袁化中、周朝瑞、顾大章宁死不屈，惨死狱中，其铮铮铁骨受到人们赞颂，被誉为东林六君子。

东林党是以江南籍士大夫为主的官僚政治团体。1604年，顾宪成、高攀龙等八人在无锡创办东林书院，讲学议政，后来人数越来越多，形成了东林党。

在东林书院大门两侧，镌刻着一副对联："风声、雨声、读书声，声声入耳；家事、国事、天下事，事事关心"。对联体现了东林党人的特点和政治抱负。

在朝廷中的东林党人，很多是正直廉洁的官员，他们在万历时期就十分活跃，在国本之争、梃击案、红丸案、移宫案中发挥了重要作用。东林党人党派观念很强，抱成一团，与齐党、浙党、楚党等有着党派之争。当然，其他党派也有许多正人君子。到了朱由校时期，东林党与魏忠贤为首的阉党产生了尖锐矛盾。

魏忠贤对东林党人恨之入骨，必欲置之死地而后快，他倚仗皇帝撑腰和东厂特权，把杨涟、左光斗、魏大中等一批东林党人投入监狱。

杨涟，湖广应山（今湖北广水）人，进士出身，为人光明磊落，气度非凡。他当过常熟知县，以廉洁亲民著称，受到百姓爱戴。朝廷推选廉洁官员时，杨涟名列全国第一，因而被提拔入朝，当了户科给事中。

杨涟性情耿直，敢作敢当，在移宫案中立有大功，在三年内连升三级，先升任太常少卿，再升为左佥都御史，最后担任左副都御史。

杨涟疾恶如仇，率先弹劾魏忠贤。魏忠贤抓了东林党人汪文言，严刑拷打，逼他诬陷杨涟受贿。汪文言仰天大呼："说杨涟受贿，天下人有谁相信呢？"汪文言宁死不从，被拷打致死。

魏忠贤干脆伪造供词，诬陷杨涟受贿白银二万两，将杨涟逮捕入狱。百姓闻之，夹道哭送，皆为杨涟鸣不平。

魏忠贤令死党许显纯亲自审讯。许显纯是武进士出身，时任锦衣卫都指挥佥事，为"五彪"之一。《明史》将许显纯列入《阉党传》。

许显纯心狠手辣，将东厂诸多酷刑一一用在杨涟身上。杨涟虽是文弱书生，却一身铁骨，他被打得遍体鳞伤，奄奄一息，却仍不肯屈服，继续揭露魏忠贤一伙的罪行，并写下了《绝笔》，随时准备牺牲。

魏忠贤气得七窍生烟，令许显纯立即杀掉杨涟。许显纯将一枚大铁钉钉入杨涟头部，杨涟终于含恨身亡，享年五十四岁。杨涟死后，由于家贫，两个儿子只好沿街乞讨。

左光斗，南直隶桐城（今安徽枞阳）人，进士出身，历任中书舍人、浙江道监察御史、左佥都御史、大理寺左丞等职。

左光斗为人正直，执法严格，不徇私情。他曾经奉命巡察京城，惩治不法之徒一百多人，京师为之震惊。

左光斗与杨涟志同道合，抵制阉党，自知必会引祸上身，事先将妻子儿女送回老家，决心以死抗争。魏忠贤将左光斗投入监狱，用尽各种刑具，甚至使用了古代炮烙酷刑。左光斗坚贞不屈，绝不向恶势力低头。

左光斗有个得意学生，名叫史可法。史可法听说老师入狱，饱受折磨，心急如焚，买通狱吏，到牢房去探望。

史可法见老师皮开肉绽，浑身是血，头肿胀得很大，忍不住悲伤痛哭。左光斗眼睛已经睁不开了，听见哭声，知道是史可法，立刻大怒，拼着最后一丝力气，呵斥道："糊涂！你来干什么？国家到了这个地步，我是活不成了，以后还要靠你呢。快走！"

史可法不肯走，左光斗怕连累了学生，再三催促他离开。史可法只好一步三回头地哭着离开了牢房。后来，史可法继承恩师遗志，成为抗清名将，为国捐躯。

左光斗与杨涟在同一天被害，享年五十一岁。

魏大中，浙江嘉善人，进士出身，是著名东林党领袖高攀龙的学生。魏大中清廉刚介，做官从不带家属，上朝时就锁上家门。有个下属给他送礼，希望能得到提拔，不料，被魏大中一顿斥责，随即免官。从此，魏大中家里门可罗雀，再也无人敢到他家。

魏大中无私无畏，与阉党斗争，被魏忠贤投入监狱，受尽折磨。魏大中决心以死报国，写下《临危遗书》，嘱咐家人要安贫、勤读、积德、患难相守。魏大中与杨涟、左光斗同日被害，享年五十一岁。魏大中死后多日，狱中才向上报告，尸体已高度腐烂，不能辨认了。

袁化中，山东济南府武定州（今山东惠民）人，进士出身，当过内黄、泾县知县，做官清廉，勤政爱民，口碑颇佳，后入朝当了御史。袁化中刚直不阿，弹劾魏忠贤，被逮捕入狱，拷打致死。

周朝瑞，东昌府临清州（今山东临清）人，进士出身，在朝中担任给事中、太仆少卿等职。周朝瑞力斗阉党，被捕入狱。周朝瑞性格刚强，不肯屈服，破口大骂，被活活打死。

顾大章，南直隶苏州府常熟（今江苏常熟）人，进士出身，历任刑部员外郎、礼部郎中、陕西按察使等职。顾大章入狱后，提笔写下"故作风波翻世道，长留日月照人心"的诗句，表达其视死如归之决心。顾大章受尽酷刑，不屈而死，享年五十一岁。

东林六君子都是进士出身，满腹学问，而且品德端正，为官清廉，一身傲骨，因而被称为君子，受到人们敬佩。

除了六君子之外，被魏忠贤一伙杀害的大臣，还有高攀龙、周顺昌、周起元、缪昌期、周宗建、李应升、黄尊素等，被人们称为"后七君子"。

后七君子也都是清正廉洁的贤臣，受到民众爱戴。周顺昌被东厂逮捕时，激起了民变，数万人自动会集起来，保护周顺昌。官府出动军队，才把民众镇压下去。周顺昌在狱中每次被审讯，必大骂魏忠贤。许显纯将他的牙齿一颗颗拔掉，周顺昌把满口血水吐到许显纯脸上，继续大骂不止，最后惨遭杀害。

除了六君子、后七君子，还有夏之令、王之寀、汪文言等一批东林党人被迫害致死。另外，一大批东林党官员被罢官或流放。魏忠贤还派人拆毁了东林党人在各地的讲学书院，以绝党根。

东林党是中国历史上一个重大事件，无论是当时还是后世，都产生了深远影响。后世对东林党人既有正面评价，也有负面评价，以正面评价居多。

许多学者认为，东林党人富有理想，忧国忧民，具有耿直、勇敢、刚毅的特点和不畏强权、视死如归的精神，堪称道德楷模，是中华民族优秀传统中的瑰宝，值得后人敬仰。东林党人提出的政治主张，符合社会发展方向，具有积极意义。

有些学者则认为，东林党人长于内斗，短于治国治军，书生气十足，同时，代表江南富商利益，其主张加重了农民负担，对明朝灭亡负有一定责任。

笔者认为，东林党在社会发展中的作用，可以深入研究，各抒己见。不过，许多东林党人一身正气，铮铮铁骨，宁死不屈，还是十分令人敬佩的。

崇祯上台除阉党

魏忠贤一手遮天，阉党势力遍布朝野，貌似十分强大。可是，崇祯皇帝一上台，就轻松铲除魏忠贤，阉党势力便迅速灰飞烟灭了。

1627年八月的一天，明熹宗朱由校在魏忠贤、客氏陪同下，到西苑游船戏耍。朱由校玩兴正浓，突然狂风大作，掀翻了船，朱由校落水，从此得了病，身体每况愈下。大臣霍维华进献一种仙药，说能治百病。朱由校服用后，却浑身浮肿，不能起床了。

朱由校自感来日不多，召见内阁成员和朝廷大臣，安排后事。《明史》说，朱由校直到临死，都十分信任魏忠贤，对大臣们说，魏忠贤、王体乾二人，对国家忠心耿耿，一切大事都要与他们商量。为了表示恩宠，朱由校还封魏忠贤侄子魏良栋为东安侯。

朱由校没有儿子，兄弟只有一个，即信王朱由检。朱由校便留下遗诏，由朱由检继承皇位。朱由校安排完后事就死了，年仅二十三岁。

《明史》评价说，明朝自万历以后，纲纪衰颓，已到极点，即便有英武贤明之君，也难以振兴了，何况朱由校庸懦，宦官专权，滥施淫刑，忠良遭祸，万民离心。

朱由检继承了哥哥的皇位，登基称帝，成为明朝第十六位皇帝，也是末代皇帝，被称为明思宗，年号崇祯。人们一般称其为崇祯皇帝。

崇祯皇帝是明光宗朱常洛的第五子，生于1611年，十一岁时被封为信王。明光宗一共生了七个儿子，五个早夭，只剩下长子朱由校和五子朱由检了。所以，朱由校死后，按照继承制度和血缘关系，只能由朱由检继位，别无选择。当时，朱由检十七虚岁。

崇祯皇帝的生母姓刘，原籍南直隶海州，后移居河间府，被选入太子宫，成为太子朱常洛的淑女。刘淑女不讨朱常洛欢心，在崇祯皇帝五岁的时候，不明不白地死了。有的说是被朱常洛打死的，有的说是被逼上吊自杀。朱常洛怕万历皇帝怪罪，影响他的太子地位，要求太子宫人员统一口径，对外一概说是病死的。

刘淑妃死后，以宫人的身份，草草葬在西山。当时崇祯皇帝幼小，朱常洛将他交给受宠的李选侍抚养。李选侍不久生了个女儿，不爱管他了，朱常洛又将他交给另一个姓李的选侍抚养。朱常洛当时有两个选侍，都姓李，分别称西李、东李。西李后来名义上抚养了朱由校，时常虐待他；崇祯皇帝比哥哥运气好，东李对他照顾得不错。

崇祯皇帝十多岁的时候，慢慢知道了母亲惨死的事情，十分伤心，悄悄向太监打听母亲下葬的地方。但他不敢去祭祀，便恳求侍从替他去祭扫母亲。

崇祯皇帝登基后，追封生母为孝纯皇后，以隆重的礼仪将她从简陋的坟墓中迁出，光明正大地与父亲合葬在一起。

崇祯皇帝思念母亲，请画师按照别人口述，绘了母亲画像，悬挂于宫中。崇祯皇帝时常跪在母亲画像前，失声痛哭，泪如雨下。

从这件事上看，崇祯皇帝比哥哥强得多，不仅很有孝心，而且敢作敢为。而朱由校母亲被打死的时候，他已经十五岁了，却没有任何作为，甚至当了皇帝以后，也不敢为母亲报仇。

有的史书说，朱由校在临终前，再三嘱咐弟弟，一定要重用魏忠贤。《明史》虽然没有这样的记载，但却记载了朱由校向大臣们交代，国家大事要与魏忠贤商量。所以，这个可能性是有的。可是，崇祯皇帝会听哥哥的话吗？

朱由校在临终前，还把他宠爱的张皇后托付弟弟照顾。张皇后却告诫崇祯皇帝，要他一定提防魏忠贤。其实，崇祯皇帝聪明睿智，早就知道魏忠贤的劣迹，而且心里正在盘算如何收拾他，只是面上不动声色。崇祯皇帝对张皇后十分佩服和敬重，封她为"懿安皇后"，生活上照顾得无微不至。

魏忠贤当时权倾朝野，朝廷内外遍布他的死党。"五虎"之首的崔呈秀，是兵部尚书，手握兵权；"五彪"之一的田尔耕，执掌锦衣卫，负责保卫皇帝安全；魏忠贤亲自统领东厂，手下爪牙众多。

崇祯皇帝入宫的当天夜里，十分警惕，一夜没有入睡，取来宦官身上的佩剑防身，并且牢记皇嫂张皇后的告诫，不吃宫中任何食物，只吃袖中私藏的麦饼。在几天之内，崇祯皇帝陆续把信王府的侍卫、宦官、宫女调入宫中，安置在自己周围，他才略微放心了一些。

魏忠贤也在观察、提防新皇帝，他像对付朱由校一样，对崇祯皇帝嘘寒问暖，曲意奉承。崇祯皇帝面露喜色，似乎很受用。魏忠贤又送上美女和珍玩，崇祯皇帝一概收下。魏忠贤也有点放心了。

魏忠贤还要试探皇帝的态度，他上了一道《久抱建祠之愧疏》，请求皇帝下诏，取消各地为他建造的生祠。崇祯皇帝很聪明，下诏说，已经建好的可以使用，没建的就不要再建了。此诏不温不火，意味深长，既抑制了朝野对魏忠贤的崇拜，又不至于引起魏忠贤的怀疑和恼怒。魏忠贤无话可说，猜不透崇祯皇帝的心思。

大臣们自然也在观察、猜测新皇帝，他们很快发现，崇祯皇帝与朱由校大不相同。朱由校很少露面，有事都是通过魏忠贤传旨；崇祯皇帝则亲自上朝处理国政，虽然年轻，却虑事周全，处事果断，群臣都很佩服。特别重要的是，崇祯皇帝似乎有压制魏忠贤的意思。群臣中反对魏忠贤的仍然大有人在，他们开始跃跃欲试了。

阉党也不是铁板一块，他们之间为了争权夺利，时常狗咬狗。有个叫杨维垣的御史，是山东威海人，进士出身，投靠了魏忠贤，他力排东林党人，成为魏忠贤的亲信。杨维垣与崔呈秀同属阉党，却有着很深的矛盾。崔呈秀也是进士出身，是魏忠贤的智囊和第一死党。

杨维垣上书弹劾崔呈秀，而美化魏忠贤，说魏忠贤一心为公，委派崔呈秀重任，崔呈秀却不思报国报恩，贪赃枉法，收受巨额贿赂，证据确凿。崇祯皇帝果断下令，免去崔呈秀的兵部尚书，让他回家守制。魏忠贤有苦说不出，他的一条臂膀被砍去了。

驱逐了魏忠贤的"五虎"之首，大臣们明白了，深受鼓舞，他们暂时还不敢针对魏忠贤，便纷纷上书弹劾魏忠贤的亲信死党。崇祯皇帝等的就是这个机会，他要先剪除魏忠贤的羽翼。于是，崇祯皇帝一面暂时稳住魏忠贤，一面干脆利索地免去一批其亲信的官职。魏忠贤感觉情况不妙，但已经晚了。

崇祯皇帝登基三个月后，魏忠贤安插在重要岗位上的亲信大部分被清除，接下来，崇祯皇帝就要对魏忠贤下手了。魏忠贤预感到危险，惊恐不安，但毫无办法。

就在这时，国子监贡生钱嘉征，上书弹劾魏忠贤十大罪状，说他与皇帝并列、蔑视皇后、搬弄兵权、目无圣人、滥加爵赏、掩盖边功、剥削百姓等，但没有提迫害东林党之事。钱嘉征最后加了句："新君登基，国家有希望，我死都不怕了。"钱嘉征后来任福建松溪县令，政绩颇佳。

崇祯皇帝立即召来魏忠贤，让太监念钱嘉征的奏章给他听。魏忠贤趴在地上，战战兢兢，汗如雨下，他知道大势已去，请求引疾辞官。崇祯皇帝立即批准，命他到凤阳祖陵司香。

魏忠贤迫不得已，只好离开京城，南下凤阳。魏忠贤走了以后，崇祯皇帝立即命锦衣卫前去逮捕，押回北京审判。魏忠贤走到阜城时，得到亲信李永贞飞马密报，知道难逃一死，便在南关一家客栈痛饮至四更，喝得大醉，然后上吊自杀，终年六十岁。

锦衣卫把魏忠贤尸体带回来，崇祯皇帝下令，将尸体肢解，砍下头颅，悬挂示众。崇祯皇帝命人斩杀魏忠贤和客氏的家人，鞭死客氏于浣衣局，侯国兴、客光先、魏良卿等人被斩首，没收其家产。百姓奔走相告，拍手称快。

魏忠贤死了不久，崇祯皇帝组织专门人员，对阉党进行彻底清算，共涉及二百五十八人，分别定罪处置。王体乾、霍维华等一批阉党被革职罢官，一些人被流放，许显纯、田尔耕、李永贞等人被处死。崔呈秀自缢而死，被戮尸。杨维垣本应定罪，因弹劾崔呈秀将功补过，被贬到淮安府任职。后来，清军攻打江南时，杨维垣全家死节，表现还不错。

就这样，一个十七岁的少年皇帝，一举粉碎了庞大的阉党集团，表现出崇祯皇帝的机智和果敢作风。

与此同时，崇祯皇帝为东林六君子和被冤死的人平反昭雪，追赠官职，并大量起用东林党人。在崇祯前期，东林党人又扬眉吐气了。

　　崇祯皇帝年轻有为，励精图治，一心振兴明朝。可是，明朝已经千疮百孔，病入膏肓，崇祯皇帝能够挽救明朝灭亡的命运吗？

无力回天崇祯帝

崇祯皇帝上台仅三个月，就一举摧毁阉党势力，把大权牢牢控制在自己手中，这表明他不是庸碌无能之辈，而是一个有为君主。从《明史》记载来看，也确实如此。

崇祯皇帝登基以后，让大臣们起年号。大臣们自然要选一个好听的年号，经过众议，选了一个"乾圣"。崇祯皇帝不同意，说："朕何德何能，安敢用'圣'字？"大臣们再选一个"兴福"，崇祯皇帝犹豫着说："中兴当然好，可难以实现。"大臣们又选一个"咸嘉"，崇祯皇帝仍不满意。最后选一个"崇祯"，是吉祥平安的意思，终于符合了崇祯皇帝的心意。看来，崇祯皇帝有自知之明，对明朝日益衰落的状况也很了解，因此，他不奢望实现中兴，当个圣君，只希望能够平安，保住大明江山。

当时，明朝已是江河日下，人心离散，内忧外患，要想平安，很不容易，崇祯皇帝必须励精图治，殚精竭虑。在这方面，崇祯皇帝做得很不错。《明史》说，崇祯帝在位十七年，慨然有为，不恋声色，忧勤惕厉，竭力治理国家。

崇祯皇帝每天鸡鸣起身，上朝理政，白天与大臣们商讨国事，处理政务，晚上批阅奏章，常常彻夜不眠。遇有紧急军情，崇祯皇帝连续几昼夜不休息。一年四季天天如此，宫中没有任何娱乐和饮宴活动。

有一次，崇祯皇帝去慈宁宫拜见刘太妃，刘太妃是他的祖母辈。崇祯皇帝在等待刘太妃时，竟然坐着睡着了。刘太妃命人拿来锦被盖上，也没有惊醒他。崇祯皇帝睡了好长时间，醒来后向刘太妃道歉，说国事太多，已经两天没睡觉了。刘太妃心疼，祖孙俩抱头哭泣。

崇祯皇帝除了勤政之外，还勤奋好学，四书五经、《大学衍义》《资治通鉴》、《贞观政要》等典籍几乎朝夕不离手。崇祯皇帝不爱美女声乐，生活节俭，吃穿都不讲究。他当了十七年皇帝，宫中没有搞过任何建筑，也没有置办新的器具。

像这样勤政、节俭、好学、不爱女色的君主，应该是一位不错的皇帝，在明朝历史上也不多见。崇祯皇帝如果生在万历之前，应该颇有作为，成为明君；可惜，在他当皇帝的时候，明朝破船四面漏水，即将沉没，崇祯皇帝无能为力，只能当个亡国之君。当然，崇祯皇帝自身也有很多失误，对明朝灭亡负有重要责任。

崇祯皇帝在位期间，由于长时期的积累，内外环境极其恶劣，各种矛盾极其尖锐，至少有四个方面的重大问题，崇祯皇帝无法解决。

一是党争。崇祯皇帝铲除阉党，重用东林党人。然而，东林党人并非个个都是君子，阉党中也有贤臣。崇祯皇帝打破了原来的权力制衡，又形成了新的党派之争。在崇祯时期，朝廷内斗十分严重，党派之争持续不断。

在这方面，崇祯皇帝负有重要责任。崇祯皇帝没有用人之能，不能知人善任，加上他性格严苛、猜忌、多疑，刚愎自用，不相信大臣，十七年中竟然更换了五十名内阁大臣和十七个刑部尚书。最后，崇祯皇帝又重蹈覆辙，重新信任和重用太监。在崇祯时期，君臣之间、大臣之间互相利用、互相争斗、互相仇恨。严重的内耗，导致中央统治集团涣散无力。

二是天灾。崇祯皇帝命不好，他在位期间，正处于小冰河时期最严重的时候。小冰河时期是一种自然现象，这个时期，地球气温大幅度下降，自然灾害频发，夏天大旱、大涝交替出现，冬天则奇寒无比，连广东都狂降暴雪。小冰河时期周期性出现，许多年才有一次，不幸被崇祯皇帝撞上了。

有史料记载，崇祯皇帝登基第二年，北方持续大旱，赤地千里，寸草不生，民众流离失所，饿殍遍野。由于没有粮食，崇祯皇帝下令裁撤各地驿站。驿站士兵李自成失业，不得已参加了起义军。

1630 年至 1633 年，陕西连续发生水灾、旱灾、蝗灾，颗粒无收，蓬草树皮都吃光了，人们只能吃观音土，许多人腹胀而死。所以，明末农民大起义在陕西形成了高潮。

1640 年前后，华北两次暴发大规模鼠疫和其他烈性传染病，华北大地十室九空，死亡人数达千万以上。

这种持续时间很长的严重自然灾害，在正常情况下都难以抵御，何况明朝已经穷途末路了。所以，有不少学者认为，严重的自然灾害，是摧垮明朝的重要原因之一。

我们过去分析一个王朝的灭亡，往往只强调人的因素，归咎于朝廷腐朽。这固然是一个重要的主因，但自然灾害这个客观因素，也不能忽视。历史上有许多政权，都是因为自然灾害引发农民大起义，导致政权垮台。

三是内忧。推翻明朝的农民大起义，不是在崇祯时期开始爆发，而是在崇祯时期达到了高潮。早在万历时期，农民起义就持续不断。1588 年，刘汝国聚集上万人起义，活动在安徽、江西、湖北交界处；1589 年，李园朗、王子龙在广东起义；1600 年至 1622 年，浙江、福建、南京、山东等地，发生了多次规模不一的农民暴动。

在朱由校时期，由于皇帝怠政、魏忠贤专权、朝廷混乱，大规模起义开始兴起。1627 年初，陕西渭北爆发了王二起义，不久又爆发了陕北府谷县王嘉胤起义，由此拉开了明末农民大起义的序幕。

王嘉胤牺牲后，高迎祥被推举为起义军首领，自称闯王。由于自然灾荒严重，饥民遍地，起义队伍迅速扩大，转战河南、陕西、湖北、四川等地。李自成、张献忠属于高迎祥手下猛将。

高迎祥牺牲后，李自成继称闯王，部队发展到百万之众。张献忠也独树一帜，拥有数十万人。朝廷屡次派兵镇压，无法将其消灭。

明末农民大起义，沉重打击了明朝统治，引发社会剧烈震荡，动摇了大明江山根基，成为明朝十分严重的内忧。

四是外患。后金在萨尔浒大捷之后，开始频繁进犯明朝，攻占了铁岭、开原等地。在萨尔浒之战中逃脱的总兵官马林，在开原之战中战死。朝廷派名将熊廷弼经略辽东。熊廷弼的策略是以守为主，联合朝鲜牵制后金，卓有成效，暂时遏制了后金的攻势。可是，熊廷弼受东林党人牵连，不久被魏忠贤杀害了。

在朱由校时期，努尔哈赤亲率大军，攻占沈阳、辽阳，占领了辽东七十余城池。努尔哈赤将国都迁往沈阳，继续向南进兵。

朱由校破格提拔袁崇焕，去辽东战场抗击金军。袁崇焕胸有智谋，善用大炮，连续取得宁远大捷、宁锦大捷，暂时稳定了局势。

1626 年，努尔哈赤在宁远之战后去世，有的说是病死的，有的说是被袁崇焕用大炮轰死的。努尔哈赤的儿子皇太极继位，将大金国改为大清，此后明金战争被称为明清战争。

袁崇焕在辽东立有大功，却被魏忠贤党羽冒领。连阉党成员霍维华都看不下去，上书为袁崇焕鸣不平，魏忠贤根本不听。袁崇焕为人正直，不肯与阉党同流合污，被魏忠贤免官回乡。

皇太极起初惧怕袁崇焕，即位后曾与袁崇焕议和，如今魏忠贤帮他驱逐了袁崇焕，心中大喜，立即组织兵马，继续攻打明朝。

崇祯皇帝在位期间，面临党争、天灾、内忧、外患四大问题，根本无法解决，因而他不能挽救明朝灭亡的命运，无力回天。

崇祯皇帝登基时，面临的燃眉之急，是抵御清军的进攻。于是，崇祯皇帝重新起用袁崇焕。袁崇焕身负重任，再次奔赴辽东战场，继续大显身手。

抗清名将袁崇焕

　　袁崇焕是明末抗清名将，爱国将领。在国难当头，袁崇焕毅然投笔从戎，奔赴辽东战场，建立奇功。令人想不到的是，他却被崇祯皇帝下令车裂处死。崇祯皇帝自毁长城，被后世所诟病。

　　袁崇焕，广州东莞人，三十五岁时考中进士，被任命为福建邵武知县。袁崇焕是文官，却喜欢阅读兵书，时常与人谈论军事。当时，辽东战场形势严峻，袁崇焕十分关心，遇有退伍的士兵回乡，就找他们了解辽东情况。袁崇焕渴望能上战场杀敌报国。

　　1622 年，袁崇焕进京述职，借机表达了自己上阵杀敌的愿望。御史侯恂赞赏他的勇气，推荐他当了兵部职方主事。不久，明军在广宁之战中失败，朝廷害怕后金军南下，打算挑选忠勇之人扼守山海关。袁崇焕主动请缨，得到朝廷批准。

　　袁崇焕很高兴，热血沸腾，他没有告诉任何人，自己单枪匹马跑到山海关考察地形。兵部对袁崇焕失踪很惊讶，家里人也不知道他去了哪里。

　　过了几天，袁崇焕风尘仆仆地回来了，对朝廷说："山海关地势险峻，给我兵马钱粮，我一定能守住山海关。"

　　朱由校觉得袁崇焕勇气可嘉，破格提升他为佥事，监管关外明军，并发给他金钱二十万，让他招募士兵。从此，袁崇焕踏上了辽东战场，当时他三十九岁。

　　袁崇焕胸有谋略，他招降了哈剌慎诸部，招募了大批流民，扩大了兵力。辽东经略王在晋很器重他，提升了他的职务。不过，袁崇焕觉得王在晋没有战略眼光，常与他发生争执。王在晋也是进士出身，文才很好，军事上一般，与阉党关系密切。

不久，内阁大臣孙承宗到辽东督师。孙承宗是东林党人，当过朱由校的老师，是一位军事战略家。孙承宗认为袁崇焕很有远见，常常采纳他的意见。

努尔哈赤攻占辽西重镇广宁之后，企图继续南下。王在晋等人认为金兵势大，主张退守山海关。袁崇焕则认为，山海关是最后一道防线，如果有失，北京就危险了，他主张保关内必守关外，守关外必守宁远。

宁远位于山海关外二百里处，在今辽宁兴城一带。孙承宗支持袁崇焕的意见，提升他为兵备副使、右参政，让他率军镇守宁远。

当时，宁远是小城，城墙不高，护城河不深。袁崇焕到任后，加固城防，拓宽挖深护城河，深沟高垒，经过一年多时间的努力，把宁远建成了一个军事重镇。袁崇焕确实有远见，他说服朝廷，购买了十一门西洋大炮，被称为红夷大炮，是当时世界上最先进的火炮。袁崇焕把红夷大炮架设在城头上，即将发挥巨大威力。

在此期间，魏忠贤大肆迫害东林党人，孙承宗被免职，回到老家高阳。后来，清军攻打高阳，已经七十六岁高龄的孙承宗率全城军民守城，其家族百余青壮年全部参战。城破后，孙承宗自杀殉国，他的五个儿子、两个侄子、六个孙子、八个侄孙战死，家族百余人全部牺牲。

1626 年，努尔哈赤率十三万骑兵（号称二十万）攻打宁远，企图打通去山海关的道路。接替孙承宗职务的高第畏敌，令关外明军撤到山海关。袁崇焕表示，宁愿战死在宁远，也决不撤退。高第无奈，给袁崇焕留下不到二万兵马，自己率明军主力撤退到山海关。高第后来投降了清军。

袁崇焕孤守宁远，毫不畏惧，写下血书，激励将士。手下将领祖大寿、满桂、赵率教、朱梅等人，都是忠勇之士，纷纷表示与城池共存亡。全城军民同仇敌忾，士气高昂。

努尔哈赤率军抵达宁远，天色已晚，在城北五里处安营扎寨。袁崇焕下令，炮击金军大营。红夷大炮射程远、威力大，金军从未领教过，被炸得人仰马翻，血肉横飞。金军被迫退到远处安营。

努尔哈赤恼怒，第二天开始攻城。金军骑兵速度快，很快接近城池，但被几道深沟拦住，不能前进。城中大炮轰鸣，一炮下去，成堆的敌人倒下。金军连攻数日，毫无进展，死伤惨重。努尔哈赤无奈，只得撤兵。努尔哈赤回去后不久就死了。

努尔哈赤死后，袁崇焕派使者前去吊唁，以探听虚实。皇太极遣使回访，表示感谢，并打算议和。不料，此事后来成为袁崇焕通敌的罪状之一。

不久，皇太极率兵攻打锦州。袁崇焕派祖大寿率军增援，击退敌军，又取得宁锦大捷。

袁崇焕连获两次大捷，是明朝与后金开战以来的首次，朝野欢欣鼓舞。不料，魏忠贤党羽冒领军功，还诬陷袁崇焕，袁崇焕被免职还乡。

崇祯皇帝即位以后，铲除了魏忠贤势力，冒领军功者也受到惩罚。朝中大臣纷纷上书，请求重用袁崇焕。崇祯皇帝很有魄力，直接提升袁崇焕为兵部尚书兼右副都御史，督管蓟、辽两地兵马，兼管登、莱、天津军务。

1628 年七月，袁崇焕走马上任。崇祯皇帝亲自召见，赐予他尚方宝剑，并赐给他蟒玉、银币。袁崇焕只接受了银币，辞让了蟒玉。

袁崇焕感恩戴德，向崇祯皇帝打了保票，说："臣受陛下厚恩，必以死相报，五年之内，收复辽东失地。"

崇祯皇帝闻言大喜，许诺说："爱卿若能收复辽地，朕决不吝啬赏赐，必封你为侯，并赏赐你的子孙。"

袁崇焕谢恩退出后，给事中许誉卿问他，用什么策略在五年内收复辽地。袁崇焕说："这我还没想好。我看皇上为辽东之事心焦，姑且用这话安慰他罢了。"

许誉卿吃了一惊，说："皇上英明，你怎么能随便说话呢？到时候皇上要求兑现诺言，你怎么办呢？"

袁崇焕也觉得自己话说大了，但覆水难收，没有办法，只好尽力而为吧。后来，由于各种原因，袁崇焕真的没有收复失地，引起崇祯皇帝极大不满。《明史》对这个情节以及对话，都记载得十分详细。

袁崇焕成了辽东战场最高指挥官，手下有十五万军队，这些军队用来防御，还勉强可以，要想收复失地，就相当困难了。而当时最大的问题，是缺乏军饷，国家财力无法支撑辽东战争。

明朝的税赋不是很重，财政状况一直不太好。张居正推行一条鞭税制改革，国家财政收入大幅增加，可万历的三大征，几乎将国库掏空了，此后长期入不敷出。在崇祯时期，每年财政收入正常情况下不到一千万两白银，而辽东战场的军费，每年就要花数百万两银子。

有人说，是崇祯皇帝听了东林党人的意见，取消了工商税，才造成国库空虚。甚至有人说，魏忠贤不死，大明不亡，因为魏忠贤是主张收工商税的。这与史实不符，明朝并没有取消工商税，只是曾经取消过矿税。不过，工商税一直收得很少。由于连年自然灾害，农业税也大幅减少。

当时，朝廷既要对抗辽东的清军，又要围剿陕西农民起义，军费开支很大，财政无力承担。后来，崇祯皇帝下令，除正常税赋之外，又增加了"辽饷""剿饷""练饷"，每年可多征收数百万两白银。但此举进一步加重了民众负担，属于饮鸩止渴，也被后世所诟病。

袁崇焕上任不久，就碰上宁远守军士兵闹事，他们已经四个月没发饷了，其余十三营士兵群起响应。袁崇焕费了好大劲，才平息了骚乱，安抚下士兵。袁崇焕对军费精打细算，减少了一百二十万两银子，但每年耗银仍然至少需要四百八十万两，朝廷经常欠拨军费。

袁崇焕务实，他见军费不足，军心不稳，暂时无法进行反攻，收复失地，便派祖大寿镇守锦州、何可纲镇守宁远、赵率教镇守山海关，构建关宁锦防线，对清军采取守势，同时与皇太极议和，企图稳定局势，等待时机。崇祯皇帝见袁崇焕没有收复失地的动作，反而与敌议和，心中十分不满。

袁崇焕上任第二年，手下大将毛文龙不听命令、假冒战功、贪污军饷，袁崇焕历数他十二条罪状，将其斩首。毛文龙时任左都督平辽总兵官，袁崇焕是没有权力杀他的。崇祯皇帝知道以后，对袁崇焕的不满又增加了几分。

1629 年十一月，皇太极亲率十万清军南下，袁崇焕急忙部署防御。可皇太极用兵诡诈，避开关宁锦防线，不出山海关，绕道向西突破长城隘口，直扑北京。

袁崇焕听说皇太极攻破长城隘口，知道北京危险，立即挑选精锐骑兵，日夜不停地回援北京。千里路程，只用五天时间就赶到了，总算抢在了清军前头。袁崇焕将兵马安置在广渠门外，自己进城去拜见皇帝。

崇祯皇帝立即接见了袁崇焕，慰劳他一番，赐他貂裘和御用食物。袁崇焕请求让兵马进城休息，崇祯皇帝却不同意，令袁崇焕出城指挥作战。

袁崇焕在城外布阵，令祖大寿率主力正面迎敌，刘应国、罗景荣领兵作为侧翼，戴承恩守护广渠门，任守忠负责炮队。

袁崇焕刚刚布阵完毕，大批清军就蜂拥而至。祖大寿率军奋力接战，身先士卒，勇不可当。清军虽然人多，但远道而来，疲惫不堪，久战祖大寿不下，双方伤亡都很严重。在激战时，刘应国、罗景荣从两翼杀出，清军不敌，纷纷后撤。任守忠指挥大炮猛轰，轰死清兵千余人。

袁崇焕在城外鏖战，城内却有人算计他。魏忠贤余党王永光、高捷、袁弘勋、史翾等人纷纷上书，诬蔑袁崇焕，说他企图与清军议和，因此引清军前来，想逼朝廷与清军立城下之盟。与此同时，城内谣言四起，说袁崇焕拥兵纵敌，城外清兵是他引来的。谣言是皇太极散布的，他想施用反间计，除掉袁崇焕。

崇祯皇帝听了，半信半疑，但他对袁崇焕已经失望了。当初袁崇焕夸下海口，说五年内收复失地，如今一年半过去了，袁崇焕不仅没有收复失地的举动，反而与皇太极议和，并且让清军打到了北京城下。因此，崇祯皇帝十分恼怒。

皇太极使用反间计，进行了精心谋划。清军抓住了两名宦官，把他们关起来，让几个清将在隔壁房间喧嚷，说已经与袁崇焕商定好了，近日就要里应外合，攻占北京城。清将故意让宦官听到，然后，又故意让宦官逃脱。宦官得到了袁崇焕通敌的重大机密，跑回去报告了崇祯皇帝。

崇祯皇帝大怒，把袁崇焕召进城去，投入监狱。当时，北京城外正在激战，领兵主帅却身陷囹圄。

崇祯皇帝任命满桂统领城外明军，赐给他尚方宝剑。满桂领命，指挥明军继续作战，不幸阵亡。

清军围困北京数月，由于城池坚固，不能攻破，各路明朝援军陆续赶到，皇太极只好撤兵北返。

1630年八月，袁崇焕入狱九个月后，崇祯皇帝以通敌和擅杀大将等罪名，下令将他车裂处死。袁崇焕享年四十七岁，正是可以大有作为的年龄。袁崇焕的家人被流放三千里。崇祯皇帝还抄了袁崇焕的家，但家中并无余财。《明史》说，当时，天下人都认为袁崇焕死得冤屈。

崇祯皇帝冤杀袁崇焕，造成严重后果。此后明朝再无良将，清军更加猖獗，多次侵入内地。有一次，清军铁骑南下，直入山东，连克三府、十八州、六十七县，掠夺人口三十余万。明朝将领拥兵观望，无一人敢于出战。

更严重的是，袁崇焕冤死，使大批明军将士寒心。祖大寿闻知袁崇焕死讯，悲愤交加，带领手下部队北返，后来投降了皇太极。祖大寿是吴三桂的舅舅。后来，兵部尚书、蓟辽总督洪承畴也投降了清军。

崇祯皇帝冤杀袁崇焕，等于自毁长城。袁崇焕被杀十四年后，明朝灭亡了。

起义领袖李自成

李自成是明末农民起义领袖，他领导的起义军几起几落，由弱到强，最后打进北京，推翻了明朝。《明史》写有《李自成传》，不过，是从否定立场出发的，把他和另一位起义领袖张献忠列入《流贼传》。

李自成，陕西米脂人，出身贫苦。他小时候给地主家放羊，长大后到银川驿站当了一名兵卒。

明朝末年，陕西连续发生水灾、旱灾、蝗灾，粮食几乎无收，老百姓没有饭吃，只得吃蓬草、树皮，蓬草、树皮吃完了，就吃观音土，许多人腹胀而死，道路上、田野里到处都是被饿死的人。

当时的陕西巡抚叫乔应甲，是魏忠贤的亲信。乔应甲不体恤百姓，不设法救灾，反而作威作福，欺压良民。老百姓活不下去，走投无路，只得铤而走险，一时间，盗贼遍地，起义蜂起，轰轰烈烈的明末农民大起义开始了。

农民起义初期，著名首领有王二、王嘉胤、王大梁、王左挂、苗美以及以绰号相称的飞山虎、大红狼等等。李自成的舅舅高迎祥，也拉起了一支队伍。

李自成当兵吃粮，尚有饭吃，因而并没有参加起义军。可灾荒越来越严重，军粮也没有了，只得裁员。李自成所在的驿站被撤销，他失业断了生计，只好投奔了舅舅高迎祥的起义军。那一年，是1630年前后，李自成二十五岁左右。

面对如火如荼的农民起义，朝廷慌了手脚，急忙派兵镇压。王二、王嘉胤、王大梁等起义首领多数战死，高迎祥的队伍却越来越壮大。高迎祥曾以贩马为业，见多识广，有很强的组织领导能力，他把分散的起义队伍联合起来，组成三十六营，有二十多万人，自称闯王。

李自成当过兵，善于骑射，身体强壮，作战勇敢，很快脱颖而出，被封为闯将。李自成跟随高迎祥转战陕西、河南、湖北、四川等地，身经百战，屡立战功，在起义军中有着很高的声望。张献忠也是起义军中的著名将领。

1636 年，高迎祥不幸牺牲，李自成继承了闯王称号，成为起义军领袖。张献忠别树一帜，后来占据四川，在成都建立了大西政权。

李自成接管队伍以后，顽强地与朝廷军队作战，曾经几起几落，最终势力强大起来。李自成向中原进军，连续攻占豫西南各州县。此时，河南也发生大灾荒，大批饥民加入起义军。

李自成胸有谋略，提出均田免赋、平买平卖等口号，得到百姓拥护。老百姓到处传唱"杀牛羊，备酒浆，开了城门迎闯王，闯王来了不纳粮"的民谣。李自成的起义军发展到百万之众，声势浩大。崇祯皇帝既要对付辽东的清军，又要镇压起义军，两头作战，财力又不足，无法扑灭起义烈火。

1641 年，李自成率军攻克中原重镇洛阳。洛阳是万历皇帝最宠爱的儿子朱常洵的封地，万历皇帝想立朱常洵为太子，没有成功，只好选了一块最好的地方封给他，并赏赐他大量钱财。起义军攻占洛阳，杀了朱常洵，把他的钱财全部分给穷苦百姓，民众欢声雷动。

起义军继续挥兵东进，攻打开封。开封曾是宋朝国都，城池坚固，起义军攻打三次，均未攻克，但消灭了大量明军，赢得了中原战场的主动权。

明末农民大起义，犹如熊熊烈火，燃遍了全国各地，摧垮了明朝的地方政权，沉重打击了明朝的统治。李自成经过十几年的浴血奋战，势力强大，已经占领了甘肃东部、陕西、河南、山西、河北大部分地区，大明王朝摇摇欲坠。

1644 年农历正月初一，李自成在西安称王，建立政权，国号大顺，改元永昌，任命文武百官，制定礼仪制度。同时大封功臣，封九人为侯、七十二人为伯、三十人为子、五十五人为男。一个很像样子的农民政权，从此诞生了。

《明史》对李自成进行丑化，说他颧骨突出，眼窝深凹，眼睛像鹰，鼻子似蝎，声音如豺，性情残忍，每天以杀人断足剖心为乐，攻下城池常常屠城。杀死福王朱常洵以后，士兵们煮福王的血，拿鹿肉酱杂着吃，名叫"福禄酒"。

可是，《明史》不得不记述李自成几次战败，又几次兴起，从弱到强，所向披靡的过程，表现了李自成坚强刚毅的性格和不屈不挠的战斗精神。《明史》还记载说，李自成不好酒色，吃粗米，与士兵同甘共苦，打下城池就救济穷人。起义军纪律很严，踩了百姓庄稼就要斩首。

李自成建立大顺政权以后，拥有骑兵六十万、步兵四十万，兵强马壮，士气高昂。下一步，李自成就要兵进北京，推翻明朝了。

闯王进京灭明朝

李自成建立了大顺政权，号称闯王，拥有雄兵百万，随即挥师北上，准备攻打北京，推翻明朝统治。

李自成很有谋略，他兵分两路，虚实并用。大将刘芳亮率一路兵马，大张旗鼓地由河北进攻，牵制明军；李自成亲率主力，从山西向北，经大同、宣化，绕到北京城背后，再南下攻击。两路大军遥相呼应，声势浩大，沿途明军非降即溃，没有遇到大的抵抗。

此时的明朝朝廷，已经到了崩溃边缘。崇祯皇帝杀了名将袁崇焕以后，朝廷再无良将可用，清军势力空前强大。1640年至1642年，明清双方投入大量兵力，在松山、锦州一带展开决战，结果明军大败，十几万大军被消灭，最高长官洪承畴被俘投降。松锦大战之后，关外土地全部落入清军之手，清军即将大举入关。明将吴三桂率军扼守山海关，依靠险峻地形，艰难地抗击着清军。

面对破败的河山，崇祯皇帝忧心忡忡，常常悲叹地对大臣们说："朕非亡国之君，卿等非亡国之臣，为何到了这种地步？"君臣相对而泣，但人人束手无策。

崇祯皇帝心急如焚，脾气变得暴戾起来，时常杀戮大臣，像巡抚、总督一类的高官，也是说杀就杀，先后处死了七个总督、十一个巡抚。满朝文武人人自危，士气全无，人心涣散。崇祯皇帝对大臣们失去信心，又重新重用宦官，将他们安置在重要岗位，其中，太监曹化淳得到宠信。

朝廷面对北边清军、西边起义军两个大敌，无力对付。有人主张议和，东林党人视气节高于生命，坚决反对。当时北方战火纷飞，南方相对平静，有人主张迁都江南，东林党人也不同意。崇祯皇帝犹豫不决，进退两难，最后只能坐以待毙。

有人说，到了这个时候，崇祯皇帝后悔杀了魏忠贤。曹化淳也对崇祯皇帝说："忠贤若在，时事必不至此。"于是，崇祯皇帝下令重新厚葬魏忠贤。正史并无这样的记载，可信度不高。

1644年三月十五日，李自成大军攻破居庸关，大举南下，直扑北京。朝廷似乎听到了风声，急忙派骑兵去侦察，连派多人，没有一人复还，全被起义军活捉了。崇祯皇帝召集大臣们询问，群臣面面相觑，无一人能说清楚。

十七日，李自成大军抵达北京城下，城外三大营的明军皆不战而降。起义军包围了北京城，城内顿时陷入一片惊慌。京师守军不多，又长期缺乏军饷，登城作战的士兵不足，而且皆无斗志。崇祯皇帝下令，让宦官都去督战守城。

十八日，李自成下令攻城，分别攻打九门。李自成亲率一军，攻打彰仪门。太监杜勋投降了起义军，李自成令他回到宫中，劝皇帝禅位。崇祯皇帝宁死不从，将杜勋斥退，打算亲上城头督战，被众人劝阻。

起义军攻城一天，守军渐渐不支。《明史》记载说，到了天黑，太监曹化淳偷偷打开彰仪门，起义军蜂拥入城。曹化淳时任司礼监秉笔太监、东厂提督、总提督京营戎政，权势很大。不过，是不是曹化淳打开的城门，后世存在争议，曹化淳本人也矢口否认。

是谁打开的城门并不重要，重要的是，起义军不费力气地进入了北京城。十九日凌晨，崇祯皇帝听说起义军进了城，慌忙鸣钟召集百官，可无一人前来。百官都各自逃命去了，崇祯皇帝身边，只剩下了一群宦官。

崇祯皇帝逞血气之勇，披挂上马，手持三眼枪，带领数十名宦官，亲自出皇宫杀敌，也想冲出城去。

崇祯皇帝走到东华门，被一阵乱箭射了回来，又到朝阳门，再到安定门，都遇阻而回。起义军兵多势众，很快占领了大半个北京城。崇祯皇帝无奈，只好返回皇宫，身边宦官只剩数人，其他人也都四散逃命去了。

回到皇宫以后，太监张殷哭拜在地，劝皇帝投降。崇祯皇帝大怒，将他一剑刺死。

崇祯皇帝有三个儿子、两个女儿。崇祯皇帝把太子朱慈烺、儿子朱慈炯、朱慈炤叫来，简单嘱咐几句，令他们外出逃难。朱慈烺趁乱逃出北京，伪装成道士，活到五十一岁。另两个儿子不知所终，大概死于乱军之中了。

崇祯皇帝不爱女色，嫔妃不多，此时在身边的，只有周皇后和袁贵妃。崇祯皇帝对周皇后说："你是国母，理应殉国。"周皇后平静地说："国遭大难，自当死节。"从容上吊自杀。

袁贵妃自知不免，哭拜崇祯皇帝后，也随即悬梁自尽。不料，绳带断了，袁贵妃坠地昏迷。崇祯皇帝拔出剑来，朝她胡乱砍了几剑，均未击中要害。袁贵妃后来被人救活，清政府给予赡养，十年后病逝。

崇祯皇帝又把两个女儿叫来，长平公主时年十六岁，昭仁公主只有六岁。长平公主已经懂事，默默流泪，一言不发；昭仁公主拽着父亲衣角，吓得哇哇大哭。

崇祯皇帝泪流满面，悲怆地说："你们下辈子，一定不要生在帝王之家。"

崇祯皇帝狠下心来，闭着眼睛，挥剑向长平公主砍去，不料砍偏了，砍下了她一条左臂。长平公主倒在血泊之中，疼得翻滚哀号。崇祯皇帝实在不忍心再砍了，回手一剑刺死幼女昭仁公主，头也不回地走出了皇宫。

长平公主后来被人救活，终因思念父母，抑郁成疾，两年后去世。

崇祯皇帝出了皇宫，直奔宫北的煤山（今景山），身边只有太监王承恩一人跟随。

崇祯皇帝写下遗书："朕因无德，干犯天怒，降下这场大灾。然而，这都是因为各位大臣误国。朕死后无颜见祖宗，自己去掉冠帽，用头发盖住脸面。朕尸体任凭盗贼分裂，但不要伤害百姓。"崇祯皇帝在一棵歪脖子树上上吊自杀，时年三十三岁。王承恩陪同一起吊死。

《明史》对崇祯皇帝在国亡之时的表现，写得十分详细，称之为亡国之义烈，读后令人唏嘘不已，感慨万千。

崇祯皇帝在遗书中谴责大臣误国，可是，在他死后，有四十多位大臣自杀殉国，有二百多名宫女和其他宫人投河自尽。京城一片哭号，连象房的大象都流泪哀吼。

崇祯皇帝虽然是亡国之君，但后世并不把亡国的责任完全归咎于他，对他给予很多同情。当然，崇祯皇帝对于明朝灭亡，也负有不可推卸的责任。

李自成攻占北京，推翻了明朝，但战乱仍在继续，天下仍然处于混乱之中。此时，关外的清军，又有什么动作呢？

清军入关夺中原

　　李自成攻占北京，推翻了明朝，以为大功告成，欢欣鼓舞。在这个关键时候，李自成犯了一个战略上的重大错误，他没有重视关外的清军，结果吃了大亏，导致胜利果实毁于一旦，令人十分惋惜。

　　《明史》记载说，李自成头戴毡帽，身穿淡青衣，骑乌驳马，进入北京城，来到他从未见过、富丽堂皇的皇宫，端坐在龙椅上，心花怒放，得意扬扬。

　　李自成下令，让明朝官员前来拜见。成国公朱纯臣、内阁大臣魏藻德率剩下的朝廷官员进宫朝贺。百官身穿素衣，战战兢兢。起义军将士争相对他们戏耍侮辱，有的捶打，有的摘下他们的帽子，有的用脚钩住他们的脖子。百官趴在地上，忍气吞声，连大气也不敢喘。

　　李自成的起义军不纳粮，不损害百姓利益，他们的收入来源，主要是没收官府和富人的财富。北京城内王公贵族聚集，富人很多，起义军自然不会放过他们，将他们的钱财抢掠一空。起义军抓了王公大臣八百多人，严刑拷打，逼索财宝。起义军有个原则，只抢富人，不抢穷人，但也是搞得北京城鸡飞狗跳，一片狼藉。

　　起义军将士都是贫苦农民出身，没见过豪华的大都市，如今被灯红酒绿冲昏了头脑，许多人迅速腐化堕落。有的居功自傲，为所欲为；有的彻夜豪饮，大呼小叫；有的三三两两，到处乱逛，常有抢夺民财民女之事。起义军军纪松弛，军备松懈，战斗意志急剧下降。

　　以李自成为首的起义军领导层，也同样昏了头脑，比士兵更加放纵，李自成放任不管。将领们纷纷要求李自成当皇帝，李自成欣然同意。于是，起义军忙碌的第一件大事，就是筹备李自成的登基大典。

当时，起义军虽然占据了北京城，但并没有占领整个天下，许多地方没有归服。明军也没有被全部消灭，在各地尤其是南方，还有不少的朝廷军队。更严重的是，山海关之外，数十万清军正在虎视眈眈，随时准备进犯中原。

在这种复杂情况下，起义军首领们缺乏政治头脑和远见，思想上麻痹放松，没有采取相应的对策，反而一心敛财、享乐和准备登基，这就埋下了失败的祸根。

当时守卫山海关的明军将领，是吴三桂，手下有数万明军。吴三桂的父亲和妻妾都在京城，李自成抓了吴三桂的父亲吴襄，令其给儿子写信，让他归顺起义军。

此时的吴三桂，正在惶恐不安，明朝灭亡，皇帝已死，他该怎么办呢？吴三桂在彷徨之中，忽然收到父亲来信，觉得是条路子，于是答应归顺，并亲自进京拜谒李自成。

吴三桂走到半路，不断听到北京传来的消息，说起义军正在拷打王公大臣，掠夺他们的财富，自己家里也被抢了，父亲被扣押。吴三桂心中十分不悦，忐忑不安。

吴三桂走到滦州，又得到一个消息，说他的爱妾陈圆圆被起义军大将刘宗敏霸占了。吴三桂终于冲冠一怒，立即返回山海关，不向起义军投诚了。吴三桂知道李自成必不肯善罢甘休，自己兵力有限，于是向清军写信，请求清军相助。

其实，不用吴三桂请求，清军也会举兵南下的。早在李自成尚未进兵北京之前，清军就联系李自成，希望双方联合，南北夹击，灭掉明朝，平分天下。李自成没有理睬。李自成进军北京的消息传出后，降将洪承畴立刻建议，趁机向南进兵，夺取中原。

此时，皇太极已死，清帝年幼，大权掌握在摄政王多尔衮手里。多尔衮勇猛善战，雄心勃勃，他采纳洪承畴建议。李自成攻占北京的时候，多尔衮带领的铁骑，已经离山海关不远了。多尔衮带领的骑兵有十几万，再加上山海关一带的清军和吴三桂的部队，足有数十万之多。

李自成听说吴三桂拒绝归顺，果然大怒，亲率二十万大军，向山海关杀来。李自成带了那么多兵马，也有占据山海关、防止清军入关的意图。李自成认为，以二十万大军去打吴三桂几万人马，肯定会旗开得胜，可他不知道，吴三桂已经勾结了清军，大批清军已经接近了山海关。

1644年四月二十一日，李自成率军抵达山海关，向吴三桂发出逼降通牒。吴三桂恃有清军撑腰，拒不投降。李自成下令攻击，经过一天激战，攻破了山海关外围东罗、北翼二城。吴三桂只得把部队撤到山海关城内，凭坚据守。

当天夜里，清军铁骑就赶到了山海关，在离城二里处悄悄安营扎寨。第二天，李自成军队开始猛攻山海关城。山海关城北依角山，南傍渤海，城高墙厚，易守难攻。吴三桂在城头架设大炮，炸死了不少起义军将士。起义军不惧生死，奋力攻城，吴三桂军队也死伤惨重。

清军并没有立即出战，也没有暴露行踪。多尔衮登上欢喜岭的威远台，当了一天的观众。他坐山观虎斗，要等到双方精疲力竭之时，再坐收渔翁之利。李自成对此毫无察觉，不知道一个凶猛的大敌，就潜伏在自己身边。

四月二十三日，李自成继续攻城，下令今天一定要拿下山海关。吴三桂占据有利地形，给起义军造成重大伤亡。但起义军毕竟人多势众，吴三桂渐渐不支，眼看城破在即。

多尔衮见时机到了，一声令下，清军铁骑蜂拥而出，挥舞钢刀，嗷嗷乱叫，杀向起义军，一时间，万马奔腾，飞矢如蝗，马蹄声、号角声、喊杀声惊天动地。

起义军已经连战三天，疲惫不堪，又猝不及防，自然难以抵御。恰在这时，狂风骤起，飞沙走石，起义军大乱，失去招架之力，纷纷溃逃。清军铁骑追杀四十多里，尸横遍野，血流成河。结果，李自成二十万大军溃散，数万将士阵亡。

李自成狼狈逃回北京，心中恼恨，下令将吴襄及吴家老少三十八人全部斩杀。

清军轻松入关，大败起义军，随即直扑北京。起义军遭到重创，实力大减，军心浮动。李自成自知守不住北京，于四月二十九日匆忙登基称帝，第二天就率军撤往老巢西安。李自成占领北京，前后只有四十二天。

李自成撤退了，清军却不肯罢休。当时明朝朝廷已亡，清军便把李自成当成主要对手，一面稳固北京城，作为立足之地；一面打着为崇祯皇帝报仇的旗号，追杀起义军。

吴三桂报仇心切，充当先锋，紧紧咬住起义军不放。起义军撤退仓促，准备不足，又跑不过清军骑兵，战斗力也比清军差，因而处处被动挨打。经过保定之战、定州之战、平阳之战，起义军遭受重大损失，河北、山西也落入清军之手。

李自成一路败退，好不容易逃回西安，已经今非昔比了，兵力下降至五十万，而且将士们畏惧清兵，斗志锐减。李自成在陕西、河南一带与清军作战一年，败多胜少，西安最终被清军占领。

1645 年，李自成率军向南方撤退，清军继续追击，在襄阳、九江等地连胜十三仗，起义军减少至三十万人。

这年五月，李自成率一部分军队到达湖北通山县九宫山，遭到当地武装袭击，不幸牺牲，享年四十岁。关于李自成的生死和下落，有许多传说。

清军在追杀李自成起义军过程中，占领了京津、河北、山西、陕西、河南、山东等地，夺取了中原地区。而在南方，明朝残余势力成立了南明政权，延续明朝国号。张献忠占据着四川，建立了割据政权。耐人寻味的是，推翻明朝的李自成起义军，其余部反过来又与南明政权合作，共同抗清。

清军占领了北京和中原地区，但南方的抗清势力还很强大，清朝要想一统天下，还有一段很长的路要走。

南明抗清十八年

　　清军入关，占领中原，大批明朝皇室和大臣逃到南方，相继建立了多个政权。这些政权都使用明朝国号，统称南明。南明政权继续对抗清军，又坚持斗争长达十八年之久。

　　明朝实行两京制，除北京以外，南京作为陪都，所设机构和官员与北京相同。在北京战乱之时，一些皇室贵族纷纷逃到了南京。

　　北京陷落、崇祯皇帝自缢之后，南京酝酿拥立新皇帝，延续大明。当时主要有两个人选，一是福王朱由崧，二是潞王朱常涝。南京兵部尚书史可法等人主张拥戴朱常涝，因为他比较贤明；凤阳总督马士英等人主张拥戴朱由崧，理由是他血缘关系最近。最终，正统观念占了上风，朱由崧被拥立为帝。

　　1644年五月，朱由崧在南京登上帝位，建立了南明第一个政权，年号弘光。朱由崧是福王朱常洵的儿子、崇祯皇帝的堂兄，时年三十八岁。朱由崧随父在洛阳生活，李自成攻陷洛阳，杀了朱常洵，朱由崧侥幸逃脱，辗转到了南京。

　　弘光政权是南方合法政权，拥有江北四镇等十几万兵马。可是，弘光政权起初仍以李自成起义军为敌，尤其是朱由崧胸无大志，能力平平，不修内政，沉湎酒色，所以，虽有史可法等人尽心辅佐，也难有作为。

　　清军在击败李自成、占领中原之后，开始大举南下，一个月之间，破徐州，渡淮河，抵达扬州。史可法率军民奋勇抵抗，清军破城后进行报复，屠城十日，杀死几十万人，史称"扬州十日"。

　　清军在攻占扬州以后，继续南下，渡过长江，占领了南京。朱由崧逃到芜湖，被清军抓获，押往北京，不久遇害。弘光政权只存在一年就垮台了。

弘光政权虽然垮台了，但抗清斗争仍在继续。在杭州的潞王朱常淓、在抚州的益王朱慈炲、在桂林的靖江王朱亨嘉等人，继续打着弘光政权的旗号，与清军战斗，可惜时间不长，都被清军灭掉了。

弘光政权垮台以后，南方没有了统一的政权，各地抗清武装纷纷自立，继续抗击清军。由于没有强有力的领袖人物，无法将分散的抗清力量联合起来，形成了各自为政的局面。

1645年六月，唐王朱聿键在郑芝龙等人拥立下，在福州称帝。朱聿键是朱元璋的九世孙，登基后被称为隆武帝。隆武政权实际上是控制在郑芝龙手里，郑芝龙是郑成功的父亲。

郑芝龙是福建南安人，建立了一支民间水师，有人说他是海盗，其实他主要从事海外贸易。郑芝龙逐渐形成了很强的势力，后来归附明朝，被授予官职，如今拥立隆武帝有功，被册封为南安侯。

1646年六月，清军分两路进攻福建，隆武军队在仙霞关、分水关阻敌失败。不久，福州陷落，隆武帝被俘后绝食而死，隆武政权存在一年后也垮台了。郑芝龙投降了清朝，儿子郑成功却不肯投降，继续从事抗清斗争。

与隆武帝同时建立政权的，还有鲁王朱以海。朱以海是朱元璋十世孙，他在绍兴建立政权，在浙东一带从事抗清活动，也常与隆武帝闹摩擦。隆武帝死后，许多不愿降清的人纷纷归附鲁王，使他一度实力大增，曾收复福建一些地方。但终因势力单薄，内部争斗，最后归于失败。朱以海藏匿到金门，十几年后病逝。

在南明各个政权当中，持续时间最长、较为强盛的，是永历政权。永历政权是永明王朱由榔建立的，朱由榔是万历皇帝的孙子。

1646年底，朱由榔在广东肇庆称帝，年号永历。不久，清军进攻广东，永历帝抵挡不住，逃往广西梧州，后又逃往桂林。永历帝本来势单力薄，但却得到李自成大顺军余部支持，势力逐渐强盛起来。

李自成建立大顺政权以后，他的起义军就被称为大顺军。大顺军遭到清军重创，但李自成牺牲时，余部仍然有三十万之众。

大顺军最凶狠的敌人是清军，将士们与清军有着刻骨仇恨，于是，他们归顺了永历帝，与明军联合，共同抗击清军。大顺军的战斗力虽然赶不上清军，但比明军强，经过与清军几年的战斗，也积累了一些经验，因而是一股很强的力量。

大顺军分成了两部，分别由郝摇旗、李过率领。郝摇旗本名叫郝永忠，作战勇猛，常执大旗冲锋陷阵，人称郝摇旗。郝摇旗率部进入广西，在全州大败清军，之后又率部进入湖南。李过是李自成的侄子，骁勇善战，人称一只虎。李过也率部进入湖南，转战衡州、永州一带。

大顺军在湖南与明军并肩战斗，接连取得胜利，沉重打击了清军，几乎收复了湖南全境，抗清气氛一时高涨。

受此鼓舞，广东、福建等地反清斗争再起。郑成功、张煌言在东南沿海发动攻势，连续取得磁灶大捷、钱山大捷、海澄大捷等一系列胜利，后来又收复广东。郑成功等人接受了永历封号。

占据四川的张献忠也联明抗清，与清军作战。张献忠牺牲后，他的部将孙可望、李定国等率部归附永历政权。张献忠的部队战斗力很强，连战连胜，收复了广西等地，给清军以沉重打击。

1648 年至 1656 年，永历政权处于兴旺时期，控制了广西、广东、云南、湖南等地，抗清斗争形成高潮。

然而，永历政权内部却存在许多问题，主要是派系林立，政令不通，不能团结对敌。后来，郝摇旗牺牲，李过病逝，大顺军遭受重大损失；孙可望、李定国之间产生矛盾，导致部队分裂。清朝利用矛盾，招降纳叛，分化瓦解，各个击破，永历政权走向衰落。

1658 年，清朝集中大批兵力，分三路进攻，攻占湖南、四川、广东等地。永历帝被迫转入云南，清军紧追不舍，永历帝逃入缅甸，西南抗清斗争陷入低潮。在东南方面，郑成功继续在广东沿海一带与清军奋战，并取得厦门海大捷。

1662 年，缅甸王迫于清朝压力，将永历帝交给清朝。吴三桂将永历帝绞杀于昆明，李定国忧愤而死，永历政权垮台。

坚持十八年的南明抗清，终于落下了帷幕。

史可法喋血扬州

在南明弘光政权中，史可法属于中流砥柱，发挥着举足轻重的作用。明朝灭亡以后，史可法等人在南京拥立新皇帝，延续了明朝国号。在扬州之战中，史可法率军民顽强抵抗，坚贞不屈，壮烈殉国。

史可法，祖籍大兴，后迁居河南祥符。史可法家族享有世袭锦衣百户的封赏，他的爷爷史应元，当过黄平知州，为官清廉，政绩颇佳。

史可法的父亲叫史从质，妻子怀孕时，梦见文天祥，生下了史可法。史可法从小以孝顺闻名乡里，并且特别崇拜文天祥，立志做一个像文天祥那样的英雄人物。

1628 年，二十七岁的史可法考中进士，步入仕途，先后任西安府推官、户部主事、郎中、右参议、佥都御史、南京兵部尚书等职。史可法是著名东林党人左光斗的学生，为人正直，崇尚气节，勤政廉洁，有着很高的威望。

北京陷落，崇祯皇帝自缢。消息传到南京，人们一片惊慌。史可法悲痛不已，向北号哭，以头撞柱，血流至脚。

大臣们为了延续明朝，开始酝酿拥立新皇帝。张慎言、吕大器、姜曰广等人说："福王朱由崧血缘关系最近，按礼制应该立他，但他有七大缺点：贪、淫、虐、酗酒、不孝、不读书、干预官吏，而潞王朱常淓贤明，可以拥立他为帝。"

史可法认为，在国家动乱之际，应该立个贤明的君主，因而赞成拥立潞王为帝。可凤阳总督马士英等人，主张按礼制办，坚持要立福王。在两派争论的时候，马士英联络高杰、刘良佐等一批将领，干脆把福王朱由崧接来了。史可法怕引起内部争斗，只得勉强同意拥立福王为帝。

福王登基后，任命史可法、马士英、高弘图、姜曰广等人为内阁大臣，史可法被加封为太子太保，仍兼兵部尚书，负责军事。史可法知道清军迟早会来攻击江南，主动请求去江北督军，准备抗击清军。

当时，长江北岸驻有四支明军，称为江北四镇，他们是在山东战场上被清军打败，逃到这儿来的。领兵将领都是骄横跋扈之人，如今朝廷灭亡、皇帝死了，他们更加肆无忌惮，纵兵抢掠，欺压百姓，而且各镇之间互不服气。

史可法来到扬州，四镇将领过去不是史可法的属下，因而并不买账。史可法亲自到各镇巡视，对将领们诚心相待，晓之大义，尽力调解他们之间的矛盾，又重申军纪，不许侵扰百姓。

《明史》说，史可法身材短小精悍，面孔黝黑，双目炯然有光。他品德优良，爱兵如子，士兵没有吃饭，他决不先吃。史可法的妻子不能生育，没有孩子，妻子劝他娶妾，以便延续香火。史可法叹口气说："国家到了这种地步，哪有心思生男育女啊！"

史可法坐镇扬州城，把四镇兵马安排在周围，积极进行备战。可明朝军队太不争气了，国难当头，依旧争权夺利，互相攻击，而且军纪涣散，士气低落。清军尚未到来，明军自己就起了内讧。河南总兵许定国在睢州诱杀了南明大将高杰，史称睢州之变。高杰是四镇将领之一，他一死，这一镇明军就乱套了。

史可法身为兵部尚书，却难以约束南明各部，对那些骄兵悍将更无办法。史可法整日忧心忡忡，夜里不能入睡。有一次，史可法好不容易睡着了，身边官员为了让他多睡一会儿，吩咐打更人，最多打到四更，不要打五更。

1645年三月，清军开始大举南下，一路所向披靡，南明军队和官员纷纷投降。只有一个月，清军就攻破徐州，渡过淮河，抵达扬州城下。

听说清军来犯，史可法紧急下令，调四镇兵马前来守城。史可法担心四镇官兵骚扰扬州百姓，事先没让他们进城，但离城不远。

不料，史可法的军令不管用，四镇兵马没有一路前来，而且四镇之一的刘良佐，已经率部投降了清军，高杰的部队也不战而降。另外，总兵张天禄、张天福以及杀害高杰的许定国等人，都投降了清军。

此时，扬州城内只有总兵刘肇基部和何刚率领的忠贯营，总数只有万余人，兵力相当薄弱。史可法没有办法，只好将民众组织起来，与将士们一起守城。民众敬佩史可法，愿意为他效力。史可法知道扬州城很难守住，决心以死报国，分别给家人留下了四封遗书。

1645 年四月十八日，清朝豫亲王多铎率十万清兵抵达扬州城下。多铎是努尔哈赤的十五子、多尔衮的同母弟，他作战凶猛，常做先锋。

多铎到达扬州后，首先派人招降，多尔衮也亲自写信劝降，均遭史可法严词拒绝。多铎大怒，下令攻城。

史书对扬州之战记载各有不同，差异很大。有的史书说，史可法率扬州军民与清军殊死搏斗，男女老少都上阵杀敌，给清军造成重大伤亡，清军三个将领、一名贝勒死于城下。清军久攻不下，后来调来大炮，才把城墙轰倒，攻进城去。所以，清军破城后，疯狂屠城十天，杀死几十万人，史称"扬州十日"。

这类记载，最著名的是《扬州十日记》，作者叫王秀楚。王秀楚是扬州之战的幸存者，他目睹了清军屠城过程，写下了八千多字的《扬州十日记》。史学界一般认为可信度较高，也有人质疑。

《明史》记载就简单多了，说史可法并没有组织起有效防御，清军抵达扬州城下，还未开战，城内总兵官李栖凤、监军副使高岐凤就率部投降了，城中更加空虚。清军用大炮轰倒西北角，一下子就冲进城去。史可法自杀未成，被清军抓获，不肯投降，遂遭杀害。至于屠城之事，更是一字未有。《明史》是清朝人写的，是不能写清军暴行的。

有的史书说，史可法在城破后下落不明，有的则说他满怀悲怆，愤而投水自杀。

各种史书写的共同之处，是史可法壮烈殉国。同时在扬州战死的还有：将军刘肇基、何刚，扬州知府任民育，江都知县周志畏，两淮盐运史杨振熙等多名文武官员。

史可法殉国后，南明赠谥"忠靖"。清朝也敬佩史可法气节，后来赠谥"忠正"，乾隆皇帝还亲笔题写"褒慰忠魂"四字。

史可法高尚的爱国主义精神和宁死不屈的英雄气概，受到历代人民赞颂。史可法与文天祥一样，"留取丹心照汗青"。

郑成功收复台湾

在南明政权当中，反清意志最为坚定的是郑成功。郑成功一生从事反清事业，始终心如磐石，不屈不挠。他与父亲、老师分道扬镳，誓不降清；在永历政权覆灭前夕，他领兵出海，从荷兰殖民者手里夺回台湾，继续坚持反清斗争。

郑成功，原名郑森，福建南安人。他的父亲郑芝龙，是个传奇人物。郑芝龙从年轻时就跟着舅舅做海外生意，到过许多国家，通晓日语、荷兰语、西班牙语、英语等。郑芝龙经过多年努力，建立了一支强大的民间水师，从事海外贸易，也进行武装走私，有人称他为海盗。

郑芝龙一生有五个老婆，第二个妻子是日本人，名叫田川氏，是郑成功的母亲。1624年，郑成功在日本出生，他有一半日本人的血统。

郑成功在六岁之前，随母亲居住在日本。后来，父亲被明朝招安，当了明朝官员。郑成功回到福建，拜名儒钱谦益为师，潜心学习儒学，不久考中了秀才。

明朝灭亡之后，南京成立了弘光政权，延续明朝国号，可只有一年，弘光政权就被清军灭掉了。江南群龙无首，一片混乱。

郑芝龙手里有一支强大的武装力量，他便拥立唐王朱聿键在福州称帝，建立了隆武政权。郑成功当时二十多岁，血气方刚，立志报国，开始领兵打仗，与清军作战。郑成功作战勇敢，胸有谋略，关心士兵，很快在军中建立了威信。

隆武帝十分欣赏郑成功，常叹息说："朕可惜没有女儿，不能招卿为驸马。"隆武帝赐郑成功姓朱，名字由郑森改为朱成功。百姓们尊称郑成功为国姓爷。

郑成功一心抗清保明，威望日盛。他的母亲在清军进攻时被逼自杀，更加激发了郑成功对清朝的仇恨。

郑芝龙虽然拥立了隆武帝，但实际上是想保存自己的实力和利益，反清意志并不坚决。早已降清的洪承畴也是南安人，与郑芝龙素有交情，多次予以劝降。郑芝龙动摇了，决定带领家人，北上投降清朝。

郑成功坚决反对，哭谏父亲，郑芝龙不听。不久，福州被清军占领，隆武帝被俘后绝食而死，隆武政权垮台。郑芝龙投降了清朝，前往北京。

郑成功毅然与父亲决裂，避走金门，在沿海各地招兵买马，收编父亲旧部，决心抗清到底。

郑成功的老师钱谦益投降了清朝，写信劝降。郑成功回信说："老师从前一直教导我要忠心报国，学生不敢一日忘记，如今正是按照老师的教导在做。"钱谦益羞愧不已，从此不敢与郑成功联系。

1647年一月，郑成功聚集数千兵马，在小金门举行大会，以"忠孝伯招讨大将军罪臣国姓"之名，誓师反清。有的史书说，郑成功令人制作一面大旗，上写"杀父报国"四个大字，表达坚定的反清决心。

郑成功誓师反清以后，与清军展开了长达十几年的艰苦斗争，曾经几次遭遇挫折，又几次崛起，后来发展成为拥有二十万兵力的强大势力，在东南沿海与清军作战，屡获大捷，一度收复了广东。后来，郑成功归附永历政权，永历皇帝册封他为延平王。郑成功成为南方抗清的一面光辉旗帜。

1658年至1659年，郑成功率十七万大军，联合在浙东抗清的张煌言部，两次大举北伐，企图收复南京。郑成功连克镇江、瓜洲，包围了南京，并收复芜湖一带十几个府县。

清朝朝廷震惊，令郑芝龙写信，让郑成功退兵，并以郑氏家族数十口人的性命相要挟。郑成功不为所动，毫不妥协。朝廷恼怒，下令将郑芝龙及族人斩杀。清朝出动大军，突袭郑成功，郑成功军队作战失利，只好又退回厦门。

到了 1660 年，南方的抗清形势已经十分严峻，清军攻占湖南、四川、广西，占领了南方大部分地区，永历皇帝避走缅甸。南方的抗清力量大多数投降或被消灭，南明大势已去。

在这危难时刻，郑成功依然坚贞不屈，他把目光投向远离大陆的台湾岛，想占据台湾，作为反清基地，继续从事抗清事业。

台湾若干万年以前，与大陆是连在一起的，后因地壳运动，形成了台湾岛。台湾自古以来就是中国领土，明朝在台湾设有官吏。从 1622 年开始，荷兰、西班牙等西方殖民者趁明朝混乱之际，纷纷侵入台湾。后来，荷兰殖民者驱逐其他势力，独自占据了台湾。

1661 年，郑成功率二万五千名将士、数百艘战船，从金门出发，横越台湾海峡，打响了收复台湾之战。

郑成功的将士们没有同外国人打过仗，心里没底。有人说，洋人红发绿眼，是妖怪，手里有洋枪洋炮，很远就能打死人。郑成功曾随父亲到台湾经商，也熟悉外国人，他笑着安慰大家，说洋人怕死，根本不经打。将士们都安下心来，摩拳擦掌，跃跃欲试。

占据台湾的荷兰殖民者兵力不是太多，不到两千人，但有洋枪洋炮，还有四艘军舰，实力还是挺强的。他们听说郑成功军队来攻，把兵力集中在台湾、赤嵌两座城堡当中，借助城堡坚守。同时，把四艘军舰摆在海边，企图阻止明军登陆。

四艘军舰当中，"赫克托"号最大，是个庞然大物。见郑成功船队到来，"赫克托"号气势汹汹地扑上前去。郑成功指挥六十艘战船，将"赫克托"号团团围住，一齐发炮。"赫克托"号中弹起火，沉入海底。其他三艘军舰见势不妙，吓得掉头逃窜了。

郑成功军队登岸，分别包围了赤嵌城和台湾城，切断了两城之间的联系。郑成功首先攻打赤嵌城，荷兰军队仗着火力强大，负隅顽抗。郑成功军队武器简陋，攻打多日，攻不下来，伤亡很大。

当地居民向郑成功献计说，赤嵌城内没有水井，水是从城外高地上流下来的，只要切断了水源，敌人便不战自溃。郑成功大喜，依计而行。果然，过了三天，赤嵌城内的敌军坚持不下去了，只好乖乖投降。

台湾城内的荷兰军队比赤嵌城守军多，火力更强。郑成功为了避免士兵伤亡，决定采取长期围困的办法。郑成功军队围城达八个月之久，城内守军弹尽粮绝，再也无法坚持了，只得挂白旗投降。郑成功成功收复了台湾宝岛。

郑成功收复台湾以后，按照明朝制度，在台湾设置官府，委派官吏，进行统治。郑成功带领台湾各族民众，维护秩序，发展经济，实行屯垦，兴办教育，精心治理，继续与清朝对抗。

1662年，郑成功在收复台湾不久后病逝，享年三十九岁。郑成功被誉为民族英雄，受到后世赞颂。

郑成功离世后，长子郑经继承职爵，依然使用明朝国号，以明朝延平王的身份统治台湾。

郑经在位十九年后病逝，他的儿子郑克塽继位，当时只有十二岁。

1683年，清朝康熙皇帝发兵攻打台湾，台湾不敌，献岛投降。台湾在郑氏统治二十多年之后，最终纳入清朝版图，与大陆相统一。

一统天下大清朝

努尔哈赤经过三十多年浴血奋战，统一了东北女真各部，建立后金，为大清王朝奠定了基础。

努尔哈赤的儿子皇太极继承父亲事业，把后金推向强盛。后来，皇太极将女真族改为满族，把后金改为大清，大清朝应运而生。

皇太极死后，六岁的儿子福临继位，其叔父多尔衮摄政。当时，大清已经十分强盛，但领土仅限于东北地区。多尔衮雄心勃勃，很想跨过山海关，向南夺取中原，统一天下。

机会总是留给有准备的人的，大清迎来了天赐良机。1644年，李自成起义军攻占北京，推翻了明朝。山海关守将吴三桂勾结大清，请求清军入关。

多尔衮早有入关的打算和准备，随即率数十万铁骑南下，在山海关重创起义军，驱逐李自成，轻而易举占领了北京城。多尔衮随即将大清都城迁到北京，准备进一步夺取中原，统治全国。

大清占据北京以后，打出为崇祯皇帝报仇、消灭起义军的旗号，以掩盖其入侵本质。此举获得大批官僚、富人和知识分子的认同和支持，大大减轻了人们对外族入侵的抵触心理。与此同时，清朝统治者采取一系列稳定秩序、安抚人心、救助贫困的措施，收到良好效果。因此，大清在北京很快站稳了脚跟，随即实施夺取中原的计划。

清朝派出大军，对李自成起义军穷追猛打，在河北、山西、陕西、河南多次打败起义军，这些地方，自然都被清军占领了。清军也攻打不肯归降的明朝残余部队，并向山东进兵。不到一年时间，清朝就夺取了中原，控制了中国北方地区。

北方战火纷飞，南方相对平静，一些明朝皇族和大臣纷纷逃到南方。史可法等人在南京拥戴朱由崧为帝，建立了弘光政权。李自成大顺军放弃西安，退到湖北、湖南一带。张献忠起义后占据四川，建立了大西政权。

多尔衮意图统一全国，继续向南进兵，令豫亲王多铎率军攻取江南。多铎领兵渡过淮河，顺利占领了江北地区，但在扬州遇到史可法激烈抵抗。多铎恼怒，破城后屠城，造成"扬州十日"。

多铎攻占扬州后，马不停蹄渡过长江，攻克镇江，抵达南京。多铎发布《谕南京等处文武官员人等》布告，威胁说："我大军到达扬州时，不忍加兵，先将祸福告知城中。不料，城中官员抗命，结果遭受屠戮，妻女被俘。如今大兵到处，如果胆敢抗拒不降，扬州可鉴！"

有人说，《扬州十日记》是孤本，不足为凭，但多铎的恐吓布告可作为佐证，说明扬州屠城确实存在。

扬州屠城起到了威慑作用，清军到达南京时，弘光政权的官员惊恐万分，纷纷逃命。领兵将领杨文骢南逃苏州，郑鸿逵带兵奔逃东海，蒋云台率部投降。弘光皇帝见大势已去，逃到芜湖。大臣钱谦益、赵芝龙、王铎等人留在南京，大开城门迎接清军。为期一年的弘光政权垮台了。

在多铎攻击弘光政权的同时，多尔衮命肃亲王豪格进军四川。豪格是皇太极的长子。张献忠拒绝清朝招抚，率军抵抗清军，不幸中箭牺牲。清军趁机大举进攻，连破大西政权军营一百三十处，攻占成都。孙可望、李定国等人率余部进入云贵地区，依附永历政权，继续抗清。

多尔衮为了实现满族贵族对全国的统治，下达了剃发令和易服令，强制推行满族人的装束，激起民众的极大不满和激烈反对，发生"嘉定三屠"悲剧，江南的反清斗争此起彼伏。

弘光政权被消灭以后，福州出现了隆武政权，绍兴出现了鲁王政权，都打着明朝旗号，继续反清。但两个政权为争正统，常闹摩擦，形不成统一力量，给清军造成各个击破的机会。

清军首先攻打隆武政权，进军福建。清军由端重亲王博洛率领，分两路进兵，结果郑芝龙投降，隆武政权垮台。清军又集中兵力攻打鲁王政权，鲁王政权也被消灭。

清军在两年之内，连续灭掉弘光、隆武、鲁王等南明政权，占据了东南地区。不过，东南地区的反清势力仍然存在，郑成功、张煌言等人在沿海一带继续与清军战斗。

东南地区相继落入清朝之手，西南地区反清势力却高涨起来。永历政权与李自成余部、张献忠余部联合起来，势力大盛，一度控制了广西、湖南、云贵等地，坚持抗清十几年。

清军在消灭永历政权过程中，主要使用了降清的汉人将领。清朝任命孔有德为平南大将军，进攻湖南、广西。孔有德原是毛文龙的部将，很早就投降了清朝，为清朝灭掉大顺政权、占据中原立有大功，先被封为恭顺王，后改封为定南王。

孔有德对清朝死心塌地，率军平定湖南，接着再攻广西。不料，在广西被李定国打败，困守桂林，突围无望，自刎而死。

清朝又重用降将洪承畴、李成栋、尚可喜、耿精忠、吴三桂等人。洪承畴胸有谋略，降清后得到器重。清朝擢升他为大学士，负责南方战事。洪承畴采取"以抚为主，以剿为辅"的进军策略，利用永历政权的内部矛盾，分化瓦解，各个击破，逐步收复了湖南、广西、云南、贵州等地，为清朝统一全国立下大功。

勾结清军入关的吴三桂，也为清朝立下特殊功劳。十几年间，吴三桂率部从西北打到西南，最后攻占了云南，迫使永历皇帝逃往缅甸。吴三桂对缅甸王施加压力，缅甸王便把永历皇帝送了回来。

1662年，吴三桂在昆明绞杀永历帝，永历政权灭亡。至此，除台湾之外，清朝统一了全国。后来，康熙皇帝收复台湾，完全实现了大一统。

清朝是中国历史上又一个大一统王朝，也是最后一个封建王朝。笔者将根据清朝史籍的记载，继续撰写《新视角读清史》，敬请广大读者给予指导帮助。

他的所作所为被李林甫侦察得一清二楚。李林甫很快通过宦官把小报告打到了李隆基那里，李隆基动了肝火，准备收拾一下严挺之。

李隆基对张九龄说："严挺之为犯罪的人开脱，这是严重地干预司法公正！"

张九龄急忙为严挺之辩护："对方是严挺之已经休掉的妻子，这中间应该没有什么偏私。"

李隆基接了一句："虽是前妻，但这里面一定还有偏私。"

张九龄哑口无言，他知道李隆基已经掌握了充足的证据。

严挺之完了。

张九龄也完了，因为他急于替严挺之辩护，李隆基就此认为，张九龄、裴耀卿、严挺之结党！

"结党"的帽子一扣，便扣掉了张九龄的宰相生涯。

其实，张九龄的疑似"结党"并没有严重到不可救药的地步，只是李隆基已经对张九龄失去了耐心，而疑似"结党"便成了压垮张九龄的最后一棵稻草。

不久，张九龄收到了李隆基赏赐的一件特殊礼物：白羽扇。

张九龄下意识看了一下外面的天气，已是深秋时节，在深秋时节赏赐一把白羽扇，白羽扇背后隐藏着什么呢？众所周知，白羽扇是夏天用的，深秋一般人都不用，当然诸葛亮除外，他用扇子不分季节。

张九龄明白了，他读懂了李隆基的寓意：张九龄，你过时了！

张九龄顿时悲从心来，然后把满腹悲伤注入自己的笔下，写下了《白羽扇赋》：

当时而用，任物所长。彼鸿鹄之弱羽，出江湖之下方，安知烦暑，可致清凉？岂无纨素，彩画文章？复有修竹，剖析毫芒。提携密迩，摇动馨香，惟众珍之在御，何短翮之敢当？而窃思于圣后，且见持于未央。伊昔皋泽之时，亦有云霄之志，苟效用之得所，虽杀身之何忌？肃肃白羽，穆如清风，纵秋气之移夺，终感恩于箧中。

张九龄的大体意思是说，为了做一把白羽扇，鸟儿付出了自己的生命。可是，如果能对君主有用，付出生命又算得了什么呢？到了秋天，扇子便没用了，难免被扔在筐里。但是，尽管如此，它仍然会感激陛下曾经的知遇之恩。

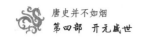

这哪里说的是鸟和扇子，分明说的是张九龄自己。

《白羽扇赋》呈送到李隆基那里，李隆基很快作出了回复：

答张九龄进白羽扇赋批

朕顷赐扇，聊以涤暑，卿立赋之，且见情素。词刘理妙，朕详之久矣。然佳彼劲翮，方资利用，与夫弃捐箧笥，义不当也。

李隆基的意思是说，我之前赏赐给你扇子，是让你消暑纳凉的，没想到你还写了一篇《白羽扇赋》，写得不错，我看了很久。不过你有点误会，扇子是让你用的，而不是抛弃的，别多想，别多想！

李隆基话虽然这样说，但心中已经下定了决心，在他的心中，张九龄就是那把白羽扇，用不上了，该收进箱底，收藏了。

顺着《白羽扇赋》延伸一句，当初张九龄写《白羽扇赋》时只是因为心中悲伤急于表明自己的心迹，没想到一写就写成了千古名篇。数百年后，明朝著名书画家董其昌用自己的笔写下了《张九龄白羽扇赋》，这一写就成了中华民族永久的瑰宝。至今，董其昌的《张九龄白羽扇赋》还收藏在台北故宫博物院，张九龄、董其昌便这样远隔数百年，却相得益彰。

在《白羽扇赋》后，张九龄意识到，自己的宰相日子不多了，他必须为自己的未来打算。

他决定向李林甫妥协。

于是他又写了一首诗，《归燕诗》：

> 海燕何微眇，乘春亦暂来。
> 岂知泥滓贱，只见玉堂开。
> 绣户时双入，华轩日几回？
> 无心与物竞，鹰隼莫相猜。

张九龄在这首诗中比自己比作海燕，把李林甫比作比自己大的鹰隼，他借用海燕的口告诉李林甫，我已经无心跟您争了，您就别猜忌了。

《归燕诗》很快送到了李林甫府中，李林甫接过一看，微微一笑，张九龄，你也有今天。

开元二十四年十一月二十七日，开元年间最后一位良相张九龄的宰相生涯画上了句号，他被免去宰相职务，出任右丞相（尚书右仆射），他的搭档裴耀卿则出任左丞相（尚书左仆射），此时的尚书左仆射、右仆射已经成了一个闲职，只保留行政级别，却没有具体职务。

伴随着张九龄和裴耀卿的下台，开元天宝年间执政时间最长的宰相李林甫成为大赢家，他兼任中书令出任第一宰相。

与李林甫搭班子的是张九龄看不起的牛仙客，牛仙客出任工部尚书、同中书门下三品，同时兼任朔方节度使。

严挺之呢？

中书侍郎做不成了，被贬出长安，出任洺州刺史；

严挺之前妻的现任丈夫王元琰也没能逃过惩罚，最终被流放岭南。

至此，因为王元琰的贪赃枉法，引发了严挺之、张九龄、裴耀卿的连锁倒台，如同蝴蝶效应，东半球的蝴蝶一扇翅膀，便引起了西半球的一场暴风雨。

落井下石

虽然张九龄以《归燕诗》向李林甫妥协，但李林甫并不准备就此放过张九龄，因为落井下石是李林甫的本能，眼看别人落井，自己却没有捡起石头，李林甫会后悔半辈子的。

不久，李林甫就捡起了一块石头，然后朝张九龄身上狠狠砸去。

石头的名字叫周子谅。

周子谅成为李林甫的石头，起因是一次失败的弹劾。

身为监察御史的周子谅弹劾的对象是牛仙客，他在弹劾的奏疏中指出，牛仙客小吏出身，不学无术，不具备宰相之才。

如果仅仅是这些，也没有什么大不了，要命的是，周子谅引用了民间流传的神秘预言，这一下触动了李隆基敏感的神经。身为皇帝，他最讨厌的就是神秘预言，那是一个禁区，谁都不能碰，而周子谅偏偏碰了。

李隆基大怒，当即命人在金銮大殿上用乱棍将周子谅暴打一顿，乱棍下去，周子谅昏死了过去。不久，命大的周子谅又苏醒过来，又一顿乱棍打了下来。

两次乱棍加身，周子谅奇迹般挺了过来，追加惩罚接踵而至：流放瀼州

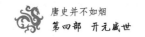
（今广西壮族自治区上思县）。

这一次周子谅没能挺住，刚刚走到蓝田（今陕西省蓝田县），便告不治，死在了流放的路上。

周子谅一死，倒给了李林甫灵感，这个已经再也不能说话的周子谅就是最好的石头。

趁着李隆基火气未消，李林甫说话了："周子谅是张九龄推荐的！"

一击中的。

恼怒的李隆基顿时将火气撒到了张九龄身上，开元二十五年四月二十日，李隆基将张九龄贬出长安，出任荆州长史，从此，张九龄的人生与长安再无交集。

人生的落差不期而至，诗人的灵感却油然而生。

以前的张九龄虽然文采飞扬，但顾影自怜的味道比较浓，即便是最有名的《望月怀远》：

> 海上生明月，天涯共此时。
> 情人怨遥夜，竟夕起相思。
> 灭烛怜光满，披衣觉露滋。
> 不堪盈手赠，还寝梦佳期。

被贬到荆州之后，张九龄将自己的情感倾注到诗里，不经意中，他的诗再次得到了升华，以前梦寐以求的高度，在荆州达到了。

在荆州，他创作了《感遇》十二首，与陈子昂的《感遇》遥相呼应，成为唐诗中不可多得的精品，其中《感遇》第二首最为知名：

感遇十二首（其二）

> 兰叶春葳蕤，桂华秋皎洁。
> 欣欣此生意，自尔为佳节。
> 谁知林栖者，闻风坐相悦。
> 草木有本心，何求美人折？

中国的文人就是这样，当仕途顺利时，他们只是帝国大厦中一个个面孔模糊的官员，当仕途起伏，人生起落时，他们文人的一面才显现出来，成为一个个面孔鲜活的人。

对于他们而言，人生究竟是得意好，还是失意好呢？

或许没有答案。

没有答案的张九龄在荆州日复一日，他的心中充满了苦闷，唯一有所慰藉的是，在荆州的日子里，他与两位唐代著名诗人的人生有了交集。

两位诗人，一位是诗佛王维，一位是山水诗人孟浩然。

相比于孟浩然，王维与张九龄的缘分更深，王维一生视张九龄为恩师，因为他仕途二次起步得益于张九龄。

王维于开元九年高中进士，凭借自己的音乐才能当上了大乐丞。天有不测风云，大乐丞干了没几年，王维就栽了，栽在黄狮子身上。他手下的伶人鬼使神差地舞起了狮子，而偏偏狮子是黄色的，跟李隆基身上的龙袍颜色一样，王维麻烦了。

不久，王维被追究领导责任，大乐丞干不成了，被贬到地方出任司户参军。

如果没有张九龄，王维的司户参军不知道要干多久，而随着张九龄拜相，王维的机会来了，他以一首诗"干谒"张九龄。

"干谒"是当时非常流行的一种自我推荐方式，有才华的人一般用诗词歌赋作为自己的敲门砖，去投向那些身在高位能对自己仕途有所帮助的官员。张九龄就是高官中的一个，王维干谒过他，孟浩然也干谒过他。

相比之下，孟浩然干谒诗的水平更高，至今流传很广：

望洞庭湖赠张丞相

八月湖水平，涵虚混太清。

气蒸云梦泽，波撼岳阳城。

欲济无舟楫，端居耻圣明。

坐观垂钓者，徒有羡鱼情。

在诗中，孟浩然含蓄地表示了自己的"临渊羡鱼"之情，话里话外渴求张九龄给自己一只"舟楫"，让自己从此步入仕途。

可能是孟浩然太含蓄了，也可能是张九龄嫌孟浩然年龄太大了，那一年的孟浩然已经四十岁了，此时再步入仕途有些晚了。

孟浩然的干谒诗没有起作用，王维的却起作用了。

> 宁栖野树林，宁饮涧水流；
>
> 不用坐粱肉，崎岖见王侯。
>
> 鄙哉匹夫节，布褐将白头。
>
> 任智诚则短，守仁固其优。
>
> 侧闻大君子，安问党与雠。
>
> 所不卖公器，动为苍生谋。
>
> 贱子跪自陈，可为帐下不？
>
> 感激有公议，曲私非所求！

在今天看来，王维的干谒诗水平没有孟浩然的高，但他的诗敢于表扬领导，"所不卖公器，动为苍生谋"，这是王维给张九龄的极高评价。

同时，王维的诗也很直接，直截了当说出自己的想法，"贱子跪自陈，可为帐下不？"

目的，一目了然。

很快，王维的诗收到效果，张九龄将王维由司户参军提拔为右拾遗。

从此，王维将张九龄视为一生的恩师，他不仅佩服张九龄的文采，更佩服张九龄的为人，而张九龄对王维的一生影响也很大。

开元二十四年，张九龄罢相，这让先前充满抱负的王维顿时产生失落，不久张九龄被贬往荆州，王维对仕途心灰意冷，他从恩师身上，看到了自己的未来。

自此之后，本就向佛的王维意兴阑珊，开始了"半官半隐"的生活，张九龄罢相既是张九龄人生的分水岭，同时也是王维人生的分水岭。

这道分水岭让大唐王朝少了两个锐意进取的官员，却多了两个青史留名的著名诗人。

在张九龄被贬荆州之后，郁闷的王维给张九龄寄了一首诗：

> 所思竟何在？怅望深荆门。
>
> 举世无相识，终身思旧恩。
>
> 方将与农圃，艺植老丘园。
>
> 目尽南飞雁，何由寄一言？

诗中充满了苦闷，而王维的退隐之心也跃然于上。

不久，张九龄回信了：

> 荆门怜野雁，湘水断飞鸿。
>
> 知己如相忆，南湖一片风。

人生得一知己，足矣！

与王维与张九龄纸上唱和不同，孟浩然更为直接，因为此时他的距离更近。

被贬的张九龄在荆州想起了孟浩然，便邀请孟浩然出任自己的幕僚。这本是孟浩然进入仕途的大好机会，然而与张九龄唱和几个月后，孟浩然告辞离去。

没有人知道孟浩然离去的真正原因，后人推测可能孟浩然散淡惯了，适应不了官场的氛围。

从此之后，孟浩然与官场绝缘，数年后死于食物中毒。

伴随着孟浩然的离去，张九龄的人生也抵达了终点。

开元二十八年二月，张九龄在荆州病逝，享年六十七岁，开元年间最后一个良相撒手人寰，只留下世人的唏嘘不已。

在张九龄身后，李隆基追赠他为荆州大都督，谥号文献。

从此，每逢有人向他推荐宰相，李隆基都会追问一句："风度赶得上张九龄吗？"（风度得如九龄不？）

由此可见，风度翩翩的张九龄在李隆基心目中的位置。

可惜，那个最有风度的张九龄已经去了。

至此，开元年间的贤相一一唱罢谢幕，他们各具才能，各有千秋：

姚崇崇尚变通，宋璟崇尚法治，张嘉贞崇尚向基层负责，张说崇尚文学、李元纮、杜暹崇尚节俭，韩休、张九龄崇尚耿直，他们一起辅佐李隆基开创了开元盛世。

写到这里，或许有人会说，感觉历任宰相并没有做太多的事，他们何以开创开元盛世。

其实，在中国古代，想要开创盛世，说复杂也复杂，说简单也简单：复杂是因为一个国家事情繁杂，千头万绪；简单是因为只要抓好两件事情，开创盛

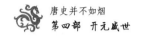
世并不难。

两件事情，一是吏治，二是农业生产，只要做到吏治清明，农业生产正常有序进行，一个王朝就会蒸蒸日上。

开元年间的数任宰相，无论是姚崇、宋璟，抑或是张说、张九龄，虽然他们有各种各样的缺点，但在他们的任内基本做到了政治清明，百姓安居乐业，由此也就逐步开创了开元盛世。

然而，到开元二十四年张九龄罢相，开元年间的最后一个良相结束使命，取而代之的是奸相李林甫，大唐王朝到了一个分水岭。

在这个分水岭之前，李隆基励精图治，政治清明；在这个分水岭之后，李隆基意兴阑珊，政治开始浑浊不堪，大唐王朝在李隆基的带领下进入"伪高潮"。

看似高潮，其实已经是下坡路。

或许，这一切都是上天注定。

咫尺天涯

花开两朵，争芳斗艳。

外廷宰相们起起伏伏，来来往往，与此同时，李隆基的后宫也没闲着，争储的斗争正在逐日升级。

此时后宫的主角依然是武惠妃，这个心比天高的女人已经折腾了很多年了。

开元十四年李隆基原本想册立武惠妃为皇后，没想到却遭到了大臣的群起反对，时光荏苒，到开元二十四年，已经过去了十年。

这十年中，武惠妃一直对皇后之位望眼欲穿，但她知道，今生今世皇后之位已经与她绝缘，她所能做的便是将自己的儿子李瑁扶上太子之位，而她自己将来水涨船高，成为一人之下万人之上的皇太后。

为了这个目标，她一直在努力，这一努力就是十年。

十年中，外廷换了几茬宰相，最近的一茬就是张九龄。

令武惠妃印象深刻的是，就是这个张九龄坏了她的好事，她一度就要把太子扳倒，没想到张九龄硬是扶住了太子摇摇欲坠的储君之位，这个南方蛮子，成事不足败事有余。

现在好了，张九龄彻底罢相，靠边站了，外廷宰相已经换成了自己的贴心人李林甫，此时动手，胜券在握。

不久，武惠妃又一次启动了废立计划，冲在前面的还是驸马杨洄。

杨洄给李隆基上了一道奏疏：

太子李瑛、鄂王李瑶、光王李琚，与太子妃兄、驸马薛锈图谋不轨。

"图谋不轨"就是一顶神奇的帽子，套在谁的头上都有可能生效，这一切就取决于皇帝是否明察秋毫。如果皇帝眼睛雪亮，这顶帽子生效的概率就会比较低，如果皇帝眼睛已经间歇性失明，那么这顶帽子扣在谁的头上，最终就是一顶"铁帽子亡"。

不幸的是，开元二十五年的李隆基已经五十二岁了，他不再耳聪目明，而是间歇性失聪，间歇性失明。

接到奏章的李隆基把李林甫和牛仙客找来商量，想听听两位宰相的意见。

这时李林甫上前一步，此时他的身份是一只把头埋进沙子里的鸵鸟。

李林甫说："这是陛下的家事，不是臣等能跟着出谋划策的！"

这就是李林甫，一个吏治高手，同时也是一个纯粹的脱离高级趣味的小人。

李林甫这么做，说穿了是明哲保身。原本他应该是一道约束皇帝行为的防火墙，然而他却主动关闭，任由那个叫李隆基的病毒在大唐王朝肆意发作。

这一发作，便将当了二十三年太子的李瑛推向了万丈深渊。

开元二十五年的李瑛，其实是一个孤儿，情感孤儿。

因为他的生母赵丽妃已经在开元十四年去世了。

当年，因为生母得宠，他得立为太子，后来生母失宠，他也失去了往日的光芒，开元十四年生母的去世，便让他失去了可以遮风挡雨的避风港。

原本张九龄在位时，还能用伦理道德给他披上一件防弹衣，现在张九龄不在了，李瑛失去了最后的依靠。

开元二十五年四月二十一日，李隆基派宦官在宫中宣布：

废李瑛、李瑶、李琚为庶人，驸马薛锈流放瀼州。

这是最后的结果吗？

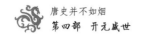

不是。

因为有唐以来的废太子从来没有好下场。

不久，李瑛、李瑶、李琚又接到了新的诏书：赐死！

诏书一下，三位原本金枝玉叶的皇子自杀于长安城东的驿站，驸马薛锈自杀于蓝田，四条鲜活的生命，葬送于李隆基一纸诏书之下。

如果让他们重新选择，他们还会选择生在帝王之家吗？

至此，开国一百余年的唐朝就形成了一个奇特定律：历任皇帝的第一任太子都没能成为继位的皇帝。

高祖李渊的第一任太子李建成，死于李世民发动的玄武门之变；

太宗李世民的第一任太子李承乾，被魏王李泰拱倒，最后幽禁而死；

高宗李治的第一任太子李忠，被武则天扳倒，最终赐死；

中宗李显的就不用说了，四个儿子全部非典型死亡；

睿宗李旦的第一任太子李成器，最终将储君之位让给了李隆基；

李隆基的第一任太子李瑛，当了二十三年太子之后被李隆基赐死。

六任首席太子，七出人生悲剧。

随着李瑛的人生悲剧谢幕，准皇后武惠妃无限接近了成功。

但无限接近，并不等于最后成功。

就在武惠妃自觉成功在望时，她患病了，而且产生了幻觉。

在幻觉中，她总感觉太子李瑛、鄂王李瑶、光王李琚在她的眼前走动，他们不是来问安的，而是来索命的。

武惠妃的幻觉越来越强烈，身体每况愈下。

七个多月后，武惠妃的幻觉终于消失了。

死人没有幻觉。

开元二十五年十二月七日，心比天高的武惠妃走完了自己的人生路，她的人生定格在三十八岁，定格在太子李瑛向她索命的幻觉之中。

回望武惠妃的一生，她曾经两次接近成功，一次在开元十四年，一次在开元二十五年，然而两次机会她都没能抓住，虽近在咫尺，但对她而言，咫尺就是天涯。

心中有鬼的人，总会遇到鬼，或许这是天意。

出人意料

武惠妃走了，难题却留下了，谁来当新太子？

如果武惠妃健在，这个难题不是问题，顺理成章把寿王李瑁扶上皇位就可以了。

现在不同了，承受李隆基宠爱最多的载体已经消失，寿王李瑁这个武惠妃的附属品还有当年的价值吗？

子凭母贵，母都不在了，子还贵吗？

李隆基陷入犹豫之中。

这时一个热心人却积极运作起来，他要奋力将寿王李瑁扶上皇位。

这个人就是李林甫。

李林甫如此做，不是因为他对武惠妃有多忠心，而是开弓没有回头箭，他已经回不了头了。一直以来，他都抱着武惠妃的大腿，站在寿王李瑁这条线上，现在武惠妃去世，李林甫想改弦易辙也来不及了，因为他的身上已经盖上了武惠妃的戳，谁都知道他是武惠妃的人，想拥立的皇子是寿王李瑁。

为了达到拥立李瑁的目的，李林甫三番五次在李隆基面前推荐李瑁，然而李隆基态度游移，始终举棋不定。

这时，李隆基回想起不久前赐死的三子，心突然揪了起来，毕竟他们都是自己的儿子，毕竟他们的身体里流淌着自己的血，毕竟他们的母亲都曾经是自己宠爱的嫔妃，而自己，一纸诏书就剥夺了他们的生命。

李隆基郁闷了起来，经常没有食欲，原本良好的睡眠也悄悄离他远去。

李隆基的郁闷被高力士看在眼里，作为多年的贴身宦官，高力士知道李隆基苦闷的根源。

高力士试探着问道："陛下近日茶饭不思，所为何事啊？"

李隆基回应说："你是我家老奴，难道不知道我的心思吗？"

高力士试着问道："是不是因为储君之位空缺，太子人选未定啊？"

李隆基点了点头："是的。"

高力士壮着胆子说道："陛下何必如此费心劳神，只要选一个年长一点的，谁还敢再争！"

李隆基眼睛一亮："你说的有道理，有道理！"

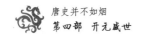

开元二十六年六月三日，李隆基下诏：册立忠王李亨为皇太子。

二十多年平平淡淡的李亨就这样被推上了太子之位，而武惠妃费了二十多年心机，到头来为李亨做了一件嫁衣。

其实，在李隆基册封李亨为太子时，还有一位皇子比李亨年长，这位年长的皇子叫李琮，是李隆基的长子。

李琮的一生是非常背的，开元二年册立太子时，他身为长子，本有机会，不料他的母亲刘华妃没有赵丽妃受宠，结果李琮败下阵来，李瑛成为太子；

开元二十六年，如果严格执行高力士的建议，首席太子人选是李琮而不是李亨，但这一次李琮又败了，他败给了自己。

他有两个难言之隐：

一、他的脸毁容了，打猎时被野兽抓破了脸；

二、他的生育能力存疑，到开元二十六年时依然膝下无子。

两相对比，李琮完败，李亨赢得最后的胜利，成为李隆基的新任太子。

延伸说一句，虽然李琮前后两次完败，但最后他也当上了皇帝，不过不是生前，而是死后。

他的弟弟李亨追赠的。

至此，明争暗斗十几年的争储大战终于结束，前太子李瑛惨败，武惠妃功败垂成，斗了十几年，双双失利，倒是让原本无欲无求的李亨坐收渔翁之利。

老天爷爱笨小孩。

值得一提的是，开元二十六年的争储失败是寿王李瑁人生中遭遇的第一次重大打击，但不是最后一次。数年后，李瑁遭遇了人生中的第二次打击，他的父亲李隆基送给他一顶硕大的帽子。

颜色有点特别。

绿色的！

第十四章　太阿倒持

名将落马

一提起李隆基的人生败笔，世人就会想到他对安禄山的过度宠幸。其实，宠幸安禄山只是李隆基人生败笔中的一个，从开元二十四年开始的诸多败笔叠加到一起，才酿成了最终的"安史之乱"。

风起于青萍之末。

开元二十四年，李隆基走出第一个错招：打压李祎。

在前面的章节中，信安王李祎曾经有过出场，正是他力排众议，一举攻克吐蕃军事重镇石堡城，使得唐朝开边一千余里。

攻克石堡城之后，李祎成为李隆基倚重的重将，开元十九年，李隆基又将李祎推上前台。

这一年奚和契丹一起投降突厥，让李隆基大为恼火，便任命忠王李亨为河北道行军元帅讨伐奚和契丹。李隆基这个任命其实是虚的，按照惯例，李亨只是挂名元帅，并不随军出征，真正领兵另有其人，这个重任落到了李祎肩上。

李祎不负众望，率军出征，大破奚和契丹，契丹军队向北狼狈逃窜，奚部落酋长则带领五千顶帐篷向唐朝投降，远征取得大胜。

凯旋之后，李祎凭借战功加封开府仪同三司，同时兼任关内支度使、营田使等职。

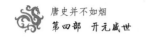

三年后，李祎升任兵部尚书兼朔方节度大使，人生达到了一个巅峰。

然而，在重用李祎的同时，李隆基对李祎也不放心，因为李祎是宗室子弟，他的祖父是吴王李恪，按照辈分，还是李隆基的堂叔。

对于这样一位有能力、有战功的堂叔，李隆基左右为难。如果继续重用李祎，李隆基担心将来尾大不掉；如果弃之不用，李隆基又觉得有些可惜。权衡再三，李隆基决定放弃李祎，他不能坐视一个宗室子弟坐大。

开元二十四年，李隆基的打压开始了。

打压从一个小人物开始。

小人物名叫武温眘，是武则天的侄孙，曾经担任过连州司马。

李隆基的系列打压就是从武温眘开始。

李隆基给武温眘扣的帽子是"结交权贵"。

这个帽子跟"图谋不轨"类似，一旦扣上，基本在劫难逃。

被扣上帽子的武温眘没能逃过劫难，他被乱棍打死，在他咽气的同时，一根打压链条随之诞生，李祎便这样毫无征兆地被拉下马。

以武温眘为起点的链条上，朔方、河东节度使李祎，广武王李承宏（邠王李守礼之子），泾州刺史薛自劝全部被牵连进去，他们的罪名是与武温眘有交往。

这就是欲加之罪，何患无辞。

经过这次近乎无中生有的牵连，李祎被贬为衢州刺史，后来又做过怀州、滑州刺史，虽然还在仕途，但已经是苟延残喘，再无作为，一位准名将，便这样在打压中无声无息湮没于历史之中。

在李祎之后，又一位名将落马了，这位名将也是一个熟人，幽州节度使张守珪。

张守珪的落马有点冤，他没有倒在枪林弹雨之中，而是倒在了宦官的相互倾轧之下。

开元二十七年，幽州地面进行了一场"狐假虎威"的战役。

说这场战役狐假虎威，是因为这场战役并没有得到张守珪同意，而是他属下的将领假借他的名义打的一场没有多大意义的战役。

张守珪手下有两位将军，一位叫赵堪，一位叫白真陀罗，两人不知是哪根筋搭错了，硬是要平卢军使（平卢军事基地司令）乌知义出兵攻打叛逃的奚部落残余部队，并且声明这是张守珪的命令。

久在边塞，乌知义对奚部落知根知底，他知道这些叛逃的残余部队看起来是乌合之众，但仍然具有很高的战斗力，如果贸然出击，很有可能遭遇惨败。乌知义拒绝了，坚决不出兵，就算是张守珪的命令也不出兵。

令乌知义没有想到的是，白真陀罗又来了，这回传的不是张守珪的命令，而是皇帝李隆基的命令。乌知义没办法了，他可以硬着头皮不听张守珪的命令，但是他不能不听李隆基的诏令，那么做就是拿自己的脑袋开玩笑。

自始至终，乌知义都不知道，不仅张守珪的命令是假的，连李隆基的命令也是假的。

"奉命"出征的乌知义与契丹叛军遭遇，先胜后败，不仅没能取得一场大捷，反而被契丹部落打得丢盔弃甲，惨不忍睹。战败的消息传到张守珪那里，张守珪惊呆了，他没有想到手下的将军居然能干出这样的蠢事，八成是想战功想疯了。

然而，事已至此，只能想办法补救，如实上报是不可能了，那样只能让皇上添堵，让自己坐蜡，为今之计只能把"败"改为"胜"，把"惨败"当"大捷"了。

或许，山高皇帝远，这次惨败也就遮过去了。

张守珪自以为做得神不知鬼不觉，然而战败的消息还是泄露了，一直泄露到李隆基的耳朵里。

麻烦就此向张守珪袭来。

为了调查战败真相，李隆基派出颇为信任的宦官牛仙童，责令牛仙童将事实调查清楚。

张守珪决定在牛仙童身上做文章，只要堵住牛仙童的嘴，事情还有缓和的余地。

张守珪双管齐下，他用两只手同时堵住了两张嘴。

一张是牛仙童的嘴，张守珪用的是让牛仙童眼晕的贿赂；一张是白真陀罗的嘴，张守珪逼他承担了战败责任，勒令自杀。

两张嘴都堵上了，白真陀罗再也不能说话，而且死无对证；牛仙童拿了贿赂，自然该说的说，不该说的不说。

张守珪安下心来，他以为事情到此就结束了。牛仙童也这样以为。

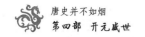

他们的判断都错了，因为树欲静而风不止。

尽管张守珪堵住了牛仙童的嘴，但堵不住宫中其他宦官的嘴，这些宦官因为牛仙童受宠心中充满忌妒，又辗转听说牛仙童得到巨额贿赂，他们的内心更加不平衡了。

几经调查，宦官们得知了真相，他们决定在牛仙童的背后狠狠捅上一刀，让你红，让你拿那么多贿赂。

小报告很快打到了李隆基那里，牛仙童、张守珪的厄运随之来临。

李隆基把牛仙童交给了大宦官杨思勖。

杨思勖是一个多栖发展的宦官，既能进宫服侍，又能带兵打仗，出刀时疾如闪电，下死手时从不眨眼。

牛仙童就是落到了他的手里。

杨思勖先把牛仙童绑了起来，狠狠打了数百杖，然后用刀把牛仙童的心剜了出来，最后把牛仙童的肉割了下来，放进嘴里吃了几口。

办这件大事时，杨思勖已经不年轻了，保守估计应该八十左右，从他的身上可以得出结论，一个人的心狠手辣，与年龄并不成反比，有时可能成正比。

有了牛仙童垫底，张守珪得到什么样的处罚都算轻的了。

开元二十七年六月十三日，张守珪被贬为括州（今浙江省丽水市）刺史，这还是李隆基念在他过去有功网开一面，不然，他比牛仙童的下场好不了多少。

张守珪注定是一个悲剧，到任不久，便背上生疽，郁郁而死。

原本他有望成为大唐王朝的北方长城，结果因为一场"狐假虎威"的战役而前功尽弃。

在张守珪之后，幽州节度使又换了两任，直到换上大唐王朝的噩梦——安禄山。

如果张守珪一直镇守幽州，或许安禄山就没有发动"安史之乱"的机会。

如果仅仅是如果，历史终究不可更改。

开 战 吐 蕃

从开元二十四年到开元二十七年，准名将李祎被打压落马，名将张守珪郁郁而终，不经意中，李隆基已经自毁两道长城。

在此期间，唐朝与吐蕃之间的和平共处也被打破了，起因是两个立功心切的人。

原本，在唐朝与吐蕃签订和平友好互不侵犯条约后，边境便平静了下来。

河西节度使崔希逸便派人对吐蕃边将乞力徐说："两国通好，现在都成了一家人，何必还在边境驻军警备，这样驻军不仅徒劳无功，而且还妨碍农耕和放牧，不如咱们两家都撤回边境驻军吧！"

乞力徐说："我知道崔大人忠厚，肯定不会欺骗我们。然而朝廷未必会一直让您镇守这里，万一有奸臣在皇帝面前进谗言，进而趁我们没有防备发动进攻，那可是后悔莫及啊！"

崔希逸一听，吐蕃人这是信不过我。

这好办，咱们杀白狗盟誓。

杀白狗盟誓之后，崔希逸和乞力徐同时撤走了边境驻军，他们都以为这次白狗盟誓能够管用一辈子，没想到，只有几年。

在这平静的几年中，吐蕃人的畜牧事业迅速发展，牛羊漫山遍野，一幅和谐共处的祥和景象。然而，在祥和景象的背后，一场危机正在酝酿。

当时，吐蕃在西方进攻勃律国，勃律国分大勃律国和小勃律国，小勃律国位于今克什米尔吉尔吉特市，大勃律国则位于今吉尔吉特市东南二百公里。

勃律国被吐蕃打得无力招架，便派使臣前往长安求援。

按说，勃律国与长安相隔遥远，李隆基没有必要管勃律国的死活，但是勃律国求到李隆基那里，李隆基便想管上一管，毕竟他是大国皇帝，还得担负起国际责任。

李隆基随即给吐蕃下诏，命令吐蕃停止攻打，令李隆基没想到的是，吐蕃外甥没理他那套，照打不误，一直把勃律国攻破。

李隆基舅舅恼了，这个吐蕃外甥又不听话了。

事有凑巧，就在李隆基恼怒于吐蕃时，河西节度使崔希逸的侍从官员孙诲前往长安奏事，听说了李隆基的烦恼。

孙诲眼前一亮，觉得自己立功的机会到了。

到了李隆基面前，孙诲给李隆基提了一个建议：目前吐蕃毫无防备，我们这时发动袭击，必能取得大胜。

按常理说，我泱泱大国以诚信为本，孙诲这种鸡贼式的建议是不会被采纳的。然而被愤怒占据心胸的李隆基已经顾不了那么多了，他居然动了心。

李隆基派出内给事（宦官总管府秘书）赵惠琮与孙诲一起回河西战区，这个安排是让赵惠琮前去实地查看，何时发动进攻回长安再议。

令李隆基没有想到的是，一出长安，赵惠琮就把鸡毛当成了令箭。

他向崔希逸下达了李隆基的"口谕"：向吐蕃发动闪电袭击。

那个年月没有手机，也没有电话，想要验证这个"口谕"至少需要十天半个月；再者崔希逸知道，赵惠琮是李隆基身边的人，这样的人得罪不起。

如此一来，只能委屈吐蕃兄弟了，可惜了那条杀身成仁的白狗。

怀着愧疚，崔希逸发兵突入吐蕃境内两千余里，在青海湖西，与吐蕃军队大战一场，有备而来的唐军将没有防备的吐蕃军队打得大败，斩首两千余人。

当初与崔希逸杀白狗盟誓的吐蕃守将乞力徐狼狈逃脱，临走时，留给崔希逸一个哀怨的眼神。

这个眼神让崔希逸终生难忘，最终他便因为这个眼神愧疚而死。

诚信第一！

在崔希逸饱含愧疚的同时，两个立功心切的人却受到了重赏，他们得到了想要的东西，但从此打破了唐朝和吐蕃的平静。

从此，西线战事又起，绵延不绝。

兵 制 改 革

随着西线战事又起，李隆基将兵制改革提上了议事日程。

唐朝初期，原本沿用的是府兵制，兵民合一，国家无事时则耕种于田野，另外按照排班顺序，轮流前往长安拱卫京师。如果边境有事，则授命大将领兵出征，战罢士兵回家，大将还朝，各就各位。这样的好处在于，士兵不存在失业和无家可归的情况，而将帅平时手里无兵，即便想作乱，也是无米之炊。

随着时间的推移，府兵制已经跟不上时代发展，于是在开元十年张说便建议李隆基改革兵制，改征兵为募兵，一举招募了十余万精兵，是为"彍骑"。

时间进入开元二十五年，"彍骑"也不够用了，于是李隆基下诏：

各地节度使根据军、镇的重要程度，审计兵员额度，可以在现有各兵种以及流动人口中招募壮丁，用以充当长期戍边的士兵。这些士兵除享受正规士兵待遇外，另外给予田宅，一切待遇从优。

这纸诏书看起来简单，实际却是一道兵制改革的分水岭。

在此之前，唐朝的兵制以府兵、圹骑为主体，府兵是"兵民合一"，"圹骑"相当于准职业化。而在此之后，戍边士兵全部由招募而来，不再由全国各地府兵轮流镇守，这就让戍边的士兵走向了职业化。

这次职业化，对于唐朝而言是一把双刃剑，这把双刃剑在刺向敌人的同时，也对使用这把剑的主人发出摄人心魄的道道寒光。

节度使和方镇由此渐渐成为主角。

方镇，即节度使手下的兵镇，起源是边将的屯防区。在唐朝初年，戍边的兵镇，大的叫军，小的叫守捉、城、镇，这些整合到一起便称为道（相当于现在的大军区）。

唐朝开国到李隆基天宝年间之前，一直采用这种体制，军、城、镇、守捉的长官叫作使，而道则设大将一人，叫作大总管，后来改叫大都督。

高宗永徽年间以后，有的大都督官衔中就出现了"使持节"字样，意思是在本道代表皇帝行使职权，这就是节度使最早的雏形，不过那时还不叫节度使。

景云二年（711 年），睿宗李旦任命贺拔延嗣为凉州都督、河西节度使，唐朝节度使由此正式发端。

也有一种说法是，景云元年（710 年），薛仁贵的儿子薛讷出任幽州节度使，是为唐朝第一个真正意义的节度使。

无论是薛讷还是贺拔延嗣，总之唐朝的节度使已经开始发端，再经过数十年的发展，到李隆基天宝元年，节度使已经成为绝对的主角。

天宝元年，唐朝直接统治的州达到三百三十一个，名义上归唐朝统治的州达到八百个，在边境上，共分九个节度（战区）、一个经略（军事指挥区）。

安西节度，主要安抚西域，总部在龟兹城（今新疆库车县），兵力两万四千人；

北庭节度，防御突骑施、坚昆，总部在北庭都护府（今新疆吉木萨尔县），兵力两万人；

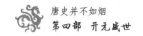

河西节度，隔断吐蕃和突厥的联系，总部在凉州（今甘肃省武威县），兵力七万三千人；

朔方节度，防御突厥，总部在灵州（今宁夏灵武县），兵力六万四千七百人；

河东节度，与朔方成掎角之势，防御突厥，总部在太原府，兵力五万五千人；

范阳节度，安抚奚、契丹，总部在幽州（今北京市），兵力九万一千四百人；

平卢节度，镇抚室韦、靺鞨，总部在营州（今辽宁省朝阳市），兵力三万七千五百人；

陇右节度，防御吐蕃，总部在鄯州（今青海乐都县），兵力七万五千人；

剑南节度，西抗吐蕃，南抚蛮獠，总部在益州（今四川成都市），兵力三万零九百人；

岭南五府经略，安抚夷、獠，总部在广州，兵力一万五千零四百人；

此外还有长乐经略，总部在福州，兵力一千五百人；

东莱守捉，总部在莱州；东牟守捉，总部在登州；兵各一千人。

边境所有兵力达四十九万，马八万余匹。

开元之前，每年供给边境士兵衣服粮食所需费用不过二百万；

天宝之后，每年用衣一千零二十万匹，粮食一百九十万斛，在国防史无前例得到加强的同时，国家的军费开支与日俱增。

至此，李隆基完成了对边境的布局，他自认为这是一个堪称完美的国防体系，一个有唐以来最为庞大的体系。

然而他却没有意识到，九个节度和一个经略兵力已经达到了四十九万人，如此庞大的边兵规模已经与京城形成本末倒置之势。

末大本小，太阿倒持。

当这个国防体系运行通畅时，李隆基可以通过这个体系去开疆扩土，比肩汉武；而当这个体系运行受阻，局部病毒发作时，这套关系李唐江山社稷安危的国家安全体系便到了崩溃的边缘。

原本太阿倒持就是授人以柄，偏偏李隆基在张守珪落马之后又钟情于那个叫安禄山的胡人，正是这个胡人最终成为李隆基国防体系的最大病毒。

第十五章 两只老虎

安禄山崛起

开元二十七年，名将张守珪意外落马，从此退出历史舞台。

在张守珪之后，他一手提拔的安禄山迅速崛起，安禄山的崛起过程，可以写一本职场教科书——《安禄山教你如何往上爬》。

说起来，安禄山的方法很简单，两个字——巴结。

可能是因为年轻时当过互市牙郎，安禄山练就了察言观色的本事，平常他处事圆滑，为人讨巧，精于谄媚，见人说人话，见妖说妖话，见了人妖就说人妖话。

久而久之，凡是跟他接触过的人，都说他的好话。

这也是一种本事。

在处理好群众关系的同时，安禄山也重点突破，他重点突破的对象就是李隆基左右侍从。每逢李隆基的左右侍从到安禄山的防区，安禄山都会拿出十二分的热情招待，热情招待之余，还会送上让人眼晕、无法拒绝的贿赂。

这样一来，安禄山便做足了人情。

在别人看来，这些左右侍从不过是一群奴才，而在安禄山看来，却是他的贵人，因为这些人离皇帝更近。

想接近领导，就必须从接近领导身边的人入手，安禄山总结道。

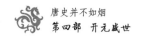

时间一长，安禄山的"优秀品质"让众人交口称赞。

得到安禄山好处的人回到长安后，更是为安禄山打起了广告，一来二去，安禄山在李隆基心中占据了一席之地。

不久，又一个大人物从长安而来，大人物名叫张利贞，时任御史中丞，同时兼任河北巡查特使。

安禄山知道这是一条大鱼，这条大鱼是御史台的二号人物，一句话可能顶别人一万句，如果这个人能帮自己美言几句，可能就会立竿见影。安禄山下了血本，他不仅用贿赂砸晕了张利贞，同时也用贿赂砸晕了张利贞的手下，此时的他就是一个散财童子，不断地往张利贞以及他的手下手里塞钱。

安禄山坚信，一分耕耘一分收获。

回到长安，张利贞果然把安禄山的"优秀品质"报告给李隆基，这次报告给安禄山插上了梦想的翅膀。

开元二十九年八月十七日，李隆基委任安禄山为营州都督，同时兼任平卢军使，同时兼任契丹、奚、渤海、黑水靺鞨四府经略使。

此时的安禄山与节度使还有一步之遥。

在这之后，安禄山加大了投入力度，他让每个从长安来的使节都乐得合不拢嘴。

投桃报李，心情大好的使节回到长安继续给安禄山造势，一年下来，安禄山在李隆基心目中扎了根。

李隆基决定重用安禄山，他想让安禄山当节度使。

新的问题随之而来，现有的节度使岗位已经满员，该把安禄山往哪放呢？

李隆基灵机一动，孙悟空变戏法一般变出了一个节度使岗位。

李隆基把安禄山所在的平卢军从幽州分了出来，将平卢军升级为平卢节度，这样安禄山就成为第一任平卢节度使。

安禄山跃上了人生的关键台阶。

出任平卢节度使后，安禄山并不就此止步，他想要的还有很多。

他把目标锁定范阳节度使。

范阳节度由原来的幽州节度改名而来，是全国最大的战区，兵力达到九万一千四百人，而安禄山所在的平卢节度兵力只有三万七千五百人，仅仅相当于范阳的三分之一。

如何才能把范阳节度使弄到手呢？

安禄山再次开动脑筋。

久在官场的安禄山知道，范阳节度使是全国最重要的位置，仅靠送礼是不够的，要想拿到这个职位必须打动一个人，这个人就是李隆基。

如何才能打动李隆基呢？安禄山自有妙计。

公元743年，安禄山入朝进见，这次进见让李隆基欢喜不已。

写到这里，很多人会疑惑，为什么李隆基会对安禄山这个胡人充满好感，莫非他们前世有缘？

不是前世有缘，而是因为开元二十二年那次刀下留人。

当时，宰相张九龄力主杀掉安禄山，而李隆基考虑到安禄山是个人才硬是留了下来，这次刀下留人让安禄山大难不死，也就此开始了与李隆基一生的"缘分"。

古往今来，中国的一些官员都有一种微妙的心理，我把这种心理叫作老母鸡心理。

何为老母鸡心理？

就是把自己当成老母鸡，把自己看重的下属当成小鸡。

众所周知，老母鸡对小鸡呵护有加，而这些官员对老下属同样呵护有加，久而久之就会形成一种"鸡犬升天"现象。官员高升，老下属也随之高升，二者的关系，如同捆绑式火箭。究其原因，是官员对自己的眼光充满自信，因此，一旦认定某个下属，就会始终不遗余力地提拔，尽管有时的提拔不完全符合原则。

李隆基对安禄山同样如此，他对安禄山不断的提拔就是为了证明自己眼光独到，慧眼识珠。再者，李隆基不是一般皇帝，他是一个骨子里有着浪漫基因的皇帝，凡是这样的皇帝，一般不按常理出牌，他敢冒天下之大不韪把儿媳升级为贵妃就可见一斑。

一个不按常理出牌的皇帝，做什么出格的事都是可以理解的。

安禄山入朝之后，李隆基给了他一个特别权限：随时进出皇宫，朕的大门随时为你敞开。

安禄山大喜过望，忙不迭地谢主隆恩。

谢完恩后，安禄山说："去年营州发生了虫灾，虫子在田地里啃食青苗，臣就焚香祷告，如果臣居心不良，事君不忠，就让虫子啃噬臣的心；如果臣没有辜负神灵，那么请求上天把虫子赶走。臣刚祈祷完，就有一群鸟从北方飞来，一会儿工夫就把虫子吃光了。臣恳请陛下恩准，将这件事写进国史。"

但凡智商正常的人都能听出安禄山话语里的荒谬，哪有那么巧，刚祈祷完鸟就来了，难道鸟是你们家自己养的？李隆基智商正常，他也知道安禄山满嘴跑火车，但此时的他太喜爱安禄山了，即便知道安禄山说谎，也觉得安禄山说谎说得很可爱。

情人眼里出西施，李隆基眼里出安禄山。

安禄山谎话说完，李隆基当即批准，于是安禄山"祷告驱虫"就被写进了国史，直到现在我们还看得见。

"虫子事件"为安禄山打响了第一炮，不久，安禄山又开了第二炮。

他把炮口对准了一件荒唐的考试舞弊案。

当时，宰相李林甫兼任吏部尚书，由于李林甫本身是宰相，业务非常繁忙，因此吏部的很多工作就由吏部侍郎宋遥和苗晋卿负责，这一年的候补官员选拔考试也是由这两人负责。

这次考试出了乱子。

参加这次选拔考试的候补官员数以万计，他们都已经具备了做官资格，参加这次考试就是为了更早获得一个职位。

考试的录取比例非常低，数万人参考，而最终的录取名额只有六十四人，录取比例与现代的公务员考试有一拼。

原本以成绩说话，大家都认赌服输，然而考试结束公布榜单，考生傻眼了，名列榜首的居然是御史中丞张倚之子张奭。

众人傻眼一是因为张奭作为高官之子的身份，二是据他们所知，张奭几乎目不识丁，大字都不认得几个，会不会写自己名字里那个"奭"字都很难说。

这一下，就炸了锅。

吏部侍郎宋遥和苗晋卿眼看群情激昂，只能心里叫苦，当初他们只知道张倚正受李隆基恩宠，想借此机会拍一下张倚的马屁，没想到用力过猛，引起了公愤。

宋遥和苗晋卿试图把这件事压下去，千万不能让李隆基知道。

李隆基起初并不知道，但安禄山知道了，安禄山意识到这是自己的机会，此时不报，更待何时？

安禄山屁颠颠地将此事汇报给李隆基，李隆基大吃一惊，自己委任的吏部侍郎居然干出这么以权谋私的事情，必须查一查了。

李隆基查案的方式很特别，他没有直接调查宋遥和苗晋卿的以权谋私，而是把六十四个录取的考生都召了进来，他亲自对他们进行考试。

发完试卷，其余六十三个考生开始答题，榜首张奭则低着头发呆，整整一天过去了，张奭的考卷比他的脸都白，他居然一个字都没写。

哪怕把自己的名字写上也好啊！

白卷英雄就此诞生。

从此张奭有了一个响亮的绰号，"曳白"，翻译过来，就是"拉白屎"。

不久，参与舞弊的官员都遭到严惩，马屁拍马腿上的宋遥被贬为武当太守，苗晋卿被贬为安康太守，被拍马屁的御史中丞张倚被贬为淮阳太守，连陪同担任考官的礼部郎中也被贬到岭南。

所有的人都是失败者，只有安禄山一个胜利者。

经过"虫子事件""舞弊事件"，李隆基对安禄山更加刮目相看，这个安禄山不仅有军事才能，而且忠心可嘉，这样的人一定要重用。

一年后，安禄山的努力得到了回报。

公元744年三月五日，李隆基发布了一纸诏书，将范阳节度使裴宽调回长安，出任户部尚书。

让裴宽出任户部尚书，其实是为了给安禄山腾位置。

紧接着，李隆基又下了一道诏书：安禄山兼任范阳节度使，同时平卢节度使保留。

安禄山梦想成真。

此时，安禄山手握范阳、平卢两镇，手中的兵力达到了十二万八千九百人，占到了唐朝边境兵力的四分之一。

如果说，李隆基让安禄山出任平卢节度使是为安禄山这只老虎插上了一只翅膀，那么现在李隆基又给这只老虎插上另一只大翅膀。

醉心于自己慧眼识珠的李隆基丝毫没有意识到，眼前的这只老虎，插上翅膀是会飞的。

李隆基的错觉还在继续，因为他的身边布满了一群为安禄山说好话的人。

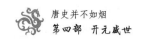
礼部尚书席建侯时任河北擢升黜陟使，他对安禄山交口称赞，在他的口中，安禄山是公平正直的化身。与此同时，宰相李林甫、前范阳节度使裴宽也顺着席建侯的话头对安禄山称赞不已。

难道他们都看到了安禄山的能力？

不是。

他们三人看到的东西并不一致。

席建侯看到的是安禄山的贿赂，因此他帮安禄山说话；

李林甫看到了李隆基对安禄山的宠爱，因此他顺杆爬；

前范阳节度使裴宽既看到了安禄山的八面玲珑，也看到了李隆基对安禄山的宠爱，因此他也帮安禄山说话。

三人可以成虎，三人就此成就了安禄山。

从此，安禄山的恩宠稳如泰山，不可动摇。

因为所有的人都说他好。

这是金钱的力量，也是白内障的力量。

李林甫掌权

李隆基注定是可悲的，因为他在罢免张九龄后就开始养老虎，一养就是两只。

一只老虎在边塞，名字叫安禄山；一只老虎在长安，名字叫李林甫。

正是这两只老虎让李隆基的开元盛世走上了茫茫未知的歧途。

相比于安禄山，李林甫这只老虎更加凶猛。

接替张九龄出任第一宰相后，李林甫就下定决心，绝不走张九龄的老路，绝不干直言进谏的傻事。

不仅自己不能干，也不准别人干。

上任伊始，李林甫召集所有有权力上谏的官员开了个会，在这个会上，李林甫与各位官员推心置腹：

现在明主在上，群臣迎合圣意还来不及，还需要多说什么废话呢？诸位难道没看见那些仪仗马吗？那些马吃的可是相当于三品官员俸禄的草料，待遇不可谓不高。可是如果在参加仪仗时乱叫，立刻就会被赶走，永远失去当仪仗马的资格，真到那时，悔之晚矣！

与会官员，面面相觑，他们知道李林甫这是在借马说事，意思是让他们从此闭口不言，装聋作哑。

大多数官员保持了沉默，他们知道，他们的大腿还没有李林甫的胳膊粗。

经过这次会议，直言上谏基本绝迹，不过也有例外，左补阙杜琎。

杜琎没有听从李林甫的建议，他执着地给李隆基上了一封奏疏，针对最近发生的一件事情提出自己的建议。

放在以前，这种事情司空见惯，而放在李林甫开会之后，性质就严重了。

李林甫决定给杜琎点颜色看看。

杜琎上完奏疏的第二天，效果立现：他的品级由从七品升为从六品。

品级升了，杜琎却沮丧起来，他知道这是李林甫针对自己，给自己来了个明升暗降。

杜琎本来是从七品的左补阙，现在李林甫把他升为从六品的下邽县令，表面看杜琎升了官，其实相当于被贬，因为那个时代京官比地方官含金量高得多。

杜琎被"明升暗降"之后，朝中直言上谏的风气几乎绝迹，这一切始作俑者便是李林甫。

人注定是复杂的，官员同样也是复杂的，中国历史习惯用忠臣和奸臣来区分大臣，其实这个区分方法并不科学，因为过于一刀切，过于脸谱化。

细读历史就会发现，忠臣和奸臣都是历史的组成部分，并没有纯粹的奸臣和忠臣。

有一个现象值得注意，忠臣不等于能臣，历史上的很多忠臣其实是庸臣，不干事；奸臣也不等于庸臣，历史上的很多奸臣其实本身是能臣，很能干事。

是不是有些矛盾？

历史本身就是这么矛盾。

具体到李林甫，历史一直给他戴着奸臣的帽子，我也把他叫作奸臣，但不可否认，这个奸臣也是能臣，是个能干事的人。

我们可以提出两个名词，一个叫人格，一个姑且叫作官格，古往今来的仕途中人，都是人格和官格的复合载体，有的人人格很高，官格却很低，有的人

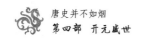
人格很低，但官格却很高。

正应了那句话，好人不一定是好官，好官不一定是好人。

李林甫呢？

严格说来，他基本能履行好自己的职责，算个准好官，而人品就不说了，小人一个。

就是这么一个小人，出任宰相不久就遇上了天大的好事。

开元二十五年七月，大理少卿徐峤给李隆基上了一道奏疏，奏疏是这样写的：

今年全国处以死刑的犯人总共五十六人，人数之低为历年之最。大理寺监狱向来有杀气重的说法，鸟雀都不在大理寺附近栖息。今年不一样了，已经有鸟雀在大理寺的树上筑巢。

徐峤之后，其他官员纷纷行动起来，既然有徐峤抛砖，众人赶紧引玉：这说明陛下治国有方，全国已经达到几乎没有刑罚的盛世了，可喜可贺。

千穿万穿，马屁不穿。

看着文武百官的奏章，李隆基心花怒放，一直以来他知道国家正在蒸蒸日上，但没有想到已经到了几乎不用刑罚的盛世，确实值得庆贺。

高兴之余，李隆基体现了高风亮节：

这不是朕的功劳，而是宰相的功劳！

李隆基这一谦虚，李林甫和牛仙客的好事就来了。

开元二十五年七月八日，李林甫被封为晋国公，牛仙客被封为豳国公。

具有对比意义的是，前任宰相张九龄不过被封为始兴县伯，跟李林甫的晋国公差着级别呢！

人比人，得死！

以晋国公为起点，李林甫上下其手，他试图用自己的两只手捂住李隆基的眼睛。

在这个过程中，三位官员不知不觉掉进了李林甫的圈套。

第一个掉入李林甫圈套的是兵部侍郎卢绚，他掉入圈套是个意外。

一天，李隆基前往勤政务本楼欣赏音乐，为了保持安静，便命人把门帘放了下来。

兵部侍郎卢绚原本知道李隆基在勤政务本楼欣赏音乐，然而等他骑马路过时，看见门帘已经放了下来，便以为李隆基已经起驾回宫了。

卢绚便没有下马，只是垂下马鞭，拽着缰绳，缓缓地走了过去。马背上的卢绚风采卓然、气度不凡，引起了李隆基的注意，李隆基一直目送卢绚离开自己的视野。

这时李隆基感叹了一句："卢绚真是渊博厚重啊！"

李隆基心里顿时起了重用卢绚的念头。

看得出，这时的李隆基以貌取人。

李隆基的一举一动被左右看在了眼里，而这些左右都收了李林甫好处，他们就是李林甫的第三只眼。

听说李隆基想重用卢绚，李林甫有些着急，他知道此时的李隆基不按常理出牌，说不定一重用就会把卢绚推上宰相之位，那样自己就多了一个对手，不行，不能让卢绚得到重用。

眼睛一转，李林甫有了主意。

李林甫找来卢绚的儿子，对他说："令尊素有德望，而今交州（今越南河内）、广州正缺刺史，皇上想让令尊出任，你看这事可不可行？如果令尊以路途遥远为借口拒绝的话，恐怕会被贬；我倒有一个办法，不如让令尊主动要求担任太子宾客或者太子詹事，到时在洛阳上班，也是不错的位置，你看怎么样？"

卢绚听了儿子的传话，顿时慌了，交州、广州与长安相隔数千里，除非被贬，不然谁愿意去那里。还是退而求其次，当个太子宾客、太子詹事也行。

事情发展到这一步，一切尽在李林甫的控制之中。

不过，李林甫还不着急，他不想一下把卢绚从兵部侍郎送上太子宾客的冷板凳上，那样过于明显。

李林甫先把卢绚委任为华州刺史，做个过渡。

不久，李林甫又以卢绚有病在身不能主持工作为由将卢绚调离华州，然后委任为太子詹事。

一番闪转腾挪，卢绚掉进了李林甫挖好的坑里，从此再没有被重用的机会。

卢绚之后，李林甫的老冤家严挺之也掉进了坑里。

严挺之被坑，起因还是李隆基意图重用。

一天，李隆基突然想起了严挺之，便问李林甫："严挺之现在什么地方？

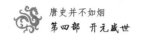

这个人值得重用。"

李林甫一听，不好，千万不能让这个老冤家回来。

李林甫故技重施，按照对付卢绚的方法照方抓药。

这一回李林甫找的是严挺之的弟弟严损之，李林甫对严损之说："皇上对尊兄很看重，应该尽快安排尊兄与皇上见一面，说不定马上就能重用。我看就让尊兄自称患有中风，恳请回长安就医，这样不就能跟皇上见面了吗?"

严损之和严挺之都是实在人，他们以为李林甫一片好心。

严挺之随后按着李林甫的建议上了一道"请求到京城就医"的奏疏，这道奏疏让严挺之一下掉进坑里。

李林甫拿到奏疏，不无伤感地对李隆基说："唉，严挺之已经衰老中风了，应该给他安排一个清闲的官职，方便他求医养病。"

李隆基闻言，感叹不已，岁月不饶人啊。

不久，严挺之被任命为太子詹事，提前进入养老生涯。

值得一提的是，严挺之为人有情有义，对故交生死如一，他的不少故交先他而去，严挺之便抚恤故交的妻女。在他一生之中，先后抚恤了数十名故交的孤女，在这些孤女成年后，他又自己出钱，把这些孤女嫁到合适的人家。

或许，有情有义也是一种基因，严挺之的儿子严武继承了父亲的优点。当全社会都把杜甫当成丧家犬时，严武给了杜甫无私的帮助，杜甫草堂就是严武帮杜甫盖的。

严挺之之后，又一位老资格官员掉进了李林甫的套里，这个人就是称姚崇为"救时宰相"的齐澣。

齐澣被李林甫算计，是因为他的资历和威望，李林甫担心李隆基有朝一日会重用齐澣，索性一步到位，把齐澣委任为太子少詹事。太子少詹事是闲职，一旦到了这个职位，离退休也就不远了，李隆基总不会重用一个快退休的人。

经过一系列的上下其手，李林甫基本将朝政掌握在自己手中，他的搭档牛仙客则扮演着与卢怀慎、苏颋一样的角色：领导点头我点头，领导画圈我画圈。

这是李林甫努力的结果，也是李林甫想要的结果，不过好景不长。

几年后，挑战不期而至，李林甫意识到，以前的自己太温柔了，以后，自己必须狠一点!

再狠一点!

第十六章　贵妃醉酒

曾 经 沧 海

开元二十五年十二月七日，曾经红极一时的武惠妃走完了自己的人生路，武惠妃从此一了百了，李隆基却陷入无尽的寂寞之中。

李隆基感觉后宫空了。

他找不到与自己心心相印的人。

此时著名诗人元稹还没出生，"曾经沧海难为水，除却巫山不是云"的诗句也没问世，但无论元稹出没出生，诗句问没问世，李隆基无法慰藉的心情与后世的元稹却是殊途同归的。

百无聊赖，李隆基只能在后宫的佳丽中勉强挑选一两个，以慰藉自己空虚的心灵，生性浪漫的他，挑选佳丽的方法也很特别。

每逢春天，李隆基都会在宫中举办宴席，与此同时他让参加海选的嫔妃们都插上娇艳的花朵，然后等待评委的评判。

不一会儿，评委出现了。

评委是一只粉色的蝴蝶。

李隆基亲自放飞这只粉色的蝴蝶，然后目不转睛地看蝴蝶飞往何处，如果蝴蝶在哪枝花朵上落下了，那么佩戴此花的嫔妃就是赢家，她获得的奖品是"侍寝"。

这就是李隆基,一个浪漫的皇帝,连选择嫔妃侍寝都能玩出花样。

相比之下,晋武帝司马炎就俗不可耐了。

司马炎灭掉东吴之后,东吴的嫔妃也被他收入囊中,这样他的后宫就云集了晋、蜀、吴三国嫔妃,原来三个皇帝享用的嫔妃,现在归他一个人所有。

没有女人苦恼,女人多了也苦恼,身处美女海洋的司马炎更加苦恼,美女太多,他不知道该临幸哪一个。

苦恼过后,他想出了办法,他决定将选择权下放。

他把选择权交给了羊。

每天,当司马炎想临幸美女时,就会坐上羊拉的小车在后宫游逛,如果羊在哪个宫门前停下徘徊不前,那么司马炎就走下羊车,今晚就下榻此宫。

时间一长,嫔妃们琢磨出门道,她们纷纷想出了对付羊的高招,有的在宫门口挂上鲜美的青草,有的则在宫门前洒上盐水,据说这样都能提高羊的回头率。

要我说,吸引羊的方法很简单,养只母羊!

回过头,再来说李隆基的寂寞后宫。

尽管李隆基想出了用粉色蝴蝶做评委的方法,但是这个方法不能老用,只能在草长莺飞的春天用,其他时节用不上,一是蝴蝶和花不一定应景,二是重复多了便不浪漫了。

李隆基还会想出新办法吗?

他没想出来,只能看自己的心情,想起哪个算哪个。

久而久之,后宫中流行起一种游戏:赌钱。

由于李隆基没有特别钟情的妃子,因此被他临幸对每一个妃子而言都是小概率事件,难度之大相当于中彩票。于是妃子们就在这上面做起了文章,她们凑在一起开始赌钱,规矩是这样的:每人拿出相同数额的钱,交给信得过的人保管,如果谁当晚得到临幸,那么这笔钱就归谁所有。

赌钱的游戏流行了一段时间,妃子们参与得不亦乐乎,也算她们后宫苍白生活中的一点寄托,一点点缀。

平淡的生活就这样一天天过去,李隆基心中总觉得少了一点什么,就像经常喝的汤里忘记了放盐。

虽然只是一点点。

但差的就是那一点点。

神 秘 梅 妃

在现有的文学作品里，提到杨贵妃就会提起另外一个女人——梅妃，因为她是武惠妃去世后、杨贵妃进宫之前最受宠的嫔妃。

梅妃是谁？她又是怎样一个女人？

据《梅妃传》记载，梅妃名叫江采萍，福建莆田人，开元年间被选入宫中。她生性不喜铅华，唯爱淡妆雅服，崇尚自然明秀，擅长歌舞，同时擅长诗赋，因为酷爱梅花，李隆基戏称她为"梅精"，梅妃由此而来。

原本在李隆基的后宫中，梅妃算是比较得宠的，然而随着杨贵妃的入宫，梅妃地位一落千丈，往日恩宠一去不返，反而被迁到了上阳东宫，过上了冷宫残月的生活。

据民间传说，有一次李隆基想起了梅妃，便派宦官把梅妃召来，当晚宠幸。临近天明，忽然有侍从惊慌失措地进来报告："贵妃来了！"李隆基顿时慌了，急忙将梅妃藏了起来。

杨贵妃一进门便问："梅精在哪里呢？请陛下叫她出来，今天我要跟她一同到温泉沐浴。"

李隆基赶忙遮掩："她不是早就被驱逐了吗？我到哪里叫她啊？"

杨贵妃怒道："桌上都是酒菜，床下还有女人的鞋，昨夜是什么人为陛下侍寝呢？"

说完，杨贵妃便气呼呼地走了。

这件事的后果是严重的，自此，李隆基再也不敢与梅妃接近。

不久，梅妃看到皇宫外不断有驿马走动，似乎是在往皇宫运送什么东西，便问左右："是给我送梅花的吗？"

左右支支吾吾，终于还是道破实情："不是，那是来自岭南的荔枝，专门送给杨贵妃的。"

梅妃的心跌落到谷底。

后来，备受煎熬的李隆基派人偷偷送了一斛珍珠给梅妃，令他没想到的

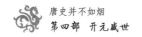

是，梅妃拒绝了。

梅妃不但拒绝，而且还让人给李隆基带了一首诗：

> 柳叶双眉久不描，残妆和泪湿红绡。
>
> 长门自是无梳洗，何无珍珠慰寂寥。

李隆基看罢，感伤不已，便叫乐工谱成新曲，曲名叫作《一斛珠》，此后成为流行的宫廷名曲。

公元755年，安史之乱爆发，长安沦陷，梅妃死于乱兵之手。李隆基重返长安后，找到了梅妃的一幅画像，他亲自为这幅画像题了一首诗：

> 忆昔娇妃在紫宸，铅华不御得天真。
>
> 霜绡虽似当时态，争奈娇波不顾人。

后来，李隆基在温泉池畔梅树下找到了梅妃的尸首，伤感之后，便命人以嫔妃之礼将梅妃安葬。

好一番儿女情长。可惜都是编的。

历史上的梅妃是否真的存在，史学界存在较大争论，多数认为，梅妃并不存在，因为《旧唐书》《新唐书》《资治通鉴》都没有相关记载。试想，一个能跟杨贵妃争宠的女人，难道在正史中连个名字都留不下吗？

后来，众人追根溯源，发现关于梅妃的传说基本都是从《梅妃传》衍化而来的，《梅妃传》又是什么人写的呢？相传是唐朝一个叫曹邺的人写的，但证据也不充分。至于《梅妃传》的抄录者，后人知之甚少，只知道此人是北宋、南宋之交的人。

综合种种蛛丝马迹，鲁迅先生和郑振铎先生都认为，梅妃其实是不存在的。

或许因为李隆基太有名了，所以后人喜欢往他的身上编排。

坦白地说，《梅妃传》编排得不错，很唯美，很传神，如同罗贯中写的《三国演义》，因为过于精彩，有些时候甚至被当成了正史。

其实，演义不等于正史，而正史必定不是演义。

贵妃出场

杨贵妃该出场了，不然就没有醉酒的机会了。

杨贵妃，名玉环，隋朝国子祭酒（国立大学校长）杨汪的四世孙，父亲名叫杨玄琰，曾经担任过开元年间的蜀州司户。

虽然杨玉环在天宝年间受尽了恩宠，但总体说来，她的前半生比较苦。

杨玉环很小的时候，父亲杨玄琰便去世了，失去依托的她被叔叔杨玄珪收养。杨玄珪时任河南府士曹，在洛阳上班，因此杨玉环便跟着叔叔在洛阳长大。

如果没有奇迹发生，杨玉环这种寄人篱下的女孩很难有出头之日，毕竟她幼年丧父，而她的叔叔杨玄珪也只是河南府的一个小官。

可能命运觉得之前对这个女孩太不公平，因此在杨玉环十五岁时，命运垂青了她，她幸运地成为寿王李瑁的王妃。

寿王李瑁是当时李隆基最宠爱的儿子，荣立太子的呼声非常高，杨玉环这个小门小户出身的女孩能嫁给寿王李瑁，算是天大的幸运。

据说，寿王李瑁是在一次婚礼上发现了杨玉环，从此一见钟情。经过他不断央求，李隆基和武惠妃同意了这门亲事，开元二十三年十二月二十四日，李瑁与杨玉环喜结连理。

此时的李瑁做梦也想不到，仅仅在几年之后，他的王妃将成为父皇的贵妃。

结婚之后，杨玉环与李瑁便开始了琴瑟和鸣的幸福日子，他们以为这次牵手会是一生一世。

然而，随着开元二十五年武惠妃的离世，李瑁和杨玉环的婚姻生活开始潜伏危机，因为从那时起，李隆基开始寻找武惠妃的替代品。

李瑁知道父皇在寻找，但是他没有往自己头上想，天下那么大，怎么可能盯上自己的儿媳呢？

不可能！

由于史书的隐晦，我们不知道李隆基从何时起盯上了自己的儿媳，我们只知道，开元二十三年杨玉环成为李隆基的儿媳，这一年两人有了第一次见面。

有人说，李隆基与杨玉环第一次见面是在开元二十八年以后，其实是不对的。按照皇家礼仪，亲王的王妃结婚后是要拜见公婆的，有严格的礼仪规定，杨玉环这个寿王妃自然不会缺了这个礼数，因此在开元二十三年她就见过李隆基。

第一次见面时李隆基是否动了念头？史无明载。

开元二十八年起，李隆基喜欢上了洗温泉，这一改变或许与杨玉环有关。

关于李隆基与杨玉环的结合，史书是这样写的：

> 或奏玄琰女姿色冠代，宜蒙召见。时妃衣道士服，号曰太真。既进见，玄宗大悦。（《旧唐书》）

> 或言妃姿质天挺，宜充掖廷，遂召内禁中，异之，即为自出妃意者，丐籍女官，号"太真"。（《新唐书》）

以上两条记载，《旧唐书》说的是假的，《新唐书》说的是真的。

《旧唐书》说：

有人向李隆基奏报，杨玄琰的女儿姿色绝代，值得召见。当时身为寿王妃的杨玉环已经穿上了道士服，法号"太真"。这次召见，李隆基龙颜大悦。

按照这个说法，召见之前杨玉环已经出家当道士了，而且法号"太真"。其实这是胡扯，杨玉环与李瑁琴瑟和鸣，出的哪门子家呢？

相比而言，《新唐书》说的基本是实情：

有人跟李隆基说，寿王妃杨玉环资质很好，值得纳入后宫。李隆基召见之后，对杨玉环一见倾心。为了掩人耳目，李隆基决定先做一个缓冲，便安排杨玉环"自愿"出家当道士，法号"太真"。

也就是说，在李隆基倾心于杨玉环后，杨玉环才从寿王妃摇身一变，变成了法号"太真"的女道士。

严格说来，从寿王妃到女道士，也不是一瞬间完成，中间可能隔了将近一年。

开元二十八年正月，李隆基前往骊山温泉，从这起起，杨玉环可能已经到了李隆基身边，此时她的身份还是寿王妃，而她陪伴的不再是她的丈夫，而是她的公公。

开元二十九年正月初二（陈寅恪先生考证），李隆基向天下发布了《度寿王妃为女道士敕》：

圣人用心，方悟真宰。妇女勤道，自昔罕闻。寿王瑁妃杨氏，素以端懿，作嫔藩国。虽居荣贵，每在精修。属太后忌辰，永怀追福。以此求度，雅志难违。用敦宏道之风，特遂由衷之请。宜度为女道士。

李隆基的大体意思是说，正值他的生母窦太后忌辰，杨玉环愿意出家修道为窦太后祈福，特此批准，昭告天下。

话说得冠冕堂皇，事做得无比龌龊。

这道敕书，说白了是李隆基自说自话的一块遮羞布，同时也是"先上车后买票"策略中的补买车票。

这一年李隆基五十六岁，杨玉环二十二岁，一段跨越三十四岁年龄差距的旷世畸恋就此拉开帷幕。

恩 宠 无 双

开元二十九年十一月二十四日，宁王李宪走完了自己的人生路，享年六十二岁。

对于大哥的去世，李隆基非常悲痛，悲痛的同时，他接到了一封奏疏，看完奏疏，他的脸一阵红，一阵白。

奏疏是寿王李瑁上的，他说，想为养父宁王李宪守孝三年。

守孝三年，是儿子应尽的义务，然而寿王李瑁只是李宪的养子，按道理没有这个义务，如果能够守孝三年，那是孝心可嘉，如果不能，也无可厚非。

偏偏李瑁提出了守孝三年！

这是仁孝的表现，也是让李隆基难堪的表现。

或许在经历了竞争太子失利、王妃被撬一系列打击之后，李瑁在心中已经宣判了李隆基的死刑，只是他不能表现出来，只能用为养父守孝的方式发泄自己心中的不满。

李隆基同意了，同时也非常恼火，因为这样一来，李瑁就将了他一军：想要跟杨玉环名正言顺，至少还得再等三年。

三年之期从何而来？

从李瑁的守孝三年而来。

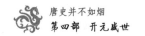
杨玉环之前是寿王妃，李隆基让杨玉环"自愿"出家，这样杨玉环成了李隆基的女人，而寿王妃的位置却空了出来，极其扎眼地空在那里。

当务之急，必须尽快把寿王妃的空缺补上，不然普天之下都知道李隆基撬了自己的儿媳。

李瑁守孝三年，三年内便无法娶妻，寿王妃的位置便一直空缺，碍于最后的颜面，李隆基和杨玉环也只能跟着等。

这三年中，他们之间没有任何名分，有的只是见不得光的地下情。

这三年中，三个人都在煎熬，李瑁顶着父亲给的绿帽子煎熬，李隆基顶着扒灰的帽子煎熬，杨玉环则在两个男人的夹缝中煎熬。

在煎熬中，李隆基决定改元，他决定从明年起，放弃已经使用了二十九年的"开元"年号，改用"天宝"。

为什么要改为"天宝"，李隆基并没有给出明确的解释，或许是因为使用开元的年号太久了，或许是出于道教养生的考虑，或许是帝国日益强盛取"物华天宝"的含义。

总之，李隆基毅然决然地改元，从此开元成为过去，天宝来到李隆基的面前。

改元之后，日子在一天天的煎熬中度过，虽然杨玉环已经能陪伴左右，但名分一直是最大的问题，名不正则言不顺，两人总有偷情的感觉。

煎熬的三年终于过去了，李隆基和杨玉环迎来了曙光。

守孝期过后不久，天宝四载七月二十六日，李隆基以迅雷不及掩耳盗铃铃儿响叮当之势为李瑁又娶了一位王妃。新王妃是左卫中郎将韦昭训的女儿，这样韦姑娘成了杨玉环的替身。

至于李瑁喜不喜欢这个替身，李隆基已经顾不上了，二十天后，他给了杨玉环梦寐以求的名分：贵妃，待遇与皇后相同。

杨贵妃从此正式登上历史舞台。

尽管杨贵妃和李隆基结合的方式有些荒诞，但事实证明，他们确实有缘，因为他们有太多的共同爱好。

李隆基生性浪漫，爱好广泛，通音律，懂歌舞，机智过人。

杨玉环呢？她资质丰艳，擅长歌舞，通晓音律，智算过人，每每与李隆基相处，总能迎合李隆基的心思，即便武惠妃再生，也无法与她相提并论。如果武惠妃地下有知，或许还得暗暗庆幸。

说起李隆基的文艺才能，值得说道说道。

早在公元 690 年，六岁的李隆基便有过一次赢得满堂喝彩的表演，当时他男扮女装，表演了一曲古代舞剧《长命西河女》，令武则天叫好不已，当场加以赏赐。

长大后，李隆基的音乐才能与日俱增，甚至与同时代最有名的音乐家李龟年相比，李隆基也不遑多让。

李龟年擅长打羯鼓，李隆基便问李龟年："你打断过多少羯鼓槌？"

李龟年回应说："臣打断过五十根！"

按照常理，打断五十根已经不少了。

李隆基摇摇头，说："才这么点？跟我差远了，我打断的鼓槌已经有三竖柜了。"

数年后，李龟年向李隆基汇报："臣打断的鼓槌已经有一竖柜了！"

李隆基这才点点头，随即赏赐李龟年一枚精致的羯鼓槌。

羯鼓不是中原本土的乐器，而是外来的，据说是羯族常用的乐器，它两面蒙皮，腰部细，用公羊皮做鼓皮，因此叫羯鼓。羯鼓发出的音主要是古时十二律中阳律第二律一度，龟兹、高昌、疏勒、天竺等地的居民都使用羯鼓。

在李隆基看来，羯鼓是八音的领袖，其他乐器不可与之相比，他自己便创作了鼓曲《秋风高》，每逢秋高气爽，即奏此曲。

值得一提的是，宰相宋璟也是羯鼓发烧友，而且很有心得。

宋璟对李隆基说："击鼓时，如果能够做到'头如青山峰，手如白雨点'，便是击羯鼓的能手。"

宋璟的意思是说，击鼓时头不能动，手要急促，就像急雨一样，估计打断三竖柜鼓槌的李隆基应该已经到了这个境界。

有事实为证。

有一年，正逢二月初，李隆基心情大好，在小殿内庭准备举行宴会。此时宿雨初晴，景色明丽，柳树将要发芽，杏树将要开花，略显遗憾的是，都处于含苞待放的状态，离完美差了一点点。

李隆基微微一笑，令高力士取来羯鼓，他亲手演奏了一曲《春光好》，演奏完毕，回头再看，柳树发芽，杏树开花。

于是李隆基笑着对嫔妃们说道："仅此一事，你们不叫我天公行吗？"

后来李隆基的羯鼓便有了"催花鼓"的美誉。

说完羯鼓，再来说戏曲。

说起戏曲，李隆基与戏曲有着不解之缘，我们现在经常提起的"梨园行"，李隆基是名副其实的"梨园老祖"。

梨园起初不过是皇家禁苑中与枣园、桑园等并存的一个普通果园，经过李隆基的改良，梨园有了特别含义。

在李隆基主持下，三百余名具有音乐才能的子弟进入了梨园，他们在这里学习音乐和舞蹈。每次练习时，如果出现错误，李隆基都会第一时间指出，由此这三百余人有了响亮的名头——皇帝梨园弟子。

经过不断的发展，梨园渐渐壮大，成为我国历史上第一座集音乐、舞蹈、戏曲为一体的综合类"艺术院校"。

李隆基亲自担任梨园的崔公（相当于现在的校长），他手下的教师队伍也是一流的，有杜甫赞不绝口的公孙大娘，有艺德高尚、水准一流的雷海青，在这些人的共同努力下，梨园的影响越来越大，直至成为行业代名词。

写到这里，该说说杨玉环与李隆基的珠联璧合了。

李隆基会写诗，杨玉环同样不含糊，据说曾经作过轰动一时的《凉州》诗，可惜失传，湮没在历史云烟之中。目前《全唐诗》里倒是还收录着她的一首诗：

赠张云容舞

罗袖动香香不已，红蕖袅袅秋烟里。

轻云岭上乍摇风，嫩柳池边初拂水。

在人人都是半个诗人的唐诗国度，这首诗的水平不算高，不过相比于今人，也算很有水准。

如果说杨玉环的写诗水平在唐代并不入流，那么她的舞蹈和音乐才能，堪称一流，《霓裳羽衣曲》就是最好的证明。

《霓裳羽衣曲》是李隆基的得意之作，究竟是自己亲力亲为编排，还是仅仅在最后给予"领导意见"就无法考究了，总之，《霓裳羽衣曲》堪称李隆基的最爱。

《霓裳羽衣曲》阵容庞大，所需人员众多，不仅乐师众多，配曲歌唱的宫女便达到十人。《霓裳羽衣曲》共十八章，分三大部，每部六曲，称为"散序六曲""中序六曲""终序六曲"。

《霓裳羽衣曲》不仅乐器种类多，而且节拍非常复杂，对于舞者要求极高，即便这样，杨玉环一听就能领会其中的精髓，即兴便能配出堪称天衣无缝的舞蹈来。

这样一来，杨玉环便与李隆基完美地结合到一起，杨玉环起舞，李隆基伴奏，无言的默契在配合中走向完美，从此他们都是对方的人生第一知己。

除了舞蹈，杨玉环的音乐才能同样一流，她会演奏多种乐器，从西域引进的琵琶在她的手下演绎得出神入化，如果白居易有幸听到，估计《琵琶行》就得重写了。

此外，杨玉环还擅长击磬，在她的敲击下，磬声"泠泠然""多新声"，即使是专业击磬艺人，也无法与她相提并论。

还有谁能跟杨玉环争宠呢？

杨玉环彻底站稳了脚跟，李隆基的恩宠向她以及她的家族一股脑砸了过去，鸡犬升天的一幕在杨家隆重上演。

首先是杨玉环那过世多年的父亲，他在去世多年后，被追赠太尉、齐国公，生前想都不敢想的事情，在他身后，实现了。

杨玉环的母亲被封为凉国夫人。

杨玉环三个有才貌的姐姐也得到了恩宠，年长的一个称作大姨，封韩国夫人；次长的一个称作三姨，封为虢国夫人；最小的一个称作八姨，封为秦国夫人。

杨玉环的叔叔杨玄珪也得到了李隆基的垂青，他被擢升为光禄卿。

杨玉环同一个祖父的堂哥杨铦被擢升为鸿胪卿，杨锜被擢升为侍御史并且迎娶了李隆基和武惠妃的女儿太华公主。

从此以后，韩国夫人、虢国夫人、秦国夫人、杨铦、杨锜成为大唐王朝最受恩宠的五家，同时他们五家也成了帝国最为热闹的五家，迎来送往，请托送礼，络绎不绝。

这一切都是拜杨贵妃所赐。

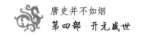
第 六 人

在韩国夫人等五家成为帝国新宠的同时，遥远的蜀地却传来一声叹息。

发出叹息的人名叫杨钊，与杨玉环同一个曾祖父，也就是说，杨钊的爷爷与杨玉环的爷爷是亲兄弟。

此时的杨钊徒有羡慕之情，连他自己都没有想到，自己会成为幸运的第六人。

说起来，杨钊的前半生非常惨，关于他的身世有两个版本。

版本一：他是杨家的血脉，武则天时期宠臣张易之是他的舅舅；

版本二：他不是杨家的血脉，而是张易之的亲生儿子。

版本二的来龙去脉是这样的：

张易之受武则天恩宠时，武则天一般不让他回家，即使偶尔回家，也只能上楼居住。上楼之后，便要抽掉楼梯，防止别的女人接近，这样张易之只属于武则天一个人。

时间一长，张易之的母亲担心起来，她怕如此下去，张易之将留不下自己的子嗣。

思考再三，张易之的母亲多了一个心眼，她在半夜偷偷安排自己的婢女爬上楼与张易之幽会，以期留下张易之的血脉。

一分耕耘一分收获，张易之没有辜负母亲的期望，他终于使婢女的肚子鼓了起来。

十月怀胎之后，婢女生下一个男孩，这个男孩就是杨钊。

版本一和版本二，究竟哪个说的是真的，远隔千年的我们已经无法分清了，因为我们无法同时抓住杨钊和张易之做一下亲子鉴定。我们只知道，杨钊与张易之有血缘关系，要么是甥舅关系，要么是亲子关系。

出身复杂的杨钊，在三十岁之前是一个不招人待见的人，他不仅喜欢饮酒，而且酷爱赌博，他把很多熟人发展为债主，然后欠债不还。时间一长，杨钊成了丧家狗，在自己的家乡蒲州永乐县，几乎混不下去了。

三十岁这年，杨钊决定换一种活法，他离开家乡来到蜀地从军，这一从军倒从出了一点名堂。

几年下来，杨钊屯田成绩明显，按照相关条例，应该给予升迁。

　　然而，杨钊的上司向来看杨钊不顺眼，他总觉得杨钊没有德行，让这样没有德行的人升官，他觉得有些没有天理。

　　不行，不能让他轻易升官。

　　不久，杨钊的上司找了一个由头，将杨钊狠狠抽了一顿鞭子，叫你没有德行。

　　鞭子抽过，杨钊的官运却来了，他的上司还是将他委任为新都县尉，从此杨钊步入仕途。

　　江山易改，本性难移，在新都县尉任上，杨钊没有改掉好赌的习性，原本便不多的俸禄都被他赌光了，到县尉任期结束，他一文不名，连必要的生活费都没有了。

　　这时一位富商出现在他的面前，富商名叫鲜于仲通，后来的事实证明，这是一个有长远眼光的人，非常擅长做风险投资。

　　鲜于仲通没有像一般人一样把杨钊当成丧家狗，相反，他对杨钊青眼有加，在别人都给杨钊冷脸的同时，他给杨钊的却是笑脸，伴随笑脸的还有一笔又一笔经济资助。

　　时间一长，连杨钊都有点不好意思了，而鲜于仲通依然如旧。

　　此时的杨钊在心中暗暗发誓，有朝一日一定要加倍回报鲜于仲通。

　　严格说来，在杨钊落魄期间，他并非一无所有，在此期间，他还收获了一段畸形的爱情。

　　畸形的爱情从来而来呢？

　　从杨玉环一家而来。

　　杨钊落魄时，杨玉环一家也在经历磨难，杨玉环的父亲杨玄琰死在蜀州司户任上，一家几乎陷入绝境。

　　这时，杨钊这个远房堂哥便走进了杨玉环一家，他用自己少得可怜的钱来帮助这个破碎的家。久而久之，杨钊与杨玉环的二姐也就是后来的虢国夫人产生了感情，两人迅速跨越了堂兄妹的界限。

　　这段畸形爱情成为杨钊人生中的重要记忆，也为杨钊后来的富贵埋下了伏笔。

　　不过杨钊的富贵还是几年后的事情，在此之前，他最爱的还是赌钱，而且一赌便伤筋动骨。有一次，杨钊发了狠心，他把自己所有的钱财敛到一起，然后雄赳赳气昂昂杀到了成都的一家赌场。经过一整天的"血战",杨钊收获了最后的成果:两手空空。

在这之后,杨钊继续着自己狼狈不堪的日子,数年后又当上了扶风县尉,不过还是不得志,他依然没有看到生活的曙光。

困顿数年后,杨钊再次进入蜀地,想在蜀地再碰碰运气。

二进蜀地的杨钊依然没有迎来转机,直到杨玉环成为贵妃。

当杨钊还在遗憾无法沾上杨贵妃的光时,有一个人已经盯上了他,在这个人看来,杨钊与杨玉环有着非常近的血缘关系,如果加以利用,一定会起到意想不到的效果。

这个人就是鲜于仲通。

鲜于仲通此时的身份不仅仅是一位富商,还是剑南节度使章仇兼琼的采访支使(机要秘书),鲜于仲通读过书,又颇有才智,因此章仇兼琼将他视为心腹。

一天,章仇兼琼对鲜于仲通说:"如今我只是得到皇帝的信任,在朝廷中并没有可靠的内援,长此以往,恐怕会受到宰相李林甫的排挤。听说杨贵妃最近新得宠,不过现在依附她的人还不多。你如果能帮我到长安跑一趟,结交一下杨贵妃的家人,我就可以高枕无忧了。"

听章仇兼琼说完,鲜于仲通诚恳地说:"我鲜于仲通是蜀地人士,从没去过长安,如果我去的话,恐怕不能成事反而坏事。不过我可以为大人引荐一个人,相信这个人能完成大人交给的任务。"

随后,鲜于仲通便把杨钊引荐给了章仇兼琼,杨钊咸鱼翻身的时刻随即到来。

一见杨钊,章仇兼琼第一印象不错,在他眼中,杨钊一表人才,言辞敏捷,可谓不可多得的人才,这样的人值得重用。

章仇兼琼当场拍板,委任杨钊为自己的推官(总部法官)。

不久,章仇兼琼交给杨钊一项任务:前往长安贡献春季的彩绸。

临行前,章仇兼琼对杨钊说:"我在郫县放了一点小小不言的东西,权当你一天的口粮了,路过郫县时,你就带上吧!"

杨钊不知所以,只能连连点头。

到了郫县,杨钊看到了章仇兼琼所说的"一日之粮":

价值万贯的蜀地精美特产。

杨钊一看便明白了,这不是给自己的"一日之粮",而是给自己去长安的敲门砖。

有价值万贯的蜀地特产做后盾,杨钊的腰杆挺了起来,他不再是不名一文的赌徒,而是手握万贯特产的送礼特使。

到了长安,底气十足的杨钊跟三位堂妹接上了头,三位堂妹起初还拿老眼光看杨钊,然而等到送上价值不菲的蜀地特产后,三位堂妹顿时刮目相看。杨钊倒不贪功,他特意强调:"这是剑南节度使章仇大人所赠。"

毫无疑问,长安之行让杨钊赚足了面子,而在赚足面子的同时,杨钊的"爱情"也悄然回归。

此时虢国夫人刚刚丧夫,杨钊的到来正好补上了虢国夫人心中的空缺,干柴烈火再次熊熊燃烧,熊熊火光照亮了杨钊的前程。

得了好处的杨氏姐妹在李隆基面前不断称颂章仇兼琼,同时隆重推荐杨钊,推荐杨钊的理由是擅长樗蒲。

樗蒲是当时非常盛行的赌博游戏,李隆基也是此项赌博游戏的发烧友,听说杨钊擅长樗蒲,便把杨钊召进宫中,这一召便召出了好感。

几次接触下来,杨钊给李隆基留下了深刻印象。在李隆基眼中,杨钊心细如发,每次牌局计算精准,分毫不差,数学功底非常深厚,于是李隆基笑着说道:"真是一个度支郎中的材料。"(度支郎中相当于现代的会计司司长)

看来,是金子到哪里都发光,赌场同样能够培养人才。

有了良好印象打底,杨钊的好日子来了,他先是被擢升为金吾兵曹参军、闲厩判官,后来一直被擢升为监察御史。

在杨钊得到提升的同时,为杨钊提供"一日之粮"的章仇兼琼也得到了回报,后来他被擢升为户部尚书兼御史大夫。

正应了那句话,不跑不送,原地不动,又跑又送,提拔重用。

从此之后,杨钊渐渐汇入了杨家的主流之中,成为受李隆基恩宠的第六人。

数年后,杨钊凭借自己的不懈努力,一举超越了先前的五家,由第六人上升为第一人,与此同时,他恳求李隆基给自己改个名字。

李隆基想了一下说:"就叫杨国忠吧!"

第十七章　口蜜腹剑

两 裴 相 争

在杨国忠崛起的同时，大唐王朝朝廷里唱主角的依然是李林甫，而为李林甫搭班子唱戏的配角，则是走马灯地换。

天宝元年七月二十九日，侍中牛仙客病逝，享年六十七岁。

正如张九龄所言，小吏出身的牛仙客确实没有宰相之才，在他与李林甫搭班子的岁月里，他跟卢怀慎、苏颋的作用一样：陪同第一宰相署名。除此之外，便是查看相关规定，如果规定可以办那就办，如果规定不可以办，那就不办。

总之，做该做的事，负该负的责任。

在牛仙客之后，一位皇族成员顶替了他的位置。

新侍中叫李适之，地地道道的皇族。

原本李适之是有希望当皇帝的，只可惜他的祖父没有把握住机会。

李适之的祖父是李承乾，太宗李世民的嫡长子，如果李承乾把握住机会承继大统，那么作为孙子的李适之是有当皇帝可能的。

可惜，当皇帝的机会被李承乾丧失了。

虽然李适之没有沾到祖父和父亲的光，但祖父和父亲却沾了他的光。

成年后的李适之进入仕途，凭借自己的努力不断升迁，开元二十四年他当上了御史大夫，在御史大夫任上，他开始为祖父不断辩护。

经过李适之的不断辩护，李隆基起了恻隐之心，毕竟李承乾和李泰的争宠已经过去了九十多年，此时再争论孰是孰非已经没有意义，不如做一个顺水人情。

于是李隆基追赠李承乾为恒山愍王，李适之的父亲李象为越州都督、郇国公，同时恩准李承乾的灵柩运回长安，陪葬于太宗李世民的昭陵。这样客死他乡的李承乾，终于在客死他乡八十多年后回到了长安，这一切多亏他的孙子李适之。

在御史大夫之后，李适之又先后做过幽州节度使、刑部尚书，天宝元年，随着牛仙客的病逝，李适之出任侍中，成为大唐王朝的宰相。

这时的宰相班子有点意思，从皇族的辈分论，李林甫是李隆基的堂叔，李适之则是李隆基的堂哥，大唐王朝的最高权力就集中在这叔侄三人之手，肥水不流外人田。

合作初期，李适之和李林甫的关系尚可，毕竟是皇族叔侄，打断骨头连着筋。

李林甫的精力并没有放在李适之身上，而是放在另外一个人身上，在李林甫看来，这个人有可能威胁到自己的地位。

李林甫猜忌的人叫裴宽，曾任幽州节度使，曾经与李林甫一起称赞过安禄山，此时正担任户部尚书。

裴宽是一个有故事的人。

年轻时的裴宽性格开朗，思维敏捷，擅长骑射、弹棋、投壶，而且略有文采。不过跟很多年轻人一样，仕途刚起步的裴宽一开始并没有得到上司的垂青，直到机会意外降临。

一天，润州刺史韦诜登楼闲游，忽然他看到花园中有一块地方明显鼓起了一个土包，似乎有人在里面埋了什么东西。

韦诜有些好奇，便问手下，谁干的？

属下一番调查，调查到参军裴宽头上，于是韦诜便把裴宽召来，盘问缘由。

裴宽不慌不忙地说："我向来不想沾染贿赂的名声，刚才有人送给我一些鹿肉，送完转身就走，我追都追不上。我不敢欺天，也不敢欺骗自己，所以我

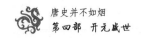

索性把这些鹿肉埋到了花园里。"

韦诜听完，顿时对眼前这个青年刮目相看，年纪轻轻竟然有这样的见识和作为，他日不可限量。

韦诜当即把裴宽委任为按察判官，同时又给了裴宽一个意外惊喜：从此之后，你就是我的女婿。裴宽又惊又喜，他早知道刺史在为自己的女儿寻觅女婿，没想到这等好事落在了自己头上。

裴宽离去之后，韦诜回家对妻子说："咱们总说要找个好女婿，今天总算让我找到了！"

妻子将信将疑，这个好女婿会长成什么样呢？

第二天，韦诜和妻子召集族人一起看新女婿，这一看，就爆发了一阵爆笑。

裴宽品级比较低，穿的是八品九品官员穿着的绿色官袍，他身材瘦而且长，于是一进门，族人们便笑了起来，马上给他起了个外号"碧鹳雀"。

众人笑过之后，韦诜坦然道："疼爱女儿，就应该给她找一个贤德之人，而不是以貌取人。"

在韦诜的坚持下，"碧鹳雀"裴宽迎娶了韦诜的女儿。

事实证明，韦诜的判断没有错。

在此之后，裴宽开始平步青云，而在平步青云的同时，裴宽还保持着良好的声名。

裴宽出任蒲州刺史时，发生了一件奇事。

蒲州原本久旱，一直无雨，裴宽出任蒲州刺史后，奇迹发生了。

裴宽一入蒲州境，久旱的天空突然下起了雨，因此蒲州百姓感叹，一定是新来的刺史仁德，为蒲州带来了久违的甘霖。

果然同蒲州百姓想的一样，裴宽在蒲州刺史任上刚正不阿、尽职尽责，于百姓毫无骚扰。

其后数年，裴宽的仕途越走越宽，一直做到幽州节度使，然后又从幽州节度使升任户部尚书。

正是在户部尚书任上，裴宽引起了李林甫的猜忌。

身为第一宰相的李林甫，将自己视为独一无二的领跑者，他不能容忍后进官员威胁自己的地位，更不想眼睁睁看着后来者超越自己，于是，他瞪大双眼，随时准备将有威胁的后来者踢出局，其中的后来者就包括裴宽。

不久，李林甫得到了一个消息，这个消息让李林甫坐立不安。

消息是这样的：

幽州节度使安禄山手下部将入朝觐见李隆基时，提到了裴宽。这位部将说裴宽当年在幽州执政深得民心，至今当地的汉人和胡人还怀念裴宽。李隆基听后，赞赏不已，言谈间有重用裴宽之意。

李林甫反复琢磨这则消息，一琢磨便琢磨出一身冷汗。

以裴宽的资历和能力，当户部尚书恐怕只是一个过渡。如果李隆基想要重用，很有可能将裴宽送上宰相之位，这并非没有前例，首任幽州节度使薛讷就当过宰相，而裴宽的前任李适之现在也是宰相。

如此看来，裴宽出任宰相不无可能。

李林甫越想越怕，越怕越想，他又想起裴宽与李适之关系不错，如果裴宽真的当上宰相然后与李适之联手，自己这个第一宰相可就难当了。

不行，绝不能让裴宽当上宰相。

这天夜里，李林甫做了一个奇怪的梦：

梦中，李林甫的宰相之位受到冲击，一个皮肤白皙、留有胡须的官员对他步步紧逼，将他逼得无路可走。

噩梦醒来，李林甫出了一身冷汗，回想梦的内容，却怎么也想不起逼迫他的那位官员长相如何，只模糊记得，那人皮肤白皙而且留有胡须。

按照这个特征，李林甫在文武百官中搜索了一圈，最终锁定了一个人：裴宽！

对，就是他，皮肤白皙，留着胡须！

其实，李林甫冤枉了裴宽，此时朝中还有一个人符合这个特征，正是这个人最终将李林甫逼得无路可走，而李林甫却没有意识到。

此人名叫杨国忠。

一门心思对付裴宽的李林甫开始行动，不过他不准备亲自出马，这是他一向的原则，他决定找一个猫爪，让这个猫爪替自己把裴宽拉下马。

官员对付下属的方法一般是挑动群众斗群众，李林甫的方法一脉相承，他的方法是挑动尚书斗尚书，以刑部尚书斗户部尚书。

刑部尚书名叫裴敦复，户部尚书便是裴宽。

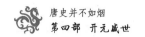

　　裴敦复原是河南尹（洛阳特别市市长），不久前因为剿灭海盗有功，被擢升为刑部尚书，而就在裴敦复青云直上的同时，他不知不觉中成了李林甫的猫爪。

　　李林甫抓住了裴敦复的软肋——谎报军功。

　　在裴敦复剿灭海盗之后，李隆基非常赞赏，便指示裴敦复上报有功人员名单，他要对有功人员进行奖赏。

　　这样一来，朝中诸多官员便动起了脑筋，他们知道裴敦复这个"有功名单"弹性很大，可以做一点文章。

　　裴敦复一下子成了红人，很多官员找他说情，求他将自己的亲信列入"有功人员名单"，借此得到提升。碍于情面，裴敦复答应了部分官员的请求，将很多原本与剿灭海盗无关的人也列进了名单。

　　裴敦复的所作所为被裴宽看在眼里，身为户部尚书同时兼任御史大夫的他决定上书弹劾，于是便秘密写了一封奏疏呈送给李隆基。

　　裴宽以为这件事情只有他和李隆基知道，没想到李林甫手眼通天，李林甫也知道了。

　　李林甫决定利用这难得的机会，挑动裴敦复斗裴宽。

　　不久，李林甫对裴敦复说："裴宽已经把你秘密弹劾了，你还不知道吧！"裴敦复一听，顿时跳了起来："他怎么能这样啊？他还塞给我几个人的名字，让我列进有功人员名单。"

　　李林甫不动声色，一字一句地说道："如今之计，你必须火速上奏，千万不能落在裴宽的后面。"裴敦复点了点头，心中充满了对李林甫的感激，他以为李林甫这是为他好。

　　然而，裴敦复转念一想，自己有错在先，如果上疏反咬一口，胜算又有几何呢？

　　还是观察一段时间，再做打算吧。

　　没过不久，裴敦复坐不住了，因为裴宽抓了他的两个手下。

　　实际上，裴宽抓裴敦复的手下并非出于私心，也不是针对谎报军功，而是这两个手下有别的事犯在裴宽手里，因此裴宽将两人收押进御史台。

　　事情就怕凑巧，已成惊弓之鸟的裴敦复将两件事联系到一起，得出了一个惊人的结论：裴宽不仅弹劾自己，而且要拿自己的手下开刀。

裴敦复决定反击。

裴敦复的反击说起来很简单，那就是弹劾裴宽，不过不是自己亲自出马，而是请杨玉环的一位姐姐友情客串。

当然，杨姐姐不是免费客串，她的收费很高，黄金五百两！

有了五百两黄金打底，加上杨姐姐的三寸翻飞之舌，裴敦复马上成了有理方，裴宽反倒成了身带污点的理亏方，两裴相争就此产生结果。

裴敦复安然无恙，裴宽被贬为睢阳太守，从此被李林甫挤出长安。

反击得手的裴敦复不免有些得意，脸上露出快意的笑，不过，数月后，裴敦复的笑容僵住了，他笑不出来了。

天宝四载四月十八日，裴敦复被委任为岭南五府经略使，从此上班地点变了，由长安变更为广州。裴敦复这时才意识到，自己上了李林甫的当，白白当了李林甫的猫爪，现在又要被李林甫赶出长安。

裴敦复不甘心就这样离开长安，他还想活动一番，争取让李隆基取消这次任命。

一个月后，裴敦复看到了活动的结果：广州不用去了。

去淄川（今山东淄博市）郡当太守吧。

这不是裴敦复努力的结果，而是李林甫努力的结果，李林甫给裴敦复定的罪名是"逗留拖延拒不到职"。

这下，裴敦复连岭南五府经略使也当不成了，只能去淄川当太守了。

两裴相争，两败俱伤。

一箭 N 雕

两裴相争，只是李林甫初试锋芒，不久，李林甫翻动手腕，一支箭同时瞄准了 N 只雕。

被李林甫瞄上的第一只雕是他的宰相搭档李适之。

扳倒裴宽之后，李林甫觉得李适之越来越碍眼，丝毫没有牛仙客的恭顺，相反还有争权的举动，这样的搭档必须尽快扳倒，不然就会有后患。

这一次李林甫改变了策略，他不再挑动尚书斗尚书，而是转而利用酷吏。

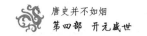

在李林甫的栽培下，两名全新的酷吏登上历史舞台，一名叫作吉温，一名叫作罗希奭。

罗希奭有无酷吏的家族遗传基因，史无明载，吉温倒是有着显著的家族遗传基因，他的叔叔吉顼是武则天时期非常得宠的酷吏之一。

吉温的仕途起步并不顺利，一度他还被李隆基盖上了永不重用的黑戳。

当年吉温担任新丰县丞，太子文学薛嶷觉得吉温是个人才，便把他引荐给李隆基，没想到这次引荐，吉温遭遇开门黑。

李隆基第一眼看见吉温，印象便非常不好，于是对薛嶷说："这个人居心不良，朕不用这样的人！"不得不承认，有时候李隆基看人的眼光还是很准的，他一语道破了吉温的致命缺陷，也就此为吉温的仕途蒙上了阴影。

不过，吉温并不灰心，他决心证明自己的能力，他开始发狠，并成功转型成为一名酷吏。从此之后，吉温冷酷无情，无论谁落到他的手里，不死也要脱层皮，就连李林甫的亲信"伏猎侍郎"萧炅有一次因事犯在吉温手里，也被吉温整得半死不活，如果不是李林甫力保，萧炅能看到第二天的太阳都是一个未知数。

这个世界总是冤家路窄，数年后，萧炅和吉温又碰面了，这次碰面有点微妙。

此时萧炅出任京兆尹，吉温出任万年县丞，在隶属关系上，萧炅是吉温的顶头上司，如果萧炅要报当年之仇，吉温在劫难逃。

吉温的大脑高速运转起来，他想到了一个人，他决定在这个人家里打一个时间差。

这天，吉温早早来到了好友高力士家里，两人寒暄半天，在寒暄的同时，吉温在等一个人来。

他等的人就是萧炅。

吉温知道，按照惯例，出任京兆尹的官员上任之后，都会到高力士家里拜访以示尊重，吉温就是要在这次拜访上做文章。

不出吉温所料，没过一会，萧炅来了。

吉温的时间差要奏效了。

一见萧炅到来，吉温作出回避姿态，这时高力士说话了："吉七（吉温在家中排行老七）不必回避。"

然后高力士给萧炅介绍说："吉温也是我的老朋友,大家都不必见外。"

吉温要的就是这句话。

经过这次"巧遇",萧炅对吉温恭敬起来,丝毫不敢有公报私仇的念头。

吉温也乖巧,他对萧炅说："以前我不敢怠慢国家法律,所以对大人审问有些严厉,从今以后,我忠心跟随大人,愿效犬马之劳。"

话说开了,萧炅心中的疙瘩也解开了,从此不仅不针对吉温,反而将吉温委任为京兆府法曹(司法官)。

不久,李林甫开始整肃异己,萧炅就将吉温当作法宝推荐给李林甫。

在吉温之后,罗希奭加入李林甫的队伍中,吉罗两人成为李林甫的哼哈二将。只要李林甫令旗一挥,两人随即出动,准保让对方逃无可逃,渐渐地两人有了名气,人称"罗钳吉网"。

现在,李林甫将"罗钳吉网"指向了李适之。

当时李适之兼任兵部尚书,前中书令张说的儿子张垍任兵部侍郎,李林甫对这两个人都非常厌恶,便决定对两人来一个"敲山震虎"。

山很快敲响了,有人举报兵部主管人事的官员徇私舞弊。

不用问,举报人受李林甫指使。

接到举报的李隆基下令京兆尹萧炅与御史大夫一起调查,这一调查就将兵部六十多名官员打入网中。

几天过去了,案件却没有丝毫进展。

李林甫知道,该让吉温出场了。

吉温一出场,就给六十多名兵部官员送上一场真人秀——免费的真人秀。

吉温让六十多名兵部官员站到院外,他先到后厅提审与此案无关的两名重刑犯,兵部官员面面相觑,不知道吉温葫芦里卖的什么药。

一会儿的工夫,后厅传来惨叫立体声。在后厅,吉温正在体罚重刑犯,一会用杖打,一会用石头压,两名重刑犯熬不住,便连声惨叫,此起彼伏,形成了惨叫环绕立体声。

过了一会儿,吉温从后厅出来,再看兵部的六十多名官员,一个个面无血色。

没等吉温开口,兵部的官员们开口了:"只要能保住命,我们什么罪都认!"

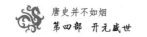

很快，六十多人的口供完美出炉，再看六十多人的身上，半点用刑的痕迹都没有。

既然没有用刑，那口供就是真的！

结案！

不久，李隆基下诏，将兵部负责人事的侍郎以及郎中斥责一番，然后又给予赦免。

表面看，这次风波与李适之无关，然而，作为身兼兵部尚书的宰相，兵部出这么大的事怎么可能无关？先斥责，后赦免，看似风波就这样过去，李适之也毫发无伤，但这只是李林甫的开头，敲山震虎而已，先震慑一番，再慢慢收拾。

接下来，李林甫将矛头对准了一个熟人，这个熟人最近有些碍眼。

熟人名叫韦坚，时任陕郡太守、江淮租庸转运使（江淮物资调运总监），原本与李林甫非常亲密。李林甫的舅舅是姜皎，而韦坚的妻子正是姜皎的女儿，从姜皎那边论，韦坚得喊李林甫一声"表哥"。

除了与李林甫沾亲带故，韦坚与太子李亨、薛王李业全都沾亲带故。

韦坚的姐姐是薛王李业的王妃，韦坚的妹妹则是太子李亨的太子妃，这样韦坚与皇族就有了两层姻亲关系。

刚开始，已经发迹的李林甫对韦坚还有所提携，毕竟韦坚是他的表妹夫。

随着韦坚节节攀升，李林甫与韦坚越来越疏远，甚至产生反感。

因为韦坚太出风头了。

天宝二年，韦坚干了一件大事，他将浐水（灞水支流）导引到皇家园林东面的望春楼下，在望春楼下生生形成了一个人工湖。

这个湖是做什么用的呢？

用来停泊江淮来的物资运送船。

利用这些物资运送船，韦坚玩出了花样。

他把这些船按照郡名进行编号，然后在对应的船上堆满该郡出产的特产，然后一字排开。

几十个郡，对应几十条献宝船，不知不觉中，韦坚已经导演了一场江淮特产博览会，他要用这个博览会向李隆基献礼。

与此同时，韦坚还有一个压轴大戏。

韦坚一个手势，陕县县尉崔成甫登场，身穿锦缎背心、绿绸裤子，半裸一只胳膊，头戴红色头巾，在第一条船的船头上开唱：

得宝弘农野，弘农得宝耶！潭里船车闹，扬州铜器多。三郎当殿坐，看唱《得宝歌》。

崔成甫一边唱，一百多名身穿盛装的歌女在一边和，顿时形成环绕立体声的效果。

乍看起来，《得宝歌》歌词很一般，其实不然，这首歌里面有着深层政治意义。

"得宝弘农"指的是天宝元年的一件大事：有人奏报李隆基说，亲眼看见了玄元皇帝老子，老子告诉此人，在陕州桃林县古关令尹喜宅藏着一道宝符。李隆基派人按图索骥，果然找到了宝符，李隆基欢喜不已，以为这是上天与自己心有灵犀，自己刚把年号改为天宝，上天就降下宝符，这是盛世才有的祥瑞。

"潭里船车闹，扬州铜器多"，这是给韦坚唱赞歌，水潭是韦坚主导开凿的，扬州的铜器也是韦坚调运的。

几句歌词组合到一起，就成了为李隆基歌功颂德，顺便为韦坚表功。

歌声才罢，韦坚跪地献上各地进贡的绸缎，与此同时，一百多个盛着各种水果的牙盘送了上来，敬请李隆基品尝。

在歌声、小船、绸缎、牙盘的烘托下，李隆基的心情好到了极点，顿时起了重用韦坚之意。

不久，李隆基下令，擢升韦坚为左散骑常侍（从三品）。

天宝三载正月，李隆基又命韦坚兼任御史大夫（正三品），重用的痕迹已经非常明显。

这时，韦坚与李林甫的关系走到了临界点，原本的亲密无间，已经变成了相互猜忌。

李林甫担心韦坚继续上升成为宰相，韦坚则担心李林甫破坏自己的好事，两相猜忌，曾经的亲密关系便跌落到冰点。

天宝三载九月，李林甫抢先出招。

经过李林甫的"努力"，韦坚由陕郡太守、江淮租庸转运使、左散骑常侍兼御史大夫升任刑部尚书，同时罢免江淮租庸转运使等职务。

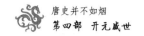

表面看起来，韦坚升了，因为刑部尚书位置更加重要。然而韦坚却高兴不起来，刑部尚书虽是高官，但想出彩很难，而原来担任的江淮租庸转运使却是肥缺，既容易出彩，又容易捞到个人实惠，给个尚书都不换。

现在这一切都成为过去，韦坚的职位被新人接替，而韦坚只能去当看似恩宠的刑部尚书。

接替韦坚的人叫杨慎矜，祖上也是名人。

谁？

隋炀帝杨广。

杨慎矜是隋炀帝杨广的玄孙，他这一脉是杨广硕果仅存的一脉，多亏杨慎矜的祖父杨政道在江都兵变时躲藏的地方好，才逃过一劫。

杨政道躲藏的地方最安全——娘肚子里。

杨政道是杨广次子杨暕的遗腹子，后来经过几番劫难才随萧皇后返回长安，所幸李世民对他们一家还不错，还让杨政道步入仕途。

杨政道的仕途乏善可陈，他的儿子杨崇礼却干出了名堂，在太府卿（宫廷库藏部部长）任上，杨崇礼显示出自己的理财才能，深得李隆基的信任，这一信任就让杨崇礼发挥了很多年余热，直到九十岁才彻底退休。

在杨崇礼之后，李隆基陆续起用了杨崇礼的三个儿子，杨慎矜因为具有理财能力，便被李隆基委以理财的官职。

后来杨慎矜看出李林甫一手遮天，便对李林甫表示顺服，因此在韦坚"明升暗降"之后，李林甫便让杨慎矜接替了韦坚的职位。

事情发展到这一步，一切都在李林甫的掌握之中，李林甫还在瞄准，他要一箭射落 N 只雕。

丝丝入扣

如果要在李隆基任命的所有宰相中找一个弄权高手，李林甫称第二，没有人敢称第一。

相比之下，姚崇、张说算是玩弄手段的高手，但跟李林甫相比，还差得远。

姚崇、张说顶多借力打力，李林甫则更进一步，直接挖坑。

天宝四载，李林甫给李适之挖了一个坑，坑上的诱饵是华山的金矿。

李林甫故弄玄虚地对李适之说："华山有金矿，如果开采的话可以使国家富强，可惜到现在皇上还不知道。"

李适之一听便来了精神，他以为这是李林甫向自己示好，存心把功劳让给自己，却没想到，这是李林甫挖的一个坑。

过了几天，李适之便把华山有金矿的事情向李隆基奏报，并且建议李隆基大加开采。

李隆基听后，便向李林甫求证。

李林甫缓缓开口："臣早就知道华山有金矿，但是绝不能开采。华山是陛下的本命山，王气所在，不能开凿，所以臣一直不敢提这件事！"

李林甫搬出了"本命山"的说法，李适之一下掉进了坑里。

李隆基大为不悦，转向李适之说道："以后奏事，应该先跟李林甫商量，不要轻易上奏！"

仅此一坑，李适之彻底失去了李隆基的信任，罢相也只是时间问题。

从此之后，李适之索性不再管事，有时间就跟韦坚一起聚会，原本他们就是朋友，现在一个失去皇帝信任，一个失去实权，两个失意的男人同病相怜。

李适之与韦坚的同病相怜并没有引发李林甫的同情，相反，他更加恼火，这两个人居然凑到了一起，将来有机会一定要把他们一起收拾掉，最好连太子一起收拾掉。

众所周知，太子李亨并非李林甫拥立，因此李林甫与太子李亨注定是两条心，有你没我，有我没你。

李林甫一直在寻找机会，在整肃韦坚和李适之的同时，他想把李亨一勺烩了。

不过，到现在为止，扳倒韦坚和太子的机会并不成熟，得找一个机会催熟。

李林甫瞄准了一个人，这个人与太子李亨关系亲密，更关键的是，现在这个人的身份非常敏感。

被李林甫瞄上的人是皇甫惟明，在前面有过出场，当年正是在他的建议下，唐朝与吐蕃达成互不侵犯的和平条约，边境安定了七年。

后来皇甫惟明由忠王咨询官出任陇右节度使，在节度使任上屡立战功，天宝五载，李隆基给皇甫惟明的肩上又加了一副担子：兼任河西节度使。

正巧，皇甫惟明回长安向李隆基汇报战果，这次汇报让李林甫抓住了机会。

皇甫惟明回长安后，李林甫收到消息：

皇甫惟明私下弹劾李林甫，建议李隆基对李林甫加以防范。

这个消息让李林甫暴跳如雷，他意识到必须马上撒开大网，尽快将皇甫惟明、韦坚、太子李亨一网打尽。

功夫不负有心人，李林甫终于在皇甫惟明和韦坚的身上找到了破绽。

正月十五夜，太子李亨出游，与自己的大舅哥韦坚见了面。

如果仅仅是李亨与韦坚见面也无可厚非，问题在于，韦坚与李亨见完面后，又与皇甫惟明见了一面。

这下就说不清楚了。

受李林甫指使，杨慎矜首先上了一道奏疏：韦坚身为皇亲国戚，不应与边防将领交往。

这是李林甫发出的第一发炮弹。

紧接着李林甫亲自上阵，发出了第二发重磅炸弹：

韦坚与皇甫惟明密谋，意图拥立太子提前登基！

还有比这更重磅的炸弹吗？

韦坚与皇甫惟明就此被打入大狱，负责审问他们的是杨慎矜、御史中丞王锇、京兆府法曹吉温，这些人有个共同特点，他们都是李林甫的人。

按照李林甫的本意，他准备借此机会将韦坚和皇甫惟明一并除掉，顺便再把火烧到太子身上。然而，尽管李隆基也怀疑韦坚与皇甫惟明有密谋，但他不想闹得天下皆知，如果大肆处罚韦坚和皇甫惟明，最终都会牵连到太子，毕竟他们都与太子有着千丝万缕的联系。

六十一岁的李隆基不想再折腾了，他不想把太子牵连进去，索性授意李林甫，大事化小，不用弄得天下皆知。

天宝五载正月二十一日，韦坚和皇甫惟明等来了处理结果：

韦坚贪得无厌，不断要求升官，由刑部尚书贬为缙云（今浙江省丽水市）太守；

皇甫惟明离间皇帝与大臣的关系，贬为播州（今贵州省遵义市）太守。

葫芦僧断葫芦案。

韦坚、皇甫惟明被贬之后，李适之的宰相也当不下去了，虽然李隆基没有赶他下台，但李适之知道，自己已经失去了李隆基的信任，再待下去也没有任何意义，不如早点知趣离开。

天宝五载四月，李适之上疏李隆基，恳请辞去宰相职务，改任闲散官职。

四月八日，李隆基批准，免去李适之宰相职务，改任太子少保。

当了四年宰相，就这样不明不白地败下阵来，李适之心有不甘，但又无能为力，他知道自己不是李林甫的对手，单论权术，自己是业余初段，李林甫则是超九段高手。

不久，李适之深刻体会了一个成语：人走茶凉。

他的儿子卫尉少卿李霅在家中请客，请柬发出去不少，然而到请客这天，别说人了，连条狗都没来。

在李适之之后，门下侍郎、崇玄馆大学士陈希烈被擢升为同中书门下平章事，接替李适之与李林甫搭档。

事实证明，陈希烈正是李林甫想找的人，因为面对李林甫，陈希烈只会说一个字：是！

多好的班子成员。

以往惯例，宰相一般下午 1 点半才下班回家，现在李林甫建议李隆基：天下太平无事，宰相不必拖到 1 点半下班，建议改为上午 10 点下班。

李隆基表示同意，从此李林甫宰相上午 10 点下班，随后便返回自己家中，军国大事从此不在宰相的政事堂决定，而改在李林甫的家中决定。秘书们要做的事很简单，只需要把文件送到李林甫的家里，待李林甫签署意见后，再回政事堂找陈希烈补一个签名。

这才是李林甫想要的生活。

惬意的生活过了几个月，李林甫又迎来了更加惬意的事。

韦坚一家自乱阵脚。

将作少匠（建设部副部长）韦兰、兵部员外郎（国防部军政司副司长）韦芝都是韦坚的弟弟，韦坚被贬之后，他们开始为韦坚辩护。

可能是太急于辩白，结果自乱阵脚，居然在辩解奏疏中引用了太子李亨

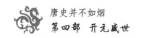
的话。

如果不引用李亨的话，或许韦坚还能迎来转机，这一引用，等于引火上身，正好触及李隆基最反感的地方：太子与大臣勾连。

李隆基雷霆大怒，韦坚的处境更加艰难，太子李亨也陷入泥潭。

为了自证清白，李亨拿出了壮士断腕的精神，上疏恳求与太子妃韦氏离婚！

这必定不是李亨的真实意思，但为了摆脱嫌疑，只能断腕求生，先脱了干系再说。

李隆基批准了李亨的离婚请求，从此李亨与韦坚一家再无关联，所有的问题韦坚一家只能自己扛。

天宝五载七月二十六日，韦坚又被贬了，由缙云太守贬为江夏别驾，与此同时，那两个病急乱投医的弟弟也被贬往岭南。

人在仕途，就如同攀登雪山，上山时费尽心力，未必能爬多高，而一旦不注意，脚底踩空，就会急速下坠，迅速将登山成绩清零，有的甚至直落谷底。

韦坚会滑到哪里呢？

他奔向谷底。

不久，李林甫又把韦坚、李适之等人捆绑到一起，然后重重地往谷底摔去。

李林甫的理由是韦坚和李适之等人结为朋党。

这个指控非常致命。

伴随着这个指控，韦坚连江夏别驾也做不成了，被永久流放临封郡（今广东省封开县）；

李适之太子少保也做不成了，被贬为宜春太守；

之前被李林甫打压的裴宽也被捆绑进来，他被贬为安陆别驾。

前前后后，因为韦坚被捆绑连坐的达到数十人，连薛王李业的儿子李珇也被贬为夷陵别驾，薛王妃（韦坚的姐姐）跟随李珇前往夷陵安置。

这会是最后结果吗？

还早！

痛下杀手

天宝五载，对于太子李亨而言，注定流年不利。

太子妃韦氏一家刚出完事，太子良娣杜氏家又出事了。

杜氏的父亲叫杜有邻，此时正担任太子赞善大夫（太子宫参议官）。杜有邻除了杜氏这个女儿外，还有一个女儿嫁给了左骁卫兵曹（管理兵籍的官员）柳勣，正是这个柳勣将杜有邻一家拖入深渊。

不知出于什么缘故，柳勣与杜有邻的关系非常恶劣，两人水火不容。

久而久之，柳勣的眼中已经没有了老丈人，有的只是仇敌。

柳勣决定，将杜有邻推向深渊，然后踩着杜有邻的身体升官发财。

不久，柳勣举报：杜有邻妄称有神秘预言，与太子李亨交往，指责当今皇帝。

聪明人各有各的聪明，愚蠢人各有各的愚蠢。

如果柳勣只是指控杜有邻，或许还有升官发财的机会，而他捎带上了太子李亨，等待他的只有死路一条。

六十一岁的李隆基并非绝对信任李亨，但他不能容忍别人一而再再而三地往李亨身上泼脏水，这是让李亨难堪，也是让李隆基难堪，他已经因为听信谗言逼死过三个儿子，现在每次听到别人往他儿子身上泼脏水，他就会条件反射地想起那三个冤死的儿子。

柳勣栽了，杜有邻也栽了，此时的李隆基除了护着自己的儿子，其他人在他眼中都可以消失。

天宝五载十二月二十七日，柳勣、杜有邻被乱棍打死，李隆基这个葫芦僧又断了一起葫芦案。

如果柳勣举报属实，那么乱棍打死的应该是杜有邻。

如果柳勣举报不属实，那么乱棍打死的应该是柳勣。

现在柳勣和杜有邻都被打死了，举报到底属不属实呢？

如此看来，六十一岁的李隆基已经成了一个糊涂法官，居然判决原告和被告同时败诉，太有才了！

葫芦判决之后，太子李亨又断了一次腕，他把太子良娣废为庶人，赶出了太子宫。

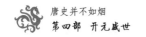

幸亏那时实行一夫多妻。

时间走到天宝六载，葫芦判决的效应还在扩大，一举突破了杜有邻和柳绩的范畴，牵连到北海太守李邕、淄川太守裴敦复。

这又是怎么回事呢？

因为柳绩的口供！

李林甫指使酷吏吉温用柳绩的口供做成了一条食物链。

食物链是这样形成的。

当年，柳绩结交广泛，他结交的朋友中有一位就是淄川太守裴敦复。裴敦复又把柳绩介绍给北海太守李邕，李邕又把柳绩介绍给著作郎王曾，这样大家都成了朋友。

柳绩下狱之后，被吉温屈打成招，在口供中牵连出王曾，就此，一条食物链形成了：柳绩—王曾—李邕—裴敦复。

由柳绩发端，到裴敦复结束，因为柳绩一次不成功的举报，食物链上的四个人殊途同归，统统被乱棍打死。

可怜李邕一代名士，只因为交错朋友，便落得如此结局；

可怜裴敦复曾经贵为刑部尚书，只因为柳绩的口供，便如此凄惨谢幕。

这一切都是李林甫幕后指使，为的是让裴敦复永远闭上嘴。

只要裴敦复闭上嘴，就没有人知道李林甫曾经做过手脚，曾经挑动"尚书斗尚书"。

现在裴敦复永远闭上了嘴，李林甫却不准备收手，顺着裴敦复这条藤，李林甫决定继续深入下去。

在这条藤上，还有裴宽，还有李适之，还有韦坚，还有皇甫惟明，只有让这些人都消失，李林甫才能高枕无忧。

不久，李林甫上疏李隆基：被贬的官员对朝廷有怨言，不如将他们全部诛杀！

但凡一个智商正常的皇帝，都不会同意这样的建议，但此时的李隆基已经六十二岁了，早已意兴阑珊，无意朝政，李隆基不是不知道李林甫在公报私仇，但是他不想深入追究，他已经累了。

奏疏被批准了，李林甫的屠刀举了起来。

被李林甫派出执行这项艰巨任务的是酷吏罗希奭，他的任务就是送所有贬官一一上路。

接到任命，罗希奭从北海郡（今山东省青州市）出发前往岭南，沿途经过地方，所有贬官一律诛杀。

远在宜春郡（今江西省宜春市）的李适之看到了罗希奭的行程表，他知道自己的末日到了。

没等罗希奭到达，李适之饮药而死。

并非所有贬官都像李适之一样就死，安陆别驾裴宽就是一个顽强求生的人。

罗希奭为了将裴宽逼死，特意绕道进了安陆，按照前几个郡的经验，往往罗希奭一入境，闻风而动的贬官便自我了断。

等到罗希奭见到裴宽，裴宽却还是活生生的。

裴宽"扑通"一声给罗希奭跪下了，恳请罗希奭放自己一条生路。

不知是罗希奭良心发现（按说不会），还是李林甫最终决定放裴宽一马，在裴宽跪下之后，罗希奭再没有逼迫，而是转身离开了安陆，裴宽就此躲过一劫。

其他地方的贬官便没有裴宽的运气了，韦坚、皇甫惟明纷纷被诛杀，他们全部倒在李林甫的算计之中。

至此，李林甫完成了一箭 N 雕，在这支箭上，他射死了韦坚，射死了皇甫惟明，射死了李适之，射伤了太子李亨，同时射怕了皮肤白皙留有胡须的裴宽。

在中国的成语故事中，"一箭双雕"非常有名，成语典故的主角便是长孙无忌的父亲长孙晟。

如果长孙晟再生，遇到李林甫，恐怕也要自愧不如，虽然他能一箭双雕，但毕竟只能一下两个，而李林甫，一下 N 个！

野无遗贤

整肃完韦坚、皇甫惟明、李适之，李林甫长长出了一口气。

然而，李隆基一纸诏书又让李林甫紧张了起来。在这纸诏书上，李隆基宣布要大规模延揽人才，凡是具有一门学问的人就可以报名参加，由皇帝亲自面

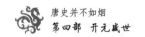
试录用。

李林甫反复看着诏书，他意识到诏书背后潜藏着危机，如果这些应考的考生口无遮拦，当着皇帝的面控诉自己，那么自己就会非常被动。

得想个办法阻止皇帝与这些考生直接见面。

随后，李林甫对李隆基说："这些应考的考生多数出身卑贱，言语粗俗，恐怕到时会用粗鄙的语言污染圣听。不如令各郡太守以及各县县令先加以考察，选拔优秀的推荐到尚书省，由御史中丞主持考试，择优录取其中的佼佼者。"

李隆基一想，李林甫说的不无道理，便同意了李林甫的建议。

不久，佼佼者从全国各地脱颖而出，齐聚长安，期待通过考试进入仕途。

等到考试，考生们傻眼了，本来说的是有一门学问就可以录用，结果考察他们的还是常规项目：诗、赋、论。这些常规项目对于常年参加科举考试的人而言不算难题，而对于这些具有一门学问的特殊人才而言，就有些强人所难了。

考试的结果出来了，一举创造了世界考试史的纪录：全军覆没。

就此李林甫给李隆基上了一道奏疏：恭喜陛下，贺喜陛下，在您的英明领导下，野无遗贤！

"野无遗贤"是什么意思呢？意思是说，有本事有能力的人已经都被朝廷网罗到帐下了，民间没有一个有才华的人被遗漏！

真的野无遗贤吗？

不是。

杜甫就是最好的证明，他参加了这次考试。

可惜，李林甫已经定下了"野无遗贤"的基调，于是像杜甫这样不世出的诗人，也没能通过那场苛刻的考试。

这一切只是因为李林甫的私心作祟。

到此时，李林甫的真面目暴露于全天下，天下人都知道，如今的第一宰相是一个孤独的领跑者，他不能容忍别人超越、并排，甚至追赶。

尽管他表面对每个人都非常友好，对那些有文学才能的人更是尊重，每每交谈，嘴里恨不得吐出蜂蜜，然而这一切都是表象，在他嘴吐蜂蜜的同时，心里却横着一把剑。

口有蜜，腹有剑。

口蜜腹剑由此而来！

第十八章　机关算尽

木秀于林

天宝六载的李林甫春风得意，这一年他将韦坚、皇甫惟明、李适之等人彻底清除，从此这些人再也无法威胁他的相位。

环顾四周，似乎已没有人能够对自己形成冲击，李林甫放下心来。

没过多久，李林甫又想起了一个人，此人身兼四镇节度使，深受李隆基信任，而且与李隆基还有一段渊源。

闹了半天，怎么把他给忘了。

李林甫想起的人叫王忠嗣，此时同时担任四镇节度使，分别是陇右节度使、河西节度使、朔方节度使、河东节度使，全国总共有九个节度使岗位，王忠嗣一人占了四个，比后来的安禄山还多一个。

王忠嗣为什么能同时担任这么多节度使？他跟李隆基又有何渊源？

事情还得从开元二年说起。

开元二年七月，吐蕃入侵，李隆基拜薛仁贵的儿子薛讷为主帅，出兵迎战吐蕃。在薛讷的帐下，有杜宾客、郭知运、王晙、安思顺等人，先锋官是太原人王海宾。

王海宾率先与吐蕃军队遭遇，一番苦战之后取得胜利，战果颇丰。按照战前的部署，此时其他将领应该率军与王海宾会合，然后联合进军。

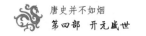

然而，在这个关键时刻，其余将领并没有按照约定与王海宾会合，反而在自己驻扎的地方徘徊不前。

因为他们忌妒王海宾的战功。

王海宾虽然取得大胜，但杀敌一千，自损八百，很快吐蕃军队发动了第二波攻击，这一次王海宾没能创造奇迹，战死在乱军之中。

这时，原本观望的诸将才驱动自己的部队发起猛攻，打退了吐蕃的进攻，斩首一万七千人，牛马羊数以万计。

战报传到长安，李隆基又喜又悲，喜的是获得一场大胜，悲的是折损一员猛将，悲喜之余，李隆基追赠王海宾为左金吾大将军。

许久之后，李隆基问道："王海宾可有子嗣？"

左右回应说："有一个八岁的儿子，名叫王训。"

李隆基想了一下说道："让这个孩子当尚辇奉御（宫廷车辆管理官）吧，改天让他进宫见朕！"

不久，八岁男孩王训来到宫中，一见李隆基便伏地痛哭，他一哭，把李隆基也感染了。

李隆基扶起王训，安慰他说："你是我朝霍去病的遗孤，长大后也会是一员大将！"

随后，李隆基对王训说，"孩子，朕给你改个名吧，以后你就叫'忠嗣'吧！"忠嗣，继承父亲的忠勇。

王忠嗣由此而来。

赐名之后，李隆基越发喜爱眼前这个八岁男孩，索性将王忠嗣留在宫中，当成自己的儿子抚养。从此，王忠嗣开始了自己的宫廷生活，在他成长的过程中，有一位王子经常与他一起游玩，这位王子就是后来的太子李亨。

王忠嗣渐渐长大，父亲王海宾的遗传基因在他的身上逐渐显现出来，相貌俊朗、英气洒脱的他平时话语不多，然而一谈到用兵打仗，他的话便停不下来。几次交谈之后，李隆基对他说："你以后一定会成为一员良将！"

在成为良将的道路上，王忠嗣并非一帆风顺，他的第一份工作，遭遇了半途而废。

成年后的王忠嗣先是出任代州别驾，不过他这个别驾不问公事，只喜欢做一件事：率领轻骑兵出塞。

代州以北就是胡人聚集区，唐朝与胡人的关系时好时坏，王忠嗣以轻骑兵出塞就是在寻找战机。

年轻的王忠嗣终究没能找到杀敌机会，不久，他就无法出塞了。

李隆基将他调回了长安。

这次调回是太子李亨的建议，李亨对李隆基说："王忠嗣好勇敢斗，如果长期留在代州，恐怕终有一天会命丧沙场。"

李隆基一听，顿时紧张起来，毕竟他看着王忠嗣长大，当然不想这个名将坯子年纪轻轻就殒命沙场。

这样，王忠嗣又回到长安，想要上阵杀敌还要再等几年。

随后几年，李隆基刻意为王忠嗣创造实习机会，李隆基先后将王忠嗣托付给信安王李祎、河西节度使萧嵩，在李祎和萧嵩帐下，王忠嗣开拓了眼界，增长了见识。

不过，王忠嗣也有苦恼，那就是每次出兵打仗都没有他的份。

王忠嗣不明所以，便跑去问萧嵩，这时萧嵩才说出实情：

陛下将你托付给我时特别嘱咐，你年少有雄心，但还需要历练，现在还不是用你带兵打仗的时候。

王忠嗣明白了，原来这是李隆基对自己的特别保护。

三年很快过去了，河西节度使萧嵩接到调令，回长安出任宰相。

这时，王忠嗣走了进来，对萧嵩说："跟随大人三年，还没有立半点功劳，无以归报天子。请大人给我一些精兵，我要对吐蕃发动奇袭。"

王忠嗣以为萧嵩还会一如既往地拒绝，没想到，萧嵩同意了！

正巧，吐蕃军队在离唐朝边境不远的地方举行阅兵式，王忠嗣的眼睛一下亮了。王忠嗣起了偷袭的念头，手下骑兵却不同意，因为他们看到吐蕃人阵势浩大，人数起码是本方的数倍。

王忠嗣态度坚决，执意要发动袭击。

数百名骑兵只好服从王忠嗣的命令，向正在举行阅兵式的吐蕃军队发动偷袭。

王忠嗣纵马提刀跑在最前面，在他的带领下，数百名骑兵一下子搅乱了吐蕃军队的阅兵式，吐蕃军队乱作一团。

左突右杀，王忠嗣扎扎实实过了一把行军打仗的瘾。

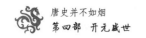

战后盘点，这一仗斩杀数千人，俘获羊马数以万计，这回可以向李隆基汇报了。

得胜的战报很快由萧嵩传到了李隆基的耳朵里，李隆基大喜过望，想不到自己十几年前说的话真的变成了现实，看来这个孩子确实有他父亲的遗传基因。

在这之后，王忠嗣步步高升，一直升到左威卫将军、代北都督，同时被封为清源县男。

不料，就在这时，挫折不期而至。

王忠嗣突然被贬为东阳府左果毅（管理府兵的官员）。

突然被贬，让王忠嗣有些摸不着头脑，想来想去，他才意识到症结所在。

不久前，他曾经说过一个人的坏话，被他说坏话的人叫王昱。

王昱本人并没有多大权势，但王昱有一个结拜大哥，这个结拜大哥有一些权势，在朝中很有影响力。

王昱的结拜大哥是皇甫惟明。

正是在王昱和皇甫惟明的诬陷下，王忠嗣栽了，从左威卫将军被贬为东阳府左果毅。

被贬的王忠嗣一下子闲了下来，心里有些没着没落，他不知道这样的日子要过多久。

幸好，王忠嗣名声在外，就算他想继续当东阳府左果毅，有人也不会答应。不答应的人是河西节度使杜希望，此时他正在筹划进攻吐蕃的军事重镇——新城（今青海省门源县）。

在征求各方意见时，有人向杜希望建议，王忠嗣是不可多得的将才，想要攻克新城，非此人不可。

杜希望马上上疏，将王忠嗣要到了自己军中。

开元二十六年三月，杜希望率军攻克新城，战后论功行赏，王忠嗣名列榜首。

这一年秋天，吐蕃军队发动反攻，要报新城的一箭之仇。

吐蕃军队黑压压地压了上来，粗略一看，众寡悬殊，唐军兵力跟吐蕃不在一个等量级。诸将面露难色，不敢出战。

突然，唐军阵营中，冲出去一队骑兵，领头的正是王忠嗣。

王忠嗣带领自己的直属骑兵在吐蕃阵中中心开花，左右驰突，反复杀进杀出，渐渐地，吐蕃的阵势被搅乱了。

这时，原本观战的其他将领也驱动本部人马出战，形势开始向有利于唐军的方向发展。

激战过后，吐蕃溃退，唐军大胜。

战后论功，王忠嗣又是首功。

接二连三的战功为王忠嗣的仕途做好了铺垫，开元二十八年，三十四岁的王忠嗣当上了河东节度使。一年后，王忠嗣调任朔方节度使，李隆基二十七年前的预言，终于变成了现实。

如果说出任节度使前的王忠嗣是一员猛将，那么出任节度使后的王忠嗣开始由猛将向大将转型。

他不再追求猛冲猛打，转而追求稳重安边。

王忠嗣对属下说了这样一番话：国家升平之时，将军的职责在于安抚自己的军队。我不想竭国家之力，以追求自己的功名。

这就是猛将与大将的区别，猛将只管猛冲猛打，只求立功，而大将眼光更为长远，不问一时得失，更看淡一时功名。

随着时间的推移，王忠嗣在成为名将的道路上越走越远，越来越有名将风范。

王忠嗣有一张大弓，需要一百五十斤力气才能拉开，然而他却很少使用，平常只是将这张弓放在袋中。手下有些不解，为什么将军有弓却不经常用呢？

王忠嗣回答说："我有你们，于是就不需要用这张弓了！"

一句话，把手下的士兵说得热血沸腾，原来将军把我们视为他手中的强弓。女为悦己者容，士为知己者死，由此，朔方战区士兵情绪高昂，随时准备为王忠嗣冲锋陷阵。

每到这个时候，王忠嗣总是安抚道："不急，有你们表现的时候。"

众人以为王忠嗣只是说说，却不知道王忠嗣早就做好了准备。

边境上，王忠嗣撒出了很多侦察兵，将敌情摸得一清二楚，开个玩笑说，王忠嗣比敌方酋长更了解他的部落。

这样一来，王忠嗣就做到了有的放矢，每次一出现战机，他就派奇兵出战，而每次都是得胜而归，朔方战区就此进入良性循环，屡战屡胜，屡胜

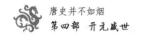

屡战。

其实，王忠嗣能做到屡战屡胜，一靠的是知己知彼，二靠的是他自己的独特法宝。

每次出兵之前，王忠嗣就会使出自己的独特法宝：亲自给士兵发放弓箭。

王忠嗣发放的不是一般弓箭，而是刻有每个人名字的弓箭，王忠嗣要用这个仪式，激励士兵的士气。

战罢归来，王忠嗣还要检查弓箭，如果弓箭齐全，有赏，如果弓箭遗失，必罚。如此一来，朔方战区的士兵都养成了良好习惯，视兵器如生命，人在兵器在，人不在兵器仍在，铁一般的纪律通过细节逐渐建立起来。

时间走到天宝四载，王忠嗣又登上了一个台阶，他同时担任朔方、河东两镇节度使。

这时，王忠嗣又做了两件事，一大一小。

大事，从朔方（今宁夏灵武市）到云中（今山西省大同市）边境线数千里，王忠嗣在所有险要的地方都建立了城堡，有的在旧城基础上开拓，有的则是平地起城，这样一来，又使唐朝开边数百里。

小事，他单方面提高了战马价格，让跟唐朝做买卖的胡人感到有利可图。一来二去，胡人卖给唐朝的战马越来越多、越来越好，而与唐朝为敌部落的战马却相形见绌，一年不如一年。

一大一小，王忠嗣让他所镇守的边防越来越强。

天宝五载，王忠嗣达到了人生的最高峰，这一年他同时担任四镇节度使。

由于皇甫惟明被李林甫拉下马，河西、陇右节度使的位置便空缺了出来，李隆基索性让王忠嗣接过了这两个位置，同时担任四镇节度使。

此时的王忠嗣，身配四个战区将印，控制的边境线达到万里，天下的精兵重镇皆在他的手中，有唐以来，前所未有。

风必摧之

在王忠嗣达到人生巅峰的同时，他引起了两个人的注意，一个是宰相李林甫，一个是平卢、范阳节度使安禄山。

李林甫是猜忌，担心王忠嗣水涨船高，出任宰相。

安禄山是垂涎，王忠嗣手中的精兵重镇都比他多。

两个人都开始惦记王忠嗣。

中国有句老话，不怕贼偷，就怕贼惦记。

不久，安禄山率先出招，他上疏李隆基说，为了防范蛮夷南侵，准备修建雄武城（今河北兴隆县）用于储存大量兵器，因为工程量大，恳请王忠嗣派兵支援。

安禄山想干什么呢？

他想以筑城为由吞并王忠嗣的士兵。

王忠嗣看穿了安禄山的意图，他给安禄山来了一个将计就计。

王忠嗣不跟安禄山打招呼，提前到达指定地点，到了一看，根本没有筑城的迹象，王忠嗣知道，安禄山是想空手套白狼。

王忠嗣也不含糊，不等安禄山来会面，带领部队转身就走，回来就给李隆基上了一道奏疏：安禄山居心不良，日后必反！

如果从张九龄开始算，这已经是第二个人说安禄山日后必反了，可惜李隆基的耳朵选择性失聪，他愣是没有听进去。

上完奏疏，王忠嗣开始反思自己，为什么安禄山要处心积虑吞并自己的士兵？

还是因为自己势头太盛，一不小心成了众矢之的。

不行，不能再当四镇节度使了，锋芒太盛。

王忠嗣给李隆基上了一道奏疏：

恳请辞去河东、朔方节度使职务。

为什么辞去这两镇？

这里面有玄机。

玄机一，河西、陇右是两个大镇，河西兵力七万三千人，陇右兵力七万五千人，而朔方和河东呢？朔方兵力六万四千七百人，河东兵力五万五千人。两相对比，自然选河西和陇右。

玄机二，河东节度使总部设在太原府，辖区范围与范阳节度使交界，而王忠嗣不想与安禄山有瓜葛，索性躲得远远的。

李隆基最终批准了王忠嗣的辞呈。

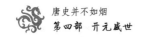

辞掉两个节度使之后，王忠嗣安心做自己的河西、陇右节度使，这时的他一身轻松，一是因为他早就驾轻就熟，二是因为他的手下已经有两名将领走向成熟。

这两名将领在后来都成为名将，一个叫哥舒翰，一个叫李光弼，两个人都不是汉人。

哥舒翰的祖上世代担任突骑施部落的分支酋长，是突厥人，李光弼则是契丹酋长李楷洛的儿子，家族世代都是契丹人，李姓是唐朝皇帝赐的姓。

正是这两个非汉族将领，深得王忠嗣信任。

相比而言，风头更盛的是哥舒翰。

哥舒翰声名鹊起的基础是敢杀。

有一次，王忠嗣命令哥舒翰出击吐蕃，哥舒翰为主将，另外一位与哥舒翰同等级别的将领担任副将。

哥舒翰很快找到了主将的感觉，担任副将的将领却迟迟找不到副将的感觉，依仗自己过去与哥舒翰同等级别，便跟哥舒翰摆起了谱。遗憾的是，副将摆谱摆错了时机，如果平时摆谱还有救，战时跟主将摆谱，那就是不想活了。

主将哥舒翰不跟副将废话，抬手就将副将挝杀。

挝杀，不同于一般的用刀杀，而是用铁器重物生砸，比斩首威慑力更大。

杀完副将，所有官兵都怕了哥舒翰，从此哥舒翰说一不二，再也没有人敢挑战他的权威。

有说一不二的权威打底，哥舒翰令旗一挥，众将用命，很快就凭借战功升任陇右节度副使。

在陇右节度副使任上，哥舒翰又干了一件让吐蕃人心惊胆寒的事情。

以往每年秋天，小麦成熟时，积石军（今青海省贵德县）的百姓都会做一场噩梦：吐蕃人入侵，武装收割小麦。

积石军的百姓多年来苦不堪言，劝又劝不走，打又打不过，于是只能自嘲积石军是"吐蕃人的麦庄"。

百姓的自嘲传到了哥舒翰的耳朵里，哥舒翰决定让吐蕃人做一场噩梦。

又到了小麦成熟的季节，哥舒翰将士兵埋伏在麦田两侧，只等吐蕃人上门。

吐蕃人大摇大摆地进了麦田，像往年一样开始收割小麦，这时伏兵四起，哥舒翰的士兵拿着刀向吐蕃人冲来。

不一会儿的工夫，吐蕃人全倒下了，再也不能起来收割麦子了。

这就是哥舒翰发出的宣言：谁割我们的麦子，我割谁的人头。

自此以后，积石军不再是吐蕃人的麦庄，哥舒翰的声名也不胫而走。

时间走到天宝六载，王忠嗣所在的河西、陇右战区遇到了一个难题：李隆基下令，要求夺回石堡城。

原本信安王李祎率军夺下了石堡城，后来吐蕃与唐关系恶化，又在开元二十九年重新占领，这一占就是六年。

王忠嗣不是不想夺回石堡城，但他知道石堡城易守难攻，三面无路，只有一面有路，硬行攻打，必定代价惨重，而且此时不同于李祎那次，那次吐蕃人没有防备，这次则是防备森严。

王忠嗣对李隆基说：“石堡城险固，吐蕃倾举国之兵镇守。现在我们如果想攻取，不付出数万人的代价恐怕很难攻克。臣担心得不偿失，不如暂且厉兵秣马，伺机而动。”

这一次王忠嗣的话不对李隆基的胃口，李隆基十分不快。

王忠嗣以为石堡城一战就这么按下了，没想到还是没按下，居然有人自告奋勇地接过这块烫手的山芋。

不怕烫手的人叫董延光，他主动向李隆基请命，愿意带兵拿下石堡城。

李隆基顿时大喜，任命董延光为主将，同时命令王忠嗣分出一部分兵马配合董延光，争取早日拿下石堡城。

王忠嗣心中苦笑，真有不怕烫手的人。

从内心讲，王忠嗣不希望此时攻打石堡城，因为那样必定代价惨重。久在边塞，他已经与边塞的士兵融为一体，他不怕打仗牺牲，但是他不愿意士兵去做无谓的牺牲。表面看起来，战后统计的阵亡人数只是一个个数字，但那数字背后，是一个个曾经活蹦乱跳有血有肉的人。

王忠嗣不仅仅把士兵看成兵，更把他们看成人。

他在心中暗下决心，决不让士兵做无谓牺牲。

于是王忠嗣下令，对董延光虚与委蛇，能不配合就不配合。

夸下海口的董延光顿时对王忠嗣产生怨恨，他的怨恨为王忠嗣后来的命运埋下伏笔。

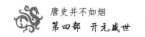

王忠嗣的消极被董延光看在眼里，同时也被部将李光弼看在眼里。

李光弼对王忠嗣说："大人因为爱护士卒的缘故，不想让董延光成功，虽然您迫于压力接受诏命，但还是虚以应付。如今数万士兵即将出征您却不设立重赏，那么士兵怎么可能尽心尽力。然而这次是天子的意思，一旦董延光无法成功，他一定会把责任推到大人身上。如今我们的仓库充裕，大人不妨拿出几万匹绸缎作为悬赏，这样也能堵住别人对大人的指责。"

王忠嗣回应说："如今用数万士兵去争一个石堡城，即便占领也不足以制敌，不占领也对国家没有多大损害，所以我不想去打这个石堡城。就算日后我受天子责备，大不了去当一个金吾卫将军或者羽林将军，最次也能当个黔中地区的小官。我王忠嗣怎么能用几万人的生命去换取我自己的晋升。我知道李将军是为我着想，但我意已决，将军不必多言！"

李光弼看着王忠嗣，说："之前我恐怕大人因此事受连累，所以不敢不言。如今大人能行古人之事，末将自叹不如。"

正如王忠嗣预料，董延光果然没能攻克石堡城；

正如李光弼预料，董延光果然将责任推到了王忠嗣身上。

王忠嗣麻烦了。

如果仅仅是董延光弹劾还不足为虑，要命的是，李林甫闻风而动。

李林甫找来了一个人，他跟这个人做了一笔交易：只要按李林甫的意思弹劾王忠嗣，李林甫保证升他的官。

重赏之下必有勇夫，重赏之下必有小人。

李林甫找来这人叫魏林，时任济阳别驾，此人曾经担任过朔州刺史，因事被贬为济阳别驾。现在李林甫拿出交换条件，魏林顿时红了眼，只一个弹劾就能官复原职甚至高升，这笔买卖划算。

王忠嗣就栽在这笔买卖上。

魏林很快上了一道奏疏：

王忠嗣曾经说过，早年跟太子李亨一起养在宫中，愿意尊奉太子。

魏林的话一半可能是真的，一半必定是假的。

"与太子李亨一起养在宫中"，王忠嗣可能说过，这是给自己脸上贴金；

"愿意尊奉太子"，王忠嗣但凡神志清醒决不会说，这是给自己找坟地。

然而就是这真假参半的话让李隆基大为恼火，再加上石堡城不克，李隆基的恼火达到极点，一纸诏书便把王忠嗣打入大狱，同时着大理寺、刑部、御史台进行联合审问。

一度，王忠嗣岌岌可危，因为魏林和董延光的话对他很不利。

大理寺、刑部、御史台给出了处罚决定：处死！

这时，拯救王忠嗣命运的人出现了。

王忠嗣的继任者哥舒翰。

王忠嗣被免职之后，李隆基便提拔哥舒翰做了陇右节度使。

动身前往长安时，左右建议哥舒翰多带些金银，帮王忠嗣走走门路。

哥舒翰说："如果天下还有公理在，王大人必定不会冤死；如果天下公理已经不在，送钱又有什么用？"

说完，哥舒翰就带着空空的行囊上路，行囊里没有一文用来行贿的钱。

见到李隆基，哥舒翰跪了下来，力陈王忠嗣的冤情，并且愿意用自己的官爵为王忠嗣赎罪。李隆基没有答应，起身便走，哥舒翰膝行跟随，一边叩头，一边声泪俱下，为王忠嗣求情。

求到最后，李隆基终于答应了，王忠嗣逃过一死。

李隆基是答应了，李林甫却不答应，他还要把火往太子李亨身上引。

李林甫对李隆基说："太子可能与王忠嗣同谋。"

李隆基回应道："朕的儿子一直在东宫，怎么可能与外人通谋？这一定是别人对他诬陷！"

李林甫被噎住了，但他并不善罢甘休。

过了几天，李林甫又来了，话题还是太子。

李林甫说："古代立储君先考虑的是贤德，如果没有重大功勋于社稷的话，那就考虑年龄最长的儿子。"

想了一会儿，李隆基回应说："庆王李琮往年打猎时，被貉抓伤了脸，破了相！"

李林甫追了一句："破相难道比破国还严重吗？"

意思是说，李亨扶不起来，可能误国。

这下李隆基含糊了，便遮掩道："容朕慢慢想想吧！"

这一想，李林甫就没机会了，毕竟他不能硬逼着李隆基废太子。

李林甫到此终于收手，而王忠嗣逃过一死后，却没有逃过贬官的惩罚。

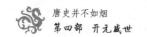

天宝六载十一月，王忠嗣被贬为汉阳太守，一年后，又被任命为汉东郡太守。

就在河西、陇右两镇士兵还在期待王忠嗣重返边塞时，王忠嗣却再也回不去了。

天宝八载，王忠嗣暴卒，时年四十四岁。

木秀于林，风必摧之。

王忠嗣死后，李林甫又向李隆基提出一个建议，这个建议让李隆基的大唐王朝走到了悬崖边。

李林甫建议，从今之后边将不再用汉人，一律由胡人担任。

这个建议，包含着李林甫的私心。

有唐一代，出将入相的历史非常悠久，最早从李世民开始，到开元年间有薛讷、张说、萧嵩、牛仙客等人，这个传统本是一个很好的传统，但这个传统威胁到李林甫的地位。

出于私心，李林甫要把"出将入相"的传统废除，这样以后就没有人通过这个途径威胁他的相位。

李林甫对李隆基说："文臣为将，不敢面对乱箭飞石，不如用那些出身寒酸的胡人。胡人本性骁勇善战，而且出身寒族也无法结党，陛下以诚心待他们，他们势必怀尽死之心回报陛下。"

听起来，似乎不无道理，李隆基同意了！

这样一来，唐朝九个节度使全部由胡人担任，汉族将领一个没有。

安禄山，营州柳城混血胡人；

安思顺，安禄山的堂弟，混血胡人；

哥舒翰，突厥人；

高仙芝，高丽人。

由此可见，李隆基倒是真有海纳百川的精神。

严格说来，李林甫这个建议也是因势利导，因为自从李隆基改革兵制之后，在边塞效力的汉族将领越来越少，胡人将领越来越多，汉族将领因为在长安可以获得更好的职位和待遇，已经不愿意前往边疆效力，而胡人将领在边塞长大，他们反而愿意在边疆效力。

此消彼长，便形成了胡人将领压倒汉人将领的局面。

再看一下四位胡人节度使，最终叛变唐朝的只有安禄山，连安禄山的堂弟安思顺也是效忠唐朝的，哥舒翰、高仙芝更是与安禄山死磕，捍卫大唐江山。

如此算来，李林甫的建议未必完全没有道理，只是被安禄山搅了局！

登峰造极

到天宝六载，李林甫出任宰相已有十二年光景，在这十二年里，他身边的人起起伏伏，在人生的波峰和波谷间剧烈震荡，而他却始终保持一个姿势——高高在上，屹立不倒。

十二年中，张九龄倒了，裴耀卿倒了，李适之倒了，裴宽、裴敦复、皇甫惟明、韦坚、王忠嗣都倒了，凡是可能威胁到李林甫相位的人都得到了无言结局，不怪天，不怪地，只怪自己与李林甫生活在同一个时代。

天宝六载，李林甫达到了人生的巅峰，这一年的十二月二十五日，李隆基用一个现场展览将李林甫送上了高高的云端。

十二月二十五日这一天，李隆基下了一道命令：命文武百官前往尚书省参观各地上贡的贡品。

在尚书省，各地贡品琳琅满目，帝国之地大物博、物产丰富不言而喻、扑面而来，官员们顿时觉得自己的眼睛不够用。

看了良久，众人依然不知道皇帝葫芦里卖的什么药，这究竟唱的是哪出呢？众人都在等待谜底揭晓。

谜底终于揭晓了。

李隆基清了清嗓子说："今天请诸位来，就是为了请大家看看我朝物产之丰富，让大家都开开眼界。同时借这个机会，宣布一个决定，今年这些贡品朕都赐给李林甫了！"

哦，闹了半天，李隆基是在给李林甫一个人发奖。

李林甫忙不迭地谢恩之后，琳琅满目的贡品便被运进了李林甫的私宅。李林甫知道，在他的身后，有无数双喷火的眼睛正盯着他，有羡慕，有忌妒，有咬牙切齿，也有故作不屑一顾。

领自己的奖，让别人吃醋去吧！

至此，李林甫在大唐王朝的地位达到了顶峰，他不仅是当朝第一宰相，也是大唐王朝最红的红人，两个身份叠加到一起，李林甫找到了登峰造极的感觉。

借着李林甫的光芒，李林甫的儿子、女婿们迅速上位，占据了大唐王朝的若干官位：

儿子李岫为将作监，李崿为司储郎中，李屿为太常少卿；

女婿张博济为鸿胪少卿，郑平为户部员外郎，杜位为右补阙，杨齐宣为谏议大夫，元捴为京兆府户曹。

延伸说一句，李林甫个人"生产"能力非常强，名下有二十五个儿子，二十五个女儿，如果放在现在，估计可以被授予"英雄父亲"，同时被聘任为"不孕不育医院形象代言人"。

书归正传，回过头接着说李林甫的登峰造极。

凡是有过登山经历的人都知道，无论是你爬上顶峰的时间有多久，但你终究还是要下来的，正所谓有顶峰，就一定会有低谷，这是亘古不变的客观规律。

李林甫以为自己能逃过，但他的儿子李岫知道，没有人能逃过。

将作监（建设部长）李岫陷入深深的忧虑之中。

一日，父子二人在后花园中闲逛，李岫突然将手指向了一群正在劳作的民夫说："父亲长期处于权力中心，对头仇人遍布天下，一旦有大祸临头，即便想当一个民夫，也不知道能否遂愿。"

李林甫顿时变了脸色，抬头冷冷地看着李岫，他知道李岫说的是实情，这一点他比李岫更清楚，然而清楚又怎么样，他又能做什么呢？

李林甫牙缝里挤出了八个字："势已如此，将若之何？"（已经到这个地步了，又能有什么办法？）

所谓登峰造极，也是骑虎难下。

游园在不悦中结束，李林甫内心的不安全感从此升级。

自此以后，李林甫外出的谱更大了，摆谱不为别的，只为两个字：安全。

以往唐朝宰相一般都是有才有德之人，很少讲究派头权威，出行时随从不过数人，路上的老百姓也处之泰然，不需刻意躲避。

到了李林甫这里，一切都变了，为了防范潜在的刺客，每次李林甫出门都需要有百余名骑兵护住左右两翼，同时由金吾卫将其即将经过的街道提前封路清街，以供李林甫安然通过。

这还不是李林甫出行仪仗的全部，在骑兵和金吾卫士兵之前，还有一个组成部分，这个部分是李林甫仪仗的前驱，他们与骑兵保持着数百步的距离，负责提前驱散街上的人群。无论你是当朝一品，抑或皇亲国戚，到这时只有乖乖让路的份，谁让你没有人家红。

数百人的仪仗前呼后拥让李林甫摆足了谱，也增加了内心的安全感，一切看上去不错。

然而，每当夜幕降临，李林甫的不安全感就会不期而至，他对无边的黑夜充满了恐惧，即便在自己家里，他依然忐忑不已。

为了增加自己的安全感，李林甫将自己的家设置成重重关卡，每一道门都是一道关卡，想通过关卡，难度非常大。

除去门上的文章，李林甫在地面和墙体上也做足了文章。他家的地面一律用石板铺就，即使是土行孙，也难以在李林甫家的地面上掏出洞；与此同时，李家的墙体也做了特殊处理，他家的墙体比别人家多了一样东西：一道厚厚的板，这样即使是穿山甲，也很难在李家的墙上钻出窟窿。

做足这些文章就够了吗？

还远远不够。

接下来，李林甫在自己的寝床上做起了文章。

一般人家，主人的寝床一般只有固定的一张，李林甫不同，他有 N 张。每天晚上，他会不停地更换床位，即使是家人，也无法知道他的确切位置。

兔子讲究"狡兔三窟"，李林甫追求的是"一夜三换床"。

如果李林甫活在现代，或许可以与一个人成为亲密战友。

谁？

拉登！

防不胜防

天宝六载的登峰造极让李林甫的内心充满了满足感，也充满了不安全感，

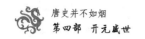

满足感是因为得到了李隆基的无比信任，不安全感是担心有一天所有的一切会突然失去。于是，满足感和不安全感交织到一起，便构成了李林甫的两张面孔。

还会有人威胁我的相位吗？

大约没有了吧！那些有可能的人不是已经都清理干净了吗？

李林甫的自我安慰持续了一年多的时间，直到天宝八载二月十三日。

这一天，李林甫看到了"触目惊心"的一幕，他的心顿时"咯噔"了一下。

李林甫是和文武百官一起看到那一幕的，当时他们正在李隆基的带领下参观左藏。

"左藏"是唐朝的国库之一，天下赋税主要都收集在左藏，李隆基率领文武百官参观左藏，说白了是显摆国库的充足，进行一番自我陶醉。

李隆基的自我陶醉是有理由的，左藏确实没有给他丢脸，堆积如山的绸缎和各类布匹营造出盛世的模样，场面之宏大震撼了在场的每一个官员。

不仅官员们被震撼了，连李隆基自己也被震撼了，他没有想到自己的左藏里居然丰富如斯，广博如斯。

李隆基不断地点头："好，好，好！"

转过头，李隆基冲着一个人说道："左藏如此丰富，这都是你的功劳！"

李隆基接着说道："鉴于你有如此功劳，朕特赏赐你紫袍和金鱼！"

唐制，三品以上穿紫袍，佩戴金鱼符。

受到赏赐的官员忙不迭地跪下谢恩，从此以后，他就是当朝三品官员。

这一幕被在场官员看在眼里，李林甫更是看得真切，他将那个人的脸看得清清楚楚，是他！

杨钊（杨国忠）！

怎么把他忘了！

严格说来，李林甫不是把杨钊忘了，而是从一开始，他根本就没把杨钊放在眼里，因为杨钊跟他相比，就好比老鼠比大象。

翻看李林甫和杨钊的履历不难发现，两人的仕途有所交叉还得从天宝四载说起。

天宝四载之前，李林甫一直在仕途奔走，到天宝四载，已经当了十年宰相。

杨钊呢？天宝四载之前，他的人生一片惨淡。如果不是杨玉环得宠，他的人生恐怕还要继续惨淡下去。

幸运的是，天宝四载杨玉环得宠了，杨钊凭借裙带关系从此发迹。

发迹之初的杨钊还只是一个小不点儿，他在牢牢抓住杨家裙带的同时，也不放过其他可能的机会。

凭借杨家的裙带，杨钊当上了户口色役使判官（全国户籍及劳力管理署官员），官职虽然不大，但是一个重要平台，正是在这个平台上，杨钊显示了自己的理财能力，进而赢得了李隆基的信任。

也是在这个平台上，小官杨钊入了李林甫的法眼，在李林甫看来，这是一个可以利用的人。

李林甫看重的不是杨钊的能力，而是杨钊背后的裙带关系以及随时出入皇宫的便利。

双方一拍即合，各取所需。

经李林甫安排，杨钊又多了一个头衔：侍御史。

侍御史官阶不高，权力不小，可以随时向皇帝奏报，这个头衔加到杨钊头上，杨钊如虎添翼，不仅皇宫抬脚就进，而且可以随时上书弹劾，这两项可都是了不得的权力。

李林甫如此安排，有自己的私心，他是想把杨钊当成自己的枪，然后把枪口对准威胁自己相位的人。

后来的事实证明，杨钊这把枪非常好用，几乎无往不利。经杨钊弹劾的官员几乎都落马了，没有落马的也是伤痕累累。

就这样，李林甫和杨钊并肩战斗，同时又各怀鬼胎。

李林甫只是把小不点儿杨钊当成一把枪，却没有想到，枪也有自己的追求，他把自己的追求深埋在心底，不动声色。

几年下来，杨钊在李隆基的心里扎下了根，这个原本凭借裙带关系发迹的人成了李隆基眼中的"能人"，不可或缺。

在现有的史书中，杨钊（杨国忠）被描述为"不学无术的无耻小人"，这可能是杨钊人生的一个侧面，但不是全部，只是中国的史书向来以道德为第一标准，因此我们看到的史书并非完整的史书，而是经过道德标准修正的版本。

事实上，杨钊是有一定能力的，比如察言观色、揣测上意，一直以来这样的能力为传统的道德标准所不齿，但每个有过职场、官场经历的人都知道，这两项能力是多么的不可或缺。

杨钊的发迹，凭借的正是这两项能力。

有两项能力护身，杨钊在李隆基的面前左右逢源，他的机灵和练达深得李隆基赏识，而他的敛财能力，更让李隆基刮目相看：这是一个可以为帝国理财的人。

在中国的传统社会中，一直有这样一个奇怪现象：饱读诗书的文学之士往往不善理财，而善于理财的人往往不读诗书。

或许是"君子不言利"的传统使然，或许是因为经商的地位一直很低使然，或许是饱学之士心中有太多的条条框框，而杨钊这些人心中恰恰没有那么多条条框框。

天宝七载，杨钊迎来了自己仕途的分水岭，在此之前，他曾经落魄，曾经困顿，在此之后，他节节攀升，直到升无可升。

凭借自己的理财能力，杨钊不再是借助裙带关系发迹的小萝卜头，在这一年，他在大唐的官场上有了分量。

天宝七载六月，李隆基任命杨钊为给事中（御前监督官），兼御史中丞，专门处理全国财政事务。

此后，李隆基不断地往杨钊的身上加担子，就在天宝七载，杨钊兼任的官职达到十五个。

毫无疑问，杨钊已经成为李隆基身边的红人，他的爆红和蹿升引起了很多人的注意，其中便包括第一宰相李林甫。

不过，由于两者位置的悬殊，李林甫还是没有把杨钊看成自己的对手，直到天宝八载二月十三日那场"触目惊心"的赏赐上演。

这次赏赐，使得杨钊昂首进入当朝三品官员行列，他身上的紫袍对李林甫形成了强烈的刺激。

防不胜防，防不胜防！

矛盾渐起

目睹那场"触目惊心"的赏赐之后，李林甫意识到，自己最大的对手出现了，这个杨钊，在短短四年的时间里就从一个破落户奋斗成当朝三品大员，蹿升速度，古今少有。更要命的是，他不是一个人在战斗，他的背后站的是最得宠的杨贵妃，身边站的是"鸡犬升天"的五杨。

这个对手比以往任何一个都可怕。

在李林甫"触目惊心"的同时，杨钊的心思也动了。

回望自己的前半生，杨钊感慨万千，自己做梦也没有想到会有如此的时来运转，更没有想到仅仅四年的光景，自己就能跻身当朝三品官员的行列。以前想不到的事情，今天都变成了现实，以前不敢想的事，现在可以想想了。

对于李林甫，以前杨钊只能仰视，而现在，他同样跻身三品官员行列，仰视的目光可以变为平视了。

人就是这样，一个人的目光可以随着地位的改变而改变，以前需要仰视的，或许随着自己地位的变化可以改为平视，甚至俯视，这一切都取决于自己地位的变化。

以前，李林甫对杨钊而言是一座可望不可即的高山，现在，山似乎变矮了。

就在杨钊动了活心思的同时，有一个人来到了他的身边，对他说："从今之后，我跟你走！"

这个人是个老熟人，名叫吉温。

前面我们说过，李林甫倚重的酷吏是一个组合，组合的名字叫"罗钳吉网"，罗是罗希奭，吉便是吉温。

吉温一度跟李林甫走得很近，是李林甫的死党之一，但现在吉温掉转了船头，与李林甫分道扬镳，转而跟在了杨钊的后面。

既然是李林甫的死党，为什么会弃李林甫而去？

原因是吉温想要的更多，而李林甫却给不了他更多。

于是吉温把宝押在了杨钊身上，在他看来，这颗政治新星正在冉冉升起，如果自己与他捆绑在一起，那么前景将妙不可言。

双方也是一拍即合，开始为同一个目标奋斗，这个目标便是扳倒李林甫！

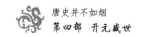
然而，说起来容易，做起来难，李林甫为相十余年，在朝中关系盘根错节，想要扳倒这棵大树，没那么简单。

浸淫官场的杨钊和吉温自然知道李林甫的厉害，他们不急于向李林甫进攻，而是先从李林甫的外围下手——先剪除他的党羽。

天宝八载六月十八日，刑部尚书、京兆尹萧炅因贪赃案发，被贬为汝阴太守；

天宝九载四月十一日，御史大夫宋浑因贪赃数额非常巨大，被判流刑，流放潮阳郡（今广东省潮州市）。

萧炅和宋浑的贪污案公布于众后，老百姓一片欢腾，好，叫你腐败！

正所谓有人欢喜有人忧，在老百姓欢呼雀跃的同时，长安城中的李林甫却一点也笑不出来，他已经看透了两起案件背后的棋局，这是打狗给主人看呢！

据李林甫调查，这两起腐败案件都是由吉温起的头，吉温先调查出蛛丝马迹，然后由杨钊上书弹劾，两人一唱一和，表面是为国扫除腐败分子，实际却是暗藏杀机，针对的就是他李林甫。

唉，以前低估了这个破落户。

事已至此，李林甫也没有太多办法，萧炅、宋浑贪赃枉法证据确凿，天王老子也救不了他们，况且这两起案件都是皇帝李隆基点过头的，两起案件都是铁案，一百年也翻不了！

李林甫只能认命，把打碎了的牙往自己肚子里咽，虽然咽得很难受，但还是得忍着。

两起腐败案件结束了，影响却是深远的，身为当朝第一宰相却连自己的亲信都救不了，李林甫的威信从此大打折扣。此消彼长，杨钊的威信与日俱增。

天宝九载十月，杨钊又办了两件事，一大一小。

大事，是为两个人恢复名誉；

小事，是为自己改名字。

杨钊提到的两个人是两个名人，一个叫张易之，一个叫张昌宗。关于杨钊与这两个名人的关系，有两个版本。

第一版本：张易之是杨钊的舅舅；

第二版本：张易之是杨钊的生父。

两个版本究竟哪个是真的，已经无从考究，我们只知道杨钊与张易之之间确实存在血缘关系，因此在杨钊发迹之后，他要为张易之翻案。

众所周知，张易之、张昌宗兄弟臭名昭著，这在李唐复国时已经是定论，现在定论都定了四十多年，想要翻案，谈何容易。

然而，就是这定了四十多年的铁案，被杨钊翻过来了。

天宝九载十月二十五日，李隆基下诏，鉴于张易之兄弟有进谏迎回中宗李显之功，特追复二人官职爵位，恢复名誉，另赐张易之一子为官。

没有做不到，只有想不到。

大事办完，杨钊又求了李隆基一件小事：赐名。

当时正在流行一个神秘预言，预言中有"金刀"二字，而杨钊的"钊"字正是"金刀"组合，与神秘预言吻合。

神秘预言一直是封建王朝的大忌，被视为影响王朝稳定的因素之一。因此，为了表明自己的清白，与神秘预言划清界限，杨钊决心改名，"杨钊"不能叫了，叫什么，由李隆基定！

李隆基想了一下："那就叫国忠吧！"

国忠，杨国忠！

多么好的名字呀！

花 落 去

天宝十载十一月，杨钊的肩上又加了一副担子：领剑南节度使。

领剑南节度使便意味着杨钊成为剑南地区的最高首长，虽然不前往剑南地区办公，但剑南地区的事务，他说了算。

无疑，这又是一项不小的权力。

伴随着杨钊的攀升，李林甫无可救药地走上了下坡路，无论是仕途，还是生命。

天宝十一载，李林甫的下坡加速了。

这一年长安城里破获了一起疑似叛乱，叛乱的主角是户部郎中王焊。

据说，王焊与党羽计划先诛杀龙武将军然后控制左龙武军的万骑兵团，以这支部队为主力发动兵变，诛杀李林甫、陈希烈、杨国忠。

不料，起事前两天消息走漏，被人告发，于是一场酝酿中的叛乱胎死腹中。

王焊和他的党羽就此栽了，被连锅端掉。

顺着王焊这根藤，追查开始了。

王焊的哥哥御史大夫王銶很快被牵涉进来，他被认为是王焊的同党。

王銶除了担任御史大夫，还有另外一个身份——李林甫的亲信，这下，追查的矛头直指李林甫。

事情发展到这一步已经使李林甫焦头烂额，雪上加霜的是，审查王銶、王焊叛乱的专案组组长正是杨国忠和陈希烈。

陈希烈原本是李林甫的亲信，以老实听话著称，然而随着杨国忠的走红，陈希烈也改换了门庭，抛弃自己的老上司李林甫，转投杨国忠门下。

现在杨国忠和陈希烈一起穷追猛打，要把火引到李林甫身上。

经过他们的连续审讯，王銶、王焊叛乱集团给出了石破天惊的"口供"：

李林甫与王銶、王焊暗中交往甚密；

前不久背叛唐朝的东突厥西亲王阿史那阿布思与李林甫交往甚密。

毫无疑问，这份口供对李林甫相当不利，而更加不利的是，在口供之外，还有两个分量极重的证人，这两个证人证明，"口供"所说事情属实！

两个证人，一位是第二宰相陈希烈，另一位是陇右节度使哥舒翰。

李林甫，同时与两大叛乱集团交往，你想干什么？

纵使有口，你说得清吗？

李林甫一下子陷入前所未有的危机中，他意识到，一招不慎，就有可能将一生的努力付诸东流，为今之计，他必须自辩清白。

或许是上天不想让李林甫这么快倒台，这次疑似谋反事件并没有扳倒李林甫，最终的结果是王銶、王焊兄弟认罪伏法。李林甫虽然洗脱了干系，但李隆基对他的印象却大打折扣，从此渐行渐远。

官场宦游的人都知道，一个人在官场能走多远，不完全取决于能力，更多的时候取决于上级对你的印象。当年因为对李林甫印象良好，李隆基将李林甫扶上了相位，现在李隆基对李林甫的印象已经大打折扣，那就意味着，李林甫离倒台已经不远了。

李林甫的倒台进入倒计时，与此同时，生命也进入了倒计时。

经过叛乱事件的惊吓，李林甫的身体每况愈下，一天不如一天，他意识到自己时日无多，在所剩不多的时间里，他还要做一件大事：除掉杨国忠。

李林甫知道，现在的杨国忠已经羽翼丰满，想要铲除，已经非常艰难，必须想一个万全之策，不落痕迹地让杨国忠消失。

李林甫冥思许久，想了一计：借刀杀人。

李林甫要借的刀叫南诏。

当时南诏王国因为不堪忍受唐朝边境官员的欺压发动了叛乱，借助地形的优势，有恃无恐，李隆基先后派出两支平叛部队都遭遇了全军覆没。巧合的是，南诏王国叛乱的范围正归剑南节度使管辖，因此平叛便成了杨国忠义不容辞的责任，谁让你是"领剑南节度使"。

更巧的是，由于前两次平叛大军都遭遇惨败，剑南地区的百姓和官员都希望杨国忠这个节度使亲自坐镇领导第三次平叛。

这就给了李林甫借刀杀人的机会。

李林甫给李隆基上了一道奏疏，强烈建议派遣杨国忠到剑南地区领导平叛。

李隆基居然准奏。

杨国忠危了。

他很可能有命去剑南，无命回长安。

不出意外的话，数月后，长安就会收到"杨国忠为国捐躯"的消息。

李林甫等的就是这一天。

被李林甫推上前线的杨国忠似乎一下子嗅到了死亡的味道，他知道这是李林甫给自己下的套，他必须跳出来，不然就真的"国忠"了。

辞别之日，杨国忠痛哭流涕，在向李隆基表达忠心的同时，也不忘将矛头指向李林甫，他告诉李隆基，自己有朝一日恐怕会被李林甫害死。

一次辞别，两种功效，既表达了自己的忠心，又打击了老冤家李林甫，看来杨国忠也是一箭双雕的高手。

除了一箭双雕，杨国忠还有一个关键的帮手，这个人便是杨贵妃。

在杨国忠辞行时，杨贵妃也在场，她不是纯粹的看客，而是在关键时刻哭天抹泪地帮了杨国忠几句腔。这几句帮腔成了杨国忠仕途的推动器。

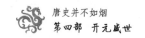

李隆基随即安慰杨国忠说："你暂且去剑南地区待几天，处理一下军事要务，我会掐着指头等你回来，回来你就是宰相！"

原本李林甫指望借刀杀人，让杨国忠前线送死，没想到经过杨贵妃一搅和，居然变成了"火线提干"。

或许，这就是命吧！

刀没有借成，举起的石头最终落在了自己脚上，自此，李林甫出的气比进的气多，活在世上的时间，以前论天，现在论秒了。

基本无可救药了。

不过，有一名巫师却并不这么看，他认为还是有药可救，只是需要一味药引子，而药引子比较麻烦。

药引子便是李隆基。

巫师说："只要真龙天子来看李林甫一眼，李林甫就能痊愈！"

巫师的一句话道出了李林甫的人生悲剧，他的人生因为李隆基信任而精彩，同时也因为李隆基的不信任而落寞，此时的他身上没什么病，他的病在心里。

心里有病的李林甫闻言，如同抓住了救命稻草，他渴望李隆基能念及旧情到他的病榻前看他一眼。

这个愿望没能实现，李隆基给他的探视是打了折的。

李隆基没有上门探视，因为他怕染上李林甫病中的晦气，于是打个折扣，采取折中办法：

李隆基登上华清池的高阁冲李林甫家遥遥相望，挥舞红手帕作为信号，李林甫则由家人将病榻抬到院落里，君臣二人隔空相望。

这次打了折的探视没能让李林甫痊愈，他的病越来越重。

不久，李林甫的家中来了一位客人，这个人对于李林甫的病相当关键，他就是李林甫的药。

毒药。

来客正是杨国忠，前不久他刚刚抵达剑南地区，后脚传诏的宦官便到了，传李隆基诏令：即日返回长安。

现在，杨国忠来到了李林甫的病榻前，跪了下来，李林甫看着这个当年的小不点儿百感交集。浑浊的老泪顺着他的眼槽流了下来，他说出了他一生中最违心而又不得不说的话："我李林甫是死定了，您一定会接替我出任宰相，我身后的家事就托付给您了！"

听到这句话，杨国忠连连摆手，连称"不敢当"，汗珠顿时布满了脸庞。

李林甫和杨国忠，都是百年一遇的好演员，尽管一肚子的针锋相对、你死我活，然而表现到脸上的永远是惺惺相惜。

天宝十一载十一月十二日，开元天宝年间秉国时间最长的宰相李林甫去世，结束了自己生命不息、争斗不止的一生。

这是一个干臣、能臣，同时又被戴上奸臣脸谱的人；这是一个行政能力突出，同时却缺乏文采、被扣上"不学无术"帽子的人；这是一个出任宰相长达十七年的人。

他的宰相任期比姚崇长，比宋璟长，比张说长，比张九龄长，于是我们就陷入一个悖论之中：封建王朝最巅峰的盛世居然大多数时候是由这样一个被史书诟病不已的奸臣领导。

人注定是复杂的，历史注定是复杂的。

在李林甫之后，开元天宝年间最后一个著名宰相粉墨登场，这个人便是曾经的小不点儿杨国忠。

杨国忠接手时正是天宝十一载，开元天宝盛世即将走到烈火烹油的巅峰。关于开元盛世的繁华无数史书已经给予描述，相比而言，我个人觉得大诗人杜甫的《忆昔》颇为简练，更加经典：

> 忆昔开元全盛日，小邑犹藏万家室。
> 稻米流脂粟米白，公私仓廪俱丰实。
> 九州道路无豺虎，远行不劳吉日出。
> 齐纨鲁缟车班班，男耕女桑不相失。
> 宫中圣人奏云门，天下朋友皆胶漆。
> 百余年间未灾变，叔孙礼乐萧何律。

只可惜，这样的好日子太短了！

此去天宝十五载还有四年，大唐王朝的好日子只剩下四年。

遥遥地，范阳鼓起。

请看下部《安史之乱》。